グレイスノート366日

フィリップ・ヤンシー［著］
山下章子［訳］

いのちのことば社

Grace Notes
by
Philip Yancey

Published by arrangement with the Zondervan Corporation L.L.C.,
a subsidiary of HarperCollins Christian Publishing, Inc.
Through Tuttle-Mori Agency, Inc., Tokyo

はじめに

「作家たるもの、すべてを理解する人間になろうと懸命に努めるべきだ。」
——ヘンリー・ジェイムズ

フルタイムで文章を綴ること三十年、今こそ二十数冊の著書と数多くの記事から抜粋した本を出しましょう、と出版社に持ちかけられた。これまで書いてきたものに目を通し、二十年、三十年前の経験や考えを見直すと、隔世の感がある。私は、疑い、信じ、再び疑い、変えられ、成長してきた。

広く海外に出かける機会にも恵まれ、様々な文化の中で活動している教会を見学し、魅力的な人々に取材を行ってきた。立派な人もいれば、非難に値する人もいた。仕事部屋に戻っては、こうした出会いを記事や本にまとめる。作家の生活に甘美な幻想を抱いている人々もいるようだが、その見方は正す必要がありそうだ。助手が要りませんか、と手紙に書いてきた学生がいた。「先生のために調べものや雑務ができます。あるいは原稿を書いているご様子をそばで見ているだけでも……。」

この女子学生には丁重な断りの手紙を出したが、本心はこんな感じだった。「ご冗談でしょう、学生さん。原稿を書いている最中の私を見ているなんて、とんでもありません！　仕事部屋にだれかがいるなど耐えがたいことです。ものを書くことは、プライバシーとパラノイアのきわまった行為であり、その仕事場には何人たりとも足を踏み入れてはならないのです。それに、たとえ来てもらっても、すぐに死ぬほど退屈するでしょう。

岩や電源を切ったテレビ画面を日がな一日見ているほうがましです。執筆する人の様子を見るより、よほど刺激的ですから。」

作家はノートパッドやパソコンのキーボードとともに部屋にこもり、抽象的なシンボルの並べ替えを繰り返す。フィリップ・ロスはその流れをこう表現している。「文章に手を入れる。それが私の人生だ。文を書き、それに手を入れる。それから見直して、もう一度手を入れる。昼食をとる。その後、部屋に戻って、別の文を書く。お茶を飲んで、新しい文に手を入れる。それから二つの文を読み、両方に手を入れる。ソファーに寝っ転がって、考える。起き上がると、さっきの二つの文を放り投げ、もう一度最初から書き直す。」ロスは私の一日を正確に描写している。

あらゆる芸術の中で、執筆は最も地味な作業だ。画家は色彩を使い、彫刻家は三次元の物体を造る。どちらの媒体も作家の用いる抽象的な薄っぺらな記号より、はるかに注意を引く。映画、絵画、ダンス、音楽など別のかたちの芸術には、人は五感を動員して直接出合うが、書くことだけには、読解力という中間段階が受けとめ側に求められる。字と全く接したことのない人々が『リア王』の本を見ても、紙にコショウのようなものがふりかけられていると思うだけだろう。

作家は依存症になりやすい職業の上位にあるという調査結果が出ている。ひっきりなしに煙草を吸い、コーヒーをがぶ飲みし、アルコールの摂取量も警戒レベルだ。なぜか。毎日、根強いパラノイアと付き合わなければならないからだ。「私には書くことなどない。」「どれも以前に書いたことだ。」「私は偽り者だ。偽善者だ。」「私の使う表現など陳腐なものだ。」こんな具合だ。そのうえ、執筆は肉体から離れた行為なので、作家は体の他の部位を使う方法を無意識に探している――たとえそれが、カップやグラスや巻き煙草をテーブルから口へ行き来させることであっても。幸い、私はコロラドに暮らしている。健全なかたちで地球とつながろう（そして、執筆から逃げよう）と毎日私を手招きしてくるアウトドア活動にぴったりの場所だ。

聴衆の前で話をするときには、いきなり洞窟から出て、まばゆい光とマイクロフォンをつきつけられたように感じる。だれかが尋ねる。「今日の教会が直面している五大潮流とは何ですか。」私は光に向かって瞬きをする。別のだれかが尋ねる。「あなたが世界に与えている影響をどうお考えですか。」こんなふうに答えたい。「そんなことわかりません。ずっと地下の書斎にいたのですから。」だがそうはせず、礼儀正しく微笑んで、もっともらしいことを言おうとしている。

「作家になることが夢だったのですか。」この質問も免れない。多くの少年と同様、私も昔は消防士や野球選手になりたかった。ホイートン・カレッジの大学院生になったとき、学費を払うために仕事に就く必要に迫られた。近くに本社のあるキリスト教団体のドアをいくつか叩いたところ、十代向けの雑誌『キャンパス・ライフ』の当時の発行者ハロルド・マイラだけが色よい返事をくれた。最初の年はキャンパス関連の問題について報告書を出し、パンフレットを書き、写真のファイルを整理し、編集者の使い走りをした。

ハロルドは、ものを書くことに何より価値を置く人で、どこまでも辛抱強く、若いライターたちに助言を与え、導いた。軋み音を立てる木製の椅子に背をもたせて、こう言うのだった。「フィリップ、この記事の出来は八〇パーセントだな。」それが「この記事の出来は最低だ。書き直せ」の意味であることはすぐにわかった。私はものを書く仕事について一つ一つ学び、動作動詞、構文、段落と論文の構造、最後は書籍に取り組んだ。書くことは学べるのだ。私はほとんど何も知らないところからスタートした。

人生経験についてじっくり考え、それらを紙面に整理して載せるプロセスは、注意深くて内省的な自分の性格に合っているように思えた。私はジャーナリストという安全な衝立て越しに人々に取材をし、世界を観察することができた。『キャンパス・ライフ』での経験は良い訓練となった。米国の甘ったれた若者たちに向けて信仰の問題について書くのは、最高難度の挑戦だったからだ。書き手でなく読者が取引をコントロールすることも学んだ。読者の注意をつなぎとめられなければ、首になるからだ。

多くのキリスト教書籍は何らかの専門家の手で書かれている。牧師、神学者、大学教授、その他の専門家だ。私はジャーナリストとして社会に出た。定義上はジェネラリストもしくは非専門家だが、そのアイデンティティーを大切にしてきた。後年、ようやく自分独自のスタイルを見つけた。信仰の真摯な旅人として、教会に傷つき、信仰の問題をしらみつぶしに調べながら、戻ってゆく道を探るスタイルだ。心の中で葛藤している問題に、紙の上で取り組む仕事があるのは幸せだ。私自身の信仰の歩みを映し出すこの仕事が召しなのだ。『キャンパス・ライフ』で働き始めて十年経つと、出版社の経営面の細々した問題に関わるようになった。ものを書く代わりに、発行部数の調査やマーケティング予算の再検討が仕事になっていた。不安もあったが、思い切ってフリーランスに転身するとともに、その脱出を後押しするようにして、シカゴの郊外から繁華街へ引っ越した。

本書に用いられた文章の抜粋の多くは、その時期に書かれたものである。都会での生活によって、特に妻がソーシャルワーカーとして都会の貧困者のために働き出してから、新しい世界が広がった。カブスの本拠地リグレー・フィールドに近い街中に暮らしたが、シカゴはジャーナリストにとって刺激的な環境だった。執筆の壁にぶつかって散歩に出かければ、ものの数分で、てんかん発作を起こした人、バーから放り出された人、通り過ぎるタクシーに叫ぶ人と出会う。

一方、『キャンパス・ライフ』が合流した『クリスチャニティー・トゥデイ』にも定期的に寄稿するようになった。毎月のコラムをチャック・コルソンと交替で執筆し、そのいくつかが本書にも入っている。記事のリサーチや出版社がお膳立てしてくれたツアーなどで海外にも出かけるようになった。米国に対する異なる視点も、米国で繁栄してきたキリスト教の姿も尊重するようになった。宗教と産業の入り混じった米国の状態に疑念を抱いている人には、簡単な解決策を提案したい。ブラジルやフィリピンや中国を訪れ、福音を単純な良きおとずれとして受け取っている人たちと一緒に時を過ごすことである。

一九九二年、私たち夫婦はシカゴの街中から、コロラドのロッキー山脈の麓という全く異なる環境に引っ越した。どちらの住まいでも仕事場は地下室だったが、なんという違いだろう。シカゴの開き窓から見えたのは、歩いて行く人々のひざと、ハトやリスといった動物だった。いま書斎の窓から見えるのは、ポンデローサ松と雪を頂いた山々、狐、鹿、エルク、スカンク、マーモット、熊に、ボブキャットたちが――ときどきマウンテンライオンまでが――庭をうろつく姿だ。

引っ越した理由の一つは、シカゴの生活があまりにも騒々しくなったこと、もう一つは自分の書くものの焦点に変化を感じ取ったことにある。ジャーナリストとして、人々の物語を書いてきたが、注意を内側に、より内省的で個人的なものの著述に向ける時がきていたからである。自分の信仰を検証し、その信仰の旅路でたどってきた段階を記録する必要があったからである。そうしながら生活ができることに、今でも驚いている。普通の仕事に就いている人たちは、信仰上の葛藤を仕事の領域の外側で扱わなければならない。けれども私は信仰上の葛藤を書いて、報酬を得ているのである。

私はジャーナリストとしてのアイデンティティーを揺るがせにせず、ものを書いてきた。教会のベンチに座っている普通の信仰者を代表することが、自分に与えられている召しだと思っている。不健康な教会環境で育ったので、正式にキリスト教の既成組織を代表することはとてもできない。私は按手礼を受けているわけではないし、どこかの団体の評判を守る必要もない。フリーランスなので、どんな結論に行き着くことになろうが、何の心配もなく、自分の問いかけを自由に深めることができる。専門家を訪ね、可能なかぎり学び、それから助けになると思う答えを作品や記事にするわけだ。

霊性に触れる作家はすべからく、トマス・マートンの懸念に共鳴する。不安、疑い、恐怖にすら悩まされているのが実情なのに、著書には霊的生活が確かな筆致で自信満々に書かれている、という懸念だ。私の書いている言葉には、私の人生より長く残る価値があるように思ってきたし、著述の中で霊的生活について高みに至れば至るほど、自分の無秩序な生活をますます伝えていないように感じる。私の書いた言葉にいかに影響を受けたかを語る手紙を読者からもらうと、抗いたくもなる。「ありがとう。でも、あなたは私をご存じないのですよ。妻に聞いてみてください！」言葉というものは、信仰について書いている作家たちに、不相応な力を与えるのだ。

校名を伏せたうえでクリスチャン・カレッジで過ごした時期について幾度か書いている。キャンパスを再訪して教師や理事たちと話をするときまで、自分がどれほどそのカレッジの人たちを困惑させたかに気づかなかった。「どうしてあなたは私たちをそんなに傷つけるのですか。」ある教授に言われた。「なぜ否定的なことにばかり焦点を当てるのですか。本校はあなたに卒業生特別功労賞を授けたのに、あなたは背を向け、事あるごとに私たちをこきおろしているではありませんか！」自己弁護をするより、ただ話を聞こうとした。彼が私の言葉のもつ偏った力に反応していることはわかっていた。有限で不十分な一見解を表現している私の言葉が、作品を通して米国中で読まれ、彼を当惑させていたのだ。

私たち作家はなぜそうするのだろう。「多くの書物を書くのはきりがない」（伝道者一二・一二）。三千年ほど前に伝道者の書の記者はため息をつき、今年だけで二百五十万もの書籍が米国で出版されている。それでも私たちは書き続ける。慰めばかりでなく傷ももたらすような大量の本を次々に生み出している。この文を書きながら、私自身厚かましくも、この本にはあなたが時間を費やして読む価値があると思っている。「おそらく読者が一度も会ったことのない私が、ここに注目してほしいと求めています。私の言葉と考えに従ってください。どうぞ私の言葉にひたすら耳を傾けてください」と。

われわれ作家がそうするのは、一つの見解以外に提供するものがないからだろう。私の書くものはすべて、私の家族と、米国南部とファンダメンタリズムの中で育った私の生い立ち、裏道を彷徨してきた信仰の旅路で色づけられている。私が情熱をもって綴れるのは、だれかの経験ではなく、私自身の経験だけだ。しかしどういうわけか教会、家族、足を引きずりながら信仰に向かう段階を描くことが、ギターの弦をつま弾くときに重層的な音が響くように、読者の中に何かしら反応を引き起こすらしい。ウォーカー・パーシーが言ったように、読者が気づいていなくても実は熟知していることを、作家は明らかにする助けをしているのだろう。

私は自分の育った「有毒な教会」について書いてきた。米国南部の律法主義的で、怒りのあふれた、人種差別主義の教会だ。私はその教会から「回復途中」だと冗談を言っている。その途上で、絶対的な真理とされていた多くのことが実際は誤りであったことを学んできたのだ、と。それで執筆を始めたとき、自分を端っこにいる者、答えを提唱するより、問いかけるほうを心地よく思う人間であると考えた。初期の作品タイトル(『痛むとき、神はどこに』、『神に失望したとき』)は、私が何と戦い、自分をどのような位置に置いたかを示している。

信仰と不信仰の間の曖昧な領域で身動きのとれなくなっている「境界線上の人々」の話を書いたことがある。警戒しながら教会に近づき、イエスに惹かれながらも、信者たちから拒絶された人もいれば、つらい経験をして教会から逃げ出したものの、今でもその教会で感じた慰めを切望している人もいた。私自身も曖昧な領域にいたことがあるので、端っこでさまよっている人々、適応できていない人々を大切にしたいと思っている。

教会を擁護するつもりはなく、教会に傷つけられた人々に自分を重ね、その人たちに福音の良き知らせを指し示したい。真理は私たちを自由にする、豊かないのちをもたらすために自分は来た、とイエスは言われた。あなたを自由にしない、いのちを豊かにしない福音は、イエスのメッセージではない。良き知らせに聞こえないなら、それは福音ではない。

私は言葉を生業《なりわい》としているので、言葉を選び、ひっくり返し、ばらばらにし、その意味をじっくり考える。その作業を「恵み」（grace）という言葉とともに進めてきた。スポーツ面を見れば、「優美なアスリート“graceful athletes”」とあり、駐車場に目をやると、「猶予時間“grace period”一時間」と記され、楽譜を見ると、「装飾音“grace note”」とあり、「恵み」（grace）という言葉が意外な場所に顔を出しているので、注意するようになった。恵みという言葉のこうした使い方はどれも前向きで魅力的であるからだ。一方、クリスチャンはしばしば否定的な評価を得ている。堅苦しくて他の人をさばく人たちだと思われている。私たちの生き方を通して現された恵みが、神の意図と反対の意味を運ぶようになったのは、おかしいと思った。そこから『この驚くべき恵み』という本の構想が生まれた。

「私の十年計画を教えましょう。ポストモダンの文化的状況において私の信仰を表現するという戦略です。」

こう言ってみたいが、そんなことはできない。私はそのときどきの関心事に従い、テーマをどんどん変えてゆく。振り返ると、苦しみや恵みといったテーマが長い年月のうちに何度も現れている。また私の作品は、信仰の周辺部から中心部へと螺旋状《らせんじょう》に展開してもいる。最近の拙著のテーマとなったイエス、恵み、祈りは、どれも信仰の核をなすものだ。

祈りについて本を書いてはどうかと二十年前に言われたら、その提案を笑い飛ばしたことだろう。そのようなテーマを探究したいと思うまで何年もかかったが、それもあくまで探究したいという願望であって、私にその能力があるということではない。『祈り』という本を書くときも、やはりジャーナリストの立場で臨み、答えを示してくれそうな人々に取材していった。クリスチャンには、宇宙の神と意思疎通をはかるという測り知れない特権があるが、それでも多くの人にとって祈りは退屈で、生気のない儀式だ。それを変えることはできるのだろうか。私は祈りを本当に信じているのだろうか。そのような疑問をもち始め、やがてそれが書籍となった。

本当のところ、私は自分のために本を書いている。当惑し、頭から離れない問題を取り上げ、あてもなく問題の解決に取りかかる。最後はだれかが私の後でやるのかもしれないが、本を書いている間はひとりで問題に取り組み、言葉と関わっている（言葉は小動物のように絶えず逃げ出そうとする）。一語一語書き綴ってゆくことで、自分の信仰の問題を解決することができた。そして驚いたことに、私の言葉は他者の信仰を励ましてきた。

手巻き煙草の時代、キューバには工場で働く人々に朗読する人を雇う伝統があった。人々は黙々と働いた後、文学作品の朗読に何時間も耳を傾けた。それが時間潰しとなり、労働者の士気をも上げることに現場監督たちは気がついた。作業員たちは『モンテ・クリスト伯』が大のお気に入りで、煙草の名前にこの小説のタイトルを使わせてもらえないかと、アレクサンドル・デュマに手紙を書き送ったほどだ。今も人気の葉巻「モンテ・クリスト」はこうして誕生した。デュマがキューバの煙草工場を念頭にこの小説を書いたかどうかは疑わしいが、移動の自由な言葉は海を越えて別の言語に入り込み、かくも遠い地を訪れたのだ。

言葉のおかげで作家は裂け目を飛び越し、他者の意識の中に入ることができる。作家と読者のやりとりは、たいてい作者の知らない時間と場所で秘密裏に行われる。自分の作品を読んでいる人を見ることがなくても、

「あなたの本を読んでいます」と読者に声をかけられる。私の書くものが、疑念をもつ人々に寄り添い、苦しむ人々を慰め、教会から恵みを感じなかった人々に恵みを与えることができれば幸いだ。

あるとき拙い英語で書かれた手紙がインドネシアから届いた。「『私の知らなかったイエス』を読んでいます。これ、本当に祝福です。三回読みました。あなたの書いたことを考えながら、夜、何度も眠れなくなりました。あなたの本のおかげで、イエスは二千年前に地上に生きて死んだ人というだけでなく、二千年前によみがえって、今も手の届く本物の人間だとわかりました。」

一九九八年にレバノンで会った女性は、内戦の最中に地下の防空壕で『神に失望したとき』を読んだと話してくれた。自宅のある高層マンション周辺で砲撃が激しくなると、懐中電灯を片手に暗い階段を降り、防空壕に蠟燭《ろうそく》を灯して私の本を読んだという。クリスチャンがその信仰のために命を落とし、中東で最も美しい都市が瓦礫と化していたときに、私がシカゴのアパートで書いた言葉がなぜか彼女に慰めをもたらしたというのだ。それを聞いて、言い尽くせぬほど謙虚な気持ちになった。

ベイルートの別の女性は、『この驚くべき恵み』を読んで、アパートを横取りしたＰＬＯのゲリラへの態度を和らげることができたと手紙に書いてきた。そんな手紙を読むと思う。私が実際に考えていたのは内戦ではなく慢性病であり、人の家に勝手に侵入するゲリラではなく、大音量で音楽をかける隣人だったのに、と。神は、不純な動機が交錯する私の言葉を、私が想像もしなかった仕方で用いて実を結ばせてくださった。そのことに驚きを覚えている。

ある友人に言われた。「君の綴る言葉も、君の出す本も、君の子どものようなものだ。子どもたちのために最善を尽くすが、最終的に彼らは外に出て行き、彼ら自身の人生を背負ってゆく。彼らがどこへ行き、どんな影響力をもつか、君が左右することはできない。」　そのとおりだ。本書は数十年にわたって書かれた私の「子どもたち」からの抜粋集だ。二十二冊の本と四十五本の記事、そして未発表原稿の中にあったものだ。読み返しながら、言葉を用いて仕事ができる特権、言葉が可能にする思いがけないつながりに感謝している。

「人は、自分がひとりでないことを知るために読む。」映画『永遠の愛に生きて』（R・アッテンボロー監督、一九九三年）の中で、C・S・ルイスの教え子がそのように言う。そのとおりだし、われわれ作家も、自分たちがひとりでないことを切望しながら、ものを書いている。

二〇〇九年春　コロラドにて

フィリップ・ヤンシー

目次

注記

本書は、フィリップ・ヤンシーの手による記事や作品の中から、三百六十六日分の読み物を選び、まとめたものです。どれも長さを調整し、本書の性質に見合うように編集してあります。

九月十一日のような特別の日には、それにふさわしい内容のものをあてています。たとえば選挙期間の近くでは政治、十二月にはクリスマスに関するもの、と季節に合ったテーマを扱っているところもあります。教会暦に従っている箇所もありますが、教会暦の主なイベントの日付は年ごとに変わるという問題があります。それであえて早めの日付から始めることとし、三月十三日から四月一日までイエスの死と復活に関わる文章が続きます。教会暦に従う読者は、イースターに関する箇所をイースターの二週間前から読み始め、イースターが終わるまでは、それ以降の箇所を読まずにいるのがよいでしょう。やはり年によって日付の異なる昇天とペンテコステに関係するところは、五月五日、そして五月十五日から十八日にあてられています。

1
月
January

1月1日　ロゼッタ石

神の視点を、少し離れたところから考えてみよう。時間と空間の拘束を受けない霊である神は、ときおり燃える柴や火の柱等の物体の助けを借りて、ご自分の存在をこの地球上に明らかにされた。神はいつも物質を用いてメッセージをお伝えになった。ところがイエスの誕生は、それまでにない新しい出来事であった。神がこの星の生きものの一つになられたのだ。それは文字どおり前代未聞の事件だった。

宇宙を満たす神が急激に縮んで、大工の子どもとなり、他の幼児と同じように歩いたり、話したり、着替えたりすることを一つ一つ学んでいった。受肉のとき、御子は意図的に自らに「ハンデ」を負わせられた。全知である代わりにアラム語の音素を逐一学ぶ脳をもち、偏在する代わりに二本の足で歩いたり、ときにはロバに乗ったりし、全能である代わりに、のこぎりを使うには十分であっても、自分の身を守るにはあまりにひ弱な腕をもった。一千億の銀河を一度に見渡す代わりに、ナザレの狭い裏道やユダヤの荒野の岩の重なりや、エルサレムのごった返す通りをご覧になった。

イエスのおかげで、私たちは神が親密さを求めておられることを疑う必要がなくなった。神は本当に私たちと親密な交わりをもちたがっておられるのだろうか。その疑問に答えるために、イエスは天国を出て来られた。イエスは自ら神と人間、目に見える世界と目に見えない世界との間に絆を再建されたのである。

キリストにおける神の啓示を、H・リチャード・ニーバーはロゼッタ石にたとえた。これは見事なアナロジーである。ロゼッタ石が発見されるまで、学者たちはエジプトの象形文字の意味について推測するだけだった。しかし、その記念すべき日に、同一の文面が三つの異なる言語で記されている黒っぽい石が発見されたのである。並んで書かれている翻訳を比べることで、象形文字を解読し、それまで霧の中だけの理解にとどまっていた世界が今やはっきりと見えるようになった。

ニーバーは、私たちはイエスのおかげで「自分たちの信仰を再建できる」と言う。私たちはイエスを信頼するので、神を信頼することができる。神を疑ったり、神は理解できない、知ることができないと思ったりするときには、信仰のロゼッタ石であるイエスに目をしっかり向けることが最良の治療法だ。

――『見えない神を探し求めて』(一八四～一九〇頁)

＊　＊　＊

1月2日　信仰の拡大鏡

私はイエスを自分の信仰の「拡大鏡」としても思い描いているが、このことについて少し説明する必要があるだろう。『オックスフォード英語辞典』を所有していることは私の自慢である。この辞典には、英語の言葉が余すところなく網羅されている。ブック・クラブの会員なので、特別の縮刷版を、たった三十九ドル九十五セントで手に入れることができた。この一冊に辞典の全文が入っているが、あまりに縮小されているため、文字が小さくなりすぎ、何らかの助けがないと、肉眼で読めない代物だ。それで拡大鏡を購入した。宝石鑑定士が使うような回転式のアームに取り付けられた、ディナー用の大皿ほどの大きさのものだ。手で持てるもう一つの拡大鏡を一緒に使えば、どんな単語の微妙な意味の違いも熟読することができる。

辞書を使いながら、拡大鏡について学んだことがある。ある単語の上に拡大鏡をかざすと、真ん中にある小さな印刷文字は鮮明に見えるのだが、周辺部はだんだん歪んでいくのである。それと全く同じように、イエスが私の信仰の中心になって、私は信仰という拡大鏡をイエスにかざすことが増えるようになった。ものを書く者としてのキャリアばかりでなく、霊の旅路においても、私は長い間周辺部にとどまり、痛みの問題、祈りという難問、神の摂理対自由意志の問題など、答えられない疑問について思考を重ねてきた。そんなことをしていると、すべてがぼんやりかすんでしまう。ところが、イエスに目を向けると、明晰さが取り戻されるのである。

実は私は、標準的なキリスト教の教義の多くに悩まされている。地獄はどんなところだろうか。イエスのことを何も知らないまま息を引き取った人たちはいったいどうなるのだろうか。アウグスティヌスのメンターであり、死の床で神のさばきを恐れるかと聞かれた司教アンブロシウスの答えを参考にしようとも考えた。

「私たちには良き師がおられます」と、アンブロシウスは微笑んで答えたという。私はイエスを知って、疑問や葛藤を抱えつつ神を信頼するようになる。逃げているように聞こえても、この表現が、新約聖書がイエスを中心にしていることを正確に反映しているのではないだろうか。私たちはイエスを中心点としてスタートし、目を注意深く周辺部に移していくのだ。

　イエスに目を向けると、神が地上で起こっていることをどうご覧になっているかについて洞察を与えられる。イエスは、私たちが誤解しようのない仕方で、神の本質を表しておられるのでる。

——『見えない神を捜し求めて』（一九〇～一九二頁）

* * *

1月3日　神は近くに来られた

　イエスはどのような変化をもたらしたのか。神にとっても私たちにとっても、イエスはそれまで存在しなかった親密さをもたらされたのだ。旧約の時代、イスラエル人は神聖な契約の箱に触れると、倒れて死んだ。だが、肉体をもった神の御子イエスに触れた人々は、病を癒された。神の名を口にすることも、文字に書くことすら避けていたユダヤ人に、イエスは神の新しい呼び方を教えられた。アバ、もしくは「お父ちゃん」だ。イエスによって、神は近くに来られた。

　アウグスティヌスの『告白』には、この親密さが彼に与えた影響が描かれている。アウグスティヌスはギリシア哲学から、完全で永遠、不滅の神について学んだが、自分のような性欲過剰で修業の足りない人間が、そのような神とどう関われるのかがわからなかった。当時の様々な異教も調べたが、どれにも満足できなかった。そして、ついに普通の人間と完全な神との架け橋である、福音書のイエスに出会ったのである。

　ヘブル人への手紙は、神と人とのこの驚くほどの親密さの進歩を取り上げている。まず旧約の時代、神に近づくために何が要求されたかを詳しく説明している。年に一度だけ、贖いの日——ヨーム・キップール——に、大祭司だけが至聖所に入ることができた。その儀式には、きよめの洗い、特別な衣、五種類の動物の犠牲を献げることが含まれていた。それでも大祭司は恐れを抱きながら至聖所に入った。長い衣には鈴、足首には縄をつけたが、それは彼が死んだら鈴の音が鳴りやみ、他の祭司が遺体を引き出すためである。

ヘブル人への手紙は、それと鮮やかな対照を描いている。私たちは今や恐れずに、「恵みの御座に近づ」(四・一六)くことができる。大胆に至聖所に入る——ユダヤ人の読者にとって、これほどの衝撃はなかっただろう。しかし、イエスが死んだとき、神殿内部の厚い幕が文字どおり上から下まで二つに裂け、至聖所を遮るものがなくなった。それゆえ、「神に近づこう」(一〇・二二)とヘブル人への手紙は結論している。

イエスは、神への失望という問題に、少なくともこのようにしてくださっている。イエスのおかげで、私たちは神のところへ直接行くことができるのだ、と。私たちに人間の仲保者は必要ない。神ご自身が仲保者となってくださったのだから。

——『神に失望したとき』(一五五~一五七頁)

＊　＊　＊

1月4日　プロザック(抗うつ剤)を飲んでいるようなイエス

性格テストをしたら、イエスはどんな結果が出るのだろうか。

福音書から浮かび上がるイエスの性格は、私が若いときに抱いていたイエスのイメージと大きく異なっている。今にして思えば、少し前のハリウッド映画に出てくるイエスのイメージだったのだ。ハリウッド映画のイエスは感情的にならず、淡々とせりふを口にしている。当惑しているエキストラたちの中で、一人落ち着いた人物として生きている。抑えた口調ながらきっぱりと知恵を授ける。要するに、プロザックを飲んでいるようなイエスなのだ。

ところがそのイメージとは対照的に、福音書が描くのは非常にカリスマ性のある男だ。人々が心を奪われ、三日間も食べ物なしに座って、その話を聞き続けようとしたのだ。イエスは興奮しやすく、感情に駆られ、「深くあわれまれた」りするようだ。福音書は、感情に動かされたイエスの反応を数多く記している。ツァラアトを思う人に同情し、弟子たちの成功を大喜びし、心の冷たい律法主義者たちに怒りを炸裂させ、みことばを受け入れようとしない町を深く嘆き、ゲッセマネの園や十字架上で苦悩に満ちた叫び声をあげた。

「自らの感情を知って」、典型的な男らしさを打ち破らせようとする男性解放運動の退修会に出席したことがある。真の親密さを経験しようと努めている他の参加者たちの話を聞きながら、イエスが、十九世紀を経ても大概の男性が手にしそこなっている理想を実際に生きていたことに気づいた。イエスは弟子たちの前で、少なくとも三度、涙を流している。恐れを隠さず、ためらいも見せずに助けを求めた。「わたしは悲しみのあまり死ぬほどです。ここにいて、私と一緒に目を覚ましていなさい」（マタイ二六・三八）。イエスはゲッセマネで弟子たちにこう言った。今日、これほど弱さをあらわにする強い指導者がどれほどいるだろう。

イエスは出会った人々とすぐに親しくなった。井戸端の女性であれ、園に来た宗教指導者であれ、湖のほとりの漁師であれ、イエスはすぐさま問題の核心に切り込んだ。すると人々はすぐにイエスに心の深奥にあった秘密を打ち明けた。イエスは人々の深い飢え渇きを引き出し、人々はその彼の衣に触れようとして集まったのだ。

――『私の知らなかったイエス』（一二六～一二八頁）

＊　＊　＊

1月5日　逆に見ること

神からの課題を真剣に受け取るとは、イエスがしたように世界を逆に見始めることだ。自分の自我をくすぐる人を探そうとするのでなく、自我をなでてもらう必要のある人を探し出す。自分に便宜を図ってくれそうな財産家ではなく、財産をほとんどをもたない人を探す。強い人ではなく、弱い人を探す。健康な人ではなく、病をもつ人を探す。神はこのようにして、この世界をご自分と和解させるのではないだろうか。イエスは、正しい者ではなく罪人のために、健康な者ではなく病人のために来た、と言わなかっただろうか。

精神障がい者のためにラルシュ共同体を創設したジャン・バニエは、よく人から気が変であると思われると言っている。カナダ総督の息子で一流の教育を受けたバニエは、熟練労働者（ヘンリ・ナウエンもその一人だった）を募り、障がい者とともに暮らし、奉仕させた。バニエはこの世界の無意味な価値観に従うより、気が変だと言われても、福音の愚かさに従いたいと言って、自身の選択について陰口をたたく人々のことを完全に無視する。さらに心身に障がいをもつ人たちに奉仕する人は、障がい者と同じくらい恩恵を得ていると主張する。障がいの程度が最も重い人々でも、愛に対して本能的に反応する。この人たちはそのようにしながら、人間にとって最も重要なこと――あわれみ、寛容さ、謙遜、愛――に気づかせる。逆説的であるが、彼らは自分に仕えてくれる人たちに再びいのちを満たしているのだ。

私はインドでハンセン病患者たちとともに礼拝をささげたことがある。この病の治療の医学的進歩は、宣教師の医師たちの努力の賜物だ。率先してハンセン病患者たちと暮らし、恐ろしいと言われていたこの病を研究するために、危険に身をさらしたのは、彼らだけだった。

ミャンマーでは、エイズに罹患している孤児たちの施設を訪ねた。そこではクリスチャンのボランティアが、親に代わって、この病が奪い取った愛情を注いでいた。トロントにあるジャン・バニエのセンターでは、学者肌の牧師が毎日心を込めて、一言も話ができない中年の精神障がい者の世話をしていた。出席した礼拝で最も感動的だったのは、チリとペルーの連邦刑務所で行われたものであった。身分の低い人々、悲惨な人々、虐げられた人々、拒絶された人々の中に、神の国は根を下ろしている。

――『「もう一つの世界」からのささやき』（二七七～二七九頁）

＊　＊　＊

1月6日　一文無しの美食家たち

教会が手を差し伸べてこなかった人々の多さに驚き、マルセル・ルーセルは戦後のフランスの貧困と絶望の中、一九四九年に活動を開始した。待っているだけの教会ではだめだ。仕事場で困っている人々を積極的に探し求めなければならない、と考えた。イエスは大工として、パウロは天幕張りとして仕えたのではなかったか。ルーセルは結論した。「刑務所やホテルなどどんな職場でも、私たちは、神との対話が再び行われるための力になることができます。」 そして若い女性たちに目的を絞って、ミッショナリー・ワーカーズで働く人々を募った。

当初、ミッショナリー・ワーカーズは工場で働き、祈りと学びの時にだけ集まった。だが数年後、ルーセル神父は、ミッショナリー・ワーカーズが「世の光として輝く」レストランを思い描くようになった。

一九六〇年、そのレストランの一号店ロー・ヴィヴがベルギーにオープンした。それは成功し、ロー・ヴィヴは店舗を増やしていった。私は一九八七年にペルーのリマを訪れた際、現地のアグア・ヴィーヴァ店で食事をした。

アグア・ヴィーヴァは、たちまちリマの裕福な権力者たちの人気を集めた。レストランの霊的な意図を顧客に伝える従業員はごくわずかである。メニューの表紙の見返しに、「イエス様は生きています！ だから私たちは幸せです」と書かれている。女性の店員たちは毎晩十時半になると、常連客のために聖歌を歌う。

こうした従業員たちばかりでなく、仕事そのものが証しになっているべきだ、とシスター・マリーは言う。「私たちがどのような祈りの生活を送っているか、聞かないでください。こちらでお出しする食事を見てください。お皿は清潔で、料理が美しく盛られていますか。給仕は心のこもったおもてなしをしていますか。こちらで静けさを味わっていますか。そうであれば、私たちは神様に仕えているのです。」

ミッショナリー・ワーカーズはブラザー・ローレンスの精神で料理を作り、給仕をし、床を磨き、礼拝をする。すべては神の栄光のためだ。その一方で現代的な工夫もしている。高級料理を提供し、リマの貧しい人々に奉仕活動を行うための資金源としているのだ。

その日の夜遅く、高級料理の出されていたお洒落な部屋に、リマのスラムに暮らす母親たちが大勢集まり、基本的な保健衛生、子育て、肉体と霊の健康に関する授業を受けていた。レストランの仕事がないときは、従業員すべてが貧しい人々に奉仕し、レストランの収益を基金とする社会計画を実行するのだ。

――「一文無しの美食家たち」、『クリスチャニティー・トゥデイ』一九八八年一月十五日号（一二～一三、一五頁）

＊　＊　＊

1月7日　いのちを得ること

「神の栄光とは、人が完全に活き活きとしていることだ」と言ったのは、二世紀の神学者エイレナイオスだ。悲しいかな、この描写は、現代のクリスチャンに対して多くの人々が抱くイメージを反映してはいない。人々はそれが正しいにせよ誤っているにせよ、私たちをどちらかというと、控え目で、堅苦しく、抑制的だと思っている――バイタリティーあふれる人ではなく、「それは駄目ですよ」と指を振る人のように見ている。

いのちを強めるどころか、いのちを圧し潰すような人という評判を、クリスチャンが得てしまったのはなぜだろうか。イエスご自身はこう約束された。「わたしが来たのは、羊たちがいのちを得るため、それも豊かに得るためです」（ヨハネ一〇・一〇）。その豊かないのちを、私たちはなぜ理解していないのだろうか。

作家フレデリック・ビュークナーは、あるとき自分の文章力を聖人たちの人生の探究にささげることにした。最初に選んだ三人の聖人――ブレンダン、ゴドリック、聖書に登場するヤコブ――に彼は驚いた。研究を進めれば進めるほど、彼らのとんでもない過去が現れてきたからだ。道徳的とはとても言えないこの三人を、聖人にしたものとは何だろうか。ビュークナーは問うた。そして最終的に行き着いたのが、「いのちを与える人」という言葉だった。この三人はそれぞれ情熱的で危険を冒しながらも、勇気をもち、周囲にいる人々は活力を得ていった。

ビュークナーによる聖人の定義を聞いたときに、私はすぐに友人のボブのことを思った。ボブの両親は、「みことば」や教会で過ごす時間が少なすぎるといって、息子の霊的状態を心配していた。けれども、私は彼ほど活力に満ちた人間を知らない。彼は迷い動物を引き取り、友人たちのために大工仕事を行い、山登りやスカイダイビングをし、料理を習い、自分で家を建てた。ボブはめったに宗教的な言葉を使わなかったが、私も含めて彼の周りにいる人々はみな、彼と過ごすと、生きている実感が強まった。彼は、神が感じておられるに違いない物質の世界への喜びを発散していた。ボブは確かに聖人だった。ビユークナーの定義によれば、ボブは確かに聖人だった。

いのちを与えるクリスチャンはほかにもいる。ジャック・マコンネルという敬虔な長老派のクリスチャンは、結核を調べるタインテストを発明し、ティレノールとMRIの開発を助け、引退後は、引退した医師を募って、貧しい人々を診る無料診療所の開設に尽力した。私は海外で、自分で車の修理をし、数か国語を操り、地元の動植物を研究し、医者のいない地域において注射も打つ宣教師たちに出会った。こうしたいのちを与える人々は、アメリカの堅苦しい教会には馴染まないことが多い。逆説的ではあるが、私の知っているいのちを与える人々は、彼ら自身がとても豊かないのちをもっているのである。

――コラム「舞台裏」、『クリスチャニティー・トゥデイ』二〇〇〇年十月二十三日号(一二八頁)

＊　＊　＊

1月8日　世界で最も難しい職業

アーミッシュの家庭で夕食を共にしたとき、牧師を選ぶ珍しい手法を知った。その地方に暮らすアーミッシュは八年生までしか学校に通わず、神学教育を受ける人などほとんどいないという。全会衆が、牧師にふさわしいと思う男性に投票し、三票以上を得た人たちは前に進んでテーブルにつく。「新しい牧師に任命する」と書かれたカードが、それぞれの前に置かれた讃美歌のどれかに挟まれている。翌年、新任牧師は週に二回、約九十分の説教を行う。

「選ばれた人が、自分は牧師になる資格がないと思ったときは、どうするのですか。」アーミッシュの友人に尋ねてみると、彼は不思議そうな表情を浮かべてこう答えた。「自分が牧師にふさわしいと思っている人を、私たちは望みません。欲しいのは謙虚な人、神に助けを求める人です。」

アーミッシュ式の牧師の召しを推奨しない(旧約聖書のくじ引きで決める方法に似ている点は興味深い)が、友人の発した最後の言葉には考えさせられた。トマス・マートンはかつて、私たちが牧師や司祭に期待していること――他者を教え、助言を与え、慰め、祈ること――は実際のところ会衆の責任なのだ、と言った。

職務記述書や職務遂行能力に異様にこだわる現代、神を知るという、牧師にとって最も重要な資格を、私たちは見ていないのだろうか。五億人の指導者であったヒンドゥー教徒のガンジーは、インド独立をめぐる交渉の最中でも、毎週月曜日を沈黙の日として守る原則を決して曲げなかった。霊を養うその日を守ることができなければ、あとの六日間に良い仕事はできないと信じていた。

霊的指導者たちが、省察、瞑想、個人的な学びをする沈黙の時間として、週に一日を確保できるようにしたら、どれほど良い仕事ができることだろう。牧会者の霊的な健康を――牧会者の能力ではなく――私たちの最優先事項としたら、教会はどれほど良い仕事をすることだろう。

――コラム「裏頁」、『クリスチャニティー・トゥデイ』
二〇〇一年五月二十一日号（一〇四頁）

＊　＊　＊

1月9日　影のメンター

宇宙三部作を読んだのが、C・S・ルイスとの出会いだった。三部作を読んで、私の土台は徐々に浸食されていった。ルイスには超自然的なものを信じさせる力があり、私はこう問わざるを得なくなった。「これが本当に真実だったら、どうだろう。」

私が大学生活を送ったのは一九六〇年代の終わり、ルイスが一九六三年に亡くなって数年経ったころだ。相手とディベートするように彼の著作と取っ組み合ったが、彼に惹かれていることを渋々認めるようになった。ルイス自身がさんざん抵抗し、叫び声をあげながら神の国に入っていたからだ。以来、ルイスはいつも同志であり、いわば影のメンターとして、私のそばに座し、執筆スタイル、思考、ビジョンの向上を促し続けてくれている。

影のメンターのルイスから執筆スタイルを学び、今も手本にしている。ウィリアム・ジェイムズの言葉を引用すると、「形而上学的・宗教的領域において、正確な理由が説得力をもつのは、現実に対する私たちの不確かな感情が、同じ結論に好意的な印象をすでに得ているときだけである」。つまり、人は現実に対する直観と一致しない論理的な議論をめったに受け入れないのだ。その直観を養うことが、作家の取り組むべき課題である――ルイスの宇宙三部作は、彼の護教論に出合う前の私に、そのことを行ったのである。

ルイスはもともと無神論者で、信仰に疑念をもっていたため、彼の言葉を受け入れようとしない読者にも、生涯にわたって理解とあわれみを示していた。神と勇猛にも綱引きをしたが、綱の反対側を握っていた神は、ルイスの想像していた神とは全く異なっていた。私も同じように、怒りに満ちた律法的な教会によってひどく害されていた神のイメージを克服しなければならなかった。宇宙のいじめっ子に激しく抗いながら、神の恵みとあわれみを見いだした。

C・S・ルイスが、著作のヒットと、それらに基づいて製作された映画や続編の大成功を予想していたとはとても思えない。生前、そのことを知らされていたら、彼は警戒して尻込みしていただろう。ルイスは事あるごとに、私たち作家は名詞ではないと口にしていた。作家は、真理という偉大な名詞を指し示す形容詞にすぎないのだ、と。ルイスは忠実に、そしてきわめて見事に真理を指し示し、そのおかげで多くの人が真理という名詞を知り、愛するようになった。私もその一人である。

――コラム「裏頁」、『クリスチャニティー・トゥデイ』
二〇〇八年七月号（六二頁）

* * *

1月10日　下品な冗談の神学

C・S・ルイスには、気のきいた言い回しの文学的才能があった。こんな冗談を言ったことがある。ほかに証拠がなくても、自然神学の本質は、人間が死に対して下品な冗談を言ったり、下品な姿勢を示したりする現象から論じることができるだろう、と。

下品な冗談から始めよう。下品な冗談は、排泄と生殖という地上で最も「自然な」二つのプロセスを主題にしている、と言っても過言ではない。ところが私たちは、作り笑いや二重の意味をもつ言葉を使い、それらを不自然な、滑稽なものとしてすら扱っている。すべての動物がもつ機能なのに、人間だけには奇妙なものに見えるらしい。

人間は死についても動物と異なる行動をとる。自然は死を、日常的な普通の出来事として扱っている。人間だけが死を衝撃と嫌悪感をもって扱う。普遍的なのかもしれないのに、その現実に慣れることができないようだ。

ルイスは、こうした特異な事柄（よく引き合いに出される人間の良心のように）は、人間の中にある不一致という永久的な状態を暴露しているのではないかと言う。一人の人間は神のかたちに造られた霊であるが、肉体と統合している。下品な冗談や死への強迫観念が表しているのは、このどっちつかずの状態のもつ不調和への不快感だ。私たちは不協和音を感じるべきだ。何しろ人間は死すべき環境における不死の存在だからだ。人間に一致が欠けているのは、ずっと昔、人間の死ぬべき部分と不死の部分とが裂け目をつくったからだ。神学者たちは、その断層線の根源を「人間の堕落」に見ている。

聖書的な人間観によると、私たちが排泄に顔を赤らめ、死から後ずさるのは自然なことだ。そのような行動が奇妙に思えるのは、それらが奇妙であるからだ。地球にあるすべてのものの中で、物質に注ぎ込まれた霊と不死ほど特異なものはない。私たちの感じている狼狽は、人間としてこれ以上ないほど正確な感覚なのかもしれない。ここが「自分の家」でないことが思い出されるのだ。

C・S・ルイスは誇張表現を用いた。下品な冗談や死に対する姿勢から、最も本質的な神学を生み出すことは難しい。しかし、こうした超越性の噂を耳にしながら、自然神学をいっさい否定することは、もっと困難だろう。

――『ささやかな追究』（一九～二一頁）

＊　＊　＊

1月11日　喜びの問題

セックスはなぜ楽しいのだろう。食べることはなぜ楽しいのか。色彩があるのはなぜなのか。

痛みの問題を扱った書物を数えきれないほど読んできた。先日、別の一冊を読んだところで、「喜びの問題」をテーマにした書物を見たことがないことに思い当たった。人間はなぜ喜びを経験するのか。この基本的な問題について、当惑して頭を振る哲学者にも会ったことがない。

喜びはどこから来たのだろう。これは大問題ではないだろうか。クリスチャンにとっての痛みの問題に匹敵する、無神論者にとっての哲学的問題だ。無神論者やこの世のヒューマニストたちにも、でたらめで無意味な世界における喜びの起源を説明する義務があるのではないだろうか。

この問題に真正面から立ち向かった人物が、少なくとも一人いる。G・K・チェスタトンは名著『正統とは何か』の中で、自身がクリスチャンになったのは、そもそも喜びという問題ゆえであったと記している。セックス、子どもの誕生、芸術的な創造といったシンプルな人間の行為に、ほとんど魔法のような次元をもたらす感覚、時折世界に刻まれるそのような驚嘆や喜びの思いを説明するのに、物質主義では浅薄すぎると考えた。

喜びは大いなる善であると同時に、深刻な危険でもある。喜びそのものを目的として追求し始めると、性衝動や味蕾《みらい》、美を認める力といった良き贈り物を下さったお方を見失う恐れがある。伝道者の書が語っているように、ひたすら喜びに身をささげれば、逆説的に全くの絶望状態に陥るだろう。

どういうわけか、クリスチャンは喜びを良しとしない、という評判を得てきた。クリスチャンが喜びを創造者ご自身の発明だと信じているにもかかわらず、そうなのだ。私たちクリスチャンは選択することができる。セックス、食べ物、他の感覚器官に訴える喜びへの耽溺を制限することによって、人生の楽しみの半分を犠牲にしようとする、堅苦しくつまらない人間として生きてもよい。あるいは、創造主が意図されたように思いきり喜びを楽しんでもよい。

創造主の意図された範囲で楽しむことを最善の贈り物とする、キリスト教の喜びの哲学を万人が受け入れることはないだろう。懐疑主義者の中には、中庸の主張を嘲笑する人々もいるだろう。こうした懐疑主義者たちのために、私は簡単な質問をいくつか用意している。食べることはなぜ楽しいのか。色彩があるのはなぜなのか。神という言葉を使わずに説明してもらえないかと、今も答えを待ち続けている。

――『ささやかな追究』(三三～三六頁)

＊　＊　＊

1月12日　一時停止

芸術のもつ驚くべき力を目の当たりにした日のことは、一生忘れないだろう。ローマを訪れた初日、夜明け前に気持ちよく目が覚め、バスに乗って、バチカン市のすぐ外側を流れるテベレ川まで行ってみた。ベルニーニの天使たちが並ぶ橋の上から日の出を眺めた。数ブロック先のサン・ピエトロ大聖堂へのんびりと歩いて行った。だだっ広い聖堂内は静まり返っていたので、私のたてる靴音が美しい壁に反響した。そこにいたのは跪いて祈りをささげる何人かの敬虔な修道女だけだった。

しばらくしてから階段をのぼって屋上に出ると、彫像を見たり、眼下の広場を見渡したりすることができた。くねくねと続く長い行列が見えた。観光客ではなく、ドイツからバスでやってきた二百人余りの聖歌隊だった。その行列が聖堂に入っていくと、私はミケランジェロの設計したドームのバルコニーに立った。下を見ると、聖歌隊がドームの下で大きな円を作り、アカペラで歌い始めた。ラテン語の歌もあれば、ドイツ語の歌もあったが、そんなことはどうでもよかった。音響効果抜群の壮麗なドームの中で、彼らの音楽を聴いて宙に浮いていた。両腕を挙げれば音楽そのものが身体を支えてくれるような気がした。

ミケランジェロは歴史上最も偉大な芸術家と言えるだろうが、自身の作品が信仰を忘れさせていたと後に告白している。人生の終わりが近づいたとき、次のような言葉を記している。

ああ、芸術を私の偶像に、王にした
この異常な情熱から
私は学んできた。
それが大きな過ちをもたらすことを。
人間の欲望から何という不幸が生まれるのだろう
……
この世のくだらないものが
私から大切な時間を奪ってきた。
神のことを
深く思い巡らすために与えられた時間を。

そうなのかもしれない。けれども、ミケランジェロや彼のような人たちはその労を通して、私たちをこの世のくだらないものから遠ざけ、そうした黙想の時を与える助けをしたのである。サン・ピエトロ大聖堂でこの一瞬、またとないこのひととき、私はこの地上では味わえないような栄えある空間の住人となっていた。芸術がその仕事をしたのだ。

——「突き棒、釘、砂に書かれたもの」、『ファースト・シングズ』二〇〇九年二月号（三八頁）

＊　＊　＊

1月13日　メシア目撃

一九九三年、ニューヨークのブルックリンにあるクラウンハイツ地区で起きた「メシア目撃」のニュース記事を読んだ。クラウンハイツには二万人ものルバビッチ派のユダヤ人が住んでいるが、その多くが一九九三年に、同地区に暮らすラビ・メナハム・メンデル・シュニアソンという人間にメシアが宿っていると信じ込んだ。

ラビが公の場に姿を現すという噂は、燃えさかる炎のようにクラウンハイツの隅々に広がり、黒いコートを着て、もみあげをカールさせたルバビッチ派の人々は、ラビがいつも祈りをささげているシナゴーグに押し寄せた。

九十一歳のラビは前年に脳卒中を患い、話をすることができなくなっていた。ついに幕が開いたとき、シナゴーグに大挙していた人々が目にしたのは、長い髭をはやした弱々しい老人だった。手をふったり、首をかしげたり、眉を動かしたりするのがやっとだった。だが聴衆はだれも気にしていないようだった。「長生きしてください。わが主、わが師、わがラビ、王、メシア、永遠に、永遠に！」と声を合わせて何度も歌い、歌声はどんどん大きくなった。やがてラビが手で小さく曖昧なしぐさをすると、幕は閉じられた。聴衆はその瞬間を味わいながら恍惚状態のままゆっくり会場を後にした。

その記事を読んだとき、大声で笑いだしそうになった。この人々はだれをからかっているかって？　ブルックリンの口をきかない九十歳のメシア（一九九四年に他界）だって？　ところがその後、こんな思いに打たれた。ラビ・シュニアソンに対する私の反応は、一世紀の人々がイエスに示した反応にそっくりだ。ガリラヤ出のメシアだって？　たかが大工の子どもじゃないか。

このラビと熱狂的な信者たちの記事を読んだときに感じた思いが、イエスが生涯を通じて会った人々の反応についての手がかりを与えてくれた。イエスの隣人たちは、「この人は、こんな知恵と奇跡を行う力をどこから得たのだろう。この人は大工の息子ではないか。母はマリアといい、弟たちはヤコブ、ヨセフ、シモン、ユダではないか」（マタイ一三・五四〜五五）と言った。ほかの同郷人は嘲ってこう言った。「ナザレから何か良いものが出るだろうか」（ヨハネ一・四六）と。イエス自身の家族も、彼は正気を失ったと思い、遠ざけようとした。ユダヤ教指導者たちはイエスを殺そうとした。人々は振り子のように揺れ動き、イエスのことを「悪霊につかれておかしくなっている」（同一〇・二〇）と言ったかと思えば、力ずくでイエスを王にかつぎあげようとした。

――『私の知らなかったイエス』（五三〜五五頁）

＊　＊　＊

1月14日　望ましくないもの

イエスはユダヤ人だった……にもかかわらず、イエスはある意味で、ユダヤ人らしからぬ行動を取った。神殿建築そのものが、神に向かって高く上って行くヒエラルキーの階段をユダヤ人が信じていたことを表していた。異邦人やサマリア人のような人々の入ることができたのは、「異邦人の庭」だった。壁に隔てられ、その先はユダヤ人女性だけが入ることができた。ユダヤ人男性はさらに先へ進むことができ、聖所に入れるのは祭司たちだけだった。

ユダヤ人社会は、きよさを示す段階に基づく宗教的階級制度であり、パリサイ人たちは几帳面にそれを日々強固なものとしていた。手を洗ったり、汚《けが》れを避けたりすることについての規則はすべて、神に受け入れていただこうとするものだった。神は、犠牲に献げるのに望ましい動物（しみのないもの）と望ましくない動物（欠陥があったり不潔なもの）を区別するリストをお作りになったのではなかったか。神は、罪人、出血している女性、身体に奇形がある人をはじめ「望ましくない人々」が神殿に入ることを禁じられたのではなかったたか。

厳格な宗教的階級制度のただ中に現れたイエスは、子どもや罪人、サマリア人とも分け隔てなく交わりをもたれた。「きよくない」人々に触れ、またその人たちから触れられた。ツァラアトを患う人、身体に奇形がある人、長血を患う女性、精神に異常をきたした人々や悪霊にとりつかれた人々とも触れ合った。レビ記にある律法は、病人に触れた者が一日きよめの日をもつよう定めていたが、イエスはたくさんの人に触れて癒された。病人や、死者とすら接触した後も、汚れをきよめるきまりを気にされることはなかった。

実際、イエスは当時の常識を覆された。パリサイ人は、汚れた人に触れると、自分が汚れると考えていた。けれどイエスはツァラアトに冒された人に触れても汚れることはなかった。そしてその病の人はきよめられたのだ。イエスの足を洗うと、「ふしだらな女」は赦され、変えられた。イエスが慣習をものともせず異教徒の家に入ると、異教徒のしもべは癒された。ウォルター・ウィンクが言うように、「聖なるものに感染すれば、汚れたものの感染に打ち勝つのだ」。

要するに、イエスは強調点を神の神聖さ（排他的）から神のあわれみ（包摂的）に移されたのだ。「望ましくないものは受け入れられない」というメッセージではなく、イエスはこう宣言されたのである。「神の国に、望ましくないものなど存在しない」と。

――「イエスの実像」、『クリスチャニティー・トゥデイ』
一九九六年六月十七日号（三〇頁）

＊　＊　＊

1月15日　文化戦争に敗北すること

「文化戦争」という題で多くの聴衆に講演したときのことだ。聴衆の多くがリベラルな民主党で、また熱烈な少数派たるユダヤ人もいた。パネルディスカッションには、ウェルズリー・カレッジの学長ばかりか、ディズニーチャンネルやワーナーブラザーズの社長も来ていた。私は福音派のクリスチャンとして招かれていた。

講演の準備をするために福音書を調べたが、イエスがいかに政治的ではなかったかということを思い起こすだけだった。今日、選挙があるたびに、候補者のだれそれがホワイトハウスにふさわしい「神の人」かをめぐり、クリスチャンたちは激しい議論を闘わせる。だが、ティベリウスやオクタヴィアヌスやユリウス・カエサルが、ローマ帝国にふさわしい「神の人」かどうか、イエスが考え込んでいる様子は想像しがたい。

クリスチャンが文化戦争に敗北するときに起こることにも衝撃を受けた。たとえば一九六〇、七〇年代の迫害の波の中で、中国人の信仰者は罰金を払わされたり、投獄されたり、拷問を受けたりした。しかし、政府のこうした抑圧にもかかわらず、教会史上最大とも言える霊のリバイバルが起きた。目に見える国に苦しめられながら、五千万もの信仰者が、目に見えない国に忠実に仕えているのだ。

スピーチの順番が来ると、こんな話をした。私が従っているのは、一世紀のパレスチナに生きたユダヤ人ですが、その人もまた文化戦争に巻き込まれていました。彼は厳格な宗教制度や異教の帝国に逆らいました。二つの権力はしばしば争いながらも、この人を抹殺するために手を組みました。彼はどう応じたでしょう。戦うのではなく、自分の命をこうした敵対者たちにささげ、命という贈り物を自分の愛の証明としました。今際の際に、こんな言葉も発しました。「父よ、彼らをお赦しください。彼らは、自分が何をしているのかが分かっていないのです。」

パネルディスカッションの後、だれもが知るテレビ界の有名人が近づいてきて、こう言った。「あなたの言葉が胸にぐさりと突き刺さりました。どうせあなたも私の嫌いな右派のクリスチャンだろうと思っていました。私はイエスに従っていません。ユダヤ人なのです。でもあなたが、敵を赦すイエスの話をしたとき、自分がその精神からどれほど離れたところにいるか気づかされました。イエスの精神には大いに学ぶところがあります」と。

――「イエスの実像」、『クリスチャニティー・トゥデイ』一九九六年六月十七日号（三〇～三一頁）

＊　＊　＊

1月16日　近道はない

手引き、いわゆる「ハウツー」に関する質問の大半は見当違いのものだ。ハウツー本は手っ取り早く全能の神と関わって、利益や「魔法」を欲しがる米国人に典型的な、辛抱の足りない要求だ。近道も魔法もない。要点が三つにまとめられるようなものは存在しない。

詩篇の記者が発見したように、ときに近く、ときに遠く、ときにあわれみに満ち、ときに忘れっぽい神と、生涯をかけて親しくなろうとする道があるだけだ。

神は導いてくださるだろうか。導いてくださる、と私は信じている。神はたいてい微妙な方法で導いてくださる。私たちの心に考えを与えたり、執拗な不満感を通して語られたり、より良い選択をするよう刺激したり、誘惑という隠れた危険を示したり、ある特別の状況を設定したりすることもあるだろう。（神は今でもまぼろしを通して、夢や預言者の言葉を通して導かれるかもしれないが、そうした形式についてここで語ることはできない。私にそのような経験がないからだ。）　神は導き、実際に助けを差し出すが、私の自由まで飲み込んでしまわれることはない。

神の導きを求めて多くの人々がセミナーに足を運び、そのテーマについて書かれた書物が何千冊も売れているが、私は神の導きというこの問題自体があまりにも高く評価されすぎていると思えてならない。このテーマに向けているのと同じくらいの注意が、聖書に向けられてしかるべきなのだ。

人類学者ブロニスワフ・マリノフスキが魔法と宗教の違いを示唆している。彼によると、自分たちの願望をかなえてもらおうと神を操作するのが魔法であり、神の意思に従うのが宗教だ。真の導きは、魔法と似ても似つかない。近道や瓶に入った精霊を神に与えてもらおうとする魔法とは違う。マリノフスキの宗教の定義に従うべきである。そうするときに、あなたとあなたの神との深い関係が生まれるだろう。そのような関係があれば、神の導きそれ自体が目的にはならない。信仰を養われて、神がお用いになる一つの手段になるだけだ。

——パンフレット『ガイダンス』（一五〜一六頁）

＊　＊　＊

1月17日　夜の導き

告白しなければならないことがある。少なくとも私にとって導きは、何か月も何年も後になって振り返って初めて明らかになるということだ。後になると、遠回りしたプロセスのつじつまが合い、神の御手が明らかに見えてくる。だが決断をするときに感じるのは、混乱と不確実性ばかりだ。思えば人生で受けた導きのほとんどが、かすかで間接的なものだった。

たとえば、仕事に就いてからの大きな転機を考える。『キャンパス・ライフ』誌で働いていたとき、常に、相容れない二つの方向から引っ張られているように感じていた。一方は私を経営、事業、マーケティング、会計へと引っ張り、もう一方は編集や執筆へと引っ張った。数か月その両方をやってみたが、決断できなかった。どちらの分野もやりがいがあり、同じくらいの報酬を提供してくれた。どちらの働きも楽しいものだった。周囲の助言者たちのほとんどが、この雑誌に不可欠な経営の仕事を勧めた。私はたびたびこのことについて祈ったが、具体的な導きを得ることはなかった。

とはいえ、次第に自分が向かっているところがわかってきた。不眠症との戦いだ。私は外面的には経営の重圧をうまく処理し、どこから見ても健康的だった。けれども、夜眠れないことがしばしばあり、一、二時間しか眠れない夜もあるほどだった。自分に何が起きているのか、より詳しく知るのに一年近くかかった。

執筆に取り組んでいるときには眠れていたが、経営の仕事をしているときには眠れなかった。その状況を数か月ほど意識しないようにしたが、事態は滑稽なほどはっきりしてきた。（不眠症を滑稽なものと考えることができるならばだが。）

あるとき一週間執筆にかかりきりになり、それから次の一週間を経営の仕事だけに費やした。やはり思ったとおりだった。私はものを書いていた週は乳児のようによく眠り（夜泣きする乳児のように、といったほうが真実に近いかもしれない）、経営の仕事をしていたときは、ほとんど眠れなかった。これは神の導きだろうか。不思議に思った。神が夢の中で語ると聞いたことがあったが、不眠症の中でも語られるのだろうか。

事態はいっこうに変わらず、やがて私は、不眠症というメッセージは自分に与えられた直接的な導きなのだと結論した。いま当時を振り返ると、驚くほど直接的な導きと思われる。

——パンフレット『ガイダンス』（一七〜一八頁）

＊　＊　＊

1月18日　振り返ると

何冊かの本を書くことになった状況を考える。『痛むとき、神はどこに』は、一つの拒否がきっかけで出版されることとなった。一九七五年、私は本にできそうな素晴らしい着想を得たと思った。「死に臨んでの祈り」という、ジョン・ダンが命に関わる病に倒れたときに書いた宗教詩に出合った。テーマは秀逸だったが、英欽定訳聖書と同じ、読者の多くには理解できない英語で書かれていた。いくつかの出版社に手紙を書き、ケネス・テイラーが英欽定訳聖書をわかりやすく書き直したように、ダンの『宗教詩』もそうしてはどうかともちかけた。たとえば『現代のダン』や『翻案ジョン・ダン』などどうか、と。じっくり試訳もしてみた。しかし、みな口を揃えて、文学の演習には良い考えだが、現代書籍としては売り物にならないと言った。

当時の上司ハロルド・マイラが前向きな助言をくれた。「問題は、言葉の古さではない。内容ばかりか考え方まで古臭いことだ。現代の例を用いて、痛みと苦しみの問題に関する本を君が書けばいいじゃないか」と。こうして生まれたのが『痛むとき、神はどこに』である。

ダンの本を研究していたとき、痛みの問題の世界的権威であったポール・ブランド博士に出会った。出会いは「偶然」だった。妻がキリスト教救援組織の備品保管用の小部屋を掃除していたときのことだ。「あなたの好きそうな、痛みに関する記事がこの国際会議の報告書に載っているわよ。」ブランド博士の独創的な視点はとても魅力的で、私はいち早く博士と会う手はずを整えた。最終的には、博士が二十年も書類入れに保管していた、デボーションの話の色褪せた原稿の存在を知ることとなった。その原稿をもとに、『人間のからだ』(いのちのことば社)や『神のかたちに』が世に出たのである。

振り返ってみると、それやあれや多くの選択をしたときに、明らかに神の御手があったと思う。導きとは先を見ることだと、いつも思っていた。けれど経験から思うのは、その方向は逆であるということだ。私にとって導きは、振り返ったときに初めて明らかになる。今このとき私は神との関係にいちばん関心がある。自分は従順と信頼をもって応えているだろうか。

「人生は後ろ向きに理解されなければならない……人生は前向きに生きられなければならない」とは、キエルケゴールの言葉である。

——パンフレット『ガイダンス』(一八～二〇頁)

＊　＊　＊

1月19日　神の御前に出ること

「きょうは走りたい気分だろうか」と自問しなくなったのは、ずいぶん前のことだ。とにかく走ることにしている。なぜか。理由はたくさんある。いつも運動していれば、体重の増加を気にすることなく、食べたいものが食べられる。スキーや登山などをする体力もつく。こうした利点のすべてが一種の「先延ばしにされた満足」だ。

身体の運動と同じように、祈りの利点もその多くが、とにかく祈るというシンプルな行為の結果として得られるものだ。作家ナンシー・メアーズは、「自分は教会へ行くけれども、それは作家が毎朝机に向かうのと同じ精神です。アイディアが浮かんだとき、それをその場で受け取れるように、という思いからなのです」と言う。私も同じ仕方で祈りに取り組んでいる。祈りの結果を思い出すのに四苦八苦する日も少なくない。それでも私は祈り続ける。利益を得ていると感じていてもいなくても、そうする。神をもっとよく知ることができるように、ひょっとしたら静けさと孤独によってのみ神の声が聞こえるのではないかという望みをもって、祈りの場に出る。

日課としての祈りには何年も抵抗した。神とのコミュニケーションは自発的で自由なものであるはずだと信じていたからだ。その結果、たまにしか祈らず、ほとんど満足を得られなかった。レオナルド・ダ・ヴィンチは、耳、ひじ、手など身体の他の部分をいろいろと違った角度からから描くことに十年を費やした。そしてある日、その練習を脇に置き、自分の見たものを描いたのである。同様に、アスリートや音楽家が普段の練習をしないで偉大になることはない。神と自由に意思を通わせ合う特別な時間を得るために、定期的な訓練が必要であることに気づいた。

英語の「黙想」(meditate)という言葉は、「リハーサル」を意味するラテン語に由来する。ヴェルギリウスは、笛を吹きながら「リハーサルをしている」羊飼いの少年について語っている。私の祈りもリハーサルに似ていると思うことがある。基本の楽譜のおさらいをして(主の祈りを唱え)、馴染みの作品(詩篇)を練習し、新しい調べを奏でてみる。とにかく祈るのだ。

——『祈り―どんな意味があるのか』(二六七～二六八頁)

* * *

1月20日　正しく行うこと

「私はマルティン・ルターのように祈れないだろう……。きっとマザー・テレサのような精神をもつこともできないだろう。」同感だ。私たちは地上のだれか他の人のコピーとなるためでなく、真の自己を実現するために召されている。トマス・マートンは、「私にとって聖者になるとは、自分自身になることだ」と言った。

ソーシャルワーカーやホスピスのチャプレンとして働く妻の本能的技術に脱帽したのは、かなり前のことだ。窮境にある人に会うと、私は取材を始める。けれども妻は、そうした人々に会うと、すぐに彼らの関心事に自らを合わせるのだ。私たちは祈り方も異なっている。私は決まった時間に、決まった順番で祈る傾向にあるが、妻は一日を通して断続的に祈る。

神の御前に真実の姿であるようにと求めることのほかに、決まった祈りの方法があるわけではない。私たちはみな、所属する教会の歴史や神との関わりも違っている。性格、外見、教育、賜物、弱さの混ざり具合も異なっている。ロベルタ・ボンディが言うように、「祈っているなら、すでに『正しく祈っている』」のだ。

教会では長年にわたって、祈りの強調点が何度も変わってきた。初期のクリスチャンたちは、強さと勇気が与えられるようにと、共に祈った。国教会は荘厳な祈りを作り上げた。中世には、悔悟とあわれみを求めることが強調された。後にアンセルムスやクレルヴォーのベルナルドゥスが、神の愛とあわれみを再発見し、聖フランシスコは屈託のない喜びを呼び起こした。マイスター・エックハルト、クエーカーのジョージ・フォックスが心の中の神秘的静寂を探究する一方、ブラザー・ローレンスは日常の仕事の中で神の臨在を実践した。ルターは実際のデボーションに向かい、カルヴァンは神の威厳を力説した。

多様性は今日も続く。私はロシア正教会の大聖堂の中に立ち、古スラブ語で歌われている祈りの言葉などほとんどわからないはずなのに、そこにいる年輩の女性たちがむせび泣いているのを見たことがある。シカゴでは韓国人の長老派の人たちが、夜通し賛美歌を歌い、大声で祈るのを聞いた。アフリカ系アメリカ人の教会では、「アーメン！」や「お聞きください、主よ！」と叫び続けるだけで、ほとんど祈りの言葉が聞こえてこないところもある。日本では、牧師が祈りを促すと、全員が一緒に声に出して祈る。ドイツにある中国人の家の教会の人たちは、母国の厳格なやり方を引き継ぎ、断食をして三日間祈り続けることもある。ウクライナの礼拝者たちは立ち上がって祈り、アフリカの礼拝者たちは踊る。

――『祈り―どんな意味があるのか』（三〇八～三〇九頁）

＊　＊　＊

1月21日　イエスと嵐のノーマン

シカゴのラサール・ストリート教会のクラスで八つの幸いを教えることになったとき、いつもどおり、イエスを描いた映画を前もって見ておくことにした。十五本の映画から授業に使う部分を探し当てて鑑賞するのに、毎週数時間を費やした。作業のほとんどは、ビデオデッキが適当な場面を出すのに早送りや巻き戻しをする間、待っていることだった。機器がキュルキュル回転したり、カチッと音をたてたりしながら目当ての場所に向かって作動している間、退屈しのぎにテレビ画面の前景でCNNを流していた。たとえばセシル・B・デミルの『キング・オブ・キングス』(一九二七年)で八分二十秒のマークがついている箇所を目指してビデオが勢いよく動いている間は、世界各地の最新のニュースを見る。そして「再生」ボタンを押すと、一世紀のパレスチナに逆戻りするという具合だった。

私が八つの幸いについて教えた一九九一年のその週、世界では多くの出来事が起きていた。湾岸戦争では、わずか百時間余りの地上戦で、多国籍軍がイラクに対して圧倒的勝利をおさめた。長い間恐れられていた戦争があれほど迅速に終結し、米国人戦死者も非常に少なかったのは、たいていの米国人と同様、私にも信じがたいことだった。イエスの映っている映画をデッキが探している間、画面ではいろいろな解説者がチャートや地図を使って、クウェートで起きたことを正確に説明していた。そして、ノーマン・シュワルツコフ司令官が現れた。

CNNは予定されていた番組の中断を告げた。戦争から一夜明け、軍指揮官の記者会見が実況中継されるということだった。私はしばらく授業の準備を続けた。パゾリーニ版の八つの幸いを説くイエスを五分間見て、それからシュワルツコフ版のクウェートの町に迫る多国籍軍の様子を数分間見た。

だがすぐにビデオにはまったく目を向けなくなっていた。「嵐のノーマン」の異名を取るシュワルツコフには、抗しがたい魅力があったのだ。彼はイラクの精鋭共和国護衛隊「回避策」や海からのおとり作戦、多国籍軍は妨害されることなく一路バクダッドに向かうことが可能であること等について語った。またクウェート、イギリス、サウジアラビアその他、多国籍軍に参加している国をすべて信頼していると言った。シュワルツコフは、自らの使命に自信をもち、またそれを実行に移した兵士たちをこの上なく誇りに思う司令官として、華麗なパフォーマンスを繰り広げていた。私は、「これこそ戦争を指揮するにふさわしい、われわれの望む人物だ」と思ったのを記憶している。〔1月22日へ続く〕

――『私の知らなかったイエス』（一五四～一五五頁）

＊　＊　＊

1月22日　八つの幸いの逆

〔1月21日の続き〕

記者会見が終わるとCNNはコマーシャルに切り替わり、私は再びビデオを見た。金髪で青白い顔のイエスに扮したマックス・フォン・シドーが、『偉大な生涯の物語』（ジョージ・スティーヴンス監督、一九六五年）の中で、本物とは似ても似つかない演技をしながら山上の説教を、強いスカンディナヴィア訛りでゆっくり唱えていた。「心の……貧しい……者は……幸いです。天の……御国は……その人たちの……ものだからです。」シュワルツコフの会見に比べると気だるい調子のこの映画に慣れなければならなかった。そして数秒後、さっきまで八つの幸いの逆を見ていたという皮肉《アイロニー》に気がついた。

強き者は幸いだ。それが司令官のメッセージだった。勝利する者は幸いだ。スマート爆弾やパトリオット・ミサイルを所有するだけの経済力がある軍隊は幸いだ。解放者、勝利した兵士は幸いだ。

この二つのスピーチを並べるのは奇異だが、こうすると山上の説教が最初の聴衆、つまり一世紀のパレスチナのユダヤ人の間に引き起こしたに違いない衝撃波を感じることができた。彼らの前にいたのはシュワルツコフではなくイエスだったが、イエスはローマの支配からの解放を切望する、虐げられていた人々に対し、ぎょっとするような、喜ばれるはずのない助言を与えられたのだ。敵の兵隊に殴られたら、もう一方の頬も差し出しなさい。迫害を喜びなさい。貧しさに感謝しなさい。

戦場で散々な目にあったイラク人は、クウェートの油田に火を放つという卑怯な報復手段に出た。しかしイエスは敵に対する復讐ではなく、愛をお命じになった。そのような原理を土台にした王国が、ローマに対し、どれほどの間生き残るだろう。

イエスはこうも言われたであろう。「爆撃で焼け出された人々や、家を失った人々は幸いです。敗者や倒れた仲間を悲しむ者は幸いです。イラクの支配下で今なお苦しんでいるクルド人は幸いです。」「幸いです」という言葉は、イエスの意図した衝撃的な力を意味するには穏やかできよらかすぎると、ギリシア語学者ならだれでも言うだろう。このギリシア語の言葉は、「やあ、幸せ者!」というような短い喜びの叫びに似たものを伝えているのである。

「不幸な者は、なんて幸せ者なんだろう!」実際、イエスはこう言われたのだ。

——『私の知らなかったイエス』(一五六～一五七頁)

＊　＊　＊

1月23日　未来の報い

ある夏、ウィクリフ聖書翻訳者のグループを、アリゾナ砂漠の質素な本部に訪ねた。移動住宅に住む人が多く、会合は金属製の屋根がおおうコンクリートの建物の中でもたれた。辺鄙な場所に住み、貧しく苦労の多い生活に耐える覚悟でいるこれらプロの言語学者たちの献身に、私は感銘を受けた。彼らが特に好んで歌う歌があった。「だからわたしはあなたを遣わす。報われることのない労働に。報酬もなく、愛されることもなく、求められもせず、知られることもなく仕えることに……。」彼らの歌を聞きながら、この歌はちょっと間違っている、ここにいる伝道師たちは報われることのない労働をしようとしているのではない、と思った。彼らはほかの報いを受けられるという展望を心に抱きながら、ある種の困難に耐えていたのだ。この世でなければ、永遠の世において神がそれ相応の見返りを下さる、と心から信じて神に仕えていた。

朝、太陽が丘の上に昇り始めたころ、林立する柱サボテンの間にくねくねと続く泥道をジョギングした。ガラガラヘビやさそりが出てくるのではないかと、足もとばかり見ていた。ところが、新しい道筋を通っていたある朝、私は目を上げ、まるで蜃気楼のように現れた光り輝くリゾート地を見た。走りながら近づいてみると、オリンピック用のスイミングプールが二つ、エアロビクススタジオ、ジョギング用トラック、青草の茂る庭、野球場、サッカー場、馬小屋が見えた。この施設は映画スターやスポーツ選手を対象とした、ある有名な摂食障がいクリニックのものだった。このクリニックは、最新式の十二段階プログラムによる技法が呼びもので、博士号や修士号をもったスタッフを大勢抱え、一日あたり約三百ドルの治療費がかかる。

ゆっくりとジョギングしながら、ごちゃごちゃと建物を寄せ集めたウィクリフ基地に戻ったが、あのきらきら輝いていた摂食障がいクリニックとの甚だしい違いを痛烈に感じていた。一方の施設では、人々がこの世でも永遠の世でも神に仕えることができるよう、たましいを救おうと努めていた。もう一方の施設では、人々がこの人生を楽しむことができるよう、肉体を救おうと努めていた。この世がどちらの施設をありがたがるか、歴然としているように思われた。

八つの幸いの中で、イエスはこの人生の与える恩恵に、あまり浴することができない人々を尊んだ。貧しい者、嘆き悲しむ者、柔和な者、飢えている者、迫害されている者、心の貧しい者に対して、彼らの奉仕は決して認められないままではない、豊かな報いを受けるだろう、と断言した。C・S・ルイスは次のように書いている。

「実際、福音書の中の、臆面もない報いの約束と、その約束された報いが度肝を抜くようなものであるのを思うなら、わたしたちの主は、わたしたちの願望を強すぎるどころか弱すぎると見ておられるように思われます。わたしたちは、気乗りのしない顔で、せっかく限りない歓びがさし出されているのに酒とセックスと野心とをいじくりまわしていますが、無知な子どもが海辺の休日につれて行ってくれようとの意味が分からずに、貧民窟で泥いじりを続けたがっているのに、それは似ています」(『栄光の重み』新教出版社、六頁)。

――『私の知らなかったイエス』（一六二～一六四頁）

＊　＊　＊

1月24日　やはり正義の神

多くのクリスチャンの間でも、未来に受ける報いを強調するのが時代遅れになってしまったことは明らかだ。私の牧師だったビル・レスリーはよくこんなふうに言っていた。「教会がさらに裕福になり成功するようになると、会衆の好む賛美歌は『この世は私の家ではない、私はただの寄留者だ』から、『これが私の父の家』へと変化する。」少なくとも米国では、クリスチャンは快適な暮らしを営めるようになったので、もはやイエスが八つの幸いで説いた卑しい状態に自らを重ねることができない。それで八つの幸いは私たちの耳に、これほど異様に響くのかもしれない。

しかし、C・S・ルイスが思い起こさせてくれるように、私たちは未来に受ける報いの価値を割り引くような真似はすまい。米国の奴隷たちが作った歌に耳を傾けさえすれば、未来の報いを信じることでどんな慰めを得られるのか、わかるというものだ。「静かに揺れよ、麗しの戦車、私を故郷へ連れ帰る。」「天国に着いたなら、長衣をはおって御国の中で叫ぶでしょう。」「もうすぐ自由、もうすぐ自由、主が私たちを家に呼んでくださる時に。」奴隷たちは、この世に望みはなかったが、来たるべき世界に望みをつないでいた。

私はもはや、八つの幸いで言われた永遠の報いが「絵に描いた餅」であると非難したりはしない。未来の報いに希望をもつとどんな良いことがあるだろう。中東で人質にとられた経験をもつテリー・ウェイトは、ベイルートの不潔なアパートのドアに鎖でつながれて一生を過ごすのではなく、ただもうしばらく耐えれば、家族や友人、慈悲と愛、音楽に食べ物、良い書物などのそろった世界が待っていると信じた。そこにどんな良いことがあったのか。血の滲むような労働や、鞭やリンチに使うロープを持つ主人のいる世界に神は満足しておられない。こう信じることは、奴隷たちにとってどんな意味があったのか。未来の報いを信じることは、主の長い腕は正義のほうへ向けられていると信じることであり、いつか誇っている者が打倒され、卑しい者が引き上げられ、飢える者が良きもので満ち足りると信じることなのだ。

未来の報いを展望することは、決して私たちがこの世で正義のために戦う必要がないということではない。神はやはり正義であると信じさせてくれる。ほかの世界から鳴り響いてくる鐘のように、イエスの報酬の約束は、事態がどのように見えようが、悪に未来はなく、善にだけ未来があると宣言している。

――『私の知らなかったイエス』(一六四～一六六頁)

* * *

1月25日　神の賭け

ポール・トゥルニエは言った。「私たちがひとりではできないことが二つある。一つは結婚すること、もう一つはクリスチャンになることだ。」　教会との紆余曲折を経た関わりの中で、私は教会がきわめて重要な役割を果たしていることを教えられた。教会は地上における神の「新しいコミュニティー」なのだ。

理想の教会が例外的で、標準的なものでないことはよくわかっている。多くの教会では、礼拝よりもエンターテイメントを、多様性よりも画一性を、地域への奉仕よりも排他性を、恵みよりも律法を多く提供している。そして、目に見える教会に対する失望ほど、信仰のつまずきとなるものはない。

それでも、「あなたがたがわたしを選んだのではなく、わたしがあなたがたを選び……ました」(ヨハネ一五・一六)という、イエスが弟子たちに語った言葉を思い出さなければならない。教会は、言ってみれば神のリスク、いわば神の「賭け」であった。私は、理想とは程遠い教会の現状に、希望の逆説的なしるしを見るようにさえなった。神はあえて私たちのようなひびの多い土の器の中に住むことを選ばれた。そうすることによって、人類に最大の敬意を払われたのだ。

私は聖書を創世記から黙示録まで幾度か通読したが、そのたびに、教会が頂点にあることに驚かされた。教会は、神が最初から計画しておられたことの実現なのだ。キリストのからだは、人種、国籍、ジェンダーという隔ての壁を打ち壊し、この世界のどこにも存在しないコミュニティーをつくることができるのである。ローマ帝国に散らばっていた様々なクリスチャンに宛てられたパウロの手紙の最初の段落を読んでみてほしい。信者たちはみな「キリストにある」ものであると書かれている。そのことが、人種や貧富の差をはじめ、人間が分類するどんなカテゴリーよりも重要だったのだ。

キリストにあるという私のアイデンティティーは、米国人、コロラド住民、白人、男性、プロテスタントとしてのアイデンティティーよりも重要なのである。教会はその新しいアイデンティティーを祝福する場所であり、多くの違いがあっても、この一つの共通点を分かち合う人々の中で、このことを理解する場所だ。疑い深く警戒し合うこの世の人々の面前で、ますます民族主義や分断に向かって動いている世の中で、私たちはもう一つの世界で生きるよう求められている。

――『教会』（四〇～四二頁）

＊　＊　＊

1月26日　深夜の教会

特定宗派に属さず、専任のスタッフももたずに、毎週何百万人もの熱心な会員をひきつけている「教会」を訪ねたことがある。それはアルコホリック・アノニマス〔訳注＝アルコール依存症者自主治療協会。略してAA〕という名で知られている。飲酒の問題を抱えていることを告白してくれた友人がいて、彼の招待でそこへ行った。「来いよ」とその友人は言った。「そうすれば初期の教会がどんなふうだったかが、ちらっとわかると思うよ。」

月曜日の夜十二時に、今にも倒れそうな家に入った。その日、そこではすでに六回の集会がもたれた後だった。むっとするような煙草の煙が催涙ガスのように充満していて、目を刺してきた。友人がなぜAAを初期の教会になぞらえたのか、その理由はすぐにわかった。

「分かち合いの時間」は、小グループに分かれて行われた。共感をもって耳を傾け、温かく受け答えをし、幾度も肩を抱き合って、時間は進んでいった。出席者それぞれが依存症とどう戦っているかの経過報告をした。私たちは笑い、そして泣いた。会員は、真正面から顔を合わせられる人々に囲まれて喜んでいるように見えた。正直でいればそれでよかったのである。そこにいる人はみな、同じ問題を抱えている仲間だった。

ＡＡは資産を所有せず、本部も広報センターももたない。米国中を飛び回る有給のコンサルタントや投資顧問といったスタッフもいない。ＡＡの創設者たちは、あえて官僚主義につながりそうなものをすべてなくすようにしていた。一人のアルコール依存者がほかのアルコール依存者を助けるために自分の生活をささげる、という基本を守ってこそ、ＡＡのプログラムはうまくいくと信じてのことだった。これまでにこの方法が十分に功を奏することが証明されてきたため、チョコホリック・アノニマス〔訳注＝チョコレート依存症者のための互助グループ〕から癌患者の互助グループまで二百五十もの団体がこのテクニックを模倣して、それぞれ十二ステップ〔訳注＝依存症からの回復を目指してつくられた十二のステップ〕のプログラムを創設した。

友人にとっては、ＡＡとの深い関わりは、文字どおり大きな救いだった。少しでも足を踏み外せば死が待っているかもしれない、いや、間違いなく待っていると、彼にはわかっていた。ＡＡの仲間は幾度か午前四時に彼からの電話を受けて、終夜営業のレストランに駆けつけ、そこに屈み込んでいる彼を見つけた。叱られ罰を受けている学校の生徒のように、彼は「神様、あと五分で構いません。助けてください」とノートに書き続けていたという。

――『教会』（五四～五七頁）

1月27日　アルコール依存症の教師たち

地域の教会ではなし得ない方法で、少なくとも私の友人に対してはなし得なかった仕方で、アルコホリック・アノニマス（ＡＡ）が人々の差し迫った必要に応えているという事実に、私は考え込んでしまった。私は友人に尋ねた。ＡＡにはあって地域の教会にはないものは何か、と。彼は、コーヒーの入ったコップを長い間見つめていた。彼が静かにひとことつぶやいたのは、「依存」という言葉だった。

「ぼくたちはだれひとり自分の力だけではやっていけないんだ。だからこそ、イエス様が来てくださったんじゃないのかい？　でも教会の大多数の人たちは、自分たちは敬虔で優れているというふうな自己満足の雰囲気をかもしだしている気がする。ぼくには、その人たちが本当に神様やお互いに拠り頼もうとしているようには感じられないんだ。その人たちの人生は順調に見える。アルコール依存症の者がそんな教会に行くと、自分は欠点だらけの落ちこぼれだとしか思えないんだ。」

「おかしなことだね。自分の最も嫌なところ、つまりアルコール依存症ということを用いて、神様はぼくをみもとに連れ戻してくださったんだ。アルコール依存症だからこそ、ぼくは神様に拠り頼まなければならないんだ。そう考えると、アルコール依存症にも価値があるということだね。たぶん神様は、ぼくたちアルコール依存症の人たちを召しておられるんだろうね。神様や教会を信頼して生きるってことはどういうことなのか、身をもってクリスチャンに示すように、とね。」

友人の「深夜の教会」から、私は、神と寛大で温かい友人のコミュニティーに対する謙遜と誠実、そして全き信頼の必要性を学んだ。そのことについて考えたとき、これらのことはまさにイエスがご自分の教会をお創りになった際に考えておられたものではないかと思われた。

アルコホリック・アノニマスは、ビル・ウィルソンによって設立された。ビルは独力で六か月間、酒を断っていた。しかしあるとき、出張先で仕事の取引が失敗に終わり。意気消沈してホテルのロビーにいた。すると、笑い声と氷がグラスの中でチリチリと鳴るあの聞き覚えのある音が耳に入ってきた。「今のぼくには酒が必要だ」と思いながら、彼はバーへと向かった。

突然、全く新しい声が心に響き、彼は立ちすくんでしまった。「いや、酒は必要ないんだ。今のぼくに必要なのは、もう一人のアルコール依存症の人だ！」足の向きを変えると、ロビーの電話に歩いて行き、彼は次から次へと電話をかけ始めた。そしてついに、後のAAの共同創設者となるボブ・スミス医師と連絡をとることができたのであった。

教会は、「私に必要なのは、罪を犯すことではなくて、もう一人の罪人なんだ」と躊躇せずに言える場所である。

——『教会』(五一～五九頁)

＊　＊　＊

1月28日　名もなき人々を心にかけること

待ち合わせの部屋に入って来たのは、白髪交じりの痩せた男性だった。アルマジロの解剖をしていたので白衣に血がついていて、「すみません。人間以外で唯一、ハンセン病のバチルス菌をもつ種なんです」と言った。着ている服は時代遅れで、ルイジアナ病院の敷地の一角にある貸しバンガローに住み、安いおんぼろ車に乗っていた。ポール・ブランド博士は心底、成功と名声に心を動かされず、そうしたものが馴染まない宣教師であった。

その最初の訪問は一週間に及んだ。私は、潰瘍を生じた患者の手足を検査するブランド博士の傍らに座り、また研究室へも足を運んだ。夜はバンガローで、ブランド博士や著名な眼科学者であるお連れ合いのマーガレットと一緒にカレーを食べた。食事を終えて、博士がオットマンに裸足を載せると、私はテープレコーダーのスイッチを入れ、ハンセン病学や神学から世界の飢餓や土壌保全まで、幅広い話題に及んだ議論を録音した。

私の持ち出すどんな話題についても、博士はすでにかなり深く考えていた。シェイクスピアを引用し、ギリシア語、ヘブル語、ラテン語の由来を論じた。休憩時間になると、熟したイチジクの見分け方(蝶々が何度かとまって吟味した後、気に入った完熟イチジクに飛んで行く)や、アフリカのハタオリドリという小鳥が、足一本と嘴《くちばし》だけで巣をこしらえる様子を話してくれた。

インドの患者たち、博士が惜しみなく医療を施そうとした「名もなき人々」の思い出話が特に印象に残った。その先駆的な仕事を始めたとき、博士は一千五百万のハンセン病患者のために働く、世界でただ一人の整形外科医だった。博士とマーガレット夫人は、出会った患者たちに数十余りの外科処置を施し、腱の革新的な移植によって、硬直していた手を動かせるようにしたり、足を再建したり、失明を防いだり、瞼《まぶた》を移植したり、新しい鼻を作ったりしていた。

博士は、患者たちの家族の歴史、この病を発症したときに経験した人々の拒絶、医師と患者が共に経験する試行錯誤の処置について語った。いつも瞳を潤ませ、患者たちの苦しみを思い出して涙をぬぐいながら話してくれた。博士にとって、地球上で最も無視されているこの人たちは、名もなき人々ではなく、神のかたちに造られた人々であり、博士はそのイメージを尊重すべく生涯をかけたのである。

――『神のかたちに』(一二～一四頁)

＊　＊　＊

1月29日　真の謙虚さ

ブランド博士と私は奇妙なコンビだった。博士は礼儀正しい銀髪のイギリス人外科医、私は血気にはやる二十代半ばの、アート・ガーファンクルのようなアフロヘアのジャーナリストだった。私は、俳優、ミュージシャン、政治家、成功した実業家、オリンピック選手、ノーベル賞受賞者、ピューリッツァー賞受賞者など、多くの人を取材してきた。

しかし、ブランド博士には、それまで取材しただれよりも深いレベルでひきつけられた。私は、一歳の誕生日を迎えた直後に父を喪っている。ブランド博士はいろいろな点で私に父親のイメージをつかませてくれた。博士に出会ったときには、すでに十代の反抗期や、個性を確立しようとする苦しみを通り抜け、大人になっていた。出会った初日から、私は博士の弟子となった。

初めて正真正銘の謙虚さに遭遇したと思う。使徒パウロは謙虚さのお手本としてイエスを指し示した。「キリスト・イエスのうちにあるこの思いを、あなたがたの間でも抱きなさい。キリストは、神の御姿であられるのに、神としてのあり方を捨てられないとは考えず、ご自分を空しくして、しもべの姿をとり、人間と同じようになられました」(ピリピ二・五～六)。ブランド博士と出会って、自分が謙遜を否定的なセルフイメージと取り違えていたことに気づいた。ポール・ブランド博士は明らかに自分の賜物を知っていた。学歴を見ると、常に首席、自身の業績を讃える多くの受賞祝賀会にも出席していた。しかし、博士は自分の賜物を賜物として、いつくしみ深い創造主からの「贈り物」として確かに認識し、その賜物をキリストのように奉仕に用いていた。

初めて会ったとき、ブランド博士は米国の暮らしにまだ馴染めずにいた。贅沢なものに神経質になり、土壌に近い簡素な暮らしをいつも恋しがった。博士は、大統領も王様も、セレブたちのことも知っていたが、そうした有名人の名前をめったに口にしなかった。最も感動したのは、私の出会ったなかでだれよりも賢く素晴らしい人が、生涯のほとんどを、この世で最も身分の低い人々とも言えるハンセン病に冒されたインドの不可触民（ダリット）たちに献身的に奉仕していることだった。

——『神のかたちに』（一四〜一五頁）

＊　＊　＊

1月30日　黙らせることのできない手

二〇〇三年六月、ブランド博士が自宅のコテージで、本を入れた箱を二階の仕事場に運んでいたときに転倒した、と電話で知らされた。博士は手すりに頭をぶつけ、シアトルの病院に運ばれて昏睡状態にあるという。私は妻と数日後にニュージーランドに発つ予定だったが、ユナイテッド航空にしつこく交渉し、シアトル経由の飛行機に変更してもらった。

機内でブランド博士の娘ポーリンから届いたEメールを読んだ。彼女は『ライオンと魔女』の一場面を思い起こしていた。「二人の少女が、毛をそられ、縛られたアスランの亡骸《なきがら》を見つけたとき、ライオンからその尊厳を剝ぎ取ろうとする仕業だったとしても、ライオンの尊厳を高めているだけだとわかるのです。半分そられたパパの可哀そうな頭と、手術で付けられたホッチキスの醜い半円形、顔や首や胸に貼られた何本もの管もそれと同じです。そんな状態にされてもなお、パパの顔は今までと変わらず美しくて……。」

博士のベッドサイドで、私は突然、込み上げる感情に言葉を失った。ポール・ブランド博士は三十年近くも、私の人生にそびえ立つ巨人だった。導きを、知恵を、霊感を、そして信仰を求めて、博士を見つめてきた。いま横たわっているのはその容れものだけ、二人で一緒に書物に書いてきた肉体だけだった。私は身を屈めて、髪を剃られて赤ちゃんのようにすべすべになった博士の顔にキスをした。

博士の左手が何かをつかもうとするように伸び、私は自分の手を博士の手に重ねた。奇妙とも言えるが、信じがたいことに博士の指が私の指を調べ、上へ下へとさすり、押し、動かし、解析し始めた。私が立ち上がるときには、博士の右手が同じようにしたが、博士にとっては意味のないことであった。手外科医としての五十年に培った本能が、脳のシナプスに強く刻印され、そのほとんどが破壊されていても、そこだけは残っていたのだ。博士はよく患者の顔よりも手のほうをよく記憶していると言っていた。いま博士は話すことができず、おそらく考えることもできないし、呼吸もほとんどできていないが、多くの手に癒しをもたらした手をなおも差し伸べてくれたのだ。〔1月31日へ続く〕

――『神のかたちに』（二二一～二二三頁）

＊　＊　＊

1月31日　善を毒すること

〔1月30日の続き〕

数日後、地球の反対側から送られたEメールを読んで、ポール・ブランド博士が七月八日に息を引き取ったことを知った。八十九歳の誕生日を迎える一週間前だった。その週はずっと、何気ないときに――目覚めたとき、シャワーを浴びているとき、祈っているとき――すすり泣いていた。「どうしたの？」初めの何回か妻がそう尋ねてきた。「ブランド博士に会いたいんだ」としか言葉を返せなかった。心の中ではこんな言葉を続けていた。「自分はまだひとり立ちできていない。」

記念会でスピーチをする番がきたとき、靴と靴下をまず脱いで裸足になった。このささやかなやり方が、博士を讃えるにふさわしいと、なぜか思えたのだ。博士は「靴とシャツの着用なしにはサービスを受けられない」という方針に反対し、どんなときでも靴を脱ぎ、痛みを感じないハンセン病患者の足――きつい靴やごわごわしたサンダルは危険である――の保護に最善の方法を、何千時間も研究し続けた

私はまだひとりで歩けない。だが、この危険極まりない信仰の旅路を何はともあれ歩くことができるのは、信仰の一巨人から受け取った強さによるところが大きい。森にそびえる木に寄りかかるように、私はこの人に三十年も寄りかかってきた。その記念会で聞いたように、ポール・ブランド博士が残した並木は、はるか遠くまで伸びていて、多くの大陸に広がり、仲間の外科医たちばかりでなく、看護師、ハンセン病患者、隣人たち、そして博士に接した人々に影響を与えた。

「わたしのためにいのちを失う者はそれを見出すのです」(マタイ一六・二五)。イエスの言葉の中で最も頻繁に引用されるこの言葉を、博士ほどよく描写している人を私は知らない。成功にこだわる文化の観点からすると、この世で最も貧しく、最も虐げられている人々の間で、自分の人生と仕事を全うした整形外科医は、「自分のいのちを失う者」の手本である。ブランド博士は、謙遜と感謝と壮大な冒険の精神をもって、私の知るだれよりも充実した豊かな人生を生きた。

博士の共著者として、その生涯に光を当てる役割を得てきたことをありがたく思う。信じるにはたった一人の聖人に出会えばよいのであり、私はくつろいだ時間を過ごしながら、傑出した、イエスの忠実な弟子を知る特権にあずかったのだ。ポール・ブランド博士、本当にありがとう。

――『神のかたちに』(二二三～二二六頁)

2月
February

2月1日　二つの世界

ロシア共産主義の黎明期、ラビ・ジョセフ・シュニアソンというハシディズム〔訳注＝ユダヤ教の敬虔主義〕の指導者がいた。信仰のために迫害を受け、刑務所で多くの時間を過ごした。一九二七年のある朝、レニングラードのシナゴーグで祈っていたラビを、突入した秘密警察が逮捕し、警察署に連行した。宗教活動をやめろと迫る取調官に、ラビは屈することはなかった。取調官はラビの顔に拳銃を突きつけると言った。「このおもちゃは多くの人間の心を変えさせてきたんだ。」ラビ・シュニアソンは答えた。「このおもちゃが脅せるのは、多くの神々と一つの世界を信じる人だけです。私は唯一の神と二つの世界を信じているので、このおもちゃに心を動かされません。」

「二つの世界」や二つの国というテーマは、イエスの話にたびたび登場し、ルカの福音書一六章の二つの物語が、この二つの世界の違いを鋭く描き出している。賢く行動した不正な管理人の話をしながらイエスは言われる。「人々の間で尊ばれるものは、神の前では忌み嫌われるものなのです」（一五節）。二つめはある金持ちとラザロの話だが、二つの世界の価値観の違いが詳しく述べられる。金持ちはこの世で贅沢に遊び暮らしているが、永遠のいのちに入る準備をしておらず、その結果をこうむる。一方、人生の失敗者と考えられ、ひもじい思いをしていた物乞いの男は永遠の報いを受ける。

イエスはこうした話を、英雄といえば伝統的に裕福な族長、強大な王、勝利者と考えていた聴衆に向かって語られる。この世で何の価値もない人々（ラザロのように、貧しく、虐げられた人々）のほうが、神の国では名声を得るのかもしれない。イエスは終始、未来に良きものを得るために過ごす場として、目に見える世界を提示しておられる。来たるべき人生のために宝を蓄える場として描いておられる。

二つの世界を結び合わせるイエスのこんな問いかけがある。「人は、たとえ全世界を手に入れても、自分のいのちを失ったら何の益があるでしょうか」（マタイ一六・二六）。

――『聖書に出会う』（四五三頁）

＊　＊　＊

2月2日　お金の悩み

イエスはお金について語ることが多かった。けれども二千年後のクリスチャンは、イエスの真のメッセージになかなか同意できずにいる。その理由の一つは、イエスが「実際的な」助言をほとんどしておられないからだ。イエスは特定の経済システムに意見することがなく、ルカの福音書一二章の記事にあるように、財産に関する個人的な紛争に巻き込まれることを良しとしておられない。お金を主として「霊的な」力ととらえておられる。

ある牧師によると、お金については三つの問いに集約される。

1　どのように得たか（得るときに不正やごまかしがなかったか。貧しい人々を虐げなかったか）。

2　そのお金をどう使おうとしているか（貯め込むのか。他者の弱みに付け込むのか。不必要な贅沢をするために浪費するのか）。

3　そのお金があなたに何をしているか。

イエスはこれら三つの問題すべてについて語っているが、最も力説しておられるのは最後の問題だ。イエスが言われるように、お金は偶像崇拝によく似た結果をもたらす。人を捕らえ、人生を支配し、神から注意を逸らす。イエスは、お金から自由になるようにと言われた。たとえすべてを手離すことになっても、である。

ルカの福音書一二章は、お金に対するイエスの姿勢を見事に集約している。イエスはどんな所有物のことも咎めておられない（「これらのもの〔食べ物、飲み物、着る物〕があなたがたに必要であることは、あなたがたの天の父が知っておられます」〔三〇節〕）。ところが、安定した将来を考えてお金を信仰することに、強い警告を発せられた。裕福な男の話のように、お金は最終的に、人生における最大の問題を解決することができないのだ。

イエスは聴衆に、神の国の宝を探し求めるよう促された。神の国の宝は、この世の人生にも次の人生にも益をもたらすからだ。イエスは「思い煩うな」と言われる。基本的に必要な物は神が与えてくださると信頼するように、と言われるのである。その要点を強調して、旧約聖書中、最も裕福な男であるソロモン王を例に出される。強い愛国心をもつユダヤ人の英雄であるソロモンを、イエスは違った光の中で見ておられる。ソロモンの栄華は消えて久しい。全盛期にあっても、ソロモンはあちこちに咲く野の花ほど心をひかない存在だった。お金や持ち物に心を悩ませながら人生を送るよりも、地球を丸ごと惜しみなくケアしてくださる神に信頼するほうがよいのだ。

——『聖書に出会う』(四五五~四五六頁)

＊　＊　＊

2月3日　テントからモールへ

二〇〇九年の初め、イギリス人チームと湾岸諸国ツアーに出かけた。目に入ってきたのは奇妙な光景だった。黒いローブで全身を覆い、ヴェール越しにアイフォンやブラックベリーでしゃべっている女性たちが、ビキニを着たヨーロッパ人たちに混じって、ビーチを散歩している。四人の妻を従えて、ショッピングモールを歩く男性がいる。

ほんの二百年前、地元民といえば、ラクダの隊商で砂漠を行くベドウィンだった。今では地元のアラブ市民は人口のわずか十パーセント、あとはインドやフィリピン等からの出稼ぎ労働者と裕福な実業家たちだ。

私はアラブ首長国連邦で四か所、そしてクウェートで話をした。これらの国々にいるクリスチャンは、イスラム教の家庭で育ったほんの一握りの地元民だ。こちらに七人、あちらに十二人、回心は死罪になるので、みな危険にさらされている。しかし両政府は、キリスト教会が地元民に伝道をしないかぎり、国際的なコミュニティーでの奉仕は容認している。割り当てられたある教会の建物は、数十人(クウェートでは七十五人)の人々が順番に使っている。神は、教会の一致——それはイスラム政府に強要されたものだ！——という珍しい現象に、微笑んでおられるに違いない。

百年以上も前にやって来た最初の宣教師たちは、目を見張るような奉仕をして好印象を残した。たとえば、サミュエル・ツウェマーの作った診療所の住所は、今でもバーレーン「私書箱一号」だ。私たちはアブダビの設備の整ったオアシス病院で礼拝をささげた。一九六〇年に宣教師たちが建て、医師や助産師たちが皇族のうち十七人を無事に取り上げたところである。国の幼児死亡率は五十パーセントから一パーセントにまで下がった。

この場所を選んだキリスト教宣教師たちを、私は大いに尊敬する。滞在したゲストハウスで、アフガニスタンで奉仕している若い魅力的な夫婦に出会った。アフガニスタンは、タリバンによる暴力の脅威に絶えずさらされている。公の場で男女が共にいる姿を見せてはいけない文化なので、人々は「デート」ができず、どこにも行けない。宣教師夫婦は、隣家の主婦が殴られて、発した叫び声を聞いても、その傷の手当てをすることしかできない。二人は識字率がわずか三十七パーセントの国に、基礎教育を授けようと力を尽くしている。〔2月4日に続く〕

——中東、旅の覚書、二〇〇九年

＊　＊　＊

2月4日　ごみの教会

〔2月3日の続き〕

湾岸諸国の後にエジプトのカイロを訪れた。町は茶色の建物ばかりが、あらゆる方向に何キロも無秩序に伸びている。エジプトには毎日四千人ほどの人々が入って来て、二百二十万の人口を押し上げている。湾岸諸国と異なり、人口の約十パーセントを占めるのが、古くからあるクリスチャンのコミュニティーで、彼らの祖先は使徒ルカにまでさかのぼる。

私たちは日曜日にカイロ郊外のモカッタムにある「ごみの教会」を訪れた。ごみを拾いに来る人々が三万人の無秩序なスラムを作っている。正式なごみ処理業者がいないため、カイロのごみ処理は、スラムをうろつき、ごみを拾ってビニール袋に入れる人々に頼っている。彼らはこのスラムまで運んだごみを広げ、リサイクル可能なプラスチックや金属を選り分け、それらを売って、そこそこの収入を得ている。

三十年ほど前、スラムの近くに大きな洞窟の入り口が見つかった。やがてコプト派のクリスチャンが洞窟から十四万トンの石を運び出して、三千席の野外劇場を作った。(作業は、イスラム教徒が断食する期間の夜、警備員が夕食をとりに帰宅してから行われることが多かった。) そこが教会として手狭になると、やはり石を切り出して一万三千席の円形演技場が造られ、今ではそこで集会がもたれている。ポーランドの彫刻家が岩に聖書の場面を彫り、地面には美しい植物が植えられ、貧しい砂漠に美しいオアシスが出現している。

中東でキリスト教に改宗する人は珍しいが、「イスラム教の背景をもつ信仰者」の秘密の集会で、そうした何人かに会うことができた。実際、どの人も、イスラムを捨てる勇気ある一歩を踏み出すようにと促した夢や幻のことを語った。

いずれの国にもそれぞれの特徴がある。クウェートのドライバーは運転が荒っぽい。バーレーンは、海上橋を渡ってサウジアラビアからやって来た欲求不満の人々に、アルコールや売春婦を提供している。カタールには、アラブのほとんどの家庭が受信している衛星テレビ局アルジャジーラがある。そこは世界でも異質な場所であり、世界の注目を集め続けている。未知の文化や数人のテロリストを見て、中東の人たちすべてを判断しないでほしいと、米国人に訴える声を聞いた。帰国したとき、人権が保障され、女性や少数派の人々がまともな扱いを受ける民主主義社会に生きていることをありがたく思った。

――中東、旅の覚書、二〇〇九年

＊　＊　＊

2月5日　ダッハウの召命

よく話を聞かせてもらっていた牧師がいる。第二次世界大戦中、ダッハウ強制収容所を解放した部隊にいた人で、温厚で聡明な牧師だった。解放したときのことを話してくれた。

「同僚と私は一台の有蓋貨物列車の任務を託されました。列車の中には人間の遺体が、薪のように、きちんと積み上げられていました。私たちの仕事は、家具を所定の位置に移動するような感じでした。有蓋貨物列車に入って二時間も経つと、否定的な感情が波のように押し寄せてきました。激しい怒りの感情です。収まることのないその怒りを原動力に作業を続けました。」

「それから、ダッハウの責任者であったナチス親衛隊（SS）の将校たちを連行する任務を与えられました。将校たちは連合軍の衛兵の監視下にありました。その十二人を、近くの尋問所に連れて行く志願者を大佐が募りました。数分後、囚人たちが森の中に姿を消すと、機関銃のバラバラという音が聞こえました。そして志願したチャックが、銃口から煙の立ち上る銃を手にして、ぶらぶら出て来ました。『あいつらが逃げようとしたのさ』と狡猾そうな目つきをして言いました。」

「牧師になるようにと神に召されたように思ったのは、その日でした。まず、有蓋貨物列車の中で見た遺体に恐怖を覚え、とにかくそのような悪に反対するものに生涯を献げるべきであると確信しました。神に仕えるべきである、と。」

「そしてチャックの一件です。次はおまえがナチス親衛隊の将校たちを連行しろと大佐に命じられるのではないかと、胸を絞めつけられるような恐怖を覚えました。それ以上に怖かったのは、自分もチャックと同じことをするかもしれないということでした。あの将校たちのもっていた獣性は、私の中にもあったのです。」

しばらく時をおいて、こう話してくれた。「今の仕事は、そことつながっていると思います。安っぽい感傷ではなく、ときどきこんなふうに考えます。アドルフ・ヒトラーが若く多感なころに、混乱した心でウィーンの街をさまよっていたとき、だれか人の心がよくわかり、上手に導くことのできる人がいて、親身になって助けていたら、どうなっていただろうか、と。世界はあれほどの血を流さずにすんだかもしれないし、ダッハウもなかったかもしれない。今あなたの置かれている状況に、だれが置かれることになるのか、私は決してわからないのです。」

「私の生涯を『名もなき人々』と過ごして終えるとしても……、いや、あの有蓋貨物列車の中で学びました。『名もなき人々』など存在しないことを。あの日ダッハウで、人間のうちに宿る『神のかたち』とはどういうものかを私は学んだのです。」

――『ささやかな追究』（七六〜七八頁）

＊　＊　＊

2月6日　過去に進む

ある雨の土曜日、やるべき仕事をおいて映画館に行き、ナチス第三帝国を描いた『総統に従う』（*Following the Führer*）（一九八四年）を見た。エルウィン・ライザー監督は、日常生活を再現しようとしていたこの二作目の映画で、ヒトラーのドイツを描いていた。よく知られたニュース映像の合間に、ドイツで営まれていた生活の場面が活き活きと織り込まれていた。

映画は後の歴史で「明らかになること」と、日常生活で実際に起きていることとの、厚い灰色の境界線を探っている。いま振り返ると、ナチズムの悪はその姿を大きく浮かび上がらせ、映画の中の爆撃、大規模集会、強制収容所の映像は、その悪を示している。ところが、当時、ドイツの一般市民たちは、混乱の霧の中で迫られた、小さな平凡な選択をしながら、それらの悪に対応したのだ。

私は歩いて帰る道すがら、じっくり考えた。私たちは悪をありふれたものとは考えたくない。アドルフ・ヒトラーのように、実物よりも大きな邪悪なものとしたいのだ。ヒトラーのおかげで、自分よりも酷い人間がいることを知り、誤った慰めとも言うべきものが手に入る。かくして皮肉にも、ヒトラーの恐ろしいまでの極端さは、私たちのより小さい不寛容や偶像崇拝のかたちを矮小化させようとする誘惑になり得る。

母国の米国に考えが向かった。今から四十年後、現代のニュース映像をまさぐる映画製作者たちの目に鮮明に映るものは何だろう。私たちは自由の光を放つ灯だろうか。人間を抹殺できる武器をもつ文明として歴史に刻まれるのだろうか。数十年後、毎年行われる何百万もの堕胎はどのように見えるのだろうか。私たちの物質主義と退廃はどう見えるのだろうか。

そして私の考えはさらに内側に向かい、二十一世紀のエルウィン・ライザーは、私の人生のいろいろな場面を、こうした混乱した時代のニュースクリップとどうつなぎ合わせるだろうかと思った。私は一九六〇年代以来の無力感と呪いを感じた。

家に戻ると、冷蔵庫から厚紙の箱に入ったピザの残りを取り出し、レンジで温めた。それから、とにかく土曜日にするべき仕事に取りかかることにした。その日の午後は、家の窓に補修材を押しつけて過ごした。

――『ささやかな追究』（一四四～一四八頁）

＊　＊　＊

2月7日　無理強いしない人

ときどき考える。マスメディアとハイテクを使って伝道するこの時代にイエスがいたら、どんな行動をとっておられただろうか、と。大きな組織の運営にまつわるあれこれに頭を悩ませているイエスを想像することができない。テレビ出演の前に、メイクアップ・アーティストの手で見栄えを整えてもらっているイエスも考えられない。そしてイエスが資金集めの手紙を書いているところなど、全く想像しがたい。

テレビの事件記者たちは、これといった証拠もなく、超自然的な癒しの力をもっていると吹聴する伝道師の暴露記事を書きたがる。イエスはそれとは対照的に、明らかに超自然的な力をもっておられたにもかかわらず、その力を軽視する傾向にあった。マルコの福音書の中で、イエスは癒された人に「だれにも言ってはならない」（七・三六ほか）と口止めされたことが七度もあった。群衆が押し寄せて来ると、イエスは逃げ出してひとりになり、舟を漕いで湖を渡って行かれた。

他者の問題を解決しなければと思い込んでいる不健康な症状を、「メサイア（救い主）コンプレックス」という用語で表現することがある。ところが真の救い主は、そのようなコンプレックスから明らかに自由であられたようだ。生きているうちに全世界を回心させようとしたり、癒される準備が整っていない人々を治そうとしたりする抑えきれない衝動が、イエスにはなかった。

イエスがだれかの腕をねじ上げるとは思えない。むしろ選択の行き着く結果を述べ、決断を相手に差し戻された。たとえば裕福な男の疑問に、断固とした言葉で答え、男を去らせたことがあった。マルコはイエスの助言を拒否したその男について、あえてこう付け加えている。「イエスは彼を見つめ、いつくしんで……」（同一〇・二一）。

要するに、イエスは人間の自由を、信じがたいほど尊重されたのだ。伝道に携わる私たちに必要なのは、イエスの見せたような「メサイアコンプレックス」だ。エルトン・トゥルーブラッドが言ったように、重荷という くびき、苦しみの杯、しもべであることを示す手ぬぐいというイエスの用いた招きのシンボルには、厳しく嫌悪感を催すような性質すらあった。イエスは言われた。「自分の十字架を負って、わたしに従って来なさい」（同八・三四）。これほどシンプルな招きがあるだろうか。

——「イエスの実像」、『クリスチャニティー・トゥデイ』一九九六年六月十七日号（三二頁）

*　*　*

2月8日　イエスの容姿

イエスについて私たちは山のような知識をもちながら、ある特定の基本情報は不明だ。四つの福音書は、イエスの生涯の九割以上を省いている。イエスの少年時代は一場面しか書かれていないし、イエスの受けた教育については何一つわからない。家族生活の情報もあまりに少ないので、学者たちはイエスに何人の兄弟姉妹がいたか、いまだに議論している。福音書の記者たちは、現代の読者が自伝に欠かせないと思っている事実に無頓着だったのだ。

イエスの容姿や目の色についても全くわからない。いくらか現実的なイエスの肖像画が現れたのは五世紀になってからだが、それらの絵は純粋に想像の産物だった。それまでギリシア人はイエスをアポロ神に似た髭のない若者に描いていた。

あるとき授業で、イエスがいろいろな描かれ方をしている芸術作品のスライドを数十枚見せた。アフリカ人であるとか、韓国人であるとか、中国人であるとか。そして「君たちはイエスの外見がどんなふうだったと思うかね」と尋ねた。ほとんどの学生が、イエスは長身（一世紀のユダヤ人にはありえそうもないが）だったと言い、太っていたと言った学生は一人もいなかった。タイトルロールに太った俳優の名が刻まれているキリストの生涯を描いたBBCの映画を見せると、それに嫌悪を覚えた学生たちもいた。私たちが好きなのは、長身でハンサム、とにかく痩せているイエスなのだ。

二世紀にさかのぼるある伝説は、イエスの背が曲がっていたことをほのめかし、中世のクリスチャンは、イエスがハンセン病に冒されていたと広く信じていた。聖書を隅々まで読んでも、イエスの肉体に関する記述は一か所しか見つからなかった。それも、キリスト誕生の何百年も前に書かれた預言である。イザヤの描いた姿で、新約聖書でそれをイエスの生涯に当てはめているくだりの中に記されている。

彼には見るべき姿も輝きもなく、
私たちが慕うような見栄えもない。
彼は蔑まれ、人々からのけ者にされ、
悲しみの人で、病を知っていた。
人が顔を背けるほど蔑まれ、
私たちも彼を尊ばなかった。（イザヤ五三・二〜三）

私たちが美化したイエスの姿は明らかに、イエス以上に私たちについて多くのことを語っている。

——「イエスの実像」、『クリスチャニティー・トゥデイ』
一九九六年六月十七日号（三二頁）

*　*　*

2月9日　イエスを飼いならさないこと

イエスをテーマにした本を執筆しながら、ことのほか強く心に思ったことがある。私たちはイエスを飼いならしてしまったのではないか、と。子どものころに知ったイエスは優しくて感じが良く、そのひざに乗りたくなるような人物だった。子どもを抱きしめてくれる、テレビのロジャースおじさんに髭をつけたような人物だ。イエスには幼い子どもたちを惹きつける優しさや思いやりといった性質が確かにあった。けれども、ロジャースおじさんでなかったことは間違いない。

この事実を理解したのは、山上の説教を研究したときだ。「貧しい者は幸いです。迫害されている者は幸いです。嘆き悲しむ者は幸いです」（マタイ五・三～一〇参照）。これらの言葉は人々にとって、ことわざのようにソフトに響く。実際に貧しい人、迫害されている人、嘆き悲しんでいる人をたまたま知らなければであるが。大都市で暖房の排気口の周りで身を寄せ合っている路上生活者たち、アムネスティー・インターナショナルが写真を公開している、拷問を受けている囚人たち、テロの被害者家族。だれが彼らのことを幸いだの「幸運」だのと呼ぼうとするだろうか。

イエスを描いた映画の中で、最もしゃくにさわるもの、そしておそらく最も正確に描写しているものは、BBCが低予算で製作した映画『人の子』（*Son of Man*）に出ている山上の説教のイエスである。ローマ兵たちが帝国への侵入者に報復しようとガリラヤの村に入るところだった。兵士になるような年齢のユダヤ人男性らを縛り上げ、半狂乱になったその妻たちを地面に突き倒し、赤ん坊を槍で刺すような狼藉も働いた。流血と死者への慟哭に満ちたその騒然とした場面に、燃えるような目をしたイエスが入って来る。「わたしはあなたがたに言います。自分の敵を愛し、自分を迫害する者のために祈りなさい」（同五・四四）。うめき声をあげる人々に向かって、こう叫ぶ。

そのような嬉しくない言葉に村人たちの示した反応は、想像に難くないだろう。山上の説教は、人々をなだめはしなかった。人々を激高させたのである。

イエスの研究を終えたとき、私は慰められたと同時に恐ろしさも感じた。イエスは「恵みとまことに満ちて」（ヨハネ一・一四）やって来たとヨハネは言った。それでも私はイエスの恐ろしい面にも出会ったのだ。それは、日曜学校では教わったことのない面だった。自分の生活に満足してイエスのもとを離れる人がいただろうか。

イエスのそばにいて心地良かった人はほんのわずかだった。心地良く思った人は、周囲から心地良く思われていないタイプの人だった。福音書で出会ったイエスは、決して手なずけられるような人物ではなかったのだ。

――「イエスの実像」、『クリスチャニティー・トゥデイ』
一九九六年六月十七日号（三一～三二頁）

＊　＊　＊

2月10日　ゆっくり優しく

荒野の誘惑は、神の力とサタンの力の奥深い違いを暴露している。サタンは強要し、目を眩ませ、服従を強制し、破壊する力をもっている。人間はその力から多くを学び、政治もこの力の貯蔵庫から多くを手に入れている。人は他の人を思いのままに動かすことができるものである。サタンの力は外面的であり、強制的だ。

神の力はそれとは対照的に、内面的であり非強制的だ。そういう力はときに弱々しく見えるかもしれない。神の力は穏やかに内側から変容することで遂行され、またあくまでも人間の選択に依存する点において、放棄に似ているかもしれない。親や恋人ならだれでも知っているように、愛する相手が拒絶を選ぶとき、愛は無力になる。

「神はナチスではない」と、トマス・マートンは言った。実際、神はナチスではない。宇宙を統べ治めるイエス・キリストは宇宙の犠牲者になった。神はご自分をある目的のために弱いものとされた。その目的とは、神をどう扱うのか、人間に自由に選ばせることだった。

セーレン・キェルケゴールは、神の優しい触れ方についてこう書いた。「世界にずっしりと御手をかけることのできる全能の主は、被造物が主体性をもつことができる程度にそっと触れることもできる。」神がもっとしっかりと触れてくれたらいいのにと思うこともある。自由も誘惑もありすぎて、私は疑いのほうへ向きがちだ。ときには神に圧倒されたい。私の疑う心を確実に打ち負かし、神が存在し、人間に関心をもっておられるという決定的な証拠を示してほしい。

神には、人間に関する事柄や私個人の歴史に対しても、もっと積極的な役割を果たしてほしい。なぜ神は「手をこまねいて」いるのだろう。私の祈りに迅速かつ劇的に答えてもらいたい。私の病気を治し、大切な人々を守り、安全を確保してほしい。疑い深い友人たちに指し示すことができるような、曖昧さのない神が欲しい。

こんなことを考えていると、サタンが二千年前にイエスに叩きつけた挑戦の、薄っぺらで空しい言葉が、自分の中でこだましていることに気づかされる。イエスが地上での誘惑に抵抗されたように、神は今、そうした誘惑に抵抗し、ゆっくりとした穏やかな方法を選んでおられる。

——『私の知らなかったイエス』(一〇六～一〇九頁)

＊　＊　＊

2月11日　自制という奇跡

イエスを知れば知るほど、イワン・カラマーゾフが「自制の奇跡」と呼んだものに感銘を受けるようになった。サタンの持ち出した奇跡、パリサイ人の要求したしるしや不思議、私が望んでやまない決定的な証明。そういったものを全能の神が行っても何ら支障はないはずだ。さらに驚くべきなのは、イエスが奇跡を起こしたり人々を圧倒しようとしたりされなかったことだ。神はあくまで人間の自由にこだわり、神が存在しないかのように生きる力を人間にお与えになった。神の顔に唾をかけたり、神を処刑したりする力を授けられたのだ。イエスは自らの強大な力を自制するエネルギーを注いで荒野の誘惑を退けたとき、このすべてを知っていたに違いない。

全能であることを派手に見せびらかしたところで、ご自分の望むような反応を勝ち得ることができないため、神はそういう自制にこだわったのであろう。力は服従を強いるが、愛の答えを呼び寄せることができるのは愛だけだ。愛による応答こそ、神が私たちに求めているものであるし、神が私たちを造られた理由なのだ。「わたしが地上から上げられるとき、わたしはすべての人を自分のもとに引き寄せます」(ヨハネ一二・三二)とイエスは言われた。そしてこう続ける。「これは、ご自分がどのような死に方で死ぬことになるかを示して、言われたのである」(同三三節)。神の本質は自らを与えることであり、その要請の根本に犠牲愛を置かれた。

一人の悲嘆にくれた男性から、放蕩する息子の話を聞いたことがある。その息子ジェイクは仕事が長続きせず、薬とアルコールに稼ぎを費やし、家にもろくに電話をかけてこなかった。ジェイクの父親がもらした無力感を湛えた言葉は、イエスがエルサレムについて発した言葉にも似ていた。「あいつを連れ戻してさえやれば、ここにいさせて、どれだけ大事に思っているかわからせてやれるものを。」そう言ってからこう付け加えた。「おかしなことだが、拒絶されても、ほかのまともな三人の子どもたちより、ジェイクの愛のほうが私には大事に思えるんだ。変だろう？　愛なんて、そんなもんさ。」

その最後の言葉に、どんな神義論の本にもまさる、神の自制の神秘についての洞察を感じる。神はなぜ、正義の仇討ちをするよりも、ゆっくりと励ますようにして義を育まれるのだろうか。「愛なんて、そんなもんさ。」愛には愛独自の力がある。人間の心を根本から征服することのできる、たった一つの力なのだ。

——『私の知らなかったイエス』（一一〇～一一二頁）

＊　＊　＊

2月12日　神の内気

この自制というイエスの性質、神の内気と呼んでよいほどの性質に私は驚愕した。福音書のイエスの話を理解すると、子どものころ、米国南部のファンダメンタルな教会で触れた性質と同じものを、イエスに期待していたことに気がついた。その教会では、息苦しく感じることが多かった。「信じなさい、質問はするな！」式に次々に教義が提供された。教会は一片の疑いも差し挟ませず、奇跡や神秘や権威を振りかざした。自分のことを偽りながら相手と話す技術も含め、「たましいを獲得する」ための巧妙な技術も学んだ。けれども今、こういった性質はイエスの人生に一つも見いだすことができない。

教会史を正確に読むと、イエスの拒んだ誘惑に屈したクリスチャンはほかにも大勢いる。ドストエフスキーは、大審問官の拷問部屋に荒野の誘惑を鮮やかに再現してみせた。誘惑に逆らった神によってつくられた教会が、信仰を強制する審問を五百年も続けられたのはなぜだろう。一方ジュネーヴの町では、もっと穏やかなプロテスタント版として、教会に通うことは義務であり、聖餐式にあずかるのを拒否することは犯罪であるとされていた。そこでも異端者たちは火刑に処された。

恥ずべきことだが、キリスト教の歴史に見られるのは、イエスの生き方を改善しようとする、救われがたい試みだ。教会は権力への近道を提供する政府と手を結ぶこともあった。ヘルムート・ティーリケは、ドイツの教会がアドルフ・ヒトラーに心酔し始めたころのことを書いている。「成功を崇めることは概して、悪魔が最も甲斐甲斐しく手をかけている偶像礼拝の形態にほかならない。ナチス政権が誕生した一九三三年からの数年間、大きな成功から生じるそれとない強制や、こうした成功の影響下において、クリスチャンでさえ、だれの名によるか、どれだけ犠牲を払うかを、どんなに問わなくなるかに気づかされた。」

教会は、奇跡や神秘や権威に代表される力を知り尽くしたジム・ジョーンズやデヴィッド・コレシュのような、教会のヒトラーを育ててしまうことがある。そして政治家やセールスマン、広告のコピーライターたちが完成した操作手段を無邪気に借用することもある。

——『私の知らなかったイエス』(一一六〜一一八頁)

＊　＊　＊

2月13日　子どもと恋人

「素晴らしいニュースがあるの」と友人に呼びとめられ、一歳になった彼女の甥っ子が初めて歩いた話を十分も聞かされた。「あの子、歩けるのよ!」これを立ち聞きした人はどれほど奇異な印象をもったことだろうと、あとで思った。普通はだれだって歩けるのだ。歩けることは、そんなに大ごとだったのだろうか。

考えてみれば、幼児期はめったにない贅沢を、そしてその後の人生で消え失せてしまう特別な性質のものを与えてくれる時期である。再び特別なスポットライトが当てられるのは、恋に落ちた時かもしれない。恋人には、ほくろの一つ一つが可愛く、変てこな趣味も活き活きとした好奇心の現れだと思う。私たちは再び特別な存在としてたたえられるようになる。倦怠期がやってくるまでは。

子どもや恋人の扱いについて考えていたら、聖書の隠喩《メタファー》の的確さがよりわかってきた。神は人間との相互関係を描くのに、「子ども」や「恋人」という言葉を選んでおられる。

旧約聖書は、花婿と花嫁にたとえた描写にあふれている。神は人間に言い寄り、恋人を愛するように人間を溺愛される。人間がこれに応えないと神は傷つき、捨てられた恋人のように拒絶された思いを味わわれる。新約聖書も同じように、しばしば教会を「キリストの花嫁」にたとえている。隠喩《メタファー》を変えて、私たちが立派な相続人として権利と特権を与えられた神の子どもであるとも宣言している。イエス（神の「ひとり子」）が来られたのは、私たちが弟子となって神の家族に娘や息子として迎え入れられるためだ、と言われている。神はわが子や恋人を見るようなまなざしで、私たちのことを見ておられる。

神の許容量は人間のそれと異なり、無限大だ。神はあらゆる創造物を、特別に扱うことがおできになる。聖書を読めば、神は果てしない欲求を、一人ひとりの人間を愛することで満たしておられる。初めて歩き出す子どもの様子をわくわくしながら見つめる親のように、おぼつかなげに霊の「一歩」を踏み出す私の様子を神が見ておられるのだろう。

宇宙の謎が明らかになるとき、親の愛と恋人の愛の根底にある目的もわかるかもしれない。神はただ無限の愛の可能性を私たちに気づかせるために、こうした特別な時を下さっているのかもしれない。この地上で経験する最も親密な愛からうかがい知れるのは、神の愛のほんの一部にすぎない。

――『ささやかな追究』（一六三〜一六六頁）

＊　＊　＊

2月14日　恋愛ビジネス

GNP（国民総生産）がどれほど恋愛に依拠しているか、考えたことがあるだろうか。恋愛は芸術を席巻している。ポピュラー音楽専門のラジオ局にスイッチを合わせて、恋愛を歌っていない曲を探してみればいい。出版界でもゴシック・ロマンスの売れ行きは、他のジャンルを上回っている。熱い恋愛が筋書きにない昼メロやコメディーなどがあるだろうか。

産業全体が恋愛を活用している。ファッション、宝石、化粧品業界は、「異性を惹きつけるテクニックを装備しましょう」と誘っている。「男性をつかまえる」や「女性をハントする」等の表現が、現代文化の実態を言い当てている。そして私たちは、どんな文化もその点は変わらないと思っている。

ところが、ここに注目すべき現象がある。私たちのこの地球村では今でも、男女の結婚のほとんどが、ロマンチックな恋愛につきものの、キュンとする胸の痛みを感じたことがなく、結婚後も感じていないというのだ。私たちが恋愛を当たり前と思っているように、アフリカやアジアに生きる十代の若者の多くは、両親のお膳立てする結婚を当然のことと思っている。

米国など西洋の文化では、相手の魅力に惹かれて結婚することが多い。だが、魅力的に思えた性質もやがて変わってしまうことがある。特に体型は年齢とともに変わっていく。その一方で、思いがけないことが出現する可能性もある。

これに対して、見合い結婚した夫婦はお互いの魅力に基づいて結婚したわけではない。相手の決断を聞き、長い人生を、それまでほとんど知らなかった人と共にする運命を受け入れる。それゆえ最も重要な問いが、「だれと結婚すべきだろう」から、「この与えられた相手と、どのような結婚生活をつくりあげていけるだろう」に変わる。

安定した家庭を築く土台がもろいものであっても、西洋世界が自由恋愛の概念を手放すことはないだろう。けれども、別の文化をもつクリスチャンの話を聞いて、「見合い結婚の精神」がいかに他の性質を変容させるものかがわかってきた。たとえば、クリスチャンの歩みに何を期待できるか、この精神から学ぶことがあるのかもしれない。〔2月15日へ続く〕

――『ささやかな追究』(一七二〜一七四頁)

＊　＊　＊

2月15日　見合い結婚の精神

〔2月14日の続き〕

一例を挙げると、現代の神学が苦しみの問題にこだわっていることを、私は常々奇妙に思ってきた。この社会の人間は健康状態も格段に向上し、肉体のこうむる痛みもかつてなく軽減され、長生きもしている。ところが、現代の芸術家、脚本家、哲学者、神学者たちは、ヨブの発した古い問いかけを今風に言い直そうと必死になっている。なぜ神はこれほどの苦しみを許されるのか。なぜ神は介入されないのか。

そうした絶叫が、神秘に満ちた第三世界から、あるいは過酷な苦しみに耐えたアレクサンドル・ソルジェニーツィンのような人々から出てこないという事実は、意義深い。苦悶の叫びを発しているのは、主として快適に暮らし、強い自己愛をもつ、西側に住む私たちだ。この奇妙な流れの中で考えながら、私は見合い結婚のたとえに戻る。

この見地に立って、神との関係に「見合い結婚の精神」が必要であるように思う。神は今あるような私を造ってくださった。特別の顔立ち、ハンデと制限、体型、精神力。この性質やあの性質を不愉快に思って過ごし、私という「素材」を変えてほしいと神に求めながら人生を送ることができる。あるいは、欠点その他をもつ自分を、神が用いることのできる素材として謙虚に受け入れることもできる。それでも、満たされるべき要求のリストを手にしながら、誓うことはできない。見合い結婚をする夫のように、先の展開がどうなるにせよ、まず神に忠誠を誓うのだ。もちろんリスクが伴う。未来がどうなるか、杳《よう》としてわからないのだ。

信仰とは、「良い時も悪い時も、病める時も健やかなる時も」、何があっても神を愛し、神から離れないと誓うことだ、という意見もあるだろう。幸いなことに、「見合い結婚の精神」は双方に求められるものなのだ。つまり、神も、前もって私に忠誠を誓っておられるということだ。信仰とは、神も同じ誓いをされ、イエス・キリストがそのことを証明しておられる、と信じることだ。神は私の業績を根拠に、条件付きで私を受け入れるのではない。何があっても誓いを守られる。そこに恵みがある。

――『ささやかな追究』（一七四～一七六頁）

＊　＊　＊

2月16日　試練のはしご

ドイツ人牧師で神学者のヘルムート・ティーリケは、「米国のクリスチャンは、苦しみについて不適当な神学をもっている」と言った。だれが異を唱えられるだろう。それどころか、異国に侵入されたことがなく、不快な気温をエアコンで解決し、少しでも痛みがあれば薬を処方してもらいながら二百年近くも生き抜いてきた社会から、苦しみの神学が出現するなど、どうして考えられるだろう。

私は苦しみについて少なくとも五つのアプローチを聖書の中に見いだしたが、その中の一つにだけ注目すると、苦しみについて不適当な神学ばかりか、異端の神学までも打ち立てる危険性があることがわかる。

第一段階　正しく生きる人は苦しむことがない。
第二段階　善良な人は苦しみに耐えるが、必ず救い出される。
第三段階　すべてのことが働いて益となる。
第四段階　忠実な人は苦しみを求められることがある。
第五段階　聖なる無関心。

第一段階「正しく生きる人は苦しむことがない。」反射神経のようにして「繁栄の神学」というものがある。だが、出エジプト記と申命記に戻って、この神学が源としている、神がイスラエルの民と結んだ契約を理解するべきである。神は、民がご自分に従うなら繁栄することを保障された。ところがイスラエルの民は、その契約の条件を破ったのである。

第二段階「善良な人は苦しみに耐えるが、必ず救い出される。」詩篇や哀歌の著者は、こう信じているようだ。「神に自分の義を説得させることさえできれば、神は必ず救い出してくださる。何か間違いがあるはずだ。」そのように自己正当化する詩篇を、私は前提の詩篇と理解するようになった。それらは、正しい人々も苦しむことがあるし、正しい人々が救われないこともあることを、国民全体が理解する助けになる。

第三段階「すべてのことがともに働いて益となる。」ローマ人への手紙八章二八節のこの有名な言葉は、しばしば、「神を愛する人には、良いことだけが起きる」と曲解される。皮肉にも、パウロが言わんとしたのはその逆だった。八章のあとの部分でパウロは自分の語っている「事柄」は、苦難、苦悩、迫害、飢え、裸、危険、剣であることを明らかにしている。それでもこう言っている。「これらすべてにあっても……私たちは圧倒的な勝利者です」(三七節)。どれほどの試練も私たちを神の愛から引き離すことはできない、と。〔2月17日へ続く〕

――『ささやかな追究』(一八二〜一八四頁)

＊　＊　＊

2月17日　苦難の大学院

〔2月16日の続き〕

第四段階　「忠実な人は苦しみを求められることがある。」ペテロの手紙第一には、試練について、この新たな解釈が記されている。正しく生きる人は苦しみから免れることを期待するとの第一段階からは程遠く、この神学が想定しているのは迫害だ。「足跡に従う」(二・二一)それらの信仰者たちは、キリストのように不正な苦しみを受けるだろう。

第五段階　「聖なる無関心。」使徒パウロはピリピ人への手紙一章に描かれているような、高貴な地位に達した。そこでパウロは、死んでキリストとともにいるほうがよいのか、しばらくとどまって伝道を続行するほうがよいのか決めかねている。彼の価値観は混乱しているようにも見える。明らかに、パウロは牢獄にいた期間を望ましいものと見ている。その「試練」によって、多くの良い結果がもたらされたからだ。富、貧困、慰め、苦しみ、受容、拒絶、生や死までも。こうした状況はどれ一つ、パウロにとって問題ではない。「最終的に」大切なことは一つだけだ。キリストをたたえるという何ものにもまさる目標、どのような状況にあっても達成し得る目標だ。

大きな枠組みにきちんと整理しておかないと、一連の聖書の段階を掲げることで当惑する人もいるだろう。そのような人たちには、第五段階に照らして第一段階を考えることをお勧めしたい。興味深いことに、パウロは苦しみに対して聖なる無関心となる第五段階に進んでから、第一段階に戻っている。パウロにとっては、正しく生きる人は苦しまなかったのだ。少なくとも、どんな永遠の意味でも苦しまなかった。そして神は痛ましい出来事であれ、喜ばしい出来事であれ、パウロの歩みのあらゆる出来事を用いて、神の国を前進させる手段とされた。

ヘルムート・ティーリケが米国について述べた意見を確認するような、高められた第五段階に至った人にはほとんど会ったことがない。そのような信仰の人がいたら、国はどれほど祝福されるだろう。苦難の大学院の授業として目を向けるべきは、パキスタンや北朝鮮やイランのようなところにいるクリスチャンだ。私たちは第一段階の可能性の議論に、より多くの時間とエネルギーをささげているようだ。米国があらゆる戦争に勝利を収め、経済が活況を呈した「古き良き時代」を切望していることは確かである。

――『ささやかな追究』(一八五～一八六頁)

＊　＊　＊

2月18日　奇跡の限界

イエスはいつでも不思議なわざを行えたのに、奇跡に対して相反する思いをもっておられたようだ。弟子と一緒にいたときは、奇跡をご自分がだれであるかということの証明とされた(「わたしが父のうちにいて、父がわたしのうちにおられると、わたしが言うのを信じなさい。信じられないのなら、わざのゆえに信じなさい」〔ヨハネ一四・一一〕)。だが奇跡を行ったときでも、そのことを重視されないことがよくあった。マルコの福音書には、癒した者に「だれにも言ってはならない」と言った場面が七つ記されている。

イエスは、モーセやエリヤの時代に、奇跡が浅薄な結果しかもたらさなかったことをよく知っておられたのだ。奇跡はたしかに群衆を引きつける。だが、長続きする信仰を鼓舞することはまれだ。イエスが携えてきたのは、従順と犠牲という受け入れることが難しいメッセージであり、刺激を求めている人のための見せ物などではない。(今日にとても似ているが、イエスの時代の懐疑論者は、イエスの力を彼らなりにうまく説明した。)

聖書の記事は一貫して、多くの人がなお切望し、劇的で、えも言われぬ奇跡は、決して深い信仰を育まないと述べている。イエスの顔が太陽のように輝き、その衣が目も眩むほどまぶしく輝いた山上の変貌は、その一番の例だ(マルコ九・三)。なんと大昔に死んだユダヤ史上の偉人であるモーセとエリヤが、雲の中に現れた。そして神は、弟子たちに聞こえるように語られた。弟子たちはこれに耐えられず、恐怖のあまり地に倒れた。

しかし、この驚くべき出来事がペテロ、ヤコブ、ヨハネにどんな影響を与えただろうか。彼らの疑問に永遠の終止符を打ち、彼らを信仰に満ちあふれさせただろうか。その数週間後、イエスが彼らを最も必要としたとき、みなイエスを見捨てたのだ。

イエスの奇跡は、対象を選ぶことが多かった。そして、それは人間の失望をすべて解決はしないが、イエスの使命の「しるし」であり、神がいつの日かすべての被造物に行われることの予告でもあった。シャンデリアの掃除のように屋根から吊り降ろされた身体の麻痺した人のように、奇跡を経験した人にとって、癒しとは神が地球を訪れてくださったことの、納得のゆく証拠であった。他の人々には、癒しは切望を呼び覚ました。すべてが回復される日に、痛みや死が終焉を迎えて初めて満たされる切望を。

奇跡はイエスの予告どおりに起こった。イエスを信じた人には、さらに信じる理由となったが、イエスを拒否した人には大した違いをもたらさなかった。信じなければ見えないものがある。

——『神に失望したとき』(一四二〜一四六頁)

＊　＊　＊

2月19日　自分を否定すること

イエスのために自分のいのちを失う必要があるというイエスの言葉は、何を暗示しているのだろうか。長年にわたってしっかりと理解してきた自己を否定し、十字架をとり、わたしに従いなさいというイエスの言葉は、どういう意味なのだろうか。

自己を否定するという言葉で、イエスは何か重要なことを言おうとしておられた。そうでなければ、福音書の記者たちはこの言葉をあれほど繰り返しはしなかっただろう。熟考した結果、イエスは次のようなことを言おうとしておられたと結論した。

自己否定はまず基本的アイデンティティーと衝突する。私は本来利己的な生きものであり、この世に二つとない身体と人格をもって生きている。そのため、ある観点から世界を見るようになる。物事がいかに自分の見方に適合するかを基準に価値判断をし、周りの人々に自分の好き嫌いを押しつける。

C・S・ルイスは「Xとのトラブル」という随筆の中で、私たちはだれと出会っても、その人に決定的な欠点を見つける。最も親しい友人たちにも欠点を見つけるものだ、と指摘している。「彼はいいやつだし、一緒にいて楽しい。あいつは……が玉に瑕だ。」それでいて自分には決定的な欠点を見いださない。自分の弱さを合理化し、育った環境や、良かれと思ってしたことに触れて、やり過ごす。

「自分を否定すること」は、自分のもつ決定的な欠点を、洗いざらい、悔いながら受け入れるところから始まる。業績、知識、称賛されるべき特質があっても、自分が今まで生きてきただれとも変わらないことを認識する、謙虚な地平に立たなければならない。私は罪人なのだ。

キリスト教においてこれほど困難なつまずきの石は考えられない。キリスト教の愛の倫理で人々を鼓舞することはそれほど難しくはない。多くのリベラルなヒューマニズムが同様の感情に基づいて打ち立てられている。しかし、私の中にある自己防衛のメカニズムは、自分が罪人であることを認めるという、痛みを伴うこの段階に抗い、叫び声をあげる。こうするなかで、私は自分のアイデンティティーに対する冷静な見方を喪失し、ただ神に反逆する者となるのだ。〔2月20日へ続く〕

——『開かれた窓』（二〇九～二一〇頁）

＊　＊　＊

2月20日　鏡と硝子

〔2月19日の続き〕

とはいえ、幸いにも、私はこの屈辱的な状態にとどまってはいない。パスカルは言う。「キリスト教は不思議だ。自分が卑しく、忌まわしくすらあることを認めろと命じておきながら、神のようになりたいと思え、とも命じている。そのような反対側の重りがなければ、この尊厳によってその人は恐ろしく空しくなるか、あるいはその屈辱によって恐ろしく卑しむべきものになることだろう。」罪の増し加わったところ、恵みもより増し加わったのだ。

その防衛的なプライドを捨てて自己を失う謙遜な行為の後、突然、新しいアイデンティティーをもつ自分を発見する。パウロが「キリストにあって」と描く、高められた状態だ。もはや自分の考え、価値観、行為を擁護する必要はない。私はそれらを、神の子として与えられたアイデンティティーと入れ換えた。倫理の基準と世界観を決める責任がもう自分にはないのだ。

競争の感覚がたちまち色褪せる。もはや人生を猛々しく生きる必要はない。自分の存在証明をするために、点を稼ぐ必要はないのだ。私の理想とする役割は、神を証明することになった。それは、周囲の人たちがイエスとその愛を認めるような人生を生きることであり、私をこの世界から分け隔てる他の性質を認めさせることなどではない。

このプロセスは健全、かつ穏やかなものであり、全く望ましいものだ。私たちの認識が不完全であっても、その認識が深まれば深まるほど、心は健康となっていくだろう。私たちを見つめているキリストという一人のお方のために生きていることを忘れ去り、この競争社会にあって自己評価のための人生に堕するとき、私のうちに緊張と不安が燃え上がる。

以前の私は、深い洞察力を発揮して絵を描き、それに目を留めるすべての人を感動させることが生きがいとなっていた。けれども今、自分の役割は鏡になること、自分を通して神のイメージを鮮明に反映することであると思っている。ステンドグラスにたとえるほうが適切かもしれない。私の人格と身体を通して神が輝くのだから。

――『開かれた窓』(二一〇～二一一頁)

* * *

2月21日　罪意識に喝采する二つのこと

「愛とは決して後悔しないこと。」こう述べたのは、一九七〇年代の感動的な恋愛映画である。私はその逆を信じるようになった。愛とは後悔することである、ということだ。罪意識は良きものと思われていないが、私たちは罪意識に感謝すべきだ。そのような強い力があって初めて人は後悔し、傷つけた人たちとの和解に踏み出すことができるからだ。

とはいえ、罪意識は危険でもある。欠点に過剰な注意を向けて生きるクリスチャンがいるからだ。彼らは神の律法のどれかを破っていないか、常にびくびくしている。成熟したクリスチャンは、親や教会や社会から受け継いだ誤った罪意識と、聖書が明らかにしている神の律法を破ったときに抱く真の罪意識との違いを理解している。

後者の危険は、前者の危険に由来する。肉体の痛みのように罪意識にも方向性があることを知らずに、罪意識の中をずぶずぶ歩いてしまう人たちがいる。肉体が痛みという言葉で、怪我をしているところに注意を促すように、たましいは罪意識という言葉で、癒しに必要な処置を施すよう語りかけている。どちらも目標は健康を取り戻すことだ。

エリ・ヴィーゼルは著書『現代の伝説』(*Legends of Our Time*)の中で、故郷ハンガリーの町シゲトゥーを訪れたときの話をしている。二十年前、その町にいたヴィーゼルは、他のユダヤ人たちとともに強制収容所に送られた。現在の町民たちがユダヤ人のことをすっかり忘れていることに驚き、落胆する。ヴィーゼルは気づいた。自分の罪を忘れることは、そもそも罪を犯すことと同じくらい大きな悪かもしれない、と。

霊の巨人たちの話を読みながら気づいたのは、私たちがいま聖人のようだと思っている人たちが、罪にだけ照準を合わせた感覚をもっているということだ。神の理想を知ると、神聖さを熱望し、多くの人たちの目をくらませている虚栄心や防衛心から解き放たれ、自分も間違いを犯しかねない、と強く自覚するようになる。

真の聖人は自らの欠点に落胆しない。この人たちは、罪意識を感じない人間は癒されないことを知っているからだ。その一方で、罪意識の中を転げまわっている人も、癒されることがない。罪意識は、赦しと回復を約束する神に向かって私たちを押し出すときにのみ、意図された目的に役立つものなのだ。

——コラム「裏頁」、『クリスチャニティー・トゥデイ』二〇〇二年十一月十八日号（一一二頁）

＊　＊　＊

2月22日　イエスを批判すること

新しい指導者が波乱を巻き起こすと、敵対者たちもそれにならうものだ。イエスは地上で途方もない主張をした。自分を神から遣わされたメシアであると言ったのだ。ガリラヤでイエスの人気が高まると、たちまち反対者たちが現れた。マルコの福音書二章は、生前のイエスに反対した人たちによる三つの異なる批判を記している。

イエスは冒瀆している。律法学者たちは、罪を赦すというイエスに憤慨し、「神おひとりのほかに、だれが罪を赦すことができるだろうか」（マルコ二・七）とつぶやいた。イエスは即座に、神だけが罪を赦すことができると認めた。それこそイエスの言いたいことだった。

地上にいたイエスに最も強く反対したのは、旧約聖書の律法にだれよりも忠実に従う人たちだった。彼らにとって、恐れ多いイスラエルの神が人間の身体に住まわれるなど、受け入れられることではなかった。そして最終的に、そのような主張をしたイエスを処刑した。（イエスを「善良な人間であり、知見のある教師」と認める今日の人々は、しばしばイエスが紛れもなく自分を神と同一視した場面を見過ごしている。パリサイ人が当時、イエスに激しい敵意をむき出しにしたのは、イエスの言葉を正しくとらえていたからだ。そのうえで、イエスを信じようとしなかったのだ。）

イエスの友人は評判の悪い人たちだった。どう見てもイエスが好んだのは、いちばん品のない人たちだった。イエスは当時の政治家や宗教指導者たちを悪しざまに言って、嫌悪させた。その名が知られるようになってからも、世間からつまはじきにされた取税人や罪人と食事を共にした。この奇妙なふるまいが噂を呼んでいると聞いたイエスは、こう言った。「医者を必要とするのは、丈夫な人ではなく病人です。わたしが来たのは、正しい人を招くためではなく、罪人を招くためです」（マルコ二・一七）。

イエスは伝統に逆らった。パリサイ人の目に、イエスの弟子たちは聖なる安息日をいいかげんに扱っているように見えた。イエスはこう言い返した。新しい革袋が必要な時が来た。古い革袋の継ぎ目は擦り切れそうになっている、と。やがてイエスは「新しい契約」を紹介する。神は人類のために大きな変化を取りおいておられる。そしてイスラエルの民との狭い、閉じられた契約では、そのような変化はいっさい望みようがなかった。

——『聖書に出会う』（四二七〜四二八頁）

＊　＊　＊

2月23日　消え去らない神秘

種蒔く人の話は、イエスが地上で受けた様々な結果を的確に描き出している。二千年後の今、カレンダーには当然のごとくクリスマスやイースターが印刷されているが、肉体をもつイエスに向けられたあからさまな不信があっさりと見過ごされているのかもしれない。

隣人たちは、通りで遊ぶイエスを知っていた。神から遣わされたと信じるには、イエスはあまりにも身近な存在だった。「この人は大工ではないか。」彼らは問うた。「マリアの子でヤコブ、ヨセ、ユダ、シモンの兄ではないか。……この人に与えられた知恵や、その手で行われるこのような力あるわざは、いったい何なのだろう」（マルコ六・三、二）。

イエスの家族ですら、イエスの不思議と平凡さを調和させることができなかった。マルコは、イエスの母親と兄弟たちが「イエスはおかしくなった」（同三・二一）と思い、イエスを連れて帰ろうとした出来事に触れている。他の人たちはイエスをどう考えればよいかわからなかった。イエスを「おかしくなっている」（ヨハネ一〇・二〇）と判断したかと思うと、イエスに無理やり王冠を授けようともした。

預言の書を熱心に読んでいた律法学者やパリサイ人は、メシアがどのような御方か、明確な考えをもっていたはずだ。ところが、彼らほどイエスに災いをもたらした人たちもいなかった。彼らはイエスの神学を、生き方を、友の選択を批判した。イエスが奇跡を行えば、その力は悪魔や悪霊から来ているとした。

イエスは乗っていた小舟が嵐で転覆しそうになったとき、大声で「静まれ！」と嵐に命じた。弟子たちは恐怖におののいた。やんちゃな子どもを叱るように嵐を静まらせるとは、なんという人だろう。この一件で弟子たちは、イエスは地上のだれとも異なると確信するようになった。その一方で、イエスをどうとらえればよいのかわからなくもなった。疲れ果てて舟の中で眠ってしまうイエスには、人間の弱さも見て取れた。

初代教会は、神が人になったとき、いったい何が起きたのかを三百年も議論し続ける。しかし彼らの信条をもってしても、神秘的な感覚は払拭できない。ある意味で、イエスは他の人と同じようだった。人種、職業、家庭環境、肉体をもっていた。そしてある意味で、イエスは宇宙の歴史における全く新しい何かであった。その二つの言説の間に、決して消え去ることのない神秘が存在している。

――『聖書に出会う』（四三一～四三二頁）

＊　＊　＊

2月24日　制御不能

二〇〇七年二月の最終週、ニューメキシコ州ロス・アラモスの由緒ある教会で話をした。その晩、趣味の登山に関連づけて、祈りをテーマに地元の人たちに話をした。妻とウィルソン山に登頂した日、まだ高木限界という安全な所まで降りないうちに黒雲が近づいてきた。雷がどんどん迫ってくる。「どうしよう。」経験豊富な仲間に尋ねたときには、こんな答えが返ってきた。

「何もできやしないよ。花崗岩は通電する。お互い百メートルくらい離れていたほうがいい。それだけ離れていれば、一人が雷に打たれても、もう一人が助けに行けるから。それから足を揃えてしゃがみ込み、できるだけ小さくなって雷の標的にならないようにするんだ。」

妻と顔を見合わせたが、結局肩をすくめてこう言った。「ジャネット、ぼくたちは良い人生を歩んできたね。ずっと一緒にいよう。」私たちはハイキング・ポールを捨て、言われていたとおりにしゃがみ込んだが、隣り合って手を握った。それから一時間、雨とあられと雪、そのすべてが一度に叩きつけてきた。その間、周りを走り抜ける稲妻の光と、それに続く雷鳴との間隔を数えながら過ごした。

合同教会に集まった人々に私は話した。「私は人生の大切な勉強をしました。自分には何もできないのです。私はフリーランスの作家として、人生をそれなりにコントロールしてきました。そうせざるをえないわけです。やるべきことを教えてくれる上司がいないので、自分で自分の人生を組み立てるしかないのです。そしてほとんどの時間、自分の人生をコントロールできていると思いながら生きています。ウィルソン山の頂上で学んだのは、それが幻想にすぎないということでした。」

「この登山での学びは、実際どんなときにも適用できます」と言葉を続けた。「たとえ自分をコントロールしていると思っていても、それは違います。話を終える前に、皆さんの目の前で心臓発作を起こして死んでしまうかもしれません。」何人かがやや不安げな笑い声をたてた。「明日、車でデンバーに帰る途中で事故に遭うこともあり得ます。ウィルソン山で雷に打たれるより、その確率のほうがはるかに高いでしょう。」もっと大きな笑い声が聞こえた。

この言葉は薄気味悪いほど予言的なものだった。

〔2月25日へ続く〕

——旅の覚書、後に『祈り』のいくつかの版に収録

＊　＊　＊

2月25日　最も長い一日

〔2月24日の続き〕

日曜日の朝、ロス・アラモスからデンバーの自宅に向かって車を走らせていた。コロラド州境を少し越えた辺鄙なところで小道を曲がったのは、何よりいろいろな景色を楽しみたかったからだ。数日前に雪が降ったので、幾度か路上に雪渓を見て驚いた。突然、坂を下って曲がり角に出たとき、運転していたフォード・

エクスプローラーの車体が揺れ始めた。必死にこらえたが、右後輪が道路を脱輪し、柔らかい土に食い込んだ。エクスプローラーは横転を五回も繰り返した。

耳をつんざくような音、ガラスやプラスチックや金属が一度に割れるものすごい音がした。窓はすべて粉々になり、スキー板、ブーツ、アイススケート靴、ノートパソコンその他の荷物がコロラドの田舎道にまき散らされた。

やがて車は上を向いて止まった。イグニッションを切り、シートベルトを外し、壊れた屋根の下で身を屈め、土の上に這い出た。鼻血が出ていたし、顔、両足、両腕に怪我をしていて、背中の上部、首のすぐ下に焼けつくような痛みを感じた。持ち物は百メートルも向こうに投げ出され、ノートパソコンと携帯電話を捜しながら、人気のない土地をさまよった。

数分後に一台の車が止まった。身なりの良い夫婦が下りて来て、現場に駆けつけ、指示を出し始めた。二人とも、資格をもつ救急医療技術者で、ご主人は米国救急隊の隊長だった。二人は私を自分たちの車に連れて行くと、救急車を呼び、そばに座って私の頭を固定し、支えてくれた。「日曜日の朝に、どうしてこんな辺鄙な道を通られたのですか。」首を固定してもらってから、二人に尋ねた。

「私たちはモルモン教徒です。サンルイという小さな町に宣教教会を開いたばかりで、そこの手伝いに行こうとして車で通りかかりました。」女性が答えた。

こうして私の人生で最も長く、最も忘れ得ぬ日々が始まった。救急車が到着すると、隊員たちは私を頑丈なボディーボードに縛りつけ、頭が動かないようにテープを巻き、ネックブレスで固定した。一時間ほど車を走らせてアラモサの町に着くと、すったもんだしながらストレッチャーに移され、病院の救急室に運ばれた。〔2月26日へ続く〕

——旅の覚書、後に『祈り』のいくつかの版に収録

* * *

2月26日　いのちの危機

〔2月25日の続き〕

ボディーボードの上にきわめて不快な姿勢で横たわ

り、CTスキャンの結果を二時間待っていた。やがて医師が入って来た。「申し上げにくいのですが、ヤンシーさん。」　私は首を骨折していた。詳しく言うと、第三頸椎が砕かれていた。良い知らせは、脊髄系統自体の損傷がなかったことだった。損傷していたら、クリストファー・リーヴのように身体麻痺になった可能性が高い。悪い知らせは、骨片によって動脈が傷つけられている可能性があることだった。

「デンバーで手術を受ける必要に備え、ジェット機を用意しています。もう一枚CTスキャンを撮ります。ヨウ素染色をして、動脈からの出血がないかを確認します。はっきり申し上げますが、いのちの危機にさらされている状態です。大切な方々と連絡を取ってください。」

結局、その日はボディーボードに縛りつけられたまま七時間を過ごした。私の人生できわめて長い時間だった。事故に遭って対麻痺や四肢麻痺になり、一瞬にして人生が変わってしまった人々の記事を書いてきた。自分もその運命から逃れられそうになかった。しかし、動脈から血液が漏れていたら、脳に血液を供給する動脈から出血していたら、あるいはその漏れ出した血液が血餅を作ったら、たちまち麻痺よりも深刻な状態に陥る。

ボディーボードに横たわったまま、ロサンゼルスで教えてきたばかりの祈りについて考えていた。そして命が消える可能性が初めて大きく膨れ上がったとき、驚くべきことに平安を感じたのである。どれほど素晴らしい人生を送ってきたかを考えた。献身的な妻を得て、五十か国以上で冒険をし、有意義で、完全な自由とも言えるほどの生活のできる仕事をもち、執筆を通して、会ったこともない人々とつながってきた。

人生を振り返ったとき、後悔することはほとんどなかった。そして自分を待つものについて考えたとき、厚い信頼を覚えた。私の育った教会のようなところで育った人は、炎と硫黄の、鼻を突くような臭いを完全に忘れ去ることができないだろうが、私は神への圧倒的な信頼感に包まれていた。私が知るようになったのは、あわれみといつくしみと愛の神だった。〔2月27日へ続く〕

――旅の覚書、後に『祈り』のいくつかの版に収録

＊　＊　＊

2月27日　恵みのめまい

〔2月26日の続き〕

私は心から神に感謝している――そう、神に感謝している――CTスキャンの結果は、願いを大きく上回るほど良いものだった。動脈からの出血はなかった。妻の到着から一時間足らずで退院となった。今後十二週間、頭を固定しておくための固いギプスを首に付けられた。数か月の治療を経て骨折は癒え、問題はいくらかの痛みと脊椎のわずかなずれだけとなった。しばらくして脊椎を固定する手術を受ける必要があるかもしれないが、ほぼ普通の生活を取り戻した。

いま振り返ってみると、良い結果をもたらした多くの偶然の積み重ねがあった。それは神の起こされたことなのだろうか。日曜日の早朝に、あの道を救急救命士の訓練を受けたモルモン教徒の夫婦が通った。経験豊富なX線技師が、普段の週末は非番なのに、病休の同僚に代わって詰めていた。エリート医大の花形卒業生だった救急医が、コロラドの小さな町で働いていた。そして何より怪我そのものが重傷ではあっても、命に別条がないもので、身体の麻痺も起きなかった。

ボディーボードに縛り付けられて救急車で救急室に運ばれた、あの長い一日は、特別の贈り物だったと思い返している。私たちはみな死に直面する。癌のような長い変性疾患を通して直面する人もいれば、突然の事故に遭って死に直面する人もいる。私はその中間を経験した。生と死の中間に置かれた時間という窓、実際、数分もしくは数時間以内に死んでしまう可能性と、それでいて圧倒的に良い知らせ、もう一度与えられた生きるチャンスとの間に置かれていたのだ。

そのときの時間という窓や、その窓から見たものを忘れずにいたいと思っている。事故に遭って数週間、私は「恵みの放心状態」のうちを歩き回った。新しく洗われた目で、空を、木々を、草を、妻を、友人たちを見ていた。打撃を受けた体が私の注意を引こうと新たな痛みをもたらしても、人生のひとコマひとコマに驚きがあり、感謝と喜びを新しく指し示す。毎朝目覚めるたびに、ちょっとしたことに深い感謝の念を覚える。木から木へ飛び回る鳥たち、自宅近くの岩や氷の周りを流れる小川のせせらぎ、指を動かせること、自分で着替えができること。〔2月28日へ続く〕

――旅の覚書、後に『祈り』のいくつかの版に収録

＊　＊　＊

2月28日　何よりも大切なこと

〔2月27日の続き〕

事故の知らせが伝わり、数か月にわたって、友人や家族、会ったこともない人々から多くの支えをいただいた。書くという行為をするとき、私は自分のたましいから何かを印刷されたページに注いでいる。そして届けられたカードや手紙を通して、会ったことのない人々とも驚くべき絆を作れることを理解した。ある人は、クエーカー教徒たちが私のためにこんなことをしていると書いてくれた。「あなたを光の中で抱きしめています。」本当に抱きしめられているように感じた。

妻はホスピスのチャプレンとして働きながら、死に際して、信仰をもつ人ともたない人とでは、ふるまい方が驚くほど異なるのを見てきた。恐怖や苦痛や深い悲しみを感じることに変わりはない。しかし、クリスチャンには、祈りを通して神秘的なつながりが与えられていることがわかる。ホスピスを訪れる人の「あなたのためにお祈りします。」「幸運を祈ります。本当に、毎日」という言葉と、だれかの「幸運を祈ります。お大事に」という言葉の違いがそこにはある。

最近、多くの著述家たちが、一種の勝利主義者の無神論を吹聴している。無神論を選択する人がいることは理解できるが、そのような立場がなぜ良き知らせのように見えるのか、吹聴する価値があるものに見えるのか、理解に苦しむ。ボディーボードに縛り付けられ、なすすべもなく横たわっていたとき、私は、なんともやるせない孤独を感じながらも、私を愛し、死の向こうに未来を約束してくださっている神の御手の中に横たわっているという信仰があった。

私は、縛られて横たわっていたあの七時間に見た、鮮明な幻を忘れないようにしている。生死を分ける糸がいかに細いか、そして自分がこの旅路においてひとりではないことを知っていることが、どれほど慰めを

もたらすかがわかった。こうした事柄を心の奥深くに刻み込んだのだ。私たちが多くの時間とエネルギーを費やしていること（財産、イメージ、業績）は、差し迫った死を前にすれば、ほとんど意味がない。

大切なことは、結局いくつかの基本的な問いになる。「だれを愛しているだろうか。」「だれと会いたいだろうか。」「どのように生きてきただろうか。」「次の世に備えているだろうか。」毎日机に座って書類の山と、点滅している電子メッセージを見るときにも、私はこれらの問いをどれだけ重要な位置に置いておけるだろうか。

——旅の覚書、後に『祈り』のいくつかの版に収録

＊　＊　＊

2月29日　チェスの達人

高校時代、チェスの腕前には自信があった。チェス・クラブに所属し、昼休みには仲間のチェスおたくと攻略本を夢中で読んでいた。いろいろなテクニックを研究し、ほとんどの試合に勝ってから二十年は試合から遠ざかっていた。その後シカゴで、高校時代から腕を磨いてきた本物のチェス・プレイヤーに出会った。数試合を交え、達人と戦う現実を思い知らされた。どのような古典的な攻撃をしかけても、古典的な手法で防衛された。より危険な、正統的でないテクニックに転ずると、私の大胆な攻めは、相手を勝利に導く戦略に組み入れられた。どんな動きをすることもできたが、私の戦術はどれ一つ、たいした役に立たないことがすぐにわかった。彼の優れた技術をもってすれば、私の意図したことはどれも彼の戦略に有利に働いた。

神も私たちの宇宙に、創造物に、同じように関わっておられるのかもしれない。神は私たちに、本来のデザインに反逆する自由を与えてくださったが、私たちはたとえ反逆しても、結局は回復という最終目的に使われる。その青写真を受け入れるなら——信仰の大ジャンプであると、私は告白する——良いことが起きても悪いことが起きても、それに対する私の見方を変える。健康、才能、金銭といった良きものを、私は神の目的に仕えるためのささげ物として神に進呈することができる。そして悪い事柄も——不能、貧困、家族の

機能不全、失敗――私を神へ向かわせる道具として「贖われ」得る。多くの人たちが、執拗な誘惑、依存症ですら、自分を神に向かわせる傷であることに気づいていている。その傷が、新しい創造物となるためのスタート地点になるのだ。

目に余る合理化だといって、懐疑論者から非難されるかもしれない。結論を先取りしているのだ、と。そのとおりだ。クリスチャンは、善良な神が創造物を本来のデザインに回復させるという結論から始め、あらゆる歴史を、その目的に向かって進んでいるものと見る。偉大なる達人がチェスのアマチュアと対戦すれば、盤上の形勢がいつ、どうなっても、勝利が約束されている。

――コラム「裏頁」、『クリスチャニティー・トゥデイ』
二〇〇〇年五月二十二日号（一一二頁）

3月
March

3月1日　教会の診断

イエローページの「教会」のページを開くと、地元の教会の電話番号が二十四載っていた。そのすべてに妻と足を運んでみることにした。言葉ではうまく表現できないが、ものの五分で会衆がどれほど「活き活きしている」か、直感的にとらえることができた。教会員たちはロビーでおしゃべりしていたか。笑い声が聞こえたか。掲示板のどんな活動や問題が注目されていたか。

驚いたことに、会員を活き活きさせている要素は神学とほぼ無関係だった。最も保守的な二つの教会の人々は、背中を丸めて椅子に座り、無表情にすましこんでいた。あるリベラルな教会は、地域社会と世界の両方を視野に入れた福祉事業に精力的に取り組んでいた。

健全な教会に見られるいくつかの性質を、ここではっきりと述べることができる。

1　「多様性」。新約聖書に書かれている教会の特徴の中で何よりも目立つのが、この多様性だ。キリスト教会はペンテコステに始まり、ユダヤ人会衆の特徴であったジェンダー、人種、社会階級という障壁を取り除いた。女性、奴隷、異教徒に生まれなかったことを日々感謝していたラビのパウロは、この徹底的な変化に、こう驚嘆した。「ユダヤ人もギリシア人もなく、奴隷も自由人もなく、男も女もありません。あなたがたはみな、キリスト・イエスにあって一つだからです」（ガラテヤ三・二八）。

新しい教会に足を踏み入れるとき、会衆が同質であればあるほど、また私に似ていれば似ているほど、居心地が悪く感じる。

2　「一致」。多様性が良きものとなるのは、もちろん共通のビジョンをもつ集団内に限られる。ヨハネの福音書一七章の素晴らしい祈りの中で、イエスはことのほか力を入れて「彼らが一つになる」（一一節）ことを求められた。世界中に教派が三万八千もあるという事実は、私たちがイエスの要求をどれほど貧弱にしか満たしていないかを示している。そのほのかな香りが、新しい教会を訪れたときに私の感じる「活き活きとした様子」かもしれない。

3　「伝道」。ウィリアム・テンプル大主教によると、世界教会は「その会員でない人々のために存在する、世界でただ一つの協働的な社会である」。都会の教会に多い、地域の人々の必要に焦点を当てている教会もあれば、外国の姉妹教会を助け、救援・開発機関を支援し、伝道チームを海外に派遣している教会もある。最も悲しいのは、自分たちの教会建物と駐車場の外にビジョンが広がっていない教会だ。

——コラム「裏頁」、『クリスチャニティー・トゥデイ』二〇〇八年十一月号（一一九頁）

＊　＊　＊

3月2日　どんな人々も

私が出席した教会はどこでも、ある程度の多様性をもっていた。子どものころ通っていたジョージア州アトランタの教会にいた二人の人のことを懐かしく思い出す。母が教会学校の教師をしていて、幼い私と一緒にいられないときに、交替で私の面倒を見てくれた人たちである。私はペイトン夫人と一緒に座るのが大好きだった。彼女が動物の毛皮を首に巻いていたためだ。二匹のミンクが互いの尻尾に噛みついている、けばけばしいストールだった。礼拝の間中、私はミンクの光り輝く目や、鋭く尖った歯、柔らかい皮や、だらんとたれた尻尾で遊んだものだった。ペイトン夫人のミンクは、退屈な説教を耐え忍ぶのに大きな助けになってくれた。

ポンスさんは首に動物を巻いていなかったが、私が知っているなかで最も優しい人だった。ポンスさんには子どもが六人いて、子どもを膝に乗せているときが何より幸せそうだった。とても大柄な人で、私は礼拝の間、その膝の上で寝入ることもなく、ゆったりと座っていた。ポンスさんは私が週報に描いた絵をほめてくれたし、指を動かすと笑ったりウィンクしたりするおかしな顔を、私の手の上に描いてくれた。

ポンスさんといえばその優しさを思い出す。そして、膝の上から見上げると鼻毛がたくさん飛び出していたことも思い出す。もしペイトン夫人とポンスさんではどっちが好きだったのかと尋ねられたら答えに窮するが、どうしてもと言われれば、「ポンスさん」と答えるだろう。私の父は私がわずか一歳の時に亡くなり、ポンスさんの男性としての存在は私にとって大きな慰めであった。

後に、私が成長し、世間のことがわかってくるにつれて、ペイトン夫人とポンスさんのことを知るようになった。ペイトン夫人は、彼女の毛皮のストールが物語っていたように、金持ちだった。家族はキャデラックの販売店のオーナーを務め、成功していた。一方、ポンスさんは、ごみ収集車を運転し、大家族を養うだけの金をかろうじて稼いでいた。このことがわかったとき、恥ずかしいことだが、大人だったなら、おそらくポンスさんとは親しくしていなかったであろうと思った。私たちが同じ興味をもつこともほとんどなかったに違いない。

子ども時代に通ったイエス・キリストの教会に、この二人がいたことを、私はたいへん嬉しく思う。今わかるのは、教会は、ふさふさのストールのペイトン夫人とふさふさの鼻毛のポンスさんの両方が、平等に歓迎される場所であるべきであるということだ。

——『教会』(六一～六三頁)

＊　＊　＊

3月3日　バジルの訪問

一九九一年にソ連が崩壊したとき、ロシアを訪問するクリスチャンの代表団に加わった。ロシアの人々がキリスト教に敬意を払う姿勢を崩さなかったので、この国の宗教に対する姿勢がどれほど根本的に変わったかを見過ごしそうになった。バジルに会って、否応なくその変化を知らされた。

米国のクリスチャンがソ連最高会議やKGBと会談する。国営ラジオが報じたそのニュースを、バジルは疑わしい思いで聞いていた。バジルは、ロシアが宗教を容認するなど信じられず、夜行列車で十四時間かけて、ルーマニアのモルダビアから私たちに会いに来た。肩幅の広い、農夫らしく日に焼けた頑丈な体つきをしていた。微笑みに特徴があった。上の前歯二本がなく、笑うとその隙間から、奥歯にかぶせた金がかすかに光った。

バジルが口を開くなり、私は飛び上がってしまった。

まるで貨物列車が通るような大声だったのだ。これほど大きな話し声を聞いたことがなかった。だが、その理由はすぐにわかった。

一九六二年、バジルはキリスト教のトラクトを配ったために逮捕され、強制労働収容所に送られた。納得できなかった。神にお仕えしたのに、なぜ罰を受けなければならないのか。ところがある朝、神が新しい機会を与えてくださったことを一瞬にして理解した。

労働収容所の囚人は、毎朝、日の出前に広場に整列し、点呼を受けた。所長らは囚人に時間厳守を言い渡したが、看守にはそれを求めなかった。そのため何千人もの囚人が毎朝何もしないで数分間、外に立っていた。バジルはその時間を利用して大好きな説教をした。

ホテルの一室でこの話をしながら、バジルの声はどんどん大きく速くなり、オペラ歌手のように情熱的に腕を振り回した。数センテンスごとに通訳のアレックスがバジルの振り回している腕をつかみ、「お願いですから、もう少しゆっくり小さな声で話してください」と言った。そのたびにバジルは謝り、うつむいてピアニッシモで話しだすが、二秒もするとフォルテッシモになった。彼の声には音量のコントローラーがついていなかった。その理由は、労働収容所での、ある早朝の出来事にあった。〔3月4日に続く〕

――『KGBとの祈り』（四〇～四二頁）

* * *

3月4日　二分間の教会

〔3月3日の続き〕

バジルは毎日、耳を傾けるしかなかった聴衆に説教した。看守が来るまで五分もなく、たいがい二分ほどだったが、説教の準備に二週間かかることも多かった。数千人の囚人に聞かせるには絶叫するほかなかった。大声の出し過ぎで声は枯れ、そのまま元に戻らなかった。計十年の長きにわたり、何千もの人々に語りかけたので、声を張り上げて、まくしたてるようなしゃべり方が普通になった。

一九七二年に解放されると、故郷の村の未登録の教会の建築に精力を傾ける。十九年を経た今、反対の声は鳴りを潜め、バジルは最後のセメントブロックを置いて、教会の屋根をふいた。彼は言った。「自分がモスクワに来たのは、皆さんがしてくださったことに感謝するためです。モルダビアから新鮮な果物を運ぶためです。そして、ラジオ放送で有名なロシア系米国人伝道師アレックス・レオノビッチに、教会の献堂式のスピーチを依頼するためです。」

「長い間、励ましを得られませんでした」とバジルは言った。今は人前で泣いていたし、声が割れても、その声量は少しも落ちていなかった。「このレオノビッチ兄弟の言葉を私の心に伝えました。両手を背中で縛られた私を励ましてくれました。」そして両手を伸ばしてアレックスの肩をつかむと、ロシア式の接吻をした。一回、二回、十五回。「十五年収容されていたので、十五回の接吻です。アレックスがロシアに戻って来る日を待ちわびていました」と言った。

「そしていま起きているこのような変化が信じられません。」バジルは話の最後に言った。「一九五九年、ロシアを訪れたビリー・グラハムは、バルコニーに姿を見せることはできても、しゃべることは許されませんでした。あなたがたがここにいること、私たちの国の指導者たちと話ができることを思います。兄弟姉妹、大胆でありなさい！　私の国では信仰者たちが今このときも皆さんのために祈っています。皆さんの訪問が、私たちの国が神にたどり着く助けになると信じています。皆さんに神の祝福がありますように！」

私は突然、恥ずかしさに頬が熱くなった。信仰をもち、恵まれた暮らしをしている十九人のプロフェッショナル。その私たちが豪華なホテルの部屋に腰を下ろしている。ロシアの人々は、あれほどの苦しみに耐えてきたのだ。私たちは、この国に必要な盤石な信仰について、何を知っているというのだろうか。

――『KGBとの祈り』（四二～四三頁）

＊　＊　＊

3月5日　三度の涙

私たちが知るかぎり、イエスは苦しみの涙を三度流しておられる。友人のラザロが死んだとき、イエスは泣いた。私には、相次いで三人の友人を亡くした恐ろしい年があった。深い悲しみに慣れることなどできないことを思い知らされた。二人の死を経験していたからといって、三人目の死が平気だったりしなかった。悲しみは貨物列車のように私を打ち倒した。ただあえぎ、泣くだけだった。イエスも友人ラザロが死んだとき、同じような気持ちを味わったということが、なぜか慰めになった。

イエスはエルサレムのほうを見やり、その名高い町を待ち受けている運命を思い、涙を流された。その込み上げてくる心の痛みの中に、娘や息子が道を踏みはずし、ことさらに自由を主張したり、それまで教えられてきた価値観をすべて否定したりするとき、親の味わう気持ちに似たものを感じる。あるいは配偶者が去って行ったことを知ったときの痛み。全能の神でさえ、人間に愛を強制することはおできにならないのだ。

最後に、ヘブル人への手紙はこう語っている。イエスは「自分を死から救い出すことができる方に向かって、大きな叫び声と涙をもって祈りと願いをささげ……」(五・七)。イエス自身が私を悩ませている疑問をもたれたと言ったら言い過ぎだろうか。ほとんどの人が一度は悩む、「神は気にかけておられるのか」という疑問を。「わが神 わが神、どうしてわたしをお見捨てになったのですか」(マタイ二七・四六)というあの暗い詩篇二二篇からの引用は、ほかにどんな意味があるというのか。

イエスが痛みを覚えたとき、私と同じように反応されたことは、やはり不思議に慰めになる。イエスは悲しみ、恐怖、見捨てられること、そして絶望に近づくことさえ経験された。それでもなお、イエスは耐えた。宇宙の中心に父なる神、物事がそのときどのように見えようとも、信頼することのできる愛の神がいることを知っておられたからだ。

苦しみを受けている人々に対するイエスの答えは、神の心の中を垣間見せてくれる。神は感情のない絶対者ではなく、近くに来られる、愛なる御方である。

——『私の知らなかったイエス』(二五〇〜二五二頁)

＊　＊　＊

3月6日　ミミズのようなもの書き

「作家とは社会のミミズのようなものだ」と言った

作家がいる。彼女によると、「私たちは土壌に空気を含ませる」。もの書きは腐葉土すなわち人間の中にトンネルを掘り、空気と光を含ませ、同時に読者が自分で満たせるような空間を作り出す。書物には、ある作法がある。穴を掘るミミズはあなたの目にはわからないが、自分たちに同意するようにと、あなたを促しているのだ。ミミズは泥を消化しながら先へと進む。

私は長年、教会やキリスト教の集会に出るときは、いつも自分を守るために鎧《よろい》を着ていた。クリスチャンの講演者に対する私の信頼度は、玄関口にやって来るエホバの証人に人々が抱く程度のものだ。私は彼らの手口を嫌というほどわかっている。弦楽器のように感情に働きかける演奏能力、舞台裏での偽善など。けれども、書物となると話は別だった。私は操作されることなく、真実のものに心を動かされながら、自分のペースで読み進めることができた。

書物は宗教作家を正直にさせる。講堂の扉に鍵をかけたり、聴衆を脅したり、トランス状態に入ったりすることはできない。ページの上に生の言葉を置くと、言葉自身が語りだす。それで、リズ・カーティス・ヒッグズはC・S・ルイスの『キリスト教の精髄』を試しに一ページだけ読み、もう一ページ、さらにもう一ページと読み進め、やがて一冊を読み終え、信仰に戻って行った。チャック・コルソンの場合、状況はかなり異なるが、同じ本を手に取ったとき、奇妙にも、自分の霊の病がプライドであることを著者に看破された。

オックスフォードの特別研究員C・S・ルイスは、リズ・カーティス・ヒッグズやチャック・コルソンのような人を念頭に、『キリスト教の精髄』を書いたとは思えない。ルイスは、第二次世界大戦で荒廃したイギリスに、希望と霊の刷新をもたらそうとしてラジオで講演を行っていた。自分の経験から素直に語らせてもらうが、もの書きは、自分の書いたものにだれが応えるか、それらがどれほどの影響をもつか、全くわかっていないのだ。

――『消えないインク―傑出したキリスト教指導者二十二人の信仰を形成した書物について論じる』への序文

＊　＊　＊

3月7日　間違ったとらえ方

私は自分の仕事が大好きで、ほかの仕事などは考えられない。しかし、心の底では恥ずかしさを覚えている。われわれもの書きは、現実という鍵穴に目を凝らすのぞき屋と変わらないからだ。

友人のラリーのことを記事にしたことがある。私の知る最も魅力的な人物の一人だ。彼はバイセクシャルで、どちらのジェンダーの人たちとも関係をもってきた。回復途中のアルコール依存症患者で、ＡＡの集まりにほぼ毎日出席し、この二十年、酒を口にしていない。そして薬物乱用カウンセラーにまでなった。絶対平和主義のメノナイトとして育ったが、ベトナム戦争に従軍して、これに逆らった。けれどもそれからは、純理論家の平和主義者になった。

そんななかでラリーはクリスチャンになった。「ありのままの自分」(Just As I Am) と「アメイジング・グレイス」のおかげで回心したという。二つの賛美歌の歌詞を聞き、神が求めておられるのは、ありのままの自分なのだと、初めて納得した。神の恵みはそれほどまでに驚くべきものだった。以来、彼なりに神に従っている。ラリーは自分の抱えているジレンマをこんなふうに述べている。「僕は『ありのままの自分』と『神が望んでおられる自分』のどこか中間で捕らえられているようだ。」

私は『クリスチャニティー・トゥデイ』誌の記事の冒頭で、ラリーの話を短く書いた。プライバシーを守るために、細かな点は変更した。数週間後にラリーが電話をかけてきて、こう言った。「記事を見たよ。」次の言葉を待っていると、痛烈な言葉を浴びせられた。「フィリップ、ぼくは本物の人間に、三次元の人間になろうと生きてきた。君は僕を段落二つ分の描写に削ぎ落としてしまった。」

ラリーの言葉に間違いはなかった。その瞬間、彼がもの書きの仕事の本質を言い当てたことを理解した。もの書きは削ぎ落とす。人間という素晴らしい存在を、統計に、図に、トップ記事に削ぎ落とす。ジャーナリズム――実際すべての芸術――は、リアリティーでなく、決して正確に描くことのできない肖像画を描こう、描写をしようとしているだけなのだ。キーボードに向かうたびに、そのことを思い出そうとしている。私は真理を伝えようとするが、失敗する。正しく伝えることは絶対にできない。それもまた、この召しをもってたどる長い旅路の性質なのだ。

――「事実という文学―ジャーナリスト・作家として」、『水の音節―信仰をもつ二十人の作家が自身の作品を考える』より（一六五～一六七頁）

＊　＊　＊

3月8日　経済が破綻するとき

グローバル株式市場が七十兆ドルも急落した二〇〇八年の大騒ぎの週、『タイム』誌から電話をもらった。「このような危機の時、どう祈るべきでしょうか」と編集者は尋ねてきた。話しながら、祈りには三段階のアプローチがあるという結論に達した。

最初の段階は、本能的に「助けてください！」とシンプルに叫ぶことだ。ゲッセマネのイエスの祈りに目を向けてみればよい。血の汗をしたたらせながら、イエスは「悲しみのあまり死ぬほどです」（マタイ二六・三八）と言われた。しかし、その祈りは「この杯をわたしから過ぎ去らせてください」から、「あなたが望まれるままに」（同三九節）へと変化する。祈りはイエスを不安から救い出し、愛なる神への信頼を再確認させ、十字架に向き合う勇気を与えた。

話すことと同じくらいの熱意をもって耳を傾けながら祈れば、瞑想と熟考という二番目の段階に入ることができる。そう、私の老後の貯えはなくなってしまったと言っていいくらいだった。このような大惨事から何を学べるのだろうか。教会学校の歌を思い出した。「賢い男は岩の上に家を建てました……。そして賢い男の家は揺るぎませんでした。」それから「愚かな男は砂の上に家を建てました……。雨が降って洪水になると……。」

危機的状況は、人生を構築している土台を見極める良い機会だ。最終的な信頼を財政的な安全や政府の問題解決能力に置いているとしたら、家の崩壊を見るのはまず間違いない（「そして愚かな男の家はぺしゃんこになりました」）。

経済が破綻したその週、ジンバブエのインフレ率は二億三千百万パーセントを記録した。そこから危機の祈りの第三段階に入る。本当に絶望的な状況にある人たちに共感の目を向けるには、自分の問題から目を移し、神に助けを求める必要がある。

ローマ帝国が崩壊に向かった時代、クリスチャンは帝国内にとどまって疫病患者の看護にあたり、乳母たちは道端に捨てられた赤ん坊を救った。困難な時代、クリスチャンが献金額を増やして貧しい人々のために家を建て、アフリカのエイズと戦い、退廃的で有名人ばかりをもてはやす文化に、今一度神の国の価値観を伝え始めたら、それこそ大きな証しとなるだろう。

そのような姿勢に論理など無用だ。もちろん私たちが、確かな土台の上に家を建てるという、イエスのシンプルな話のモラルを真剣に受け取る場合は別だが。

——コラム「裏頁」、『クリスチャニティー・トゥデイ』二〇〇九年一月(八〇頁)

＊　＊　＊

3月9日　モルモン教徒、パリサイ人、福音派

モルモン教のパンフレットで、ある特徴が称賛されていた。勤勉、独立独行、政府の介入への抵抗だ。モルモン教徒は何より高潔な暮らし、優れた業績、市民としての立派なあり方が、信仰を証明すると考えている。

これらの性質はいずれも魅力的ではあるが、このパンフレットを読んだとき、気にかかることがあった。称賛されていた美徳から思い出したのが、モルモン教徒でなく、福音派だったのだ。実際そこに書かれていた言葉は、どれも福音派の作ったパンフレットに書かれていても違和感がないものだったろう。私たちは良き市民であること、勤勉さ、正しさ、自制心で知られることを欲していないだろうか。

ウォーカー・パーシーの『再臨』に登場するある人物は言う。

「私の周りにはクリスチャンが大勢いる。おしなべて良い人たちで、他の人と特に違っているわけではない……。だが、真理を手にしているなら、どうして真

理を握りしめて宣伝するときに不快感をもたせられるのだろう……。本当に不思議だ。良き知らせが真実であるなら、どうしてそれを喜んで聞こうとする人がいないのだろう。」

最後の疑問が大きく響く。クリスチャンは自分たちがどれほど善良であるかを指摘することにあまりに熱心で、基本的なある事実を無視しているということなのだろうか。福音とは、大どんでん返しのものとして、悪い連中にきらびやかに起こる壮大で素晴らしいことが訪れるということである。

福音派は、「国会議事録」に聖書に基づく理論的な根拠を読み込むことに余念がなかった。堕胎に、教育省に、煙草補助金に、最高裁の種々雑多の決定に。それらの修正を促す大切なバランスを提案しよう。イエスが義人と取税人のたとえ話で示そうとされたことについて、なぜもっと多くの時間をかけて教会で議論しないのか。ある人は、自分が強盗、悪を働く者、姦淫をする者、取税人でない祝福を神に感謝し、週に二度断食し、十分の一献金を欠かさなかった。もう一人は取税人で、道徳性が疑わしく、履歴書に見るべきものはなく、神学に対しては全くの無知だった。一人は雄弁に祈り、もう一人は、「神様、罪人の私をあわれんでください」（ルカ一八・一三）とだけ言った。しかし、どちらが義人とされて天国に行っただろうか。

興味深いことに、義なるパリサイ人たちは、歴史的にほとんど影響を与えなかった。ローマ帝国の辺鄙な一隅にいっとき生きていただけである。ところが、イエスの弟子たち——怒りっぽく、頼りがいがなく、どうしようもないほど欠点だらけの集団——は、最悪の罪人や裏切り者たちに、無償で赦しを与える福音の力に心酔した。その弟子たちがやがて世界を変えたのである。

——『ささやかな追究』（九八〜一〇一頁）

＊　＊　＊

3月10日　イエスの仲間

イエスは罪人の友だった。彼らはイエスのそばにいるのが好きで、イエスが一緒にいてくださることを望んだ。一方、律法主義者たちはイエスのことを不愉快きわまりなく、吐き気をもよおすとまで思った。私たちが見失ってしまったイエスの秘密とは何だろうか。

「仲間を見れば、その人がわかる」と、ことわざは言う。その原則を、ナザレのイエスに当てはめようとした一世紀パレスチナの人々の仰天ぶりを想像してみるがいい。福音書は、イエスが夕食の招待に応じた八つの場面を記している。そのうち三つは、友だち同士が交流する普通の場面だが、あとの五つは、社会上妥当とされるルールをすべて無視している。

イエスは「ツァラアトに冒された人シモン」（マタイ二六・六）と食事をされたことがあった。パレスチナでは、情け容赦のない戒律が、ツァラアトを不名誉なものと決めつけていた。この病に苦しむ者は町の壁の外で暮らし、だれかに近づくときは「汚れています！」と叫ばなければならなかった。しかしイエスはそうしたルールを無視し、この不名誉な病を名前につけられた男のテーブルに寄りかかられた。なお悪いことに、その食事の間、評判の芳しくない女性がイエスの頭に高価な香水をふりかけた。マルコによると、イスカリオテのユダは嫌悪を覚えて席を立ち、真っ直ぐ大祭司のところへ向かってイエスを裏切ったという。

少なくともあと一回、イエスは著名なパリサイ人のもてなしを受けておられる。ユダヤ教の指導者たちは二重スパイのように、イエスの後をつけたり食事に招いたりしながら、その挙動に逐一、目を光らせていた。安息日であるにもかかわらず、イエスはまるで挑発するかのように、水腫を患う男を癒された（ルカ一四・一〜四）。そして、立身出世をはかろうとするパリサイ人の宴会と、「貧しい人たち、からだの不自由な人たち、足の不自由な人たち、目の見えない人たち」（同一三節）にまで対象を広げて催される神の宴会との痛烈な違いを浮き彫りにされた。福音書は、ほかのすぐれた市民との食事は記録していないが、それがなぜなのか私には容易にわかる。イエスは、ご機嫌とりをする晩餐の客としては、用なし同然であられたのだ。

――『私の知らなかったイエス』（二三一〜二三三頁）

＊　＊　＊

3月11日　不穏な信仰

二〇〇四年にハンガリーを訪れ、ユース・フォー・クライストのスタッフ会議で話をした後、電車でオーストリアに入り、インターヴァーシティーの国際版であるIFES（国際福音主義学生連盟）が提携しているお城で週末を過ごした。いずれの会場にも東欧からの出席者がいて、驚くような話をいくつも聞いた。

ウクライナやラトビアなどから来ていた人々は、無神論者として育ちながら、十代で回心した。たとえばセルゲイは十二歳で回心した。両親に外のトイレ（屋内トイレはなかった）に行くと言って、柵を乗り越え、クリスチャンの隣人たちと祈りをささげた。信仰はきわめて不穏な行為だったのだ。いまセルゲイは、東欧の何千もの人たちをEメールでつなげる祈りのミニストリーの責任者だ。

ハンガリー出身のピーターは、聖書を黒いビニール袋に入れて運ぶ西洋人を助け、彼の両親はその聖書を密かに配ったという。モルドバ出身のオレグは、教会が現状にあまりに満足しているために、プロテスタントの信者たちは選挙のときに共産党の候補者に投票していると報告した。彼らは迫害下の教会に見られた純粋さを取り戻したがっている。

ブダペストで恐怖の館を訪れた。ナチスとソ連に挟まれたハンガリーのたどった二十世紀の悲しい歴史を記録している最新の博物館で、ちょっとした物議をかもしている。ハンガリー人の歴史は、征服された民の歴史だ。アッティラのフン族、モンゴル人、イスラム教徒、ナチスとロシア人。博物館は、初めはナチスの親衛隊（SS）本部として、後にロシアのKGB本部として占拠された建物を使用している。地下牢と拷問部屋がそのまま保存され、全体主義に特徴的な盗聴器やプロパガンダの装置がきちんと展示されている。

米国に戻るなり、大統領候補ジョン・ケリーの選挙の敗北宣言を見た。ケリーは、私たちの偉大なところは、選挙の翌日もみな米国人のままであることだ、と言った。恐怖の館で数時間を過ごした後、その教訓が深く胸に染みた。

——未発表の旅の覚書、ハンガリー、二〇〇四年

＊　＊　＊

3月12日　繰り返さないか

二〇〇八年の夏、再び旅の人となり、アウシュヴィッツで一日を過ごした。大量殺人のスケールに心が萎える場所だ。三百のバラックがアウシュヴィッツの数千平方メートルもの草原に広がっていたが、収容された人たちはそこに生きるためでなく、死ぬために連れて来られた。ガスを吸った遺体を処理するため、焼却炉は昼夜を問わず稼働し、一日に一万の遺体が焼かれた。計五十万人、そのほとんどがユダヤ人だった。

アウシュヴィッツは恐ろしい場所だ。あまりにも整然として秩序立っているように見える。あたかも大企業がコンサルタントを雇い、純粋な悪のプログラムを考案させたかのようだ。九・一一が米国に与えたような影響が、四年間毎日繰り返されたと想像してみればいい。しかもテロリストでなく、既成の政府が市民に向けた仕打ちだったのだ。

オランダ、フランスなど様々な国がバラックをそのまま「借用」し、アウシュヴィッツで殺された市民のことを語り伝えてきた。もちろんイスラエルもいくつかの展示を行っている。ツアーガイドはグループの先頭に立ち、「絶滅のテクニック」や「略奪品」などとされる展示物のところへと導く。あるバラックは、二百人用の部屋に八百人の人が押し込められた生活状況を描いている。収容されていた人に使われた拷問器具を展示しているバラックもあれば、意図的に病原菌を注入したり、実験のために焼いたり、はたまた氷水の入ったタンク投げ込まれた人の、意識の回復過程を調べた医学実験を詳しく伝えているバラックもある。

「略奪品」の建物には、何千もの靴や眼鏡の巨大な山、十八メートル幅のガラスの展示ケースいっぱいに詰められた人間の毛髪の山がある。（連合軍は、アウシュヴィッツの倉庫に人間の毛髪二トンが貯蔵されているのを発見した。）何千人もが撃たれた処刑の壁、そして裸のユダヤ人たちがガス室に送られた悪名高い「シャワー室」もある。アウシュヴィッツには長年草一本育たなかった。煙突から吐き出された細かい骨のロームが地面を覆っていたからだ。今は地面に草が青々と茂り、歩道と煉瓦造りの寮をもつ大学キャンパスのようだ。

「二度と繰り返すまい。」このスローガンには、アウシュヴィッツの阿鼻叫喚が込められている。にもかかわらず、私たちの生きている時代に、ルワンダやユーゴスラヴィアやダルフールで、悪の力の程度の違いこそあれ、歴史は繰り返している。

——未発表の旅の覚書、ポーランド、二〇〇八年

＊　＊　＊

3月13日　それはある午後に

十字架はキリスト教の中心メッセージだ。フラナリー・オコナーが、世界は「どれほど恐ろしいことがあっても、神は、ご自身が死ぬに値するほど価値のあるものであると思われた」と言ったほど、これは疑いようのないことだ。受難週に私は、贖いの理論的根拠というよりも、贖いによって実際何がなされたかを考えていた。ある人が神学者カール・バルトに質問して、いつ「救われた」のかを突きとめようとしたとき、バルトはこう答えた。「私が救われたのは、イエスが十字架で息絶えた紀元三四年のある日の午後です。」愛は、どれほどの犠牲を払っても、愛する人たちとの結びつきを妨げるあらゆる障害を克服する道を見いだすものだ。

また十字架は、人間に可能なことの限界も暴露している。ポンティオ・ピラトはイエスの「罪状書き」——ユダヤ人の王——を三つの言語で書いた。それは正義のまがい物に対する皮肉な賛辞であった。当時の最も教養ある宗教的権威らが手を組んで無実の男を攻撃し、最も誉れある司法制度がその処刑を実行したとき、世の人々は固唾を呑んで見守った。

トマス・マートンは言う。「だれも復活を見なかった。だれもが十字架を見た。だれもが確かに十字架を見ている。十字架はいたるところにある。」人間にとって最も深い問題を解決するために、政治や科学を当てにしたい誘惑に駆られるとき、私たちはこの矛盾のしるしに立ち止まる。人々が何よりも誇りにし、大きな希望を抱いている権力や権威が偽の神々であることを、キリストは暴露された。

さらに、十字架は、神の思いがけない性質を明るみに出す。パウロの言葉を借りると、イエスは「神としてのあり方を捨てられないとは考えず、……自らを低くして、死にまで、それも十字架の死にまで従われました」（ピリピ二・六〜八）。アパラチアやラテンアメリカの地域コミュニティーで聞かれる、十字架を中心とする説教に表れているように、貧しい人々や恵まれない人々は、自分と同じような存在であるということに本能的に反応する。作家たちもそれを知っている。グレアム・グリーン、ジョルジュ・ベルナノス、イニャツィオ・シローネはみなイエスの死を記念する聖餐式を、彼らの傑作の中心素材とした。

私たちがどう言おうと、贖罪は、ただ傷ついた人だけが赦すことができるとのユダヤの原則を成就している。カルバリで、神は傷つくことを良しとされた。

——コラム「裏頁」、『クリスチャニティー・トゥデイ』二〇〇九年五月号（九六頁）

＊　＊　＊

3月14日　隠れておられる神

神の臨在を切に求める人間の思いは、どこにでもあるようだ。だが、神の臨在を感じない時があることを考えずに、神がすぐそばにおられる約束だけを強調することはできない。偉大な聖徒たちも神の不在を経験した。ヨブも経験した。おそらくだれもが、神が隠れておられるという事実に直面することがあるはずだ。

神は隠れておられるわけではないと言う人たちもいる。信仰の言葉を記したこんなバンパーステッカーを見た。「神が遠いと感じるなら、だれが動いたか考えてごらん。」　しかし、この言葉に暗示されている罪意識は、誤った罪責感かもしれない。ヨブ記は、動いたのが明らかに神であることを語っている。ヨブは何も間違ったことをしておらず、必死に助けを求めたのに、神はあえてお隠れになった。（信仰の旅路では、当然、神が隠れておられるという状態に遭遇する。このことを信じられないなら、神との親しい交わりの中で人生を送ったキリスト教神秘主義者の著作に目を通せば、すぐ納得するだろう。厳しい試練の時期、「たましいの暗黒の夜」について語っていない人を、一人でも見つけられるだろうか。)

苦しむ人たちに、そしてそういう人の傍らに立つ人々に、ヨブは重要な教訓を示している。疑問や不満は正当な反応であって、信仰が弱いためではない。実際、当然であるがゆえに、神は聖書の中に、こうした疑問や不平を書き込まれたのだ。マーク・トウェインの『地球からの手紙』や、バートランド・ラッセルの『宗教は必要か』といった書物に記されている、神に敵対する者たちの主張が、聖書の中にあるなどと、もちろんだれも思わないだろう。けれども実際、神に敵対する主張が、ヨブ記だけでなく詩篇や預言書にも多く書かれている。聖書は、私たちの失望を予期しているかのようだ。それは、神がご自身に対して向けられる武器を前もって私たちに与えているかのようであり、神ご自身、信仰を維持するための代価がわかっておられるかのようだ。

そして、イエスのゆえに神はわかっておられるのだろう。ゲツセマネとカルバリで、神ご自身が言語に絶するかたちで、神が隠れている状況に立ち向かわれた。「神と戦う神」とは、十字に組み合わせた二本の木の上でなされた宇宙規模の戦いをマルティン・ルターが要約して表現した言葉だ。その暗黒の夜、神は自ら、神に見捨てられると、どういう思いを味わうか、身をもって経験された。

——『神に失望したとき』(三一四〜三一六頁)

* * *

3月15日　二人の裏切り者

「ユダ」という名前は、かつてありふれたものだったが、今ではほとんど消え失せてしまった。子どもに歴史上最も評判の悪い、裏切り者にちなんだ名前をつけたいと思う親などいない。しかし自分でも驚いたのだが、今でも福音書を読むと、目を引くのはユダの凶悪さではなく「普通さ」だ。福音書は、ユダが弟子の実力者グループにこの背信行為の計画を浸透させようとする潜入スパイだったとほのめかしてはいない。

それでは、ユダはどうして神の子を裏切ることができたのだろうか。こう問いかけながらも、十一人の弟子のことを考える。ゲッセマネでイエスを置いて逃げた残りの弟子たちや、「そんな人は知らない」（マタイ二六・七二）と中庭で詰め寄られたときに誓ったペテロ、イエスが復活したという報告を頑なに信じまいとした弟子たちのことを。ユダの裏切り行為は、ほかの多くの背信行為と、種類ではなく程度が違っていたのだ。

ユダはイエスを裏切った最初の人物でもなければ、最後の人物でもない。ただいちばん有名なだけだ。日本のクリスチャン作家遠藤周作は、裏切りをテーマに多くの小説を書いている。遠藤にとってイエスの最高に力強いメッセージとは、イエスを裏切った人々にさえ、いや、そうした人々にこそ向けられる、あふれんばかりの愛だった。ユダが暴徒を庭へ導いたとき、イエスは彼に「友よ」（同二六・五〇）と呼びかけられた。ほかの弟子たちはイエスを見捨てたが、それでもイエスは彼らをなお愛しておられた。イエスと同じユダヤ人がイエスを処刑した。しかし、裸の身体を伸ばした究極の不名誉と言える格好で、イエスは自らを奮い立たせて叫ばれた。「父よ、彼らをお赦しください……」（ルカ二三・三四）と。

ペテロとユダ。この二人の運命ほど痛烈な違いを見せているものがあるだろうか。二人ともイエスの弟子グループの中では指導的な立場にあった。二人とも驚くべき出来事を見たり聞いたりした。二人とも同じように、うろたえながら希望、恐れ、幻滅を順繰りに経験した。危険が増したとき、二人とも自分たちの主人を否定した。二人の類似性は、そこで途切れる。自責の念に駆られてはいても悔い改めなかったらしいユダは、自分の犯した行為のもたらした結末を受け入れ、自らの命を絶ち、最大の裏切り者として歴史に名を残した。面目を失ったものの、なお恵みと赦しというイエスのメッセージに心を開いていたペテロは、エルサレムにリバイバルを起こすほどになり、ローマで殉教するまで伝道をし続けた。

——『私の知らなかったイエス』（三〇三～三〇六頁）

＊　＊　＊

3月16日　恥という試練

第二次世界大戦前の時代の回想録でピエール・ヴァン・パーセンは、ナチスの突撃隊員によって行われた屈辱的な行為について語っている。隊員らは、ある老齢のユダヤ人ラビを捕らえ、突撃隊本部へと引っ張って行った。その部屋の片隅では、二人の隊員が別のユダヤ人を死ぬほど殴っていた。しかし、ラビを捕らえた者たちは、ラビの服をはぎとって裸にすると、次の安息日にシナゴーグで行うつもりだった説教をやれと命じたのである。ラビが、礼拝の時に頭にのせるヤムルカ帽を着用してよいかと尋ねると、ナチス党員はにやりと笑って承諾した。おふざけも増すというわけだった。ラビは震えながら、かすれ声で、神の前にへりくだって歩むとはどういうことか、説教をし始めた。その間ずっと、ナチス党員たちからつつかれたり、はやしたてられたりし、また部屋の隅からは同胞の断末魔の声が聞こえていた。

イエスの投獄、拷問、処刑という福音書の記事を読むとき、突撃隊本部で裸のまま屈辱に耐えていたラビのことを考える。この侮辱、神の御子が地上で耐えた「恥」の深さは測り難い。神の御子は裸にされ、鞭打たれ、唾を吐きかけられ、顔を殴られ、茨の冠をかぶせられた。

ローマ人ばかりでなくユダヤ人指導者にも、犠牲者に有罪判決の出されているこの犯罪を滑稽《こっけい》にまねて嘲笑してやろうという思いがあった。「メシアだって。そいつはすごい。預言を聞こうじゃないか。」ガツン。「だれが殴ったんだ、おい。」ドスッ。「ほら、言ってみろ。吐いてみな、預言者さんよ。メシアと言うわりに、ろくにわかっちゃないんだな。」

そんなことが一日中続いた。大祭司の屋敷の庭で、目隠し鬼の遊びをしていじめたり、ピラトとヘロデの衛兵たちが玄人はだしの暴力行為を働いたりした。カルバリへ、そして最終的に十字架に続く長い道のりをつまずきながら上って行く犯罪者たちに、見物人たちは口笛を吹いたり、野次ったりした。十字架にかけられたイエスは、次々と浴びせかけられる愚弄する声を聞いたし、横に並んでいる十字架からも嘲りを聞いた。

神が歴史を通してずっと自制を守っているのを私は

不思議に思い、ときにはそれを問題視してきた。神の自制は、チンギス・ハーンやヒトラーやスターリンのような人間が、思うままにふるまうのを許された。しかし、あのエルサレムの暗い金曜日に現された自制にたとえられるものはない。本当に何もない。イエスは鞭で打たれるたびに、拳で身体に強烈な一撃をくらうたびに、心の中で荒野やゲッセマネでの誘惑を再現していたに違いない。天使の軍勢はイエスの命令を待っていた。イエスの一言で、この厳しい試練は終わるのだった。

――『私の知らなかったイエス』(三一六～三一八頁)

＊　＊　＊

3月17日　武装解除する力

教会が十字架の恥辱を甘受するには時間がかかった。四世紀になって初めて、十字架は信仰の象徴になった。(キリストの磔刑が芸術の主題として多く用いられるようになったのは、本物の十字架刑を見た者がこの世にいなくなってからだ。)

しかし今では、このシンボルは至るところにある。芸術家は金を打ち伸ばしてローマの処刑道具の形を作り、野球選手はバットを振る前に十字を切る。お菓子屋は受難週のクリスチャンに食べてもらえるようチョコレートの十字架まで作っている。奇妙に思われるかもしれないが、キリスト教は十字架の宗教になった。現代の言葉で言えば、絞首台、電気椅子、ガス室の宗教に。

通常、犯罪者として死んだ人は失敗者とみなされる。使徒パウロは後にイエスについて深く思いを巡らせて言った。「……様々な支配と権威の武装を解除し、それらをキリストの凱旋の行列に捕虜として加えて、さらしものにされました」(コロサイ二・一五)。パウロは何を言おうとしたのだろうか。

私は、権力の武装を解除した、現代の人々のことを考えることがある。マーティン・ルーサー・キング・ジュニアを刑務所の独房に閉じ込めた人種差別主義者の警官たち、ソルジェニーツィンを国外に追放したソ連政府、ヴァーツラフ・ハベルを投獄したチェコ政府、ベニグノ・アキノを殺害したフィリピン人、ネルソン・マンデラを投獄した南アフリカ共和国当局。これらの人々はみな、問題を解決しているつもりでいたが、解決するどころか、自身の暴力と不正をあらわにする結末を迎えた。道徳には、武装を解除させる力がある。

イエスが死んだとき、荒々しいローマ兵でさえ心を突き動かされて、こう叫んだ。「この方は本当に神の子であった」（マタイ二七・五四）。このローマ兵は、残忍な同胞と、今際の際にあえぎながら彼らを赦した犠牲者との著しい違いを、あまりにも明瞭に見たのだ。横木に釘ではりつけにされた青ざめた人物は、この世を支配する権力者たちがにせものの神々であることを明らかにしたのである。権力者たちは、敬虔や正義という己の高尚な約束を破ったからだ。無宗教ではなく、宗教がイエスを糾弾した。無法ではなく、法がイエスを処刑した。当時の政治、宗教の支配者たちは、裁判を不正に操作したりイエスに罰を下したり、また暴力で彼に対抗することによって現状を維持し、自分たちの権力だけを守ろうとする姿を暴露した。イエスに対する一つ一つの暴行が、彼らの非合法性を明らかにした。

――『私の知らなかったイエス』（三二二～三二五頁）

＊　＊　＊

3月18日　試写会

〈聖金曜日の読書〉

イエスが死んだ日に地獄で起きたこと、その情景をミルトンやダンテ級の才人に描いてほしいものだ。地獄で祝祭が始まったことは間違いない。創世記の蛇が神のかかとに嚙みつき、ヨハネの黙示録の竜がついに神の御子をむさぼり食った。救いの使命を負って地上に派遣された神の御子は、結局ぼろぼろのかかしのようになって、十字架にぶらさげられた。おお、なんという悪魔の勝利！

しかし、なんという短命な勝利。歴史上、はなはだ予想外の急展開だが、サタンが悪のために良しと思ったものを、神は善のために良しとされた。イエスの十字架の死は、完全な神と、宿命的に欠点をもつ人間とのギャップに橋を渡したのだ。私たちが聖金曜日と呼ぶ日に、神は罪を打ち負かし、死を敗走させ、サタンに勝利し、家族を取り戻された。その変容の行為において、神は歴史上最悪の行為を取り上げ、最大の勝利に変えさせた。この十字架という象徴がなくならないのも不思議ではない。イエスが、忘れてはいけないと私たちに命じられたのも不思議ではない。

十字架があるから、私は希望をもつ。私たちは主のしもべの傷によって――奇跡によってではなく――癒される、とイザヤは言った。神が敗北と見えるものからそのような勝利を得ることができるなら、これ以上ないほど弱りきった瞬間に強さを引き出すことができるなら、私自身が人生で失敗や困難と思われるものに見舞われたとき、神はどんなことをしてくださるのだろうか。

神と人間の関係を何も――神の子殺しでさえも――終わらせることはできない。贖いという秘術において、あの極悪非道の犯罪が、私たちを癒す強さとなった。

致命傷を負った癒し主は、イースターに戻って来られた。その日は、どんな傷跡も怪我も失望も、違った光の中で見られるようになる。永遠という展望から歴史がどう見えるか、前もってちらりと見える日だ。私たちの信仰は、信仰が終わりそうに見えたところから始まる。十字架と空っぽの墓の間に、この世に対する希望、そしてそこに生きる私たち一人ひとりに対する希望という歴史の約束が漂っている。

――『私の知らなかったイエス』(四四三〜四四四頁)

＊　＊　＊

3月19日　苦しみのしるし

なぜイエスは苦しみ、死ななければならなかったのか。この問いの答えは一冊の本に値し、多くの本が書かれてきたが、聖書にあるのは、最も神秘的な答えだ。神にとって苦しみは「学習体験」のようなものであったという。やや異端的に聞こえるが、私はヘブル人への手紙にしたがっているだけだ。「キリストは御子であられるのに、お受けになった様々な苦しみによって従順を学び……」(五・八)。また、こうも書かれている。「彼らの救いの創始者を多くの苦しみを通して完全な者とされた……」(二・一〇)。

これらの言葉には測り知れない奥義が詰まっている

が、受肉は私たちにとってと同じくらい、神にとっても意味があったと言えるはずだ。もちろん神は肉体の痛みを理解し、脳に害を警告する優れた神経伝達システムを作られた。けれども、聖霊は肉体の痛みを感じたことがあったか。受肉するまでなかったのだ。地上で送った三十三年の生涯で、イエスは、貧困、家族の喧嘩、社会からの拒絶、言葉による虐待、裏切りを学ばれた。苦痛についても学ばれた。金属の付いた鞭で背中を打たれると、どう感じるのか。筋肉、腱、皮膚に鉄釘を打ちつけられることが、どれほど痛いものなのか。神は地上でそうしたことを学ばれた。

イエスが来られることで、ある理解しがたい仕方で、神は私たちのうめき声を違ったふうにお聞きになった。ヘブル人への手紙の記者は、私たちが経験することをすべて神も味わわれたことに驚嘆した。「さて、私たちには、もろもろの天を通られた、神の子イエスという偉大な大祭司がおられるのですから、信仰の告白を堅く保とうではありませんか。私たちの大祭司は、私たちの弱さに同情できない方ではありません。罪は犯しませんでしたが、すべての点において、私たちと同じように試みにあわれたのです」（四・一四～一五）。私たちには苦しみの学校を卒業した大祭司がいて、その御方は「自分自身も弱さを身にまとっているので、無知で迷っている人々に優しく接することができます」（五・二）。イエスが来られたので、神は私たちのうめきを心から理解される。私たちはもはや底なし沼のような深みに向かって、「ねえ、聞いているのですか？」と叫ぶ必要はない。イエスが地上の人間の一人となることによって、神は私たちのうめき声を聞かれる。しかも私たちと共にうめき声をあげられることの、歴史の中で目に見える証拠を与えてくださった。

――「苦しみのしるし」、『クリスチャニティー・トゥデイ』一九九〇年十月八日号（三四～三五頁）

＊　＊　＊

3月20日　名前のない日

私の育った教会は受難週を足早に飛び越え、イースターのシンバルの音を聞く。聖金曜日に礼拝がもたれたことはなかった。聖餐式を祝うのは三か月に一度きりだった。イースターにいちばん良い服を着て、賛美歌を大声で歌い、教会堂に特別の飾りつけをした。

福音書を研究してわかったのは、私の教会とは異なり、聖書の記録は受難週に近づくと歩みを速めるどころか遅くしているということだった。キリスト教の初期のある注解者は、福音書は長々しい前置きをして、イエスの最後の週を時系列で記している、と言った。

著述家であり説教者でもあるトニー・カンポロが刺激的な説教をしている。「今日は聖金曜日だが、日曜日が来る。」カンポロは続ける。「金曜日と日曜日の両日を生きた弟子たちは学んだ。神が最も不在であるように思えるときに、実は最も近くにおられるのかもしれない。神が最も無力に思えるときに、実は最も力強いのかもしれない。神がまさに死んでいるように思えるときに、よみがえっておられるのかもしれない、と。弟子たちは、二度と神抜きに考えてはならないことを学んだのだ。」

ところがカンポロの説教では、一日が飛ばされている。金曜日と日曜日は、聖金曜日とイースターの日曜日として教会暦に名前を残しているが、本当の意味で私たちは名前のない土曜日に生きているのだ。

福音書の記者たちが、復活して姿を現した数週間よりも、イエスの最後の週にはるかに多くの紙面を割いている理由は、そこにあったのかもしれない。彼らは、その後の歴史が、喜びの日である日曜日よりも、間に挟まれた土曜日に似ていることが多いことを知っていたのだ。

スーダンやルワンダ、地上で最も豊かな国にスラム街がある世界から、神聖で美しく、良きものを神は創り出すことがおできになると信じられるだろうか。人間の歴史は、約束の時間とその成就の時間の間でだらだらと進む。地球の今は土曜日だ。日曜日ははたして来るだろうか。

――「イエスの実像」、『クリスチャニティー・トゥデイ』一九九六年六月十七日号（三三～三四頁）

＊　＊　＊

3月21日　イエスと燃え尽き状態

ラサール・ストリート教会の牧師ビル・レスリーは、

古い手動式ポンプの例を用いた。ときどき自分がそんなポンプのような気がすると言った。やって来る人はみな、手を伸ばし、力強くポンプで汲み上げる。そしてそのたびに、ビルは何かが自分から流れ出て行くのを感じた。そして、ついに「燃え尽き」状態になってしまった。彼には与えるものがもう何もなかった。干上がり、からからに乾燥しているように感じた。

この干上がった時期に、ビルは一週間のリトリートに参加した。そしてビルの精神面の指導者となった聡明な修道女に自分の心を打ち明けた。あなたは素晴らしい人だ、本当に犠牲的な人だ、と言って慰めてくれることをビルは期待していた。ところが、彼女の口から出たものは、そうした言葉ではなかった。「ビル、もしあなたの溜め池が涸れているのなら、するべきことはただ一つしかありませんよ。もっと深いところへ行くことです。」ビルはそのリトリートで、外への奉仕を継続するには、まず自分の心を豊かにすることであると気づいた。

イエスの地上における宣教の記録の中に、ただ一度だけ、イエスが「燃え尽き」に似た状態になられたのを見る。ゲッセマネの園で、イエスは地面にひれ伏して祈られた。汗が血のしずくのように地に落ちた。その祈りはイエスらしくない嘆願の調子を帯びていた。彼は、「自分を死から救い出すことができる方に向かって、大きな叫び声と涙をもって祈りと願いをささげ」とヘブル人への手紙は述べる（五・七）。もちろんイエスは、自分が死を免れるはずのないのを知っておられた。心の内にその自覚がますます大きくなり、イエスは激しい苦痛を覚えられた。

だがゲッセマネの園で、イエスは重荷を父なる神にゆだねることで危機を切り抜けられた。結局、イエスがお選びになったのは神の意思であった。イエスの祈りは、「しかし、わたしが望むようにではなく、あなたが望まれるままに、なさってください」（マタイ二六・三九）という言葉に変わっていった。

その全幅の信頼の感覚、「ゆだねきる」感覚を私も欲しいと思う。自分の仕事、自分の人生を、毎日、神へのささげ物にできるように、と祈る。神だけが、人への愛と自己への愛の間にある滑りやすい道をうまく歩いて行けるように、私を導くことがおできになるのである。
――『教会』(一一八～一二〇頁)

＊　＊　＊

3月22日　未来からの眺め

ジョー・ベイリーという聡明な男性がこんなことを言った。「光の中で学んだことを、暗闇の中で忘れるな。」しかし、暗闇が深くなっていくと、私たちが光を思い出すのは稀だ。それは、イエスの弟子たちも例外ではなかったようだ。

最後の晩餐の間に、イエスは警告するように言い放たれた。「世にあっては苦難があります。しかし、勇気を出しなさい。わたしはすでに世に勝ちました」(ヨハネ一六・三三)。そのとき、十二弟子のうち十一人は喜んで自分の人生をイエスに献げようと思った。その晩、シモン・ペテロはイエスを守ろうとして実際に剣を抜いた。

それなのに、翌日、十一人はみな信仰を失った。前夜の意気軒高な言葉も、十字架上で苦しむイエスを遠くの安全なところから見たとき、無情にも彼らを苦しめたに違いない。この世が神に勝利したかに見えた。十一人の弟子はみな暗闇に姿を消した。ペテロは、この男を知らないと誓った。

もちろん弟子たちの課題は、視点に関するものだった。そう、かつての光の記憶は消えてしまったが、数日後、その男たちはイースターのまばゆい光に遭遇する。その日、彼らは、神にとってどんな暗闇も深すぎることはないことを知った。未来によって現在を判断することの意味を学んだ。イースターの希望に火がつき、かつての臆病者たちは外へ出て行き、世界を変えた。

今日、世界の半分が聖金曜日とイースターという二つの祝日を祝っている。あの暗黒の金曜日が、イースターの日曜日の出来事ゆえに、今では「良き金曜日」と呼ばれている。そしてそれゆえに、クリスチャンは、神がいつかこの星を、神の支配下にある正しい場に立て直してくださるという希望をもっている。

暗闇に出合うとき、困ったことが起きたとき、私たちがイースター前日の土曜日を生きていることを思い起こすのは良いことだ。使徒パウロはこう言っている。「今の時の苦難は、やがて私たちに啓示される栄光に比べれば、取るに足りないと私は考えます」(ローマ八・一八)。ローマ兵らが自分を逮捕しようと武器を留め金で締めていたときでも、イエスは「わたしはすでに世に勝ちました」(ヨハネ一六・三三)と力強い言葉を発しておられるが、これは偶然のことではなかった。イエスは、現在を未来によってどう判断するかを知っておられたのだ。

——『痛むとき、神はどこに』(二二九〜二三〇頁)

＊　＊　＊

3月23日　痛みの魔法

キリスト教には、イエスの生と死を抜きにしてはほとんど意味をなさない逆説がいくつかある。たとえばこんな逆説がある。貧困や苦しみは、生涯をかけて闘ってもおかしくない「悪いこと」であるが、それと同時に「祝福」であるとも言える。この悪いことが良いことに変わるパターンは、イエスに完全に現れている。イエスは痛みを身に引き受けることによってそれに尊厳を与え、それがどのように変わり得るかを示された。イエスはご自分の与えた模範に、私たちが倣うことを望んでおられる。

イエス・キリストは、苦しみについて聖書が与えている教えすべての完璧な模範だ。イエスがおられるので、私は、ある人が「犯した罪のゆえに苦しんでいるに違いない」などとは言えない。イエスは罪を犯さなかったが、痛みを感じられた。竜巻は異教徒の隣人宅を襲っても、その手前にある私の家は避けて通るとか、クリスチャンは病原菌に決して感染しないとかと、神は約束されることはない。私たちはこの世の悲劇から免れはしない。神も免れなかったのだから。思い起こそう。キリストが苦しみを受けることをペテロがいさめたときに、イエスはそのことを強く叱責された(マタイ一六・二三〜二五)。

私たちは痛みを感じるときに激しい怒りを覚える。イエスもそうだった。だから癒しの奇跡を行われた。イエスはゲツセマネで「この苦しむ機会を感謝します」とは祈らず、苦しみから逃れられるように懇願された。それでも、より高い使命を果たすために、進んで苦しみを引き受けられた。最後にイエスは難しい問題（「もしも他の道があるなら……」）を父なる神の御旨にゆだね、ご自分の死という衝撃的なことも、良きことのために用いることがおできになる神を信頼された。

歴史は最後に思わぬ展開を見せた。罪のない子なる神が衝撃的にも処刑されるという、起こり得る最悪のことを、悪と死に対する最終的な勝利に変えられた。それは前例のない、巧妙な行為、悪のたくらみを善に仕えるものに変える行為だった。その中に私たちすべての者に対する約束がある行為だった。十字架という想像を絶する苦しみは、完全に贖われた。私たちはイエスの「傷」によって癒され（イザヤ五三・五）、イエスの弱さによって強い者とされるのだ。

――『痛むとき、神はどこに』（二三〇～二三二頁）

＊　＊　＊

3月24日　苦しむ神

旧約聖書を読むと、神であるとはどんな「気持ちがする」かということについて、多くの洞察が得られる。しかし新約聖書は、人間であるとはどんな気持ちがするかを神が学ばれて、起きたことを記録している。私たちが感じることを、神も感じられたのだ。私たちは、痛みを知っているだけでなく、痛みを共に感じてくれる神を、人間の痛みに影響を受ける神を本能的に求める。若き神学者ディートリッヒ・ボンヘッファーはナチスの捕虜収容所に、一つのメモを残した。「苦しんでいる神だけが、助けることができる。」イエスのおかげで、私たちはそのような神を得ることができた。ヘブル人への手紙は、神は今や私たちの弱さに共感できると告げている。共感という言葉自体が、どのようにそれがなされたかを表現している。「共感」〔訳注＝原語sympathy〕は、symとpathosという二つのギリシア語に由来し、「共に苦しむ」ことを意味している。

神はイエスのゆえに、ご自分に失望する私たち人間の気持ちを理解された。このように言ったら言い過ぎだろうか。しかしそれ以外に、イエスの涙や十字架上の叫びをどう解釈できるだろう。神が不公平で、沈黙し、隠れているように思えるという問いかけを、あの「わが神、わが神、どうしてわたしをお見捨てになったのですか」（マタイ二七・四六）という、恐ろしい叫びに移し変えることができるかもしれない。御子は苦しみを通して「従順を学ばれた」とヘブル人への手紙は言う（五・八）。人は、不従順への誘惑を受けたときにのみ、従順を学ぶことができ、逃亡への誘惑を受けたときにのみ、勇気を学ぶことができるのだ。

イエスはなぜゲッセマネで、剣を振り回さず天使の軍勢を招集されなかったのだろう。なぜこの世を驚嘆させてみろというサタンの挑戦を退けられたのか。サタンの挑発に乗っていたら、イエスにとって最も重要な使命である、私たちの一人となり、私たちの一人として生きて死ぬことに失敗することになるからだ。それは、神が創造の時に設けられた「制限の中で」働くことができる、たった一つの方法だったのだ。

聖書全巻を通して、とりわけ預言書において、神の中に荒れ狂う葛藤が見える。神はご自身の造った人間を熱く愛されたが、他方でその人間を隷属させる悪を破壊したいという激しい衝動に駆られていた。十字架の上で、神はご自分の内側の葛藤に決着をおつけになった。十字架上で御子が破壊的な力を吸収し、それを愛に変えたからだ。

——『神に失望したとき』（一六一～一六三頁）

＊　＊　＊

3月25日　つまずきの石

イエスの死はキリスト教信仰の礎であり、それこそイエスが来られたことの最も重要な側面だった。神ご自身が痛みに倒れた、十字架のような出来事に基づく宗教から、痛みや苦難の問題に役立つ助言がどれだけ引き出せるだろうか。

使徒パウロは、十字架を信仰の「つまずきの石」と呼び、歴史はその言葉の正しさを証明してきた。ユダヤ教のラビたちは、アブラハムの息子が殺されるのを見るに忍びなかった神が、どうして自身の御子を死なせたのかと問うている。コーランの教えによると、神はイエスを十字架にかけさせるほどおとなしくはなく、一人の悪人を代わりにしたのだという。今日でも、米国のテレビ司会者フィル・ドナヒューは、キリスト教に反対してこう言っている。「すべてをご存じで愛そのものである神が、なぜ私の罪を贖うために、御子を十字架上で殺させたのか。父なる神が『愛そのもの』であるなら、なぜご自身が地上に降り、カルバリに行かなかったのか。」

こうした反対者はみな、福音の主要なポイントを見逃している。神秘的な方法で地上に来て死んだのは、神ご自身だった。神は「上のほう」にいて、「下界」で起こる悲劇的な事件を見ておられたのではなかった。神は「キリストにおいて」この世をご自身と和解させた、とパウロは言った。ルターの言葉を借りると、十字架は「神と戦う神」を見せた。イエスがただの人間だったら、その死が証明するのは神の残酷さだ。イエスが神の御子であったという事実が証明するのは、神は苦しむ人間と完全に一体化しているということだ。神は十字架上で、この世の恐ろしい苦しみを吸収されたのだ。

ある人々にとっては、十字架に死んだイエスの身体は、敗北をささやいているように聞こえる。御子の苦難を制御できない神は、どういう御方だろう。しかし、ひときわ高く響く声が聞こえる。神は大きな声で人間に、「わたしはあなたを愛している」と叫んでおられるのだ。愛は、たったひとりで血を流しているイエスの中に圧縮されている。この瞬間にも天の御使いたちを呼び下して、ご自分を救い出してもらうことができると言われたイエスは、そうすることはしなかった。それは、私たちのためだ。神は私たちを愛して、私たちのために、ご自分のひとり子を十字架につけるために遣わされたのだ。

こうして、ある人々には永遠のつまずきの石である十字架が、私たちの信仰の礎の石となった。痛みや苦難がどのように神の計画に組み込まれるのかという議論は、ついには十字架にまで行き着くのだ。

――『痛むとき、神はどこに』（二二九～二三〇頁）

＊　＊　＊

3月26日　目に見えない衝撃

旧約聖書の中で、忠実な信仰者は苦しみに出合うと衝撃を受けたようだ。彼らは神が自分たちの忠実さに対して、繁栄と慰めをもって報いてくださるものと期待していた。しかし新約聖書は注目すべき変化を見せている。ペテロが苦しむクリスチャンたちに助言したように、「この苦しみは、神が与えてくださった務めでもあるのです。あなたがたのために苦しまれたキリストが見ならうべき模範となられました。この方について行きなさい」（Ⅰペテロ二・二一、リビングバイブル）。

別の章句に、さらに私にとって思いもよらない言葉が使われている。パウロは「（キリストの）苦難にあずかる」ことについて語り、「自分の身をもって、キリストの苦しみの欠けたところを満たし」（コロサイ一・二四）たいと言う。

第二次世界大戦でチャプレンを務めたハリー・ボアは、大戦の最後の日々を、パシフィック・シアターで海兵隊とともに過ごした。彼は書いている。「第二師団は多くの活動をしたが、損失も大きかった。しかし私は、戦争の結末を一瞬でも疑う下士官や士官に一人も会ったことがない。勝利がそれほど確実であったなら、なぜ勝利にこれほど時間がかかったのかと問う海兵隊員にも会ったことがない。それはただ、敵があきらめるまで重い足取りで長く苦しい道のりを歩むという問題であった。」

パウロによると、キリストは十字架で宇宙的な力に勝利を収められた。それも、力ではなく、自己を与える愛によって打ち負かしたのである。キリストの十字架は結末を確かなものとしたけれども、私たちには戦うべき戦いがまだ残されている。パウロが地上におけるキリストの人生の苦しみと高揚の両方を抱きとめながら、「キリストとその復活の力を知り、キリストの苦難にもあずかって、キリストの死と同じ状態になり」（ピリピ三・一〇）たいと祈ったことは重要だ。

この世で自分の取った行動の意義を完全に理解することはないだろう。多くのことが私たちには見えないところで起きているからだ。抑圧されている国の牧師が、平和的な抗議活動をして投獄されるとき、ソーシャルワーカーが都会のスラム街に入居するとき、夫婦が困難な結婚生活を終わらせないとき、親が疎遠になった子どもが戻って来ることを、希望を捨てず、赦す思いも失せずに待つとき、若い社会人が富と成功を約束する途方もない誘惑に抗うとき、大なり小なり、こうした苦難のすべてに深い意味があり、キリストご自身の贖いによる勝利にあずかるとの確信をもつことができる。

――『痛むとき、神はどこに』（二三一～二三二頁）

＊　＊　＊

3月27日　イースターのスタート

私が復活を信じるのは、ひとえに神を知るようになったからだ。私は神が愛であることも知っているし、私たち人間が、愛する人々にずっと生きていてほしいと願っていることも知っている。私は友人たちを死ぬに任せはしない。会えなくなってからも、彼らは長く私の記憶と心の中に生き続ける。どんな理由があるにせよ――人間の自由が核心にあると思うが――一人の男が人生の絶頂期にスキューバダイビングで命を落とし、教会の伝道集会に向かっていた女性が、衝突事故で炎上した車の中で息絶える星の存在を、神は許しておられる。しかし、神はそのような破滅した星に満足してはおられないと思う。ジョン・ダンは、「死よ、驕《おご》るなかれ」と書いた。神は、死に勝利を得させることはないのだ。

イースターの話で、いつも興味をかき立てられる箇所がある。イエスはなぜ、十字架刑による傷痕をそのままにしておかれたのか。イエスならどんな復活の身体でも望みどおりにもつことができただろう。それなのに、イエスは何よりも見て触ることのできる傷痕からそれとわかる身体を選んだ。なぜか。

イースターの話は、イエスの手や足、脇腹の傷痕なしには不完全だろう。人間は空想にふけるとき、真珠のようにきれいな歯としわ一つない肌をもつ、セクシーな理想的体形を夢見るものだ。完全な肉体という不自然な状態を夢見るのだ。しかしイエスにとっては、骸骨と人間の皮膚の中に閉じ込められることこそ、不自然な状態だった。傷痕はイエスにとって、この星で過ごした人生の象徴であり、あの幽閉と苦しみの日々を永遠に思い出させるものだ。

私はイエスの傷痕に希望をもっている。天国から見れば、イエスの傷痕は宇宙の歴史にかつて起きた出来事の中でも最も恐ろしい出来事を代表している。しかし、十字架刑というその出来事さえ、イースターは記念に変えられた。イースターがあるので、私たちの流す涙も、受ける打撃や心の痛み、亡くした友人や愛する者を思う胸の痛みすべてでも、いつかイエスの傷痕のように記念になる。そんな希望をもつことができる。傷痕は決して完全には消え去らないが、しかしもはや痛むことはない。私たちは、新たに造られた肉体と、新たに造られた天と地をもつことになる。新しいスタート、イースターのスタートが待っている。


——『私の知らなかったイエス』(三四八〜三四九頁)

* * *

3月28日　まばゆい光

ヘンリ・ナウエンは著作の中で、あるパラグアイの家族の話を書いている。医者であるその家の父親は、パラグアイの軍事政権と人権侵害を批判していた。現地の警察は腹いせに、彼の十代の息子を逮捕し、拷問のすえ殺害した。激高した町の人々は、少年の葬儀を大規模なデモ行進とすることを望んだが、父親は別のかたちで抗議の意を表した。葬式の日、息子の遺体を、監獄で見つけたときと全く同じ状態で皆の前にさらしたのだ。裸にされた息子の身体には、電気ショックや煙草の火を押しつけられた跡、殴打の跡がついていた。村人は一列になって、少年の遺体の脇を通り、別れを告げた。遺体は棺の中ではなく、監獄から持ち出された血まみれのマットレスに寝かされていた。このグロテスクとも言える方法は、想像できないほどの強烈な抗議となっていた。

これこそ、神がカルバリでなさったことではないだろうか。人生の不公平さで、神を恨んでいる人は言う。「苦しむべきなのは、あなたや私ではなく、神だ」と。悪態(Goddamn)がそのことをよく表している。いわく、神は呪われよ(God be damned)。そしてあの日、神は呪われたのだ。裸のイエスが傷だらけになってかけられた十字架は、この世のあらゆる暴力と不正を露呈させた。十字架は、私たちがどんな世界に住んでいるのか、神はどのような方なのかを明らかにした。私たちは最高に不公平な世界に住んでおり、神は犠牲的な愛をもったお方である。

悲劇や失望から免れる人はいない。それは、神ご自身も例外ではない。イエスは不公平を免れず、そこから脱する道も示さなかった。むしろ不公平の真っただ中を通って、反対側へ行かれた。受難日が、人生は公平なはずだという本能的な思い込みを打ち砕いたように、イースターの朝は、宇宙の謎を解く、驚くべき手がかりをもってその後に続いた。暗闇から、まばゆい光が輝いたのだ。

大きな苦しみと悲しみのただ中にあって、いつくしみに富む神をなんとか信じようとしている友人が、だしぬけにこう言った。「神の唯一の釈明は、イースターだ！」 神学的とは言えないし、かなり荒っぽい言葉だ。けれどもそこには、心に深く刻まれる真理がある。キリストの十字架は悪を打ち負かしたかもしれないが、不公平を打ち負かしはしなかった。だからこそ、イースターが必要なのだ。イースターは、いつか神が物理的な現実をすべて、ご自身の治める本来の場所に回復させるという輝かしいものなのである。

――『神に失望したとき』（二四二～二四四頁）

＊　＊　＊

3月29日　過激な転換

聖書を研究していくと、苦しみに対する聖書記者の態度が急変していることがわかる。その変化には、十字架が直接関わっている。新約聖書の記者は困難な状況を話すときに、ヨブや預言者、詩篇記者に特徴的な怒りを表明していない。苦しみの現状の説明はせず、イエスの死と復活という二つの出来事をひたすら指し示す。まるでそれが、答えを描いた絵文字であるかのように。

使徒たちの信仰は、彼らが率直に告白しているように、イースターの日曜日に起きたことに全面的に基づいていた。この弟子たちは、あの指導者と過ごしていた三年間にはわからなかったことを、まもなく悟る。

神は、いなくなったように見えるとき、最も近くにおられるのかもしれない。神は死んだように見えるとき、よみがえってくるのかもしれない、と。

悲劇、暗闇、勝利という、この三日間のパターンは新約聖書の記者にとって、試練にあうたびに当てはめるべきひな形となった。「なぜ」という疑問に答えがなくとも、神の愛の証明であるイエスを振り返ればよいのだ。

「良き金曜日」(Good Friday) は、神が私たちを苦しむままにされなかった証拠である。人間の人生における悪や苦しみは、神にとっても生々しく重大であるため、その苦しみを分かち合い、自ら耐えようとされた。神も「悲しみの人」(イザヤ五三・三) だった。その日、イエス自らが神の沈黙を経験された。あの十字架上の言葉は、詩篇二三篇ではなく、二二篇からの引用だった。

そして、復活の日曜日が表しているように、最後に苦しみは打ち破られる。だから、ヤコブは、「様々な試練にあうときはいつでも、この上もない喜びと思いなさい」(ヤコブ一・二) と書き、ペテロは、「あなたがたは大いに喜んでいますが、今しばらくの間、様々な試練の中で悲しまなければならないのです」(Ⅰペテロ一・六) と書く。そしてパウロは「苦難さえも喜んでいます」(ローマ五・三) と言う。使徒たちは続けて、そういう「贖われた苦しみ」から出てくる良きものを記している。成熟、知恵、本物の信仰、忍耐、練られた品性、そして多くの報酬だ。

パウロは、これは時間が解決すると言う。ただ待つのだ。暗く静まった金曜日を、イースターの日曜日に一変させる神の奇跡が、いつの日か宇宙的規模で行われる。

――『神に失望したとき』(二八四〜二八六頁)

* * *

3月30日　有刺鉄線の向こうにある希望

ヴァージニアで出会ったユルゲン・モルトマンは、私にとって英雄の一人となった。このドイツ人神学者には、その学問的業績からは想像もつかないような魅力とユーモアのセンスが滲み出ていて、非常に驚かされた。

　モルトマンは量子物理学の研究者として生きるつもりだったが、第二次世界大戦のさなか、十八歳で兵隊にとられる。ハンブルク空襲で仲間が目の前で焼死した。「自分はなぜ生き残ったのか」と苦しんだ。イギリスに降伏した後、モルトマンは三年間をベルギー、スコットランド、イングランドの収容所で過ごした。ナチスの真実を知ったとき、どうしようもない深い悲しみを人生に感じた。

　キリスト教の教育を受けなかったモルトマンに、米国人チャプレンが軍発行の詩篇付き新約聖書を差し出した。ルーズベルト大統領の筆跡で「私が臥所を地獄につくっても、あなたがそこにいるのを見る」とあり、囚人たちに読まれていた。神はその暗い場所におられるのだろうか。読み進めるうちに、荒れすさんだ気持ちを完璧にとらえた言葉に出合い、神は「有刺鉄線に囲まれたところにもおられる――いや、有刺鉄線に囲まれているところにこそおられる」と確信するようになった。

　後にモルトマンはノートン収容所という、YMCAの営むイングランドの教育施設に送られる。地元の人々はドイツ人捕虜を歓待し、手料理を差し入れ、キリスト教の教理を教え、ナチスの暴虐に対して捕虜の感じていた罪意識をさらに深いものにさせることはなかった。

　モルトマンは解放後に「希望の神学」を語りだす。私たちは十字架と復活の間の矛盾した状況に生きている。腐敗に取り巻かれながらも回復する希望がある。キリストの復活という「前もって現された輝き」に照らされた希望がある、と説いた。

　イエスはこの星が神のもともとの設計どおりに回復される未来の時を、前もって味わわせてくださっている。イースターは「贖われた者たちの笑い声……死に対する神の抗議」の始まりだ。未来への信仰をもたない人は、この星の苦しみを見て、神は全き善でもなければ全能でもないと思うだろう。けれども私は未来への信仰があるので、神もこの世に満足しておられないこと、そしてすべてを新しくしようとしておられることを信じることができる。

　聖金曜日からイースターまでの大きな距離を表現し

ているユルゲン・モルトマンの言葉がある。「私たちがいつか神とともに笑えるように、神はいま私たちとともに泣いておられる。」

——コラム「裏頁」、『クリスチャニティー・トゥデイ』二〇〇五年九月号（一二〇頁）

＊　＊　＊

3月31日　キリストはよみがえった！

貧しい人々の家を建てるボランティアグループの指導をしていたバド・オーグルは、電動のこぎりで危うく片手を切断しそうになった。そのとき、外科医が念のため肺のレントゲンを撮ると、胸に悪性腫瘍が見つかった。腫瘍はすんでのところで取り除かれ、手の手術も受け、長くつらくはあったが、快復していった。

この悪報と朗報が、バドの都会で行う伝道のシンボルになっている。「あの事故の時、神はどんなおつもりなのかと思った。けれども結局、僕の命はあの事故のおかげで救われたのだ。リハビリでテニスボールを握るたびにそのことを思い起こしている。僕の救いも快復も、激痛なしにはなかったのだ。」

シカゴのある極貧地区で一緒に働くボランティアたちに、バドは失敗からいかに学ぶかという霊のレッスンを授けている。失敗の仕方を学ぶのだ。何一つ計画どおりにいくものではない。手続き上の問題で、市がホームレスのシェルターを閉鎖し、有望な指導者がヘロイン依存症になり、再建されたビルが放火犯の手で壊され、教会の窓が割られ、伝道本部の外にいた子ども二人がギャングの銃撃にあう。それでも、苦痛と混沌のただ中で、福音が根を下ろす。

「この界隈ではそうしたことが起きている。だが、失敗によって神の恵みがわかる。アルコール等の依存症患者が、酒に何度も手を出すのを見てきた。どうしてもやめられない人もいる。それでも、失敗のただ中で、神の恵みを少しずつ受け入れる人がいる。私の経験では、快復するか、変わっていけるかは、何より自分が『赦される』と信じているかどうかにかかっていると思う。どんなに大きな失敗を犯しても、神は赦してくださる。そのことがわかると、癒しの可能性が生まれてくる。」

イースターの早朝礼拝で話をした七人のうち三人が、快復途上にある依存者だった。「死ぬほど嬉しかった」と一人が言った。「今、イエスの助けとみんなの助けをもらって、生き返ったような気持ちだ。」

イースターはバドにとって、新しい意味をもった。苦痛から希望が生まれる。真っ暗な闇に、明るい光が輝く。二か国語礼拝の間、バドは、最初は英語で、それからスペイン語で、「主はよみがえった！」と叫んだ。答えも大声で返ってきた。「主はよみがえった！」

――「バド・オーグル、郊外への移住」、『クリスチャニティー・トゥデイ』一九九七年十一月十七日号（三八〜三九頁）

4
月
April

4月1日　恵みに飢え渇いて

一九九一年のロシアで目にしたのは、恵みに飢えた国民だった。経済というより社会全体が急激に下落した状態にあり、だれもがだれかを責めていた。ロシア市民は、虐待を受けた子どものようだった。頭を低く垂れ、つかえながら話し、視点が定まらない。彼らはだれを信頼すればよいのだろう。

モスクワの集会で見たジャーナリストたちの涙は生涯忘れないだろう。ジャーナリストが泣くところをそのとき初めて見た。それは、「プリズン・フェローシップ・インターナショナル」のロン・ニッケルが、今やロシアの流刑地で急成長している地下教会の話をしたときのことだ。七十年間、刑務所は真理の宝庫、人が神の名を何の妨げもなく口にすることができる場所だった。ソルジェニーツィンらが神を見いだしたのは、教会ではなく刑務所の中だった。

ロン・ニッケルは、内務省の高官を務める将軍と交わした会話についても語った。将軍は年老いた信者たちから聖書の話を聞いて素晴らしいと思ったが、あくまで芸術品のような鑑賞物ととらえ、信じる対象と考えてはいなかった。しかし最近起きたある出来事によって、考えを改めた。一九九一年の暮れ、ボリス・エリツィンは、国、地方、地域すべての共産党事務所の閉鎖を命じた。将軍は解体作業の警備に当たった。「党の幹部のだれ一人、そう、解体作業を目の前にだれ一人、抗議をしませんでした。」将軍はそう言ってから、教会を破壊し、神への信仰を踏みにじった無神論の七十年間と対比させた。「どんなイデオロギーが生まれ、滅びても、キリスト教信仰が廃れることはありませんでした。教会は今、私が見たことのないかたちで息を吹き返しています。」

一九八三年のイースターの日曜日、ユース・ウィズ・ア・ミッションのグループが、大胆にも赤の広場で横断幕を広げて見せた。ロシア語で「キリストはよみがえった！」と書かれた幕だ。ロシアの老人の中にはひざまずいて泣く者もいた。すぐさま兵士らが賛美歌を歌う人々を取り囲むと、横断幕を引き裂き、人々を刑務所に押し込んだ。それから十年足らずのイースターの日曜日、赤の広場一帯で人々は昔ながらの挨拶を交わしていた。「キリストはよみがえった！」……「キリストは本当によみがえった！」と。

――『この驚くべき恵み』（三四〇～三四二頁）

＊　＊　＊

4月2日　不在の大家

マタイの福音書二四章から二五章に書かれている四つのたとえ話は、どれも背景に共通のテーマが潜んでいる。それを見てみよう。家を空ける家主、召使いに管理を任せた不在の家主、来るのが遅すぎて客たちが寝入ってしまった花婿、召使いにタラントを配って出かける主人。

イエスの四つのたとえ話は、現代の中心的な疑問を予感していた。ニーチェ、マルクス、カミュ、ベケットが発した「神は今どこにいるのか」という疑問だ。家主は私たちを見捨てた。それが現代の回答だ。私たちは自由にルールを決められる。「隠された神」だからだ。

少し先に、もう一つのたとえ話がある。羊とやぎのメッセージはよく知っていたが、その前に書かれているたとえ話との関連については、これまで気づかなかった。この羊とやぎのたとえ話は、他のたとえ話の中の疑問に答えているのだ。不在の地主の問題について、二とおりの答えを出している。

一つめは、さばきの日に地主が帰って来ることをほのめかしていることだ。そのとき人は地獄に落ち、文字どおり支払いを行う。

二つめは、地主が帰って来るまでの間、つまり神が不在に見える何世紀にもわたる中間期に対する洞察だ。マタイの福音書二五章の答えは、深遠かつ衝撃的だ。神は姿を隠してしまったのではなく、意外なことに、この世のよそ者、貧しい人、飢えた人、囚人、病人、疲れ果てた人になりすましておられるというのだ。「まことに、あなたがたに言います。あなたがたが、これらのわたしの兄弟たち、それも最も小さい者たちの一人にしたことは、わたしにしたのです」（四〇節）。

イエスの最後のたとえ話は教会に重荷を負わせているが、その重荷だけが、世界に差し出している継続的な解決である。アナーキーには、指導者がいると言って反対しなければならない。どこかの警官のようではない、完璧な正義をもたらす地球全体の主人である指導者がいる、と。その主人が戻って来るまで、神の臨在を証明する働きは私たちに委ねられている。私たちは家父長主義ではなく、愛という源泉から、困窮している場所に手を差し伸べるのだ。

——コラム「裏頁」、『クリスチャニティー・トゥデイ』一九九二年七月二十日号（六四頁）

＊　＊　＊

4月3日　自由なパートナー

神と親しく交わる秘訣を一つの形に還元することなど、だれにもできない。英国国教会の主教ヒュー・ラティマーは同労者にこう書いた。「私は恐怖のあまり鼠の穴に入り込もうとすることもあれば、神が慰めをもって再び来てくださることもあります。神は行ったり来たりなさいます。」霊的高揚を経験したかと思うと、翌月は荒野をさまようこともある、とイエスはニコデモに言われた。「風は思いのままに吹きます」（ヨハネ三・八）。だからイエスも行ったり来たりなさるのだ。

わが家の裏の丘で、毎春二匹の赤狐が子育てをする。口笛を吹いて挨拶すると、子狐たちが岩の裂け目から顔をのぞかせ、くんくんと空気をかぎ、用心深い目をきらきらさせて私を見つめる。中で子狐たちがもみ合っているのが聞こえることもある。しんとして、眠っているらしいこともある。あるときニュージーランドからの客人が立ち寄ったとき、彼を狐の巣に連れて行ったが、何にも見たり聞いたりできないかもしれないと言っておいた。「野生動物だからね」と私は述べた。「ぼくたちの思うとおりにはならないのさ。姿を見せるかどうかは彼ら次第だ。」

その日は大胆な若い狐が巣から鼻を突き出し、私の客をわくわくさせた。数週間後、ニュージーランドの家に戻った彼から手紙が来た。彼はそのときのことを振り返って、奇妙なことだが、私が狐について発した言葉で神を理解しやすくなったと言う。彼は長いうつ状態にあった。神が妻や子どもたちと同じように近くにいるように思えることもあれば、臨在を感じず、頼るべき信仰もないように思えることもあった。「神って野生的だね」と書いてあった。「ぼくたちがどうこうできる方じゃない。」

「神に近づきなさい。そうすれば、神はあなたがたに近づいてくださいます」（ヤコブ四・八）。ヤコブは決まり文句のような言葉で書いた。しかし後半の文言に、時間の条件を設けていない。ヤコブは、神と親しくするには二者が必要であること、そしてその関係で果たすべき重要な役割がこちら側にあることを思い起こさせる。ヤコブが言うように、私は心をきよめ、たましいを謙虚にすることができる。自分に与えられた責任を果たし、あとは神にお任せするのだ。

――『祈り――どんな意味があるのか』（三三八～三三九頁）

＊　＊　＊

4月4日　答えられない祈り

答えられない祈りについて書いていたとき、高齢者から祈りの話を聞くよう、妻に勧められた。「お年寄りはたいてい祈るし、しかも長いあいだ祈ってきたのよ」と彼女は言った。

そのとおりだった。私は妻に同行して、彼女がチャプレンを務める高齢者施設を訪れ、次々と奇跡の話を聞いた。ある女性は、突然、トランプを終わりにして帰宅しなければという思いに駆られたという。ドアを開けて家の中に入ると、蠟燭《ろうそく》が燃え尽きてプラスチック製の薔薇《ばら》の花束に引火していた。すんでのところで火を消すことができた。もう一人は、第二次世界大戦で命拾いをしたときの驚くべき話をしてくれた。またある人は、夫が手作りのシナモンロールを喉に詰まらせたときに、ちょうど救急隊員が二人通りかかり、応急処置を施して命を救ってくれたと語った。

世界平和を願い、不正に反対する祈りも聞いた。ある高齢のアフリカ系米国人は、幼いころから南部で準国民の扱いを受けながらも祈り続けていた、と語った。彼女が経験した様々な変化を、だれが想像できただろう。

聞かれない祈りについて聞こうとしても、お年寄りはたいてい聞かれた祈りの話をしたがった。みな家族の悲劇や病について話すこともできたのに、そうした出来事があっても、なぜか彼らの祈りに対する信頼は揺るがなかった。

そのあと、介助の必要な高齢者ケア施設をいくつか巡り歩いた。施設で寝たきりか車椅子の生活を送っている高齢者にも話しかけようとしたが、彼らの心の光はすっかり消えていた。彼らが祈りについて学んだどんな秘訣も、取り戻すことのできないところに隠れてしまっていた。

聞かれない祈りに対する唯一の最終的な回答は、パウロがコリントの人々に向けて行った説明だ、と今までになく強く確信し、私は施設をあとにした。「今、私たちは鏡にぼんやり映るものを見ていますが、そのときには顔と顔を合わせて見ることになります。今、私は一部分しか知りませんが、そのときには、私が完全に知られているのと同じように、私も完全に知ることになります」(Iコリント一三・一二)。人間は、たとえどれほど賢くても、あるいはいかに霊的でも、決して神の流儀を解明することはできない。なぜある奇跡は起こるのに、ある奇跡は起きないのか、なぜここでは目に見える介入があるのに、あそこではないのか、説明することはできない。私たちにできるのは、使徒パウロとともに、ただ待つこと、そして信頼することだけである。

――『祈り―どんな意味があるのか』(四〇三～四〇四頁)

＊　＊　＊

4月5日　心からの祈り

どれほど無理なことに思えても、私は自分の願いをそのまま神に伝えるようになった。中東に平和が、アフリカに正義が、中国などの国に宗教の自由が、米国にホームレス状態や人種差別がなくなることを祈っている。それらを心から望んでいるし、何よりも神も望んでおられると信じているからだ。

シカゴに住む友人が、都会で伝道している仲間に、シカゴ市の貧困撲滅を祈る祈禱週間への参加を呼びかけた。声をかけられた人たちのほとんどが躊躇し、「なぜそんなに理想主義的で実現不可能なことを祈るのか」と反対した。だが友人の見方は違っていた。心からの願いを表さないなら、特にその願いが、神が地上に望んでおられることだとわかっていながら、そうしないなら、祈りに何の意味があるだろう。明らかに神が望んでおられることを祈ったら、どうなるだろうか。鉄のカーテンの向こう側にいたクリスチャン、アパルトヘイトの南アフリカにいたクリスチャン。振り返れば、彼らの多くの祈りも実現不可能で理想主義的だと思われていた。

神は必要なものを率直に求めなさい、と招いておられる。親の膝によじ登ってクリスマスのおねだりリストを差し出す子どもと同じで、叱られることはないだろう。ヴァーノン・グラウンド博士は、癒しを必要としている人のことを聞くと、こう祈るという。「神よ、あなたはあなたの目的をおもちで、明らかにこの人のためのご計画をおもちであると存じております。でも私は率直に、起こってほしいと思うことを申し上げます。」

深刻な病にかかっていると診断されたら、私は肉体の癒しを率直に祈るだろう。私たちは癒しを求めて祈るよう命じられているし、イエスは、神が人間の霊肉の健康を強く願っておられることを明らかにされた。そして多くの研究が癒しのプロセスにおける祈りの効果を証明してきた。信仰には力がある。身体と心と霊を調和させ、私たちの身体に組み込まれている癒しのプロセスに影響を与える。

イエスはこうお尋ねになることがあった。「良くなりたいか」（ヨハネ五・六）。それは決して無駄な質問ではなかった。医者が証言しているように、患者の中には、健康でない状態から解放された自分を想像できない人がいる。あらゆる願い事と同様に、癒しを求めて祈るときも、私たちは問題を正直に出し、心からの願いを神に申し上げるべきなのだ。

――『祈り――どんな意味があるのか』（四三七～四三八頁）

＊　＊　＊

4月6日　虚しさに触れること

あらゆる霊の巨匠がたましいの闇夜のことを語っていることに、私は慰められている。闇夜はすぐに去るときもあれば、何か月も何年も執拗に続くこともある。しかし、不毛の時期を経験したことがないと証言する人を一人も見つけたことがない。アビラのテレサはほとんど祈れない状態で二十年過ごした後、祈りの巨人として姿を現した。ウィリアム・クーパーは、祈っているとき喜びがあふれて死ぬかと思うような経験をしたという。だが、その後こう述べている。「自分は神から遠いところへ追放された。それに比べれば、東洋と西洋の距離のほうが余程近い」と。

書物や雑誌ばかりでなく、ラジオやテレビの宗教番組も神の沈黙についてほとんど語らない。それらによれば、神は流暢に語り、あの伝道者には新しい聖所を建てるように、また、あの主婦にはインターネットを基盤に起業するよう命じておられるらしい。神は、成功、好感、心の平安、ほんわりとしたぬくもりを意味しているようだ。そのような感動的な話を堪能した視聴者にとって、神の沈黙との出合いは衝撃的な例外であり、そんなことは間違っている、という思いを抱かせる。

本当は、現代の消費者志向信仰の朗らかな楽天主義のほうが例外なのだ。クリスチャンは、『天路歴程』に描かれた失敗ばかりの巡礼者や、十字架の聖ヨハネの『暗い夜』、トマス・ア・ケンピスの挑発的な『キリストにならいて』から学んできた。神の臨在についてて最も率直に書いたメンター、ブラザー・ローレンスは、皿洗いやトイレ掃除をしながら思索を深めた。

たましいの無味乾燥に苦しんだり、暗闇や虚しさに悩んだりしているとき、自分の祈りに新しいいのちが入ってくるまで祈らずにいるべきだろうか。霊の巨人たちはみな、「ノー」と言う。祈ることをやめたら、祈りがいのちを取り戻したとき、どうやってわかるだろう。また、多くのクリスチャンが発見してきたように、祈る習慣よりも、祈らない習慣のほうが、はるかに捨てづらい。

――『祈り―どんな意味があるのか』(三二八～三二九頁)

＊　＊　＊

4月7日　スキャンダルな香り

恵みは水のように、最も低い場所に向かって下へ下へと流れて行く。ジョン・ニュートンほど、この原理を具現化した人はいないだろう。彼はおそらく歴史上最も愛されてきた賛美歌作者である。およそ二百三十年前に書かれた「アメイジング・グレイス」は、今も歌い継がれている。

ジョン・ニュートンは帝国海軍への入隊を強く求められながらも、それに従わず、奴隷商人となった。悪い仲間たちの間でも、口の悪さと神への不敬で有名で、暗く残酷な奴隷貿易で、大西洋を横断し、最後は船長にまで上りつめた。

ところが外海で劇的な回心を遂げ、恵みの道を歩みだす。神学を学び、英国国教会の教区牧師に任命される。彼はそれが身に余ることであることを忘れることもなければ、否定することもなく、その後ずっとそのことを書き残している。イングランドのオルニーへ異動した直後の日記にこう記している。「主よ、あなたは背教者に、あなたの子どもたちの間での名前と場を与えてくださいました。不信心な者を福音の働きに召してくださいました。」

ジョン・ウェスレーやジョージ・ホイットフィールドらの指導を受け、ニュートンは高名な説教者となり、最後は奴隷制廃止運動の指導者になった。悩み多い若き詩人ウィリアム・クーパーと親しくなり、心の病で自殺未遂を起こしたときには援助の手を差し伸べた。その間、ニュートンは霊の指導者として、著名な政治家ウィリアム・ウィルバーフォースに仕え、大英帝国の奴隷制廃止を求める四十年にわたる闘いの貫徹を励ました。ニュートン自ら議会に出て、奴隷貿易の恐怖と不道徳性について、反駁できないほどの証言をしている。

ニュートンは生涯、反対と嘲笑、批判に直面した。福音に対するその熱い思いを嘲笑する人もいれば、友人ウィリアム・クーパーの仕事を助けるどころか質を落としていると非難する人もおり、奴隷廃止運動は過去の罪意識を軽減するためだと言われもした。ニュートンは自己弁護をしなかったが、自身の良いところはすべて神の恵みの働きによると言っていた。そうしながら、しっかりと聖書の伝統に立っていた。聖書の中の偉大な英雄たちには、殺人者で姦淫者（ダビデ王）、裏切り者（使徒ペテロ）、クリスチャンの迫害者（使徒パウロ）もいたからだ。恵みはいつでもスキャンダルな香りがする。

——『ジョン・ニュートン—恵みでないものから驚くべき恵みへ』の序文（一一～一三頁）

＊　＊　＊

4月8日　召使いの長

ジョージア州プレーンズの観光ルートに、かつてジミー・カーターの住んでいた公営住宅がある。カーターは貧しい出自でありながら、一九七六年、世界の最高権力者にまで上りつめた。

華々しい出世も、次の大統領選に敗北すると一転した。一九八〇年の選挙でドナルド・レーガンに敗れると、敗残者としてプレーンズに戻り、仲間の民主党員に軽蔑され、いくつかの世論調査では史上最悪の大統領と名指しされた。任期中は絶対の信頼を得ていた家業も、百万ドルの負債を抱えた。

その不安定な足もとから、カーターは再スタートする。借金返済のために本を執筆してから、アトランタにジミー・カーター・センターを創設し、己の信じる企画の推進に着手した。何より人権を重んじるその姿勢が、多くの開発途上国から偉大なる指導者として期待を集めた。カーターはその期待に応え、民主的なプロジェクトによって世界中の選挙を監視するという目を見張るようなことを実行した。設立されて間もない「ハビタット・フォー・ヒューマニティ」を支援すると、このNGOに注目と基金が集まるようになった。

カーターの基金は、貧しい国々を苦しめている主要疾患の撲滅に照準を合わせ、ドルと専門知を動員して問題に立ち向かい、ギニア虫感染症と河川盲目症はほぼ撲滅された。

カーターは毎週末、街にいて、教会学校でも教えた。マラナタバプテスト教会の献金皿の裏には「J. C.」の頭文字が彫られている。元大統領は、教会学校でテレビ台を自作したように、自身の木工所でも作業をした。一か月おきに教会の草刈りをし、教会のトイレはロザリン夫人が掃除した。

カーターの評判は回復した。彼は世界の指導者たちとファーストネームで呼び合う関係をもち続け、行く先々で尊敬と注目を集めた。今や最も称賛されている元大統領の一人に挙げられているとは、まさに驚くべき逆転劇だ。ほかの大統領はホワイトハウスを去ると、ゴルフを楽しんだり、有名人の地位を利用したりしているが、カーター一家は奉仕に身を献げてきた。その成果を見ると、福音書でいちばん多く繰り返されているイエスの言葉が思い出される。「自分のいのちを救おうと思う者はそれを失い、わたしと福音のためにいのちを失う者は、それを救うのです」（マルコ八・三五）。

——コラム「裏頁」、『クリスチャニティー・トゥデイ』二〇〇二年五月二十一日号（八八頁）

＊　＊　＊

4月9日　笑うべき時

人類には少なくとも三つの特徴がある、と詩人W・H・オーデンは言った。動物の中で私たち人間だけが、働き、笑い、祈る。オーデンのリストは私にとって、自らを省みる素敵な枠組みだった。

働くということおいて、クリスチャンが抜きん出ているのは明らかだ。私たちの祖先はとにかくプロテスタントの倫理を考案したのだ。実際のところ、クリスチャンは労働倫理に重きを置き、この倫理が目に見えるものすべてを呑み込んでいる。教会は企業のごとく運営され、静思の時はシステム手帳に書き込まれ（コンピューター・ソフトにも完璧なものがある）、牧師は日本の重役なみの慌ただしい働き方をしている。労働はクリスチャンに許された唯一の依存症だ。

私たちは祈りの技術をとっくに習得しているはずだが、はたしてそうなのだろうか。祈りも一つの働きにしようとする誘惑がある。それで、多くの教会の祈りの中心がとりなしの祈りになっているのかもしれない。耳を傾ける姿勢をとることはあまりない。

聖書にある祈り（詩篇に見られるような）は、あちこちさまよったり、繰り返したり、まとまりがないようだ。買い物リストよりも理容室で耳にする会話に近い。私はそんな祈りについてカトリックの人たちから学んでいる。礼拝としての祈りをしっかりととらえているからだ。奇妙なことに、トマス・マートン、マクリナ・ヴォーデルケール、ジェラード・マンリ・ホプキンズ、アビラのテレサのように、礼拝としての祈りを毎日ささげている人たちにとって、祈りはお決まりの仕事というよりも、終わりのない会話のようだ。

オーデンの語る人類の三番目の特徴が笑いということになると、クリスチャンは世界の後方へと身を引く。C・S・ルイスによれば、クリスチャンは他の人々よりも大きな利点を有している。クリスチャンでない人々ほど堕落していないからということでも、堕落した世界でいくらかましに生きているからということでもない。堕落した世界に堕落した生きものとして生きているという自覚があるからだ、というのだ。だからこそ、私たちは自分自身を笑い飛ばすことを忘れてはならないだろう。人は自分の尊重するものだけをパロディーにできる。信じているときに、不敬な物言いができるように。

笑いと祈りの共通点は多い。笑うときも祈るときも、人は平等な地平に立っている。自分が堕落した生きものだと率直に認めている。私たちは自分をそれほど深刻にとらえない。被造物としての性質を考える。仕事は分断し、ランクづけをする。笑いと祈りは統合する。

――『思いがけないところにおられる神』
（原書、二四五～二四九頁）

＊　＊　＊

4月10日　恵みとききよさを備えた教会を求めて

少し前のこと、インディアナ州に復元された十九世紀のユートピアコミュニティーで開かれた会議に参加した。見事な職人芸の建物を手で触り、本物の信者の日常生活を書いた碑文を読んで私は、米国の理想主義と宗教的熱意から生まれた流れの一つである運動をもたらしたエネルギーの強さに驚かされた。

しかし近年、完全主義への強い憧れは事実上消えていることにふと気づいた。今日、教会は反ユートピア主義とでも呼べる別の方向に傾いている。多くの教会で十二ステップのグループが作られている。これらのグループは、参加者は完全にはなれないという無力感を基礎にできている。

はっきり言って私はこの最近の流れが好きだ。人間は完全になるよりもはるかに失敗に陥りやすいことを見てきたうえに、恵みに基づく福音に自分の信仰をゆだねているからだ。しかし、ほとんどのユートピアコミュニティーは――今、私が立っている場所のように――博物館として残っているだけだ。完全主義は、原罪を取り巻く垣根の周りをぐるぐる走り続けるだけだった。

どうすれば教会は聖性の理想を掲げ、きよい生活へのふさわしい努力を勧める一方で、幻滅や狭量さ、権威の濫用、霊的高慢、排他主義などに陥る危険を避けることができるのか。

逆の立場から言えば、現代の教会は共同体による(決してさばかない)支援や人の脆弱さを強調しつつ、目標が低くなりすぎないために、どんな注意を払えばよいのか。個人主義社会の米国は、自由濫用の危険に常にさらされている。米国の教会も恵みの濫用の危険にさらされている。

こういった疑問を胸に、私は新約聖書のエピソードを読んだ。一世紀の教会もすでに、完全を目ざす律法主義と、厄介な無律法主義のシーソーを行ったり来たりしていた。ヤコブは一方の極を書き、パウロはしばしばもう一方について言及している。どの書簡も強く正しつつ主張を展開しているが、どれもが福音の二重のメッセージを強調している。言ってみれば教会もこの双方を兼ね備えるべきだ。きよさを目ざして励みながら恵みに安らぐ人々、自分を罪に定めるが他人はさばかない人々、自分に頼らず神に頼る人々の集まりであるべきだ。

このシーソーは今も左右に揺れている。ある教会は一方に傾き、別の教会はもう一方に片寄っている。新約聖書の書簡を読んで私は、両方をあわせもつ教会を切望した。どちらかに片寄った教会ばかり、あまりにも多く見てきたからだ。

――『思いがけないところにおられる神』(一八七〜一九二頁)

＊　＊　＊

4月11日　ユダヤ教過激派からの希望

私たちには希望に満ちた物語が必要だ。十字軍を送った教会や、女性にいろいろと制限を加えるイスラム教徒をさばくのはたやすいだろう。けれども、そんな私たちは今日、いくらかでもましな判断をしているのだろうか。

「文明の衝突」について書かれた本の中に、希望をもらえる一冊がある。ヨッシー・クライン・ハレヴィ著『エデンの東の入り口で――現地のクリスチャンやイスラム教徒とともに神を求めるユダヤ教徒の探究』だ。

一見すると、ハレヴィは希望の光を灯す候補者らしくない。ブルックリンの、ホロコーストを生き延びた正統派ユダヤ人コミュニティーで育ち（父親はハンガリーの収容所から生還した）、クリスチャンを恐れながら成長した。

イスラエルへの移住後は勇気をもって、イスラエルの主たる少数派であるクリスチャンとイスラム教徒のことを考えるようになった。ジャーナリストでありながら霊の探究者としても活動し、ハレヴィは隣人たちに質問をし始めた。

ユダヤ教徒とイスラム教徒はクリスチャンよりも共通点が多いことは早くに学んでいた。（情報量の十分でないイスラム教の宗教指導者がハレヴィに言った。「ユダヤ教徒にもイスラム教徒にも律法があるが、クリスチャンにはない。私たちには断食日があるが、クリスチャンにはない。私たちは偶像を禁じているが、クリスチャンは偶像に向かって祈る。私たちはひとりの神を信じているが、クリスチャンには三人の神がいる。」）

ハレヴィは、異なる世界観をもつ人たちを尊重する信仰者の代表だが、「何でもあり」の寛容すぎる軟弱な姿勢には決して屈することはない。彼はイエスのことを次のように考えている。

「ユダヤ人はイエスと和解する必要がある。私たちは今でもイエスに怒りを覚え、恐れを抱いている。私の父は、イエスのせいでユダヤ人はこれほどつらい経験をしてきたと言っていた。けれども、イエスを兄弟として迎え入れなければ、ユダヤ人はいつまでもキリスト教を真実のものではないと見るだろう。神の言葉を世界中に広める。このユダヤ人の目標を成就するために神がお用いになったのがイエスだ。私はイエスのおかげで、人類の半分と霊の言葉を共有している。」

ハレヴィはさらに、今日のイスラエルに、キリストのような人を求めていると言う。宗教省の役人と戦う洞察力のあるユダヤ人、愛と赦しを説く熱心な信仰者が欲しいと言うのだ。「ユダヤ教過激派」であると自任する人がそこまで行き着くなら、中東にはまだまだ希望があると言えるだろう。

――「イスラム・中東関係書籍についての対話―フィリップ・ヤンシー、ジョン・ウィルソン」、『ブックス・アンド・カルチャー』二〇〇二年七／八月号（二五～二六頁）

＊　＊　＊

4月12日　健全なスタート地点

ポール・ブランド博士は、生涯のほぼ半分を暮らしたインドを心から愛していた。博士の案内でインドをあちこち見て回った私には、現地の医療のことが深く記憶に刻まれている。

インドの医療は欧米のそれとある意味では何も変わらない。だが、いったん町を出て、百万にも及ぶ村に行けば、医療は紛れもなく冒険の領域に入る。殺菌した水が手に入らないインドで、医師はどうやってコレラ患者に水分補給をするのか。採れ立てのココナッツを点滴スタンドに吊るすのだ。気密性の高いココナッツの中のグルコース混合液には、医療用品店のどんな製品にも劣らないほどの、水分も栄養も含まれている。そうはいっても、長いゴム管が患者の腕から緑色に光るココナッツへ伸びている様には違和感を覚える。

ベロールのクリスチャン医科大学病院は、アジア有数の医療機関として高く評価されてきた。ところが、学生に過剰とも言える教育を授けているのとは裏腹に、この大学は別院を建てた。通気性のある土壁と藁ぶき屋根という造りで、村と同じ環境にしているのが特徴だ。別院で受ける授業は必須で、インドのどんな辺鄙な村でも揃う器具だけを使う医療を学んでいる。

クリスチャン医科大学の支援者たちは、その辺鄙な村々を定期的に訪問している。毎月特定の日に、若い医師や助手たちは大学のバンに乗って村へやって来ると、検査台を設置し、注射や骨接ぎ、簡単な手術などを行う。何千人もの患者が、自分の暮らす村で毎月医療を受けられる。

ある統計によると、インドの人口十億のうち、三パーセントに満たないクリスチャンが、この国の保健医療の十八パーセント以上の責任を担っている。それは、忠実に神に仕えた宣教団の二百年にわたる働きがあったからだ。

家父長的な宣教師には多くの失策もあったが、それでもクリスチャンはインドに教育と医学という素晴らしい財産を残した。インドの農夫が「クリスチャン」と聞いて――イエス・キリストを聞いたことはないのだろう――思い浮かべるのが、月に一度村にやって来る医療バンであったとしても、おかしくない。キリストの名前で、無償で手当てをしてくれた人々の面影が浮かぶのだ。それが福音のすべてではないが、出発点としては決して悪くない。

――『ささやかな追究』(五一～五五頁)

＊　＊　＊

4月13日　神の御顔

私は痛みの問題を主軸にものを書いてきた。癒えることのない古傷を繰り返し触っているかのように、痛みの問題に舞い戻ってくる。読者から聞く苦しい話が、私の疑念に現実味をまとわせる。


ある週、二人の男性から神に失望した経験を電話で聞いた。一人はコロラドの青少年担当牧師で、妻と赤ん坊がエイズに罹患し、余命いくばくもないと告げられた。彼は問うた。「青年たちにどうやってあわれみに満ちた神を語ることができるでしょう。」もう一人は目の不自由な人で、数か月前、回復途上の薬物依存者に同情して家へ招いた。ところが、妻とその男が自宅で不倫をしていた事実を知ったのだという。「神は、ご自分に仕えようとする私を罰しておられるかのようです。」そう言ったところで、二十五セント硬貨がなくなり、公衆電話は切れてしまった。それっきり、この男性から連絡はない。

私は、「なぜ」という質問に答えようとしなくなった。なぜ青少年担当牧師の妻は、ＨＩＶに感染した血液の瓶をあてがわれたのか。なぜ竜巻はオクラホマ州のある町を襲い、別の町を襲わないのか。なぜある女性の子どもはボストンの公園でスケートボードに激突されたのか。なぜ肉体の癒しを願う無数の祈りのうち、聞かれる祈りはわずかなのか。

しかし、以前ほど私の心をさいなむことがなくなった疑問がある。「神は心配しておられるのか」だ。この問いに答える方法を知っている。それは私にとって決定的な答えとなった。神はイエスの中に、御顔を見せてくださった。その顔を見れば、うめき声をあげているこの星の苦しみについて神がどのように思っておられるか、直接読み取ることができる。イエスはすべての苦しみを取り除かれたわけではなかった。地球の片隅のほんのわずかな人々を癒されたにすぎない。しかし、神が心配しておられるかどうかという疑問に対する答えは、確かに示されたのだ。

——「私は重要だろうか。神は心にかけておられるだろうか」、『クリスチャニティー・トゥデイ』一九九三年十一月号（二二頁）

『私の知らなかったイエス』（二四八～二五〇頁）

＊　＊　＊

4月14日　賭け

ちっぽけな惑星のちっぽけな点にすぎない一人の人間が、宇宙の歴史を変えることができると信じるなんて、ばかげているだろうか。ヨブの友人たちには、確かにそう思えた。だが、ヨブ記の最初と最後の章は、一人の男の反応によって神が大きな影響を受け、宇宙規模の問題が抜き差しならぬ状態にあったことを明らかにしている。（後に神は預言者エゼキエルへの言葉の中で誇らしげにヨブを指し、ダニエルやノアと並べてお気に入りの一人であると述べておられる。）

ヨブの例は、地上の人生が宇宙にどれだけ影響を与えるかをはっきりと描き出している。人間は困難な状態に陥れば、あっさり神を捨てるだろうというサタンの挑戦を、神が受けて立ち、ヨブを試みにあわせる。この一章の賭けの場面は、私たち全員に大きな希望のメッセージを送っている。私はそう思うようになった。それがヨブ記から学べる不朽の教訓かもしれない。この賭けは、一人の人間の信仰にとてつもなく大きな意味があることを明らかにした。試練にあったときの私たちの反応は重大だと、ヨブ記は断言している。人類の歴史、そして私個人の信仰の歴史も、宇宙の歴史という壮大なドラマに包み込まれている。

聖書は、あの賭けのようなことが、他の信仰者の中でも続けられていると、随所でほのめかしている。私たち自身が、神の証拠Aであり、目に見えない世界の御使いたちに対して、神を証明するものとして使われる。使徒パウロは自分自身を見せ物として描いている。「こうして私たちは、世界に対し、御使いたちにも人々にも見せ物になりました」（Iコリント四・九）。また同じ手紙で、「私たちは御使いたちをさばくようになります」（同六・三）とも言っている。

人間は、渦巻く銀河のはずれにある惑星のちっぽけなしみのようなところに住んでいる。しかもその銀河ですら、観察可能な宇宙に存在する無数の銀河のうちの一つにすぎない。しかし新約聖書は、地上にいる私たちに起こることが実際に、宇宙の未来の決定に一役買っていると主張する。パウロは力をこめて言う。「全被造物が切実な思いで、神の子どもたちが自分たちのものを受け継ぐ素晴らしい光景を見たいと待ち望んでいるのです」〔訳注＝ローマ八・一九、フィリップス訳〕。苦痛や腐敗に「うめく」自然界の被造物は、人間が変容して初めて解放されるのだ。

――『神に失望したとき』（二二〇～二二二頁）

＊　＊　＊

4月15日　時間の外

私たち人間が時間に縛られていると認識するだけでも、神がヨブの「なぜ」という問いに答えてくださらなかった理由がわかってくるだろう。代わりに神は、ヨブがやっと理解できるくらいの、宇宙の根本的な事実を語り、こう警告なさった。「他のことは、わたしに任せなさい」と。ヨブもアインシュタインも、あなたも私も、「上からの」見方を理解できないので、神は私たちを無知なままにしておかれるのではないだろうか。

神は、時間の外に住んでいながら、時折時間の中に踏み込んで来られる。そういう神に、どのような「法則」が当てはまるかはわからない。「予知」という言葉がもつ曖昧さを考えてみればいい。神は、ヨブがご自分に忠実であり続け、例の賭けに勝つことを前もって知っておられたのか。だとしたら、どうして本物の賭けだと言えるのだろうか。あるいは、地球上の自然災害はどうだろうか。災害の発生を事前にご存じであるなら、神に責任があるのではないだろうか。

しかし、私たちが単純に考えた法則を神に当てはめることはできない。そして、これこそが、神が迫力をもってヨブに語られたことの根底にあるメッセージかもしれない。予知という言葉そのものが、問題をさらけ出している。厳密に言えば、神は私たちが何をするのかを「予見」されるのではない。永遠の現在において、ご覧になるのだ。そして、何かの出来事における神の役割を理解しようとするたびに、私たちは物事を「下から」見て、時間に依存した脆弱な善悪の基準で、神のなさることを裁いてしまう。しかし、いつの日か、「あの飛行機を墜落させたのは神なのか」といった問題を、全く異なる光の中で見るようになるのだろう。

予知と予定をめぐるキリスト教会の長い議論は、時間内において意味をなすものであることを理解しようとする人間のぶざまさを物語っている。もう一つの次元では、そういう問題はずいぶん違って見えるはずだ。聖書には「上から」の視点が、きわめて神秘的な一文で示されている。キリストは「世界の基が据えられる前から知られていました」（Ⅰペテロ一・二〇）とあり、これはアダム以前、エバ以前、堕落以前、したがって贖いが必要となる前からということだ。また、恵みと永遠のいのちは「キリスト・イエスにおいて、私たちに時の始まりの前に与えられた」〔訳注＝Ⅱテモテ一・九、新国際訳〕という。何であれ、「時の始まりの前に」起こるなどと言うことができるだろうか。神は時間を創る前に、まだ存在すらしていない、堕落した惑星を贖う準備をしておられた！　だが神は、時間に「足を踏み入れた」とき、私たちの世界の法則によって時間にとらわれて生き、そして死ななければならなかった。

――『神に失望したとき』（二六二～二六三頁）

＊　　＊　　＊

4月16日　悲劇の教訓

ヴァージニア工科大学の学生諸君

皆さんの感じている痛みはなくなります。消えます。戻ってくることはありません。そう言えたらどんなによいでしょうか。けれども、二〇〇七年四月十六日の事件が、皆さんの心から消えることは永久にないでしょう。精神に異常をきたした若い男が銃を乱射したあの日を境に、皆さんは変わってしまいました。

ですから言いたくても言えません。その痛みもなくなります、などと。言えるのは、皆さんの感じている痛み、これからも消えない痛みが、いのちと愛のしるしであるということです。私が頸椎カラーをつけているのは、自動車事故で首を骨折したからです。ボディーボードに縛りつけられて横たわっていた最初の数時間、どんな痛み止めも使ってもらえませんでした。医師たちは私の反応を見る必要があったからです。私の手足を動かし、「痛みますか、感じますか」と聞きながら調べ続けました。医師と私が心底欲しかった答えは、「はい、痛みます！　痛みを感じます」でした。一つ一つの感覚が、私の脊髄が切断されていないことの証明でした。痛みは、いのちがあることの証明、つながりがあることの証明、私の身体が損なわれていないしるしでした。

深い悲しみの中にあるとき、愛と痛みは一つになります。皆さんの同級生たちを銃撃した若者は、悲しみを感じていませんでした。皆さんの友人に愛を感じていなかったのです。皆さんが悲しんでいるのは、その人たちとつながりがあったからです。亡くなった人たちも皆さんも、同じからだに属していました。そのからだが苦しむとき、皆さんも苦しみます。痛みを覚えるとき、それを思い起こしてください。痛みを簡単に麻痺させようとしないでください。痛みはいのちがあることを知らせるもの、愛があることを知らせるものだと知ってください。

贖うことなどできないように思えることも、神は贖うことがおできになります。その神を信じてください。このキャンパスで銃乱射事件が起きる十日前、世界中のクリスチャンが人類の歴史で最も暗かった日を覚えました。邪悪な人間が神の御子に暴力で歯向かい、歴史上ただひとり、全く罪のなかった人間を殺害した日です。私たちはその日を暗黒の金曜日や悲劇の金曜日や災いの金曜日としてではなく、「良き金曜日」として覚えています。あの恐ろしい日は世界の救いにつながり、イースターにもつながったのです。

――「痛むとき神はどこにいるか。銃乱射事件の二週間後、ヴァージニア工科大学での説教」、『クリスチャニティー・トゥデイ』二〇〇七年六月号（五五、五九頁）

＊　＊　＊

4月17日　信仰をもち続けること

ヘブル人への手紙一〇章最後の数段落は、ヘブル人のもともとの読者について多くのことを明らかにしている。彼らはキリストに従って迫害された。財産の没収、公衆の面前での侮辱、投獄。初め彼らはそのような迫害を喜び、歓喜すらして受け入れていた。ところが時が経ち、試練が続くにつれ、気力を失う者たちも出てきた。

こうした意気消沈した人々に向かって、ヘブル人への手紙一一章は、「真実の信仰」とは何かを感動的に思い出させている。信仰を十分に奮い立たせれば、裕福になり、健康になり、どんな祈りも、そのまま聞かれ、満ち足りた生活を送るようになる。こんなふうに、信仰を、魔法を生む形式とする考えには心をそそられるものだ。けれども、ヘブル人への手紙の読者は、人生はそのようにきれいな形式どおりに働くものではないことに気づいている。記者はあえて、旧約聖書に登場する何人かの信仰の巨人の人生を振り返っている（ヘブル人への手紙一一章は「信仰者列伝」とも呼ばれる）。

ヘブル人への手紙は、「信仰がなければ、神に喜ばれることはできません」（一一・六）とそっけなく言いながら、その信仰を記者は、「忍耐」（一二・一）、「訓練」（同七節）、「気落ちしてはならない」（同五節）といくぶんきつい言葉を用いて描いている。信仰によって勝利した英雄たちがいた。軍隊を敗走させ、剣を免れ、ライオンの餌食にならずに生き延びた。しかし、不幸な最期を迎えた人たちもいた。鞭で打たれ、鎖につながれ、石を投げられ、からだを二つに切られた。一一章はこう締めくくっている。「これらの人たちはみな、その信仰によって称賛されましたが、約束されたものを手に入れることはありませんでした」（三九節）。

この章に現れる信仰の姿は、簡単な形式には当てはまらない。信仰は勝利につながることもあれば、「どんな犠牲を払っても、しがみつく」断固たる決断が求められることもある。ヘブル人への手紙一一章は、一方の信仰をもう一方の信仰より優れたものとして掲げてはいない。どちらも、神が究極的に支配しておられ、本当に約束を守ってくださるという信仰に基づいている。それがこの人生で起こるにせよ、次の人生で起こるにせよ。そのような人たちのことをヘブル人への手紙は次のように述べている。「神は、彼らの神と呼ばれることを恥となさいませんでした。神が彼らのために都を用意されたのです」(一一六節)。

——『聖書に出会う』(六四六～六四七頁)

＊　＊　＊

4月18日　イエスのほうが

懐疑論者は問う。「宗教にそれほど違いがあるのだろうか。何を信じるにせよ、その宗教に真摯であることが最も大切なのではないだろうか。」実はそのような「現代的」な問いは、何千年も議論されてきた。ヘブル人への手紙は、ユダヤ教と新しいキリスト教信仰とに引き裂かれていた初代教会の人々への返答として書かれている。

慣れ親しんだ伝統的なユダヤ教のきまりを守るほうが良いと思う人たちがいた。クリスチャンになると、ユダヤ人はローマからの公的保護を失い、迫害を受けた。その危険を冒すだけの価値が、キリストを信じることにあるのだろうか。

ヘブル人への手紙は、キリストを選ぶ決定的な理由があると主張している。この手紙全体が「のほうがよい」という言葉を軸に展開している。イエスは天使やモーセや旧約聖書の仕方よりもよい、と。この世が提供するどんなものよりもよい、と。

とはいえ、詩篇の壮大な神学を記した後に、ヘブル人への手紙の記者(だれかは不明)は立ち止まり、再考しているかのようだ。「今なお私たちは、すべてのものが人の下に置かれているのを見てはいません」(二・八)。クリスチャンが逮捕され、拷問を受け、刑務所に放り込まれるこの世界は、本当にキリストに服するということがあるのだろうか。

記者はそこから、神がこの世に降りて来て、人間になられたことが重要だと述べる。神は魔法を使って人間のあらゆる問題を取り除くことはせず、私たちのだれもが直面する試練にご自分を従わせた。さらにヘブル人への手紙は、新約聖書の中でも抜きん出てイエスの人間としての性質を語っている。

イエスが地上に来られた二つの大きな理由が二章に書かれている。第一に、イエスは死ぬことによって、私たちを死の力から解放し、永遠のいのちを得させてくださった。第二に、イエスは人間が普通に出合う誘惑を経験したので、私たちが誘惑にあうときにも、より良い助けを与えてくださる。

こうしたことは、御使いや遠く天国にいる神にはできないことだっただろう。実際、イエスは、人間を奴隷状態から解放するという救出の使命をもってやって来られた。キリストから離れていると、人は絶えず死の恐怖の中で生き、常に自分の失敗や罪に縛られながら生きることになる。イエスだけが私たちを解放することができる。だからイエスは、私たちが危険を冒しても信ずるに値する御方なのだ。

——『聖書に出会う』(六四二〜六四三頁)

＊　＊　＊

4月19日　国家の重み

日本を訪れたときのことだ。その夜遅く、私は東京でも大きい教会の、ある牧師の書斎にいた。その日の朝、飛行機で日本に着き、いくつもの集会に出る過密スケジュールをこなした後だった。一刻も早くホテルにチェックインして横になりたかったが、おもてなしを大切にする日本で、この表敬訪問をはずすわけにはいかなかった。

牧師は一束の書類を引っ張り出すと、通訳を介して、牧師人生においてこの問題に悩みながらも、人に話すことを恐れていた、と言った。

それから二十分、牧師は抱えてきた苦悩を打ち明けてくれた。イエスを受け入れていない九十九パーセントの日本人は、みな地獄の火で焼かれてしまうのかと苦悶してきたという。人は死んだ後にセカンドチャンスを与えられると信じている神学者たちの話を聞いていたし、イエスがハデスの人々にみことばを宣べ伝えるというペテロの手紙第一の神秘的なくだりも知っていた。また万民救済論を信じているらしい神学者の著作も読んでいたが、聖書には、それと違う説明をしている箇所もある。この牧師に何らかの希望を差し出すことができるだろうか。

私は思いつくまま、神は正しい者の上にも正しくない者の上にも等しく太陽を昇らせる御方であり、だれひとり滅びることを望んでおられない、と言った。神の御子は、地上で最後に力を振り絞り、ご自分に敵対する者たちのために祈りをささげられた。私たちは、C・S・ルイスの興味深いファンタジー『天国と地獄の離婚』（みくに書店）に描かれている地獄のことを論じた。死後にセカンドチャンスを与えられながら、それでもキリストを信じなかったナポレオンのような人々が登場する。最後の最後まで拒絶する人々に向かって、神は仕方なく「汝の望むごとくなるように」と言われるのだ。

私は牧師に言った。「あなたのご質問に、私は答えられません。でも、最後の時に神の御前に立って『あなたは不公平です！』などと言える人はいないと確信しています。歴史はどのようになっても、あわれみを加味した正義の側に落ち着くことでしょう。」

ヨブのように、私も観察や議論ではなく出会いによってその結論に到達した。「神様はきっとこんな世界で私が疑いをもつ気持ち、わかってくださるわね？」オランダ人エティー・ヒルサムはナチスの強制収容所からそう尋ねた。神はわかってくださると私は信じている。それは、私たちに対する神の啓示について、まさにそうした問いかけを雄弁に表現する言葉があるからだ。

――『祈り―どんな意味があるのか』（五四～五五頁）

＊　　＊　　＊

4月20日　悲劇に襲われて

「主よ、私たちはだれのところに行けるでしょうか」（ヨハネ六・六八）。使徒ペテロは混乱するなかで、こう問うた。多くの場合、そのような問いが生まれるのは悲劇に見舞われたときだ。その悲劇がコロラド州リトルトン、わが家に近いコロンバイン高校で起きた。

牧師、親、学校理事、そしてこの事件に傷ついた人はみな今も「なぜ」と問うている。悪の要素がこの悲劇の中でかくも大きな姿——憎しみに満ちた、人種差別主義の十代の若者が、自動小銃を同級生たちに発砲するという姿——を現したので、だれも公には神をこの事件に関連づけていない。

この悲劇が提示する問いに答えるためには、コロラドに住む必要があるだろう。そのような恐怖から何か良いものが生まれてくるのか、この悲劇は贖われ得るのか、という問いである。クレメント・パークに、世界中から手書きのメッセージが寄せられている。教会は、事件後何日も何週間も、深く悲しむ礼拝者であふれている。「ザ・トゥデイ・ショー」を見れば、兄弟が犠牲になったクレイグ・スコットが、殺害されたアフリカ系米国人生徒の親の肩に手を置き、慰めている様子が映っている。銃撃犯が頭に武器を向け、「おまえは神を信じるか」と問いただしたときに、キャシー・バーノールが「ええ、信じています。あなたも神の道に従う必要があります」——彼女がこの世で発した最後の言葉——と答えたその勇気を友人たちが語る声も聞けるだろう。希望という無垢、無垢という希望をもって、「また彼に会えるとわかっていることは大きな慰めです」と言った別の犠牲者のガールフレンドの言葉も聞けるだろう。公立校五年生のクラスに出れば、教師が生徒たちを床にひざまずかせ、手を握り、声に出して祈らせたことを知るだろう。（そんなとき米国自由人権協会は沈黙している。）デンバーの別の学校では、教師たちがクラスの生徒たちに、自分がクリスチャンであると告げていなかったことを謝罪し、生徒たちを放課後に集めて、悲劇を乗り越える援助を行っている。

悪から善が生じるのかもしれない。

——コラム「裏頁」、『クリスチャニティー・トゥデイ』一九九九年六月十四日号（一〇四頁）

＊　＊　＊

4月21日　めでたし、めでたし

聖書の「筋書き」は、始まったまさにそのところで終わりを迎えることが多い。神と人間との関係の破綻が最後は修復され、創世記三章ののろいが取り除かれる。ヨハネの黙示録はエデンのイメージを用いて、川といのちの木を描いている。けれどもこのとき、大きな町がエデンの園の設定に置き換わる。神を礼拝する者たちが大勢いる町にである。その場面には影を落とす死も、悲しみもない。

ヨハネは天国を、ユダヤ人の夢がことごとく成就されるところと考えている。碧玉の壁と黄金に輝く道の走るエルサレムが再建されるのだ。ある人には――たとえば今日の開発途上国に生きる難民には――天国とは、再会した家族、食べ物ときれいな水がふんだんにある家庭を表すのかもしれない。天国はあらゆる切望の成就を表している。

ヨハネの黙示録は、切望が単なるファンタジーでないことを約束している。切望は実現するのだ。新天新地で目覚めるとき、私たちはついに恋焦がれてきたものを手にする。そして、どういうわけかヨハネの黙示録のどんな悪い知らせからも、良い知らせが出てくる。それも、驚くほど良い知らせが生まれるのだ。純粋に良きものが生まれる約束がどこかにある。最後はめでたし、めでたしなのだ。

聖書において、天国は後知恵でも、自由に選択する信念でもない。それはあらゆる創造物が最終的に義と認められることだ。聖書は人間の悲劇や失望を軽視しない。これほど痛ましくも正直な書物がほかにあるだろうか。だが聖書は、「一時的に」というキーワードを付け加えてもいる。私たちがいま感じていることは、いつまでも続くわけではない。再創造される時がやって来るのだ。

痛み、崩壊した家庭、経済的困窮、恐れに捕らわれているすべての人に、私たちのすべてに、天国は未来を約束している。地上で過ごす時間よりもはるかに長く、より実質的な時間。健康で、欠けたものがない、喜びと平安の時を約束している。聖書は創世記の中の約束に始まり、未来の現実を保証する同じ約束で終わっている。最後が始まりになるのだ。

――『聖書に出会う』(六八四～六八五頁)

＊　＊　＊

4月22日　道徳的宇宙の新月

イエスはトーラーを出発点としながらも、どんなパリサイ人をも上回るほど徹底して律法を推し進め、どんな修道士にもまさって律法を実践された。山上の説教は道徳の領域に新月を持ち込み、その後、独自の重力を及ぼし続けてきた。

イエスは律法を、だれにも守れないものとされた。そしてなお、その律法を守るようにと私たちに要求された。いくつか例を考えてみよう。

歴史をひもとけば、人間社会には常に殺人を禁じる法律があった。しかし、イエスのように殺人を拡大して定義することは、どの社会も考えつかなかった。

「兄弟に対して怒る者は、だれでもさばきを受けなければなりません。……『愚か者』と言う者は火の燃えるゲヘナに投げ込まれます」(マタイ五・二二)。

またどの社会にも、性的乱交を禁じたタブーがある。しかしイエスが述べたほど厳格なルールを提示した社会はどこにも存在しなかった。イエスは言われた。

「情欲を抱いて女を見る者はだれでも、心の中ですでに姦淫を犯したのです。もし右の目があなたをつまずかせるなら、えぐり出して捨てなさい。からだの一部を失っても、全身がゲヘナに落ちないほうがよいのです」(同二八〜二九節)。

連続婦女暴行犯は去勢するべきだという要求を聞いたことはあっても、情欲があるから顔面を損傷させてはどうかという提案は聞いたことがない。実際米国では、情欲は社会で認められた国民的娯楽であり、ブルージーンズやビールの広告、『スポーツ・イラストレイテッド』誌の毎年の水着特集号や、毎月二千万部を売るポルノ雑誌の中でも称賛されている。ジョン・アップダイクは言う。「情欲——唾液のようにはからずもわれわれの内にあふれ出す性的願望——それ自体が邪悪であるという考えは、現代人の耳になんと奇妙に聞こえることか！」

私は、山上の説教にあるこうした命令や、ほかの厳しい命令に目を凝らしては、それにどう答えたものか自問する。イエスは本当に、私が道端で出会うどの物乞いにも施しを与えるのを望んでおられるのだろうか。消費者の権利はいっさい放棄すべきなのか。将来のことについては神を信頼し、保険は解約すべきなのか。情欲の誘惑を避けるため、テレビは処分するべきなのか。こうした理想的な倫理を、日常生活にどう当てはめればよいのか。

——『私の知らなかったイエス』(一九九～二〇三頁)

＊　＊　＊

4月23日　理想の炎

ロシアの作家トルストイから、神の断固たる絶対的な理想を深く尊敬することを学んだ。トルストイは、福音書の中で出合った倫理的理想に強烈に惹きつけられた。しかしその理想を目ざしながら挫折し、最後は疲れ果ててしまった。トルストイは山上の説教にそっくりそのまま従おうと懸命に努力したが、そのきよらかさを求める激しさに、家族は程なく大きな負担を感じ始めた。たとえば、イエスが裕福な男にすべてを与えよと命令した箇所を読むと、トルストイは農奴を解放し、版権を譲り、広大な所有地を手放した。野良着に身を包み、靴を手作りし、畑仕事を始めた。妻のソニアは、一家の財政的安定が失われようとしていることを腹にすえかね、夫に抗議して、いくらかの譲歩を引き出した。

トルストイの日記を読んだとき、私は完璧主義に向かって突進していた自分の過去をフラッシュバックのように思い起こした。トルストイの日記には、家族との争いもさることながら、それ以上にトルストイ自身の中にあった闘いが多く記録されている。トルストイは完全を目ざそうとする試みの中で、新しい規則のリストを考案し続けた。狩猟、喫煙、飲酒、肉食をやめた。「心の強さを発達させるための規則」。高尚な感情を発達させ、下劣な感情を排除するための規則」の下書きをした。しかし、その規則を守るのに必要な自己修練は、一度もやり遂げることができなかった。トルストイは何度か純潔を公然と誓い、寝室を夫婦別々にしようと言った。だが、その誓いを長く守ることはできなかった。ソニアの十六回に及ぶ妊娠は、誓いを守る力がなかったことを臆面もなく世に知らしめた。

トルストイはしかし、偉大な善行を成し遂げてもいる。たとえば、長く中断した後に書いた最後の小説

『復活』(上・下、木村浩訳、新潮文庫)は、七十一歳の時にドゥホボール派――皇帝が迫害した再洗礼派グループ――を支持して書いたもので、その印税すべてを同派のカナダ移住資金として献げている。また山上の説教から直接取り上げたトルストイの非暴力哲学は、彼の死後も長く衝撃を与え続け、ガンジーやマーティン・ルーサー・キング・ジュニアたちに受け継がれて、実を結んだ。〔4月24日に続く〕

――『私の知らなかったイエス』(二〇八~二一〇頁)

＊　＊　＊

4月24日　不幸な人生

〔4月23日の続き〕

けれども、きよらかさを渇望するトルストイの思いは常に失望に終わった。自分の説いたことを実行できなかったのだ。トルストイの妻はそれを如才なく言い表している。(明らかに偏見のある説明だが。)

「彼には本物の温かさのかけらもありません。彼の優しさは心からのものではなく、ただ自分の原則から来ているのです。伝記には、いかに労働者たちを手伝って水の入ったバケツを運んだかが書かれるでしょうが、妻に休息を与えたためしがなかったことなど、だれ一人知るはずもありません。この三十二年間、わが子に一杯の水を与えることもなければ、五分でも子どもたちの枕もとにいて、働きづめの私を少しでも休ませてやろうという心遣いなどなかったことを、だれも知らないのです。」(ソニアの日記)

完璧を目ざして進んだトルストイのその熾烈な歩みは、平安や静寂の類を生み出すことがなかった。死の瞬間まで、彼の日記や手紙は、失敗という痛ましい主題に何度も戻り、福音の理想と自らの生活の矛盾という落差をあらわにしていた。

レフ・トルストイは実に不幸な男だった。彼は当時のロシア正教会を猛烈に批判して、破門された。自分を高めようとする企てはことごとく失敗した。自殺の誘惑に抵抗するために、所有地にあったすべてのロープを隠したり、銃を捨てたりしなければならなかった。トルストイは最終的に、名声、家族、地所、自分自身からも逃亡した。田舎の鉄道の駅で路上生活者のように事切れたのだ。

こうしたレフ・トルストイの悲劇の生涯から、私は何を学ぶだろう。数多い彼の宗教関連の作品を読むたびに、神の究極的理想に対する鋭いその洞察に感銘を受ける。正義の問題、お金の問題、人種問題、プライドや野心といった個人的問題など多くの領域で、福音が問題を解決すると主張する人々がいる。だが、トルストイが思い出させてくれるのは、それとは逆で、福音は実際、私たちの重荷を増し加えているということだ。トルストイは「人は、たとえ全世界を手に入れても、自分のいのちを失ったら、何の益があるでしょうか」（マルコ八・三六）というイエスの問いを大真面目に受けとめた。

イエスの命令に素直に従い、喜んで農奴を解放し、持ち物をただで譲ろうとする男を簡単に片づけるわけにはいかない。トルストイがその理想どおりに生きられたら、そして私がその理想どおりに生きていられたらと思う。〔4月25日に続く〕

——『ソウル・サバイバー』（二三四〜二三七頁）

＊　＊　＊

4月25日　足を引きずりながら

〔4月24日の続き〕
トルストイは自分を批判する人々にこう答えた。神の聖なる理想から私が程遠いからといって、その理想を判断しないでください。不完全ながらキリストの名を負っている私たちのような者を見て、キリストを判断しないでください、と。そうした批判者たちに、晩年のトルストイがどのように返答していたのかを、私信の一部が伝えている。それは、トルストイのたましいの旅路が凝縮されている。心から信じていた真理を高らかに主張するとともに、自分が十分に実感することのなかった神の恵みを哀しげに語っている。
『おまえはどうなのだ、レフ・ニコライビッチ。説教はうまいが、説教したとおりに実行しているのか？』　これはきわめて当然な質問で、常に私が問われていることでもある。あたかもそれが私の口を封じさせようとするかのように、たいてい勝ち誇って尋ねられる。『おまえは説教しているが、どんなふうに生きているのだ？』 そして私は、説教などしていない、説教したいという熱い思いはあるが、説教などできない、と答える。私は行動を通してのみ、説教することができるのだ。だが、私の行動は堕落している……。そして、こう答える。私は罪人であり、堕落している。説教どおりに生きていないと蔑まれて当然だ、と。

私を攻撃してください。自分でも自分を攻撃しています。でも私が従っている道でなく、またそれがどこにあるかと尋ねる人に私が指摘する道でなく、この私を攻撃してください。私がよく知る帰り道を千鳥足で歩いていても、その道が間違っているとは言えないでしょう？ それが正しい道でないなら、別の道を示してください。でも、私がよろめいて道に迷っているなら、助けてくれなければいけません。正しい道に導いてくれなければいけません。私がいつでもあなたを支えようとしているように、私を間違った方向へ導かないでください。道に迷ったからといって喜ばないでください。喜びの叫び声をあげないでください。『あいつを見ろ！ 家に帰るところだと言いながら、よろよろ沼地に入り込んでいる！』などと嬉しそうに眺めていないで、私を助け、支えてください。」（A・N・ウィルソン著『ライオンとハチの巣 トルストイの宗教関連作品』一四七～一四八頁より）〔4月26日に続く〕

――『ソウル・サバイバー』（二三九～二四一頁）

＊　＊　＊

4月26日　真理から恵みを引けば

〔4月25日の続き〕

トルストイの宗教関連作品を読むと、悲しくなる。人間の心を射抜くX線のようなまなざしは、彼を文豪たらしめたが、悩めるクリスチャンにもした。産卵するサケのように上流に向かって一生涯戦いを進め、最後は道徳の実践に疲れきり挫折してしまった。

しかし、私はトルストイに感謝もしている。本物の信仰を求めるその激しい思いは、忘れがたい印象を私に残したからだ。トルストイの小説に初めて出合ったのは、「教会による虐待」の後遺症に苦しんでいた時期だった。私の育った教会にはあまりにも多くの欺瞞があった。少なくとも、若くて傲慢な私の目にはそのように映った。福音の理想と、その福音に従う人々の欠点との間にある大きな裂け目に気づいたとき、到達することなどできないそんな理想など捨て去るようにとの猛烈な誘惑に駆られた。

そうしたなかトルストイを発見した。彼は私にとって、最も困難であった仕事を成し遂げた最初の作家だった。トルストイが善を悪と同じくらい信じるに値するもの、そして魅力のあるものとしたからだ。私は彼の小説や寓話、短編に、道徳の力の根源を見いだした。

トルストイの伝記を書いたA・N・ウィルソンに言わせると、「彼の宗教は、恵みによるものではなく、究極的には律法によるものであり、堕落した世界を貫く神のビジョンというより、人間が向上するための計画だった」。トルストイは水晶のような明晰さをもって、自分の不完全さを神の理想という光に照らして見ることができた。しかし、もう一歩進んで、神の恵みがその不完全さをすっかり覆ってしまうという確信には至らなかった。

トルストイを読んで間もなく、彼と同郷のフョードル・ドストエフスキーと出会った。ロシアの二大文豪は、歴史の同時期に生きて活動した。互いの作品を讃えながら、二人は一度も会うことがなかった。太陽の周りを回る惑星のように、二人も同じ町をぐるぐる回り、互いに意識し、影響力を及ぼし合っていたが、二人の軌道が交わることはなかった。それがかえってよかったのかもしれない。何から何まで正反対だったからだ。

ドストエフスキーはその人生で多くの間違いを犯したが、芸術において驚くべきわざを成し遂げた。彼の小説はトルストイに負けないほどの力量で、キリストの福音の核心である恵みと赦しを伝えている。〔4月27日に続く〕

――『ソウル・サバイバー』(二四一～二四八頁)

＊　＊　＊

4月27日　二度目のチャンス

〔4月26日の続き〕

ドストエフスキーは若いころ、復活というものを体験した。属していた空想的社会主義サークルで、皇帝ニコラス一世への反逆罪に問われて逮捕された。ニコラス一世は、口先だけの過激な若者たちに、その誤りの重大さを思い知らせようとして、虚偽の処刑を計画した。銃殺隊が構えの姿勢で立っていた。囚人たちは帽子をかぶらず、遺体を包む白い埋葬布を着て、両手を背中できつく縛られ、口を開けて見つめている群衆の前で、雪の中を行進させられた。最後の瞬間に「構え、狙え！」の命令と同時にドラムが鳴り響き、銃の打ち金が起こされ、銃口が掲げられた。そこに騎兵が駆けつけ、「皇帝の慈悲により、おまえたちには強制労働が課せられることになった」と伝えたのだった。

ドストエフスキーは、生涯この経験から立ち直ることがなかった。彼は死の淵をのぞき込んだのである。そして、その瞬間から、ドストエフスキーにとって人生が測り知れないほど尊いものとなった。「私の人生はいま変わる。私は新しいかたちに生まれ変わるだろう。」シベリアに向かう囚人列車に乗ったとき、一人の信仰深い女性から、刑務所で許されていた唯一の書物であった新約聖書を手渡される。ドストエフスキーは、召しに応えるチャンスを神がもう一度与えてくださったと信じ、抑留中に新約聖書を熟読した。十年を経たとき、キリストに対する信仰は揺るぎないものとなっていた。新約聖書をくれた女性にこう書き送っている。「キリストは真理でないと証明する人がいたとしても、私は真理よりもむしろキリストとともにあろうとするでしょう。」

刑務所は、ドストエフスキーにかけがえのない機会を与えた。泥棒や殺人者、酔った農夫らの中で生きる悪夢のように思えた経験が、後に『罪と罰』の殺人者ラスコーリニコフのような比類ない性格描写を生み出した。人間性には本来善良さが備わっているというドストエフスキーのリベラルな見方では、刑務所の仲間たちの中に見た純然たる悪を説明できなかった。彼の神学は、この新しい現実に適応する必要に迫られた。だが次第に、こうした囚人たちの中で最悪な人々にも、神の似姿が垣間見えてきた。ドストエフスキーは信じるようになった。人は愛されることによってのみ、愛することができるようになるのだ、と。〔4月28日に続く〕

――『ソウル・サバイバー』(二四八～二五四頁)

＊　＊　＊

4月28日　二人の霊の導き手

〔4月27日の続き〕

私はドストエフスキーの小説の中で恵みに出合った。『罪と罰』は、軽蔑に値する犯罪に手を染める卑劣な人間を描いているが、そのラスコーリニコフの人生にも、回心した娼婦ソニアという人物を通して慰めをもたらす恵みの香りが入り込む。ソニアはラスコーリニコフを追ってシベリアまで行き、悔い改めに導くのだ。

『白痴』の中でドストエフスキーは、てんかん持ちの侯爵という形で、風変わりで予想外のキリスト像を登場させている。そのムイシュキン侯爵は静かに、神秘的に、ロシアの上流階級社会の中で動き、人々の偽善を暴きながら、善良さと真理をもって人々の人生を照らしもする。

『カラマーゾフの兄弟』は文学史上最高傑作の一つだが、聡明な不可知論者イワンと敬虔な弟アリョーシャを対比させている。イワンは人類の失敗を分析し、その失敗を扱うべく考案された政治機構をことごとく批判するが、解決策を提示することができない。アリョーシャは、イワンが提起する知的な問題に答えられないが、人間に対する解決策をもっている。アリョーシャは言う。「ぼくは悪の問題に対する答えはわかりません。でも、愛を知っています。」

私にとって、この二人のロシア人、トルストイとドストエフスキーは霊の道先案内人だ。トルストイからは心の中を見る必要、自分の中にある神の国を見る必要を教えられている。福音の高い理想から自分がどれほど、遠いかがわかる。しかしドストエフスキーからは、神の恵みの絶対的な広がりを教えられる。神の国は私の中にあるだけではない。神ご自身がそこに住んでおられるのだ。パウロはローマ人への手紙の中で、それをこう言い表した。「罪の増し加わるところに、恵みも満ちあふれました」(五・二〇)。

福音の高貴な理想と、自分自身のぞっとするような現実との緊張を解く方法は、だれにとってもたった一つしかない。私たちは決して理想に届かないけれども、理想に到達する必要もないことを受け入れるのだ。トルストイはそれを半分だけ正しくとらえた。神の道徳の標準を快く感じさせるもの、「ついに私は到達した」と思わせるものは何であっても、残酷な欺瞞だ。ドストエフスキーは、あとの半分を正しくとらえた。すべてを赦す神の愛を不快に感じさせるものもまたすべて残酷な欺瞞なのだ。「今や、キリスト・イエスにある者が罪に定められることは決してありません」(同八・一)。

——『ソウル・サバイバー』(二五六～二六六頁)

＊　＊　＊

4月29日　すべての人のための恵み

絶対的な理想と絶対的な恵み。ロシアの文豪たちからその二重のメッセージを学んだ後、私はイエスに戻り、そのメッセージが福音書の隅々まで彼の教えに満ちていること、とりわけ山上の説教に強く現れていることに気がついた。若い裕福な役人に返答するとき、良きサマリア人のたとえ話の中で、離婚、金銭や他の道徳上の問題について述べた意見の中で、イエスは神の理想を下げることはなさらなかった。イエスは言われた。

「ですから、あなたがたの天の父が完全であるように、完全でありなさい」(マタイ五・四八)。

「あなたは心を尽くし、いのちを尽くし、知性を尽くして、あなたの神、主を愛しなさい」(同二二・三七)。

トルストイも、アッシジのフランシスコもだれも、こうした命令を完璧に守ったことはなかった。

しかし、このイエスは絶対的な恵みを優しく差し出された。姦淫を犯した女や、十字架上の盗人、イエスを知らないと言った弟子をお赦しになった。イエスはあの裏切り者のペテロを、教会を創設するために指名し、さらにクリスチャンの迫害で名を馳せていたサウロという男に目を向けられる。恵みは絶対的で揺らぐことがなく、すべてを包括するものだ。恵みはイエスを十字架につけた人々にさえ及ぶ。イエスは地上で語った最後の言葉の中で、「父よ、彼らをお赦しください。彼らは、自分が何をしているのかが分かっていない。

いのです」(ルカ一二・三四)と言われた。

私は長い間、山上の説教の絶対的な理想の前に自分は価値がないと強く思っていたため、この説教に恵みの概念が入っていることを見落としていた。しかし、この二重のメッセージを理解してから山上の説教に戻ってみると、そこには恵みのメッセージがあふれていた。それは八つの幸い――心の貧しい者、悲しむ者、柔和な者は幸いです。義に飢え渇く者は幸いです――で始まり、主の祈りへと向かっている。「私たちの負い目をお赦しください。……私たちを……悪からお救いください」(マタイ六・一二～一三)。イエスはこの偉大な説教を、困窮している人々への優しい言葉から始められた。そしてあらゆる十二ステップ・グループのモデルとなった祈りが続く。

AA(アルコホリック・アノニマス)のアルコール依存症患者は言う。「今日一日を。」 クリスチャンは言う。「私たちの日ごとの糧を今日もお与えください。」

神の恵みは、絶望した人、困難にある人、悲嘆に暮れた人、自分の力ではやっていけない人たちのためにある。恵みは、私たちすべての者のためのものなのだ。

――『私の知らなかったイエス』(一二〇～一二二頁)

＊　＊　＊

4月30日　セーフティーネット

私は長年、山上の説教をだれも真似することのできない人間の行動の青写真だと思っていた。だがもう一度読んでみると、イエスは私たちを困らせるためではなく、「神」がどのようなお方であるかを伝えるために、あれらの言葉を語られたことに気がついた。神のご性質が山上の説教の原譜なのだ。

なぜ敵を愛さなければならないのか。それは、私たちのあわれみ深い父が、太陽を邪悪な者の上にも善良な者の上にも昇らせてくださるからだ。なぜ完全でなければならないのか。神が完全であられるからだ。なぜ宝を天に積むのか。父なる神がそこに住み、私たちに豊かに報いてくださるからだ。なぜ恐れや思い煩いを抱かずに生きるのか。野の百合や草を装わせる神が、私たちの面倒を見ると約束してくださったからだ。なぜ祈るのか。地上の父が子どもにパンや魚を与えるのなら、天の父はそれよりはるかに多く良い贈り物を、求める者に与えてくださるはずだからだ。

どうして私はこのことに気づかなかったのだろうか。イエスは、私たちがトルストイのように眉根をよせて、完全になれない自分に絶望するために山上の説教を語られたのではない。イエスは、それに向かって常に努力すべき神の理想を私たちに告げるため、しかしまた私たちのだれもその理想に到達することなど望めないことを示すためにも、山上の説教をお語りになったのだ。山上の説教は神と私たちとの大きな隔たりを否応なく認識させるものであり、その説教の要求を弱めることでこの距離を縮めようとする試みは何であれ、全く的をはずしている。

最悪の悲劇は、山上の説教を別のかたちの律法主義に変えてしまうことだろう。山上の説教は、あらゆる律法主義に終わりを告げさせるものだ。パリサイ派のような律法主義はいつでも失敗するものだが、それは律法主義が厳しすぎるためではなく、厳しさが徹底していないためだ。殺人者も痛癪もちも、姦淫を犯した者も好色漢も、盗人も貪欲な者も、私たちはみな、神の前には同等の場所に立っていることを、山上の説教は轟くように、また議論の余地もなく証明している。私たちはみな絶望的であり、実際それが、神を知りたいと思う人間に唯一ふさわしい状態だ。絶対的な理想からは落ちてしまっている私たちには、絶対的な恵みというセーフティーネット以外に着地すべき場所がないのである。

――『私の知らなかったイエス』（二二二〜二二四頁）

5月
May

5月1日　人生の一部

セーレン・キェルケゴールの語ったこんな寓話がある。灯りを点けた馬車が金持ちを乗せ、冷たい闇夜を走っている。御者台の農夫の目に、満天の星がまぶしい。ところが馬車の中でランプのそばに座っている金持ちには、それが見えない。創造された世界に以前にもまして科学の光が当たっている現代、この世界を超えた目に見えない世界は、科学の陰となって、ますます見えづらくなっているようだ。

私は技術革新に抗議する合理化反対論者ではない。ノートパソコンのおかげで、過去二十年間に出したすべての拙著にも、執筆にあたって記した何千もの覚書にも、アクセスすることができる。人里離れた山中に閉じこもり、このコンピューターからヨーロッパやアジアの友人たちにメッセージを送ってきた。毎月送られてくる請求書も電子決済している。それやこれやで、技術と科学のもたらす恩恵を享受している。

そうであっても、私は現代の視点に潜む危険に目を留めている。今の時代精神である還元主義は、物事を省略するという不幸な結果をもたらすことがある。科学の提供する世界地図は、植生地帯を色分けし、崖や丘の輪郭を曲線でなぞる地形図のようなものだ。コロラドの山々をハイキングするときは、そのような地形図を頼りにするが、二次元の地図で全体図はわからない。三次元の地図も同じだ。山の薄い空気、一面に広がる野の花、雷鳥の巣、泡立つ小川の流れ、達成感に満たされて頂上で取る昼食といった登山の経験は、こうした地図では決してわからない。雄大な自然との出合いは、還元主義を圧倒する。

さらに重要なのは、還元主義者の手法には、目に見えない世界を思う余地がないことだ。物質の世界イコール存在の総量だと、当然のように考えられている。目に見えない神を調べたり試したりすることはもちろんできない。神を量化したり還元したりすることも絶対にできない。そのため技術の進んだ社会に生きる多くの人々が、神は存在しないだろうと思いつつ日常生活を送っている。還元したり分析したりできる世界にとどまり、もう一つの世界を語るささやきには耳を塞いでいる。トルストイが言ったように、物質主義者たちは、人生が人生そのものに対して設けている限界を誤解している。

——『「もう一つの世界」からのささやき』（二二一〜二二四頁）

＊　＊　＊

5月2日　信仰を超えて

知り合いに、潔癖症の人がいる。四万平方メートルの森林に住んでいるのだが、敷地内の長く曲がりくねった道を車で通るたびに、あっちこっちに飛び出しているポンテローサ松の枯れ枝が気になって仕方がない。剪定業者に電話をしてみると、懸念の木を全部刈り込むと五千ドルかかると言われた。その金額に仰天したその人はチェーンソーを借りてきて、週末ごとに梯子に上った。危ない思いもしたが、数週間で手に届くかぎりの枝を短く刈り込むことができた。

これだったら見積もりはいくらになるか問い合わせると、業者からがっかりするような答えが返ってきた。「ロドリゲスさん、二倍の費用がかかると思いますよ。われわれは下方の枝に足をかけ、その上の枝を伐るつもりでした。下枝がないとトラックを搬入する必要があるので、その分、かなり費用が嵩みます。」

現代社会には、この話と共通するところがある。私たちは西洋文明の土台であった下枝を伐り落としてしまった。高いところにある枝は、すでに危険なほど遠くに見える。アニー・ディラードは書いている。「私たちは神聖な森の大枝から光を奪い、高い場所や聖なる小川の流れの土手にある、その光を消したのです。」

歴史を振り返ってみると、現代の西洋社会以前には、聖なるものを信じずに生きようとした社会はなかった。そうした大転換が、いま気づき始めたばかりの結果をもたらしている。私たちは今、人類を常にとらえてきた、意味、目的、道徳性という大きな問いについて混乱を招いている。懐疑的な友人は、「イエスならどうするだろう」というスローガンを意図的に嘲笑し、「無神論者ならどうするだろう」と、よく問うていた。そして、やがて問わなくなった。確かな答えが見つからなかったからだ。

聖なるものを抹殺すると、人生の話が変わってしまう。信仰心がもっと篤かった時代の人々は、慈愛に満ちた神が、自分たち一人ひとりを造られたのであり、たとえその瞬間はどのように見えても、神が究極的にこの世界を支配しておられ、世界は復活する運命にある、と思っていた。しかし今、信仰をもたない人たちは、未来を約束し、現在に意味を授ける、すべてを包括する物語も、物語を超越したものもなく、迷子のひとりぼっちになっている。

——『「もう一つの世界」からのささやき』（二四～二五頁）

＊　＊　＊

5月3日　神なき世界

チェコ共和国の元大統領バーツラフ・ハベルは、共産主義文化を生き延びた人物だが、大まじめに神なしで生きようとしたその文化の問題を、次のように述べている。

「人間は、神を喪失したために、絶対的で普遍的な、いわば座標システムを失った。人間はいつでも、どんなことでも、主として自分自身を、この座標に関係させることができた。人間の世界と人間の人格は徐々に壊れてゆき、別の相対的な座標にふさわしい、ばらばらで統一性のない断片になった。」

ハベルは、マルキストによる土地の破壊は、無神論がまっすぐ行き着いた結果であると考え、こう言った。「私は、森林が死にかけ、川が下水溝のようになり、市民が窓を開けないようにと勧告されることもある国から来ました。」そして、その原因は、「自然のすべての主人として、また全世界の主人として、自ら王位に就いた新時代の人間の傲慢」にあるとした。そのような人間には形而上学的な錨が欠けている。「つまり、被造物全体への畏敬の念や、それに対する人間の義務の自覚……です。親が神を信じていれば、子どもたちがガスマスクをつけて通学することも、目が膿で見えなくなることもないでしょう。」

私たちは危険な時代に生きている。環境だけでなく、テロリズムや戦争、過剰な性的関心、世界的な貧困、生と死の定義についても差し迫った疑問に直面している。社会は道徳というつなぎ縄、ハベルの言う「座標システム」を切実に必要としている。私たちは宇宙における自分たちの場所や、人間同士の義務や地球に対する義務を知る必要がある。こうした質問に、神を抜きにして答えることができるだろうか。

現代文学は、無意味な宇宙の中であくまでも自分の立場を堅持する反逆者を英雄としてもちあげている。進化論哲学は、ホモ・サピエンスを取り上げ、他種とほとんど変わらず、利己的な遺伝子を書き込まれて生きながらえていると言う。この二つの世界観のいずれもが、私たちの未来にとってきわめて重要かつ驚異的なものを欠いているとしたら、どうだろうか。通過するマゼランの船をあっさり見過ごしてしまった南米の先住民と同じではないか。

――『「もう一つの世界」からのささやき』(三三〜三四頁)

* * *

5月4日　天国の影

物質の世界だけを見ている人々の中にさえ、もう一つの世界を示すしるしは密かに入り込んでいる。あえて神とか設計者の神といった言葉を使わない科学者たちが、代わりに語るのは、創造物に明らかな「人間原理」だ。地球という惑星に生命が宿るよう、自然は絶妙に調整されているという。重力の法則が一パーセント上下にずれていたら宇宙は形成されなかったし、電磁力にほんのかすかな変化があっても生物の分子は付着しないというのだ。物理学者フリーマン・ダイソンの言葉にあるように、「宇宙は私たちがやってくることを知っていた」ようだ。最高の知識をもつ人たちには、宇宙はいきあたりばったりの賭けには見えない。宇宙には紛れもない目的があるようだ。しかし、それはどんな目的だろうか。そして、だれの目的なのか。

私は、神学者よりも世俗の科学作家の中に崇敬の念があるように思う。その中でも博識な人たちは、私たちの知識は拡大する一方だが、それは人間の無知のプールがそれだけ広がることを暴露するだけだと言っている。ニュートン物理学のように明確で合理的だと思われていたものが、巨大な謎に道を譲ったのだ。私の生まれた時点から今まで、天文学者たちは銀河系を七百億も多く「発見」してきたが、宇宙の構造の九六パーセントを見逃してきたかもしれないこと(「暗黒のエネルギー」と「暗黒の物質」)、ビッグバンの起きた時期を四十億年から五十億年前に調整したことを認めた。望遠鏡より顕微鏡をのぞくことの多い生物学者たちが発見してきたのは、最も単純な細胞の中にある測り難い複雑さだ。

しかし皮肉なことに、還元のプロセスは世界をいっそう複雑にすることはあっても、その逆はしなかった。各細胞内のDNA分子には、「人体の不思議展」にあったすべての解剖体を監督・統制できる、三十億文字のソフトウェアコードが入っている。コードは次々に解読されているが、だれがこのコードを書いたのだろうか。それに、なぜ書いたのか。各細胞内のマイクロコードだけでなく、全惑星、宇宙を支配しているマクロコードの解読を指南できる人がいるだろうか。

もう一つの世界を語る声は芸術にも浸透している。詩人、画家、小説家、脚本家など、一つの宇宙を創造することをいくらか知っている人たちは、その源を感知できなくても、心の震えを感じている。芸術家にとって、世界は、ベートーベンの弦楽四重奏やシェイクスピアの『ハムレット』のように、被造物として姿を現す。私たちが神の音楽であり神の言葉であるとしたら、どんな調べを奏で、どんな言葉を語るのだろうか。「地球が天国の影だったら?」というミルトンの疑問は、時を超えてこだましている。

――『「もう一つの世界」からのささやき』(三八〜四〇頁)

＊　＊　＊

5月5日　身体の部分

イエスが父なる神のもとへ上った今、私たちはどのように神の愛を感じ取ることができるのだろうか。新約聖書の一つの答えの中心には、「キリストのからだ」がある。三十回以上も使われている神秘的な言葉だ。パウロは、特にその言葉で教会の本質をイメージさせている。イエスはいなくなるとき、欠点だらけで失敗の多い者たちに、ご自分の使命をお委ねになった。イエスは教会のかしらの役割を担い、腕や足、耳や目、声の仕事を、移り気な弟子たちに――あなたや私に――任せられた。

四つの福音書を注意深く読むと、この新たな設定をイエスが心に抱き続けておられたことがわかる。自分が地上にいる時間が少ないことを知っていて、自分の死と復活の後にさえも継続する使命をこう宣言された。「わたしはこの岩の上に、わたしの教会を建てます。よみの門もそれに打ち勝つことはできません」（マタイ一六・一八、英欽定訳）。

多くのメンバーをもつ大きなからだの、目に見えないかしらとして働こうとするイエスの決断は、苦しみに対する私たちの見方に影響を与える。それは、私たち相互の助け合いにイエスがしばしば頼るということである。「キリストのからだ」という言葉は、私たちが何をするために召されているかをよく表現している。キリストがどのような御方であるかを具体的に現すこと、とりわけ困っている人々に現すことだ。

「神は、どのような苦しみのときにも、私たちを慰めてくださいます。それで私たちも、自分たちが神から受ける慰めによって、あらゆる苦しみの中にある人たちを慰めることができます。私たちにキリストの苦難があふれているように、キリストによって私たちの慰めもあふれているからです」（Ⅱコリント一・四〜五）。

パウロは伝道を通してこの原理を実践し続け、疫病に苦しむ人々のために寄付を募り、困難に見舞われている地域に助け手を遣わし、信仰者たちの賜物を神ご自身からの贈り物であると認めていた。

――『痛むとき、神はどこに』（二三五〜二三七頁）

* * *

5月6日　ゆだねること

聖霊によって神を知ることの「問題点」は、神がその使命を教会に譲り渡すとき、本当に譲り渡してしまわれた、ということだ。それゆえに、神を拒否する多くの人は、神ではなく教会が見せた神の戯画を拒んでいるのだ。なるほど教会は、正義、読み書き、医学、教育、市民権等、様々な問題の先頭に立ってきた。けれど教会の歴史には、十字軍、異端審問、反ユダヤ主義、女性への抑圧、奴隷貿易を支持したことも含まれている。しかもそのことを見ているこの世は、教会によって神を判断する。それは、私たちが永久に恥じ入ることだ。

ナザレのイエスの中に住む神という事実を受け入れ

るほうが、地域の教会に集う人々や私の中に住む神という事実を受け入れるより、はるかに易しい。しかし、新約聖書は最初から、このパターンによって神の計画が成就されると主張している。神の鮮やかな介入がひっきりなしに続くのでなく、欠陥だらけの人間に神の使命を少しずつ代わってもらうというパターンだ。イエスは、ご自分の教会である私たちがご自身に取って代わるために、自ら死に赴くことをあらかじめ計画しておられた。イエスが少数の人々にもたらした癒し、恵み、希望、神の愛という福音のメッセージを、今度はイエスの弟子たちがすべての人にもたらすことができるようになるという。イエスは言われた。「一粒の麦は、地に落ちて死ななければ、一粒のままです。しかし、死ぬなら、豊かな実を結びます」（ヨハネ一二・二四）。

神は人間の皮膚の奥に撤退し、へりくだって平凡な歩兵たちの中にお住みになった。そのためだれでも、ときに神を疑い、神を完全に拒否する者も少なくないことは確かである。この計画が、ゆっくりとした速度で進むのも明らかだ。神はご自身を規制し、他を圧倒することがない。教会が奴隷制に反対して結集するまでに千八百年を要したが、そのときも抵抗者は少なくなかった。さらに貧困は至るところに見られる。戦争や差別も然り。そして、教会がほとんど手を差し伸べていないところもある。

神は私たちの問いかけを、しばしば問い返される。「下りて来てください」と神に懇願しても、神はすでにここに、私たちの中におられる。神が地上でなされることは、教会がなすことと非常に似通っていることを、私たちは渋々ながら認めるだけだ。要するに、神を御霊として知ることの主要な「問題点」とは教会の歴史であり、あなたや私の霊の伝記なのである。

――『見えない神を捜し求めて』（二一二〜二一六頁）

＊　＊　＊

5月7日　美しさのテスト

神が臨在する証拠を、思いもよらない場所に見てきた。ネパールに行ったとき、理学療法士の案内で、ハンセン病のリハビリを専門に行う「緑の牧場病院」を妻と訪れた。外廊下を歩いていると、見たこともないような女性が中庭にいた。両手にガーゼの包帯が巻かれ、足が変形したこぶになり、顔にはこの病によって生じた跡があった。鼻は縮み、くぼみが見えるだけだった。その目は濁って皮膚硬結に覆われ、光が入らない。視力を完全に失っていた。両腕の皮膚はまだらで傷だらけだった。

私たちは病院を一周し、同じ廊下を歩いて戻った。その間、この人は傷ついた動物のように両肘をつき、身体を引きずって地面を這い進み、中庭を横切って歩道の端までやって来た。恥ずかしいことだが、最初は、「お金を欲しがっている物乞いだ」と思っていた。身体の弱った人々を助けて働いてきた妻の反応は、はるかに神聖なものだった。妻はためらうこともなく女性のほうへ身を屈め、その身体に手を回した。その女性はジャネットの肩に頭を載せるとネパール語で歌いだした。だれでもすぐわかる曲だった。「主われを愛す。主は強ければ、われ弱くとも恐れはあらじ。」

「ダンマーヤは、最も献身的な教会員の一人です。」理学療法士が後で教えてくれた。「患者のほとんどがヒンドゥー教徒ですが、ここにはキリスト教の小さなチャペルがあって、彼女はドアが開くと必ずやって来ます。祈りの戦士なのです。『緑の牧場』にやって来るすべての訪問者に挨拶して歓迎します。だから私たちがこの廊下を歩きながら話していたのを聞いていたはずです。」

数か月後、ダンマーヤの訃報を聞いた。彼女がジャネットのほうを向いて歌っていたときに撮った写真を、机の近くにしまっている。美にとりつかれたセレブ文化に自分が毒されている気がするたびに、その写真を引っ張り出す。二人の美しい女性が写っている。前日に買った色鮮やかなネパールの衣装に身を包んだ妻が、優しい微笑みを浮かべ、（最も重要なテスト以外の）あらゆる美のテストに落第するはずの高齢の女性を両腕に抱いている。形が損なわれ、痩せこけたその身体から、神の臨在の光が輝いている。聖霊が家を見つけられたのだ。

――『祈り―どんな意味があるのか』（四四七～四四八頁）

＊　＊　＊

5月8日　聖なる無能力

トロント近郊の重度障がい者施設ラルシュ共同体に、ヘンリ・ナウエンを訪ねたことがある。ナウエンの小さな部屋で昼食を共にした。アイビーリーグの大学で教鞭をとったことのある著名な心理学者であり神学者でもあるナウエンは、著述家としても講演者としても大いに名を馳せていたが、ここでは教会「産業」は遥かかなたのものに見えた。

昼食後、ナウエンが世話をしているアダムという若者のために特別の聖体拝領が行われた。ナウエンはアダムの二十六回目の誕生日を祝う典礼を行った。アダムには重度の知的障がいがあり、話すことも、歩くことも、ひとりで洋服を着ることもできなかった。アダムは何一つ理解していない様子だった。それでも家族がやって来たことはわかるようだった。よだれを垂らし、何度か大きなうなり声をあげた。

後になってナウエンから、毎日二時間かけてアダムの支度をすると聞いた。入浴させてひげをそり、歯を磨き、髪をとかし、手を取って朝食を口に運ぶのを助けるという。一瞬、この忙しい司祭に、もっと有効な時間の使い方があるのではないかという疑問が頭をかすめた。ところが、ナウエンは言った。「ぼくは何もあきらめてなんかいないよ。アダムとの友情で得をしているのは、僕のほうなんだ。」

それでも最初は簡単ではなかったという。けれどもナウエンは、神が私たちをどんなふうに愛してくださっているかを学んでいったと話した。私たちは霊的に整えられておらず、知的な障がいがあり、神にすれば不明瞭な不平不満やうめき声のようなもので応えられるだけなのに。

ナウエンは、人生で二つの声が心の中で競い合っていると言った。一つの声は成功しろ、成し遂げろと励ますが、もう一つの声は、自分が神に「愛されている者」であるという慰めの中に憩うように、と叫ぶという。人生最後の十年間に、ナウエンはこの二つめの声に初めて耳を傾けるようになった。そして最終的に、「このミニストリーの教育形成の目的は、私たちの出会う一人ひとりの中に、主の御声、御顔、御手を絶えず認めることである」と結論した。

ヘンリ・ナウエンがすでにこの世にいないのは寂しい。私にとって、ナウエンを最もよくとらえたイメージがある。無反応で子どものような男のために、ほとんどの親が堕胎を選ぶほど重い障がいのある男のために、髪を振り乱し、何もないところから言葉を紡ぎ出すかのように、両手を忙しく動かし、誕生日の聖体拝領を執り行うエネルギッシュな司祭である。この姿ほど受肉をよく象徴しているものがあるだろうか。

——コラム「裏頁」、『クリスチャニティー・トゥデイ』一九九六年十二月九日号（八〇頁）

＊　＊　＊

5月9日　恐れの武装解除

私は長年、宇宙の執行者のような、厳しく批判的な神のイメージという、「一見」巨大な恐怖のもとで苦しんできた。そのような神に、だれが祈りたいと思うだろう。そのような恐ろしいパートナーに、どうして親密な関係が求められるだろう。恵みを経験して、信頼できるガイドに出会って、そして何よりイエスを知るようになって、私はあまり身構えなくなった。

ファンダメンタリストから回復しつつある者にとって、福音が真実、愛である神からの良き知らせであると信じるには非常に勇気が必要だ。この最も根本的で、しかも稀にしか理解されない信仰の事実を信じるガイドを注意深く探していた。私は十年間、ポール・ブランド博士に師事した。博士は、ハンセン病を患う下層カーストのヒンドゥー教徒という、この星に生きる最下層の人々に、癒しと恵みを与えた。ときどき二人で祈ったが、いつも博士の素朴な信仰に驚嘆した。とても理解できないような条件で、お粗末と言えるほどの賃金で働くときでさえ、感謝の思いを示した。博士は恐れでなく期待をもって老いに向かった。最期のときも、死を本当の帰宅として、中断ではなく頂点ととらえた。

ヘンリ・ナウエンも信頼できるガイドだったが、彼は、神の真のイメージは恐れを煽り立てるのでなく、むしろ恐れを静めるものであると証明してくれた。ナウエンは心の中に恐れを抱いていても、神のご性格に信頼を置いた。「人は恐れから逃げ出すのでなく、恐れの中を突き進み、恐れの中で立ち上がり、恐れに面と向かいます……。だから私は祈り方を知らないまま祈っています。」

使徒パウロの高揚した祈りの多くが、地下牢で書かれた獄中からの手紙に書かれていることに驚嘆する。パウロにとって祈りは、現在置かれている状況の恐怖を克服し、神の優しい配慮に徹底的に信頼する方法だった。一九六〇年代の牧師や公民権運動活動家たちも、やはり獄中で声に出して祈り、賛美歌を歌った。懐疑主義者ならそうした祈りは、最悪の種類の現実否認だと思うだろう。信仰者はそれを、そのときの状況を超越し、恐怖を武装解除する、現実への信仰と考える。

――『祈り―どんな意味があるのか』(四七六～四七七頁)

＊　＊　＊

5月10日　安全設計

今あらためて、自分が神との関係をどのようなものであると認識していたかを考えている。全くの見当違いなもの、あまりに短絡的なものと理解していたと思う。子どものころから、神は成績表を渡す厳格な教師というイメージを受け継いできた。私の目標は他の皆と同じく、完璧な点数を取って良い評価をもらうことだった。授業中にふざけると、教室の後ろの隅に立たされるか、外の空部屋に行かされることになる。

この比喩のほとんどが聖書とは相容れず、関係を歪めるものであることを知った。第一に、神が認めてくださるのは、私の「良い行状」によるのではなく、神の恵みによってである。私は教師の完璧な基準に達するほどの成績を収めることは決してできないし、幸いなことに、そうする必要もないのだ。

さらに、神との関係は私の行動によってつながったり断たれたりするのでもない。神は私が従わないからといって、外の空部屋に行かせるようなことはなさらない。全く反対なのだ。神から遠いところにいるように思えるときに絶望感を覚えるかもしれないが、それが神の恵みに向かう新たな出発点となる。エリヤは神から逃れて洞穴の中ですねていたときに、叱責ではなく慰めをもたらすかすかな細い御声を聞いた。ヨナは必死になって神から逃げようとしたが、失敗した。そしてイエスが愛をもってペテロを立ち直らせたのは、この弟子がどん底に落ち込んでいたときだった。

　私は人間関係をどう築いていくかについての自分の理解を、神に投影させる傾向がある。裏切りは関係を永久に破壊すると言われることも含めてである。ところが、神は裏切りにも心が挫かれることがないようだ。（もしかして、裏切りに慣れているのかもしれない。）イエスはペテロに言われた。「わたしはこの岩の上に、わたしの教会を建てます」（マタイ一六・一八）。ルターが述べたように、私たちは常に、罪人であると同時に義人であり、改悛者である。私たちのおずおずした口下手な愛の表現は、神の望んでおられるものに見合わないかもしれないが、親ならだれでもするように、神は子どもの差し出すものを受け入れてくださるのだ。

――『見えない神を捜し求めて』（二六四～二六五頁）

＊　＊　＊

5月11日　セラピーとしての祈り

ジャネットと私がほとんど何についても言い争っていた新婚時代を思い起こす。そのころはまだ権力問題を調整中で、どちらも譲らなかった。事の大小に関わらず、何を決めるにも争った。困ってしまった私たちは、それまでうまくいったためしのなかったことを試すことにした。祈ってみたのだ。毎日二人で長椅子に座り、心の内側を神にぶちまけた。私たちは、決断しなければならないことのために、その日に連絡する予定の人々のために、友人や家族のために祈った。二人が自らを「ハイヤー・パワー」に服従させたとき、権力問題は全く新しい光を帯びた。私たちは今や向かい合っているのでなく、神の前に並んでいた。二十五年たった今も、それを実践している。

　私は、旧約聖書を扱った『イエスが読んだ聖書』という本を書いた。その中で、敵に対する復讐を求める呪いの詩篇について論じ、毎週、自宅裏手にある丘を歩く「怒りの散歩」のことを書いた。歩きながら、自分に不当な仕打ちをした人々に対する憤りの思いを神に訴えた。無理矢理にでも神に不快な感情を打ち明けるのは、セラピーに通じる効果があった。「たいてい、巨大な重荷から解放されたような気持ちになる」とその本に書いた。「不公平だという感じはもはや以前のように、自分の中にとげのように突き刺さっていない。私はそれをだれかに――神に――向かって声に出して表現したのである。表現しながら、思いやりの気持ちが芽生えるのを感じることもある。神の御霊は、私自身の身勝手や人をさばこうとする気持ち、他の人々が恵みと赦しをもって扱ってくれた私自身の欠点、あわれにも限られた私の視点を教えてくださる。」

ちょうど今、その箇所を読んで、別人が書いたような驚きを感じている。おわかりいただけると思うが、私が「怒りの散歩」をしてから数年が経過している。今でもたいてい日曜日の午後はその丘をぶらぶら歩いている。狐の巣を調べ、ポンデローサ松に甲虫が悪さをした形跡を探し、雪の中に動物の足跡をたどる。そしてやはり祈るが、今、それを表すなら「賛美の散歩」と言うほうが正確だろう。いつのまにか怒りは溶けていた。気づかないうちに癒しが起きていたのである。

――『祈り―どんな意味があるのか』（四七二～四七四頁）

*　*　*

5月12日　雑草と花

コロラドに引っ越すと、すぐに有害な雑草について学んだ。コロラド州のこの付近では、タンポポ、フランスギク、ロシアアザミ、ホソバウンランなどありがたくない種類が植物ウィルスのように広がって、在来種の生存を脅かしている。良き市民になりたい私は、雑草を引き抜くための頑丈な道具を買い込むと、毎年春と夏の恒例行事となった仕事を開始する。午後、有害な侵入者を捜しながら自宅裏の丘を散歩する。やってみると、この散歩は理想的な祈りの機会となった。一日の中ほどで数分間、自宅の仕事場のあれこれ気になることから離れ、美しい自然の中に、ひとり身を置く。

妻が一緒に来たある日、雑草を探しながら祈る散歩について悟ることがあった。妻の鋭い目が雑草を見つけるうえで役立ったのは確かだが、もっと重要なのは、彼女が二十種類以上の野生の花を指し示して散歩の性質をすっかり変えてしまったことだ。私の目は雑草を探すことに集中するあまり、丘を美しく飾る野生の花を見過ごしていた。雑草を引き抜こうとする努力は、まさにこうした花々を守るためだったのに！

祈っているときも同じことをしているのではないかと思った。私はからみ合った問題の塊を神にもっていく傾向にあるが、それは賛美したり感謝したりする機会を見過ごして、もつれた雑草の束を収集バッグに入れて持ち帰っているのに似ていた。私は自分の周囲一帯にある、神のみわざの驚くべき証拠を見逃しながら、問題を解決してくださる御方（雑草を引き抜いてくれる道具）として神を見ている。そして特に何も起こらないように見えると、じれったくなる。

祈るときに示してしまう苛立ちを治す方法を発見した。祈り続けることだ。ストレスがたまりすぎると、祈ることをやめてしまうか、祈りに対するアプローチを変えるか、どちらかになりがちだ。十八世紀の神秘主義者ジャン・ニコラ・グルーは、健全な祈りは謙虚で厳かで愛にあふれ、確信があり、決してあきらめないものだと主張した。性急さの正反対だ。

——『祈り—どんな意味があるのか』（四八三〜四八四頁）

＊　＊　＊

5月13日　孔雀の賛美

オーストラリアに行ったとき、野生生物を崇敬の目で見ることにした。三日間過ごしたフィリップ島は、神の創造物の宝庫だった。カンガルーやワラビーと並んで朝のジョギングをすると、頭上ではオウムが旋回し、ユーカリの森ではコアラが寝ていた。夜はミズナギドリやリトルペンギンを見ることができた。

毎年九月二十四日になると、フィリップ島に尾の短いミズナギドリが百万羽も帰って来る。毎晩、波打ち際に急降下すると、海面すれすれに飛び（「水を突っ切る」）小魚をかっさらう。この鳥は不器用で、不時着すると何度か転び、ふらつきながら憤然として巣に戻る。アラスカやアリューシャン列島から一万五千キロという距離を渡ってくる。何より注目すべきは、その子育て法だ。親鳥たちは、ひなが大きくなると、一団となって去って行く。未熟なひなは飛び方から魚の獲り方、アラスカに向かう方法まで自分で学ぶ。驚くべきことに、この試練の中でも半数が生き残る。

夜、一日の漁を終えて巣に戻るリトルペンギンの行進は、文句なしに楽しめる。日が落ちかかると、十や二十の「いかだ」の形になり、岸を目ざしてぷかぷか泳ぎだす。三十センチに満たないこの小さなペンギンは、海岸沿いに隊列を組んで集まると、広い砂浜を越えて行く勇気が満ちるのを待つ。一羽が歩きだすと数羽がそれに続く。ところが急に怖気づくと、また全員で慌てて海に戻る。

C・S・ルイスは、神の創造物を観察するのは、神聖な呼びかけではないかと言う。

「野生動物は神の創造物をたたえることができず、天使は純粋な知性であると思う。彼らは最も偉大な科学者たちよりも色や味をよく理解している。ところが、彼らに網膜や口蓋があるだろうか。『自然の美しさ』とは、神が私たち人間だけと分かち合われた神秘ではないだろうか。私たちが造られた理由の一つも、そこにあるかもしれない。」

フラナリー・オコナーはかつて、自分の飼っていた孔雀たちとその反応をエッセイに綴った。孔雀が羽を広げたその姿は、「光輪をつけたたくさんの太陽が華やかに群れて、一つ一つが目のようにじっとこちらを凝視している」ようである。あるトラックの運転手は、「こいつを見ろ！」と叫んで急ブレーキをかけた。多くの人が口をつぐんだが、一人の老齢の黒人女性のシンプルな叫び、「アーメン！　アーメン！」が、オコナーのお気に入りの反応だった（『秘義と習俗』春秋社、一一頁）。

孔雀を設計した芸術家である神は、この反応を大いに喜ばれただろう。それこそ私がフィリップ島に感じたことなのだ。

——コラム「裏頁」、『クリスチャニティー・トゥデイ』一九九七年四月七日号（七二頁）

＊　＊　＊

5月14日　絶滅の危機に瀕した野生

ヨブ記の最後に書かれている壮大な語りの中で、神はご自身が動物の王国についてどう感じているか明言しておられる。注意深く見れば、ヨブ記の教えを際立たせるために引き合いに出された実例には、共通の糸があることがわかるだろう。雌獅子、野やぎ、野ろば、だちょう、馬、鷹、鷲、烏、カバ。

「野生」は、神が言及した動物に共通する特徴で、それがヨブに送ったメッセージの根底にある。創造された世界にいながら、決して人間の家畜になることのないものたちを、神は祝福しておられる。野生動物は明らかに、「神がご覧になるとおりの世界」で、本質的な機能を果たしている。彼らは私たちをいくらかでも謙虚にさせる。自分たちが被造物であるという、できれば忘れたがっていることを思い起こさせてくれる。また目に見えない、手なずけることなどできない神の荘厳さを人間の五感に訴えかけてもいる。

野生動物について書くと、どうしても説教臭くなってしまう。人間が野生動物に対して犯してきた罪はきわめて大きいからだ。アフリカでは、密猟者や傍若無人の兵士らの仕業で、ゾウの個体数が半減し、サイがほぼ全滅した国もある。また人間は毎年、ニュージーランドに匹敵する規模の熱帯雨林地域を破壊し、そこに住むあらゆる動物を滅ぼしている。

野生について書かれたものの大半が、こうした絶滅しつつある動物をテーマにしているが、私は人間に与える最も大きな影響が何であるかについて考える。野生に対してもともともっていた感謝の思い以外に、私たちは何を失ったのだろう。権威に対する嫌悪感、あるいは神を認識することの欠如も、こうした感覚の退化に由来するのだろうか。神は動物に言及するだけで、ヨブのもつ畏怖の念に影響をお与えになった。堀の向こうのカバやワニにピーナッツを放り投げながら大きくなった私たちはどうだろうか。

ナチュラリストのジョン・ミューアは悲しげにこう結論した。「非常に多くの生き物が、大きいものも小さいものも、無数にある動物のほとんどが、人間が造られる前は、神の愛に包まれ、幸せに過ごしていた……。」

天は神の栄光を宣言し、海面上に飛び出る鯨や高く跳び上がるスプリングボック（トビカモシカ）も同様である。幸いなことに、世界には、まだ神の愛の中で多くの生き物が生きているところがある。私たちにできるせめてものことは、彼らの居場所をつくることだ。彼らばかりでなく私たちのためにも。

――『ささやかな追究』（一〇～一三頁）

＊　＊　＊

5月15日　力の共有

私は自分の人生で、御霊の壮観な現れを経験したことがなく、正真正銘の「奇跡」を何一つ指し示すことができないので、自分は霊的に劣っていると思っていた。しかし、自分が価値を置くものが、神が価値を認めておられるものと大きく異なっている可能性があることが少しずつわかってきた。イエスは奇跡を行うことに乗り気でないことが多く、欠点だらけの弟子たちに使命を委ねて地上を離れるときにも、それを進展とお考えになった。誇らしげな親のように、神は自らの全能を披露するよりも、ご自分の青二才どもが、もたつきながら何かを成し遂げるのを見物するほうに大きな喜びを感じるらしい。

推測させてもらえるなら、神の視点からすると、人類の歴史における大きな前進はペンテコステの事件かもしれない。このことによって、エデンで失われた、人の霊と聖霊との直接的な交流が取り戻されたからだ。私は神に、直接的で印象深く、反駁できないかたちで働いていただきたいと願うが、神は私のような者と「力を共有」したいと願っておられる。神は人間を排除することなく、人間を通してご自分の仕事を達成なさりたいのだ。

「私の思いを真剣に受け取ってほしい！　子ども扱いせず、一人前に扱ってほしい！」十代の若者はみなこう叫ぶ。神はその要求を喜ばれる。私を御国の働きのパートナーとし、私が自由を乱用することを百も承知で、私に自由を与えておられる。神がここまでなさるのは、淡い恋を抱く若者ではなく、成熟した愛をもつ者をパートナーとして欲しておられるからだ。

結婚において二人は、それぞれの自由と独立を保持しながらも協力関係をつくり上げることができる。そうであっても、二つの性が結婚で結び合わされると、一生涯かけた二人の仕事になるやもしれぬ違いがあることに、夫婦なら、みな気づくものだ。

私が神との人生を一つの公式に還元することができないのは、自分の結婚を一つの公式に還元できないからだ。それは、自由で、私とは異なり、なおかつ多くのものを共有している他者との、生きて成長していく関係だ。結婚ほど挑戦しがいのある関係はない。「旧式の」結婚のほうが良かったのではと思うこともある。旧式の結婚では、役割や期待がより明確にうたわれ、絶えず交渉する必要がない。何かしら外部からの介入があって、妻や私に痛みをもたらす原因の一つが決定的に変わらないかと願ったりもする。しかし今に至るまで、そんなことは起きていない。私たちは毎朝目を覚まし、一歩ごとに確かさを増す場で旅を続けていく。

愛はそんな具合に働くのだ。パートナーが目に見えても見えなくても。

――『見えない神を捜し求めて』（二四八～二五一頁）

＊　＊　＊

5月16日　神の声

神のご計画を、一連の御声と考えてみよう。雷のように轟いた第一声には、利点があった。この声がシナイ山を震わせて発せられたり、炎がカルメル山の祭壇をなめ尽くしたりすると、だれも神を否定することができなかったからだ。けれども驚くべきことに、そのできなかったからだ。けれども驚くべきことに、その御声を聞いて恐れた人々、たとえばシナイやカルメルにいた民も、じきにそれを無視するようになった。御声の大きさが邪魔になったのだ。御声を求める者は本当にわずかだった。御声が聞こえなくなっても、それをあきらめずに探し求めた者は、さらに少なかった。

やがてこの御声はイエスという形に変調した。「みことば」は人となったのだ。何十年かの間、神の声は、パレスチナの田舎に住むユダヤ人の音質と音量とアクセントを帯びていた。語る声に権威があったが、それは普通の人間の声だった。聞いた人が逃げることもなかった。イエスの声はあくまでも穏やかで、反論することも、葬ることさえできた。

イエスが去った後、神の御声は新しい形をとった。ペンテコステの日、炎のような舌――舌なのだが〔訳注＝舌 tongues には言語、言葉遣い等の意味もある〕――が忠実な人々の上に降り、神のからだである教会がこの地上でかたちをとり始めた。この最後の声は空気のように身近なもので、ささやきのように静かである。そして、何よりもか細く、簡単に無視できる声なのだ。聖書は、この聖霊は「消される」ことも「悲しむ」こともあると述べている。モーセの燃える柴や、シナイの熱く溶けた岩を消すことができるだろうか！ けれども、御霊は今までの中で最も親密な声でもある。私たちが弱くて、何を祈ったらよいかわからないとき、内住の御霊は言いようもない深いうめきによって、とりなしをしてくださる。そのうめきは産みの苦しみの声であり、新しい創造への陣痛の痛みでもある。

御霊は、神に対する失望感をすべて取り除きはしない。御霊に与えられた、とりなし手、助け主、カウンセラー、慰め主という称号がまさに、問題が消えないことを暗示している。しかし、御霊は「来るべきことを保証する手付金」〔訳注＝Ⅱコリント五・五、新国際訳〕だと、パウロは金融業の言葉にたとえている。聖霊は、そういう失望は一時的なものであり、神と共にある永遠のいのちへの前触れであることを思い出させてくださる。

――『神に失望したとき』（一九三～一九五頁）

＊　＊　＊

5月17日　聖なる愚者

計算や遠慮をしながら決断に臨む私と異なり、神はしばしば「聖なる愚者」、すなわち愚かな信仰の道をまっすぐに進む夢想家たちを通して働かれる。実際、信仰の問題になると、逆転という珍しい法則が適用されるらしい。現代世界が崇めるのは、知性、見た目の良さ、自信、洗練さだ。しかし、明らかに神は違う。ご自分のわざを成し遂げるために、十分な教育を受けていなくても、神に信頼することしか知らない素朴な人たちをしばしば頼みとされる。そして、彼らを通して不思議なことが起こる。最も賜物のない者が、祈りの巨人となり得る。祈りが要求するものは、神とともに過ごしたいという強い願望だからだ。

シカゴにある私の教会は、人種の面でも経済的な面でも実に様々な人たちが気持ち良く混在している。あるとき重大な危機が起き、徹夜祈禱を計画したことがあった。この計画に懸念の声をあげる人たちがいた。こんなスラム地区で行って、安全だろうか。駐車場に見張りや警備員を雇うべきではないか。だれも来なかったらどうしよう。徹夜祈禱の予定は、これに関わる実務的問題を長時間議論した後で、ようやくカレンダーに書き込まれた。

教会員の中で最も貧しい人々は、低所得者用住宅に住む高齢者たちだが、徹夜祈禱の話が出たとき、最も熱心に賛成したのがこの人たちだった。長い年月の間、彼らには答えられずに終わった祈りがどれほどあったことだろう。犯罪と貧困と苦しみに囲まれた低所得者用住宅に住んでいる人たちなのだ。それでも彼らは子どものように祈りの力を信じていた。「何時間ぐらいここで祈りますか。一時間か二時間ぐらいですか。」車での送迎の手配をしながら、私たちは尋ねた。彼らは答えた。「一晩中祈ります。」

杖を使って歩き、目もよく見えない九十歳のアフリカ系米国人女性が、危険な地域にある教会の硬いベンチに一晩座っていたい理由を、スタッフにこう言った。「私たちにはね、この教会でしてあげられないことがたくさんあるんだよ。満足な教育も受けていないし、あんたたち若い人みたいなエネルギーもない。でも、お祈りはできる。時間はあるし、信仰がある。どっちみち、私たちの中にはそんなに眠らない人もいるし。必要なら、一晩中だってお祈りできるよ。」

そうした事の運びとなったのだ。その中で、繁華街にある教会のヤッピーたち〔訳注＝一九四〇年代後半から五〇年代前半に生まれた都会派の若手エリート層〕は大事なことを学んだ。信仰は最も期待の薄いところに現れ、よく育つはずのところで弱るということを。

――『見えない神を捜し求めて』（四四～四六頁）

＊　＊　＊

5月18日　徹底的な変身

あふれんばかりの信仰に満たされて目覚める朝は稀《まれ》だ。むしろ自分は、以前、塩水を入れた水槽で飼っていた熱帯魚に似ている気がする。その魚はからだの周りに毒性の液嚢を分泌して、近くの生き物に悩まされることなく眠る。だが、毎朝、乳白色の毒の雲の中で目を覚ましていたのである。昨日は確固たるものに思えた私の信仰も、一夜にして消え失せ、疑いという毒性のある雲の中で目覚めることがしょっちゅうだ。

「あなたがたは、自分が神の宮であり、神の御霊が自分のうちに住んでおられることを知らないのですか」（Ⅰコリント三・一六）とパウロはコリントの人々に尋ねた。神ご自身が私のうちに住んでおられるなら、私はその知識をもって目覚め、一日中それを覚えて生きるべきだろう。けれども、なんたることか、私はそのようにしていない。

パウロは別のところで、神は「所有者の印を私たちに押し、手付金、来るべきものの保証として、御霊を私たちの心に与えてくださいました」（同一・二二、新国際訳）と言っている。臓器移植の後、医師たちは拒絶反応抑制剤を使って免疫システムを制御しなければならない。そうしないと、肉体は新しく移植された器官を排除してしまうからだ。私は聖霊をそうした抑制剤のようなもの、神が移植してくださった新しい身分を投げ捨てないようにさせる、私の中に住む力と見るようになった。私の霊の免疫システムには、神の臨在が私の中にあること、決してよそ者でないことに、日々注意を向けさせるものが必要なのだ。

新しい身分を吸収するには、意志の行為が求められる。洋服ダンスから毎日着るものを選ぶように、「自分の心に着せる」ようにして古い自分を脱ぎ捨て、新しい自分を身に着けるようにと、パウロは別の箇所で忠告している。この類のプロセスには訓練が必要だ。

ある作業から次の作業に慌ただしく移るのでなく、少し立ち止まって、その間の時間をとるのだ。電話をかける前に、少し待って相手や会話のことを考える。本のある箇所を読んだ後、少し時間をとって、何を学んだか、どんなところに心を動かされたかを考える。テレビ番組を見た後、それが自分の人生にどんな意味があったかをちょっと考える。聖書を読む前に少しの間、注意力の霊が与えられるよう求める。

――『見えない神を捜し求めて』（二二七～二三〇頁）

＊　＊　＊

5月19日　失った贈り物?

シカゴで一文なしの人々のために働く友人から聞いた話だ。

「実に悲惨な状態の売春婦が私のところにやって来ました。ホームレスで体の具合も悪く、二歳になる娘に食べ物を買うこともできずにいました。彼女はすすり泣きながら、麻薬を買う金欲しさに、娘――まだ二歳ですよ!――を倒錯セックスの愛好家たちに提供してきたと言ったのです。娘を一時間預ければ、自分が一晩で稼ぐよりも多くの金が手に入る。麻薬を打ち続けるためにはそうするしかなかったと。その話を聞くのは本当に耐えがたいものでした。私には法的な責任がありました。幼児虐待を報告する義務です。でも、この人に何と言えばよいのでしょうか。

やっとの思いで、教会に助けを求めようと考えたことがあるか尋ねました。彼女の顔をよぎった、あの驚きの表情を忘れることはないでしょう。『教会ですって!』彼女は叫びました。『あんな所へなんか行くものですか。自分の惨めさはもう十分に感じています。教会なんかに行ったら、もっと惨めな気持ちにさせられるだけです。』」

友人の話を聞いて私の心に響いてきたのは、この売春婦によく似た女性たちが、イエスから離れるのでなく、この方に飛びついて行ったということだった。自分に悪感情をもてばもつほど、女たちはイエスという御方を避難所と考えた。教会はそのような賜物を失くしてしまったのだろうか。貧しい人々は、地上におられたイエスのもとに集まって来たが、無一文の人たちは今、イエスの弟子たちに歓迎されていないと感じている。これはいったいどうしたことだろう。

この問いについて考えれば考えるほど、私は鍵となる一つの言葉に引き寄せられる。恵み(Grace)という言葉だ。

著述家スティーブン・ブラウンは、獣医なら犬を観ただけで、一度も会ったことのない飼い主のことが少なからずわかると述べている。この世は、地上にいる私たち信者を見て、神の何を知るのだろうか。「恵み」(ギリシア語ではカリス)の語根をたどってみると、「私は喜ぶ、私は嬉しい」を意味する動詞に行き着く。

私の経験では、喜ぶ、嬉しく思うというのは、人が教会を思ったときに、真っ先に心に浮かぶイメージではない。教会といって人々が思い浮かべるのは、聖人ぶった人の姿なのだ。教会とは、自分の行動をきよめる前に行くところではなく、すっかりきよめた後に訪れる場所と思われている。恵みの場ではなく、道徳の場だと思われている。

――『この驚くべき恵み』(九～一二頁)

* * *

5月20日　最後の最高の言葉

もの書きなので、一日中言葉と戯れている。言葉をもてあそび、響きに耳を傾け、意味を読み取り、自分の考えを言葉に込めようとする。言葉は時が経つと腐ることが多い。古くなった肉のように。英欽定訳聖書の訳者たちは愛の最高のかたちを熟考し、その意味を伝える言葉として「慈善」(Charity) に落ち着いた。今では「あなたの慈善なんて欲しくない!」と蔑むように抗議されるだろう。

私が繰り返し「恵み」(Grace) に戻ってくるのは、それが腐ったことのない壮大な神学用語であるからかもしれない。この言葉を私は「最後の最高の言葉」と呼んでいるが、それは、この英語の言葉が使われるとき、本来の意味のもつ栄光を常にいくらかとどめているからだ。広大な帯水層のように、恵みという言葉が私たちの誇る文明の根底に潜んでいて、良きものは私たち自身の努力からではなく、神の恵みによってもたらされることを思い出させている。

恵みは実に驚くべきものだ。実際のところ、私たちの最後の最高の言葉である。この言葉には、一滴の水に太陽のイメージが含まれ得るように、福音の本質が含まれている。世界は、自分でも気がつかない仕方で恵みを切望している。賛美歌の「アメイジング・グレイス」が、作曲されてから二百年後に、トップテン・チャートに食い込んでも不思議はない。精神的な拠りどころを失って漂っているような社会にとって、信仰という錨を下ろすのに、これ以上の場所はない。

しかし、恵みの状態というものは、音楽の装飾音

〔訳注=本書のタイトル Grace Notes には装飾音の意味も

ある」のように、あっという間に過ぎ去ってしまう。幸福感に満ちた夜、ベルリンの壁が崩れ落ちる。南アフリカの人々が生まれて初めて投票するために長蛇の列を作る。イツァーク・ラビンとヤセル・アラファトがローズ・ガーデンで握手をする。その一瞬、恵みが降りてくる。それから東ヨーロッパは再建という長期の仕事にむっつりした顔で取りかかり、南アフリカは国政の運営に知恵を絞り、アラファトは弾丸を逃れ、ラビンは銃弾に倒れる。消滅してゆく星のように、恵みは最後に青白い光を爆発させて散ってゆき、「恵みでないもの」のブラックホールに呑み込まれる。

――『この驚くべき恵み』(一〇～一一頁)

* * *

5月21日　恵みに向かって落ちる

恵みは当初、信仰のかたちや信仰の言葉をとって私のもとにやって来たわけではなかった。私は、「恵み、恵み」としょっちゅう口にしながら、違うもののことを言っている教会で育った。恵みは、多くの宗教用語と同様、もはや信用できなくなるほどその意味を失っていた。

最初に恵みを経験したのは、音楽を通してだった。通っていたバイブル・カレッジで、私は変人と見られていた。人々は公然と私のために祈り、また悪霊払いが必要かと直接聞いてきた。私は悩み、混乱し、訳《わけ》がわからなくなった。部屋の窓から這い降りては、チャペルに忍び込んだ。チャペルには大きさが約三メートルの、スタインウェイのグランドピアノが置かれていた。楽譜がかろうじて読めるほどの小さなライトがついているだけのチャペルの暗闇の中で、毎晩一時間ほど、ベートーベンのソナタやショパンの前奏曲、シューベルトの即興曲などを弾いた。私の指は、触感による秩序のようなものをこの世界に叩きつけた。精神が混乱していた。身体も混乱していた。この世界も混乱していた。しかし、私はここで、美と恵み、雲のように軽くて、蝶の羽のように衝撃的な、神秘という、隠れた世界を感じていたのだ。

同様のことが自然界でも起きた。雑然とした考えや人々から逃れるため、よく、ハナミズキの木があちこちに見える松林をかなり遠くまで歩いた。川に沿ってトンボがジグザグに飛ぶ道筋をたどり、頭上を旋回する鳥の群れを眺め、丸太を割いてその中に玉虫色の甲虫を見つけたりした。生きとし生けるものに自然が形と場所を与えている、その確かで必然性のある姿が好きだった。この世界には壮麗さ、偉大なる善、そしてそう、喜びのしるしがある、その証拠を見た。

ちょうどそのころ、恋に落ちた。それはまさしく「落ちた」感じだった。耐えられない軽さという状態へと真っ逆さまに転げ落ちるような感じだ。地軸が傾いた。私は善や美に対してと同じく、愛に対しても心の準備ができていなかった。突然、心臓が胸に収まりきらないほど膨らんだような気がした。

私が経験していたのは、神学用語で言う「一般恩寵」だった。感謝しているのに、その対象がないこと、畏怖の念を抱いているのに崇拝する対象がないのは恐ろしいことだった。少しずつ、本当に少しずつだが、私は子ども時代に投げ捨ててしまった信仰に戻っていった。

――『この驚くべき恵み』（四六〜四七頁）

＊　＊　＊

5月22日　メガチャーチに行かない理由

私はメガチャーチの流行には乗らず、あまり注目されていない小さな教会に行くほうが好きだ。G・K・チェスタトンの『異端者の群れ』に書かれている次の逆説的な意見を読んだとき、その理由が初めてわかった。

「小さな社会〔共同体〕に住む人は、ずっと大きな世界に住むことになる。……理由は明々白々。大きな社会〔共同体〕ではわれわれのほうから仲間をえらべるが、小さな社会〔共同体〕ではわれわれのために仲間がえらばれる」（春秋社、一五七頁）。

まさにそのとおりだ！　選ぶことができるなら、自分と似たタイプの人々とともにいることが多い。大学の学位をもち、スターバックスの深煎りコーヒーだけを飲み、クラシック音楽を聴き、ＥＰＡ（米国環境保護局）の燃費効率を判断材料に車を購入する人たちだ。ところがやがて、自分と同類の人たちに満足できなくなってくる。小さいグループ（や、小さい教会）にいれば、どのメンバーとも付き合わなければならない。

ヘンリ・ナウエンの定義によると、「コミュニティー」とは、共に生きたいと思えない人が必ずいる場所だ。私たちは最も一緒に生きていきたい人たちに囲まれていることが多い。そうして形成されるのはコミュニティーではなく、クラブや派閥だ。だれでもクラブを作ることができる。しかしコミュニティーを作るには、恵み、共通のビジョン、きつい仕事が必要だ。

キリスト教会は、ユダヤ人と異教徒、男性と女性、奴隷と自由人を対等に扱う歴史上初の団体だった。使徒パウロは「神のうちに世々隠されていた奥義」（エペソ三・九）について、雄弁に語っている。多様なメンバーのいるコミュニティーを作ることによって、私たちには世の注目を、そしてこの世を超えた世界からの注目も集める機会が与えられると言った（同九～一〇節）。

悲しいことに、教会はこの課題に必ずしも成功してこなかった（そう、ビリー・グラハムが言っているように、日曜日の十一時は米国でいまだ最も差別のある時間なのだ）。けれども、白人だけの教会や黒人だけの教会にも、年齢、教育、経済的階級において多様な人々がいる。教会は、私の訪れる場所の中では、様々な世代を一つのところに集めている。母親の胸にしがみついている幼児、おとなしく座っているべきときに体をもぞもぞ動かしたり、くすくす笑ったりする子どもたち、常に適切な行動がとれる大人たち、説教が長引くと寝入ってしまう高齢者たち。

私は意図的に、自分と同類でないメンバーの集う教会を探している。小さな教会のほうが、自分と異なるタイプの人に出会いやすいからだ。


――コラム「裏頁」、『クリスチャニティー・トゥデイ』一九九六年五月二十日号（八〇頁）

＊　＊　＊

5月23日　静かなケア

困っている人を助けるには、どうすればよいのだろうか。困っている人たちの恐れを和らげるには、何をすればよいのだろうか。私が学んできたのは、他者の恐れを静めるには、ただそばにいることがいちばん力強い助けになるということだ。

ヨブの三人の友人を、友の苦しみに無神経な言葉を浴びせたとそしっても、それは当然のことだ。ところが、あらためてこの記事を読むと、見舞いにやって来た三人は七日七晩、ヨブの傍らに黙って座っていたことがわかる。そしてその後、ヨブを非難し始めるのだ。後になってみれば、黙っていた最初の七日間が、彼らがヨブと過ごした最も説得力のある時だった。

苦しんでいる人々を、私は本能的に避けてしまう。どその人たちが自分の窮状を話したがっているか、どうしてわかるだろう。彼らは慰めてほしいのか、それとも元気づけてほしいのか。私が一緒にいて、何か役に立てるのだろうか。私の心はこうした理由づけをこねくり回し、結局、離れてゆくという最悪の行為を取ることになる。

トニー・カンポロが、遺族や関係者へのお悔やみの言葉を携え、葬儀場に行ったときの話をしている。着いたところは違う葬儀場だった。老人の遺体が安置され、たったひとりでそこにいた未亡人は、とても寂しそうに見えた。カンポロはその葬儀に出ることにして、未亡人を車で墓地まで送って行った。

墓地で礼拝が終わり、未亡人と車でその場を後にしたとき、カンポロはようやく、「実はご主人のことを存じあげませんでした」と告白した。すると未亡人は言った。「そうだと思いました。お会いしたことがなかったですもの。でも、そんなことはどうでもよかったのです。」そしてカンポロの腕を痛いほど強く握った。「一緒にいてくださって、どれほどありがたかったかわかりません。」

「いちばん助けになったのはだれですか」と尋ねられて、哲学者の名前を出す人などいない。人はたいてい、静かでつつましやかな人の話をするものだ。必要な時にそこにいてくれた人、しゃべるよりも聴いてくれた人、時計に何度も目をやったりしない人、抱きしめ、触れ、泣いてくれた人。その場にいてくれた人、自分のためではなく、苦しむ人のために来てくれた人に、いちばん助けられたのだ。

――『痛むとき、神はどこに』(一七六～一七七頁)

＊　＊　＊

5月24日　触れる愛

キリストのからだに触れて癒された経験をもつ女性から手紙をもらった。その人は七年間、夫に福音を伝え続けた。夫はルー・ゲーリック病とも言われるALSに冒された有名なミュージシャンだった。彼は亡くなったが、未亡人は一周忌に、教会の多くの友人に感謝の手紙を送った。一部を記す。

「ALSの症状が現れてから、皆さんは私たちに愛と支援を注ぎ続けてくれました。いただいたたくさんの手紙やカードに、どれほど元気づけられたかわかりません。

お見舞いに来てくださったり、電話を下さったりしましたね。遠くから連絡をくれたこともしばしばでした……。美味しい差し入れもいただきました。私たちの代わりに用事をすませたり、ご自分たちのことを後回しにして、わが家のものの修理までしてくださったり。雪かきをし、郵便物を届け、ごみ捨てまでしてくださいました。そして心のこもった贈り物で、私たちに素敵な時間を与えてくださいました。

皆さんは『医者の代わりをしてくださいました』。……そしてわが家の歯も治療してくださいました。皆さんの助けには工夫が凝らしてあり、私たち夫婦の人生を困難の少ないものにしてくださいました。ノームは最後まで『咳を楽にするジャケット』やシグナル・スイッチなどで、皆さんに頼ることができました。私たちとみことばを分かち合い、呼吸器の治療が進められるよう、定期的にわが家で祈るミニストリーを立ち上げてくださった方々もいました。皆さんのおかげで、ノームは最後まで自分をそのいわば音楽ミニストリーを担う大切なメンバーだと思うことができました。

そして皆さんがどれほど祈ってくださったことか!! 毎日、毎月、毎年祈ってくださいましたね！　皆さんの祈りのおかげで私たちは特別つらいところに置かれていたときにも勇気をもらい、人間がもてないはずの強さも与えられました。そして私たちが自分で神の源を探し求めるのを助けてくださいました。けれども、わかっています。ノームが普通のALS患者よりずっと長きにわたり、そしてずっと良好な状態で私たちとともにいたことを。皆さんを思う私たちの気持ちは、愛という言葉では足りません！」

この未亡人の教会の友人たちは、彼女にとってまさに神の臨在だった。彼らの思いやりのおかげで、彼女は、神が自分のことを愛しておられるかどうかといった疑いに苦しめられることがなかった。キリストのからだである地元の教会の人々に触れられるなかで、神の愛を感じることができたのだ。

――『痛むとき、神はどこに』（二四〇～二四一頁）

＊　＊　＊

5月25日　密林の道

本を書き始めるとき、私は鉈《なた》を振るって密林を切り開く。それは他の人々に道を整えるためではなく、自分が通る道を見つけるためだ。だれかあとについて来るだろうか。自分は道に迷っただろうか。そうした問いへの答えは、書いている間は決してわからない。ひたすら鉈を振り回して進んで行くだけだ。

とはいえ、このイメージは完全に正しいというわけでもない。道を切り開くとき、私は他の多くの人々、自分よりも先に行った「雲のような多くの証人」が描いた地図に従っているからだ。自分の信仰との戦いには、少なくとも、誉れ高い長い行列に連なっているという強みがある。似たような疑問や混乱を表現するものが、聖書の中に見られるのだ。ジグムント・フロイトは、教会は教会自身に答えられる疑問だけを教えていると非難した。そういう教会もあるだろうが、神は決してそんなことはなさらない。ヨブ記、伝道者の書、ハバクク書等で、聖書は答えのない疑問を率直に投げかけている。

調べていくと、私が経験し、私に手紙をくれた人たちも語っている路上の障害物や遠回りや行き止まりの多くに、偉大な聖徒たちも出合っていたことがわかる。現代の教会は霊的な成功の証しばかりを宣伝して、失敗の証しは伝えない傾向にあり、そのゆえに、教会の席で苦闘している人々をさらにつらい気持ちにさせている。本やビデオも、やはり勝利にだけ焦点を当てている。しかし教会史を少し調べれば、それとは違って、産卵する鮭のように上流に向かって懸命に泳ぐ人々の話を発見する。

そうした失敗に触れるのは、だれかの信仰を挫くためではなく、不可能なことまで約束する霊的プロパガンダに現実性を与えるためだ。奇妙なことに、教会の失敗こそが教会が教える事柄の正しさを証明している。神の恵みは水と同じく、低いところへと流れて行く。教会にいる私たちが世界に提供できるのは謙遜と悔い改めであって、成功の公式ではない。成功を指向するこの社会の中で、ほぼ私たちだけが、自分たちが失敗したこと、今も失敗していること、これからも常に失敗することを認めている。だからこそ、私たちはこんなに神にすがるのだ。

——『見えない神を捜し求めて』(二二一〜二二四頁)

* * *

5月26日　疑う仲間

時が経つにつれて、確実性よりも神秘性を心地よく感じるようになった。神は私たちの腕をねじり上げて、出口はそこしかないと、ご自身を信じる信仰へ強制的に追い込んだりはなさらない。私たちはパスカルと一緒で、常に「否定するのにはあまりにも多くのもの、確信するのにはあまりに少ないもの」を見るだろう。

神は無理強いしようとなさらない。このことを確認するために、私はイエスに目を向ける。イエスは、人間に見えるようにされた神の姿である。イエスのゆえに、人々にとって、信じることが易しくなるどころか、もっと難しくなるということがしばしばあった。イエスは、決して各個人の決断の自由を侵さなかった。たとえそれが自分に歯向かう決断であったとしてもである。

私の育った教会は、疑問をもつことを許さず、「ただ信じなさい！」と言うばかりだった。定められた真理から踏み出る者はみな、逸脱者として罰を受けるとされた。私の兄はバイブル・カレッジで一九六〇年代に、ロックミュージックは本来的に不道徳なわけではないという大胆なスピーチをして、落第点をもらった。兄はクラシック音楽を愛好し、ロックの趣味はなかったが、学校でロックをめぐって繰り広げられた議論を支持する箇所を聖書の中に見つけることができなかったのだ。

兄は議論に長け、私はそのスピーチを何度も聞いたことがあった。そして発表のノートを見て、兄が落第点をもらった理由がただ一つであると確信した。教師は、兄の結論に反対だったのだ。さらにその教師は、神が兄の結論に反対していると結論づけてもいた。兄は退学した。信仰を捨て、二度と信仰に戻らなかった。兄が人を自由にする真理も、放蕩息子の居場所を用意する教会も見つけることができなかったことが主な理由だと私は思っている。

私は兄と非常に異なる経験をした。信仰の旅路で、恵みに満たされた教会と、疑問を安心して言えるクリスチャンのコミュニティーを見つけたのだ。福音書の中でイエスの弟子トマスは、他の弟子たちの語る主の復活の話が信じられなかった。しかし、それでも他の弟子たちとの付き合いを続けていた点に私は注目している。そしてイエスはそのコミュニティーの中で、トマスの信仰を強めるために姿を現された。同様に、『キャンパス・ライフ』誌や『クリスチャニティー・トゥデイ』誌、シカゴのラサール・ストリート教会の友人や同僚たちは、信仰が揺らいでいた私を受け入れ、応援してくれた。ひとりで疑問を抱いている人たちのことを思うと、悲しくなる。だれでも、疑いに寄り添ってくれる信頼の置ける人間が必要なのだ。

――『見えない神を捜し求めて』（五四～五七頁）

*　*　*

5月27日　疑いの余地

疑いを称賛するようなことばかり述べてきたが、疑いが人を信仰に導くよりも、信仰から引き離す可能性があることも認めなければならない。私の場合、疑いをもつことで、疑問視すべき多くのことに気づくことができた。また、信仰の代用品の探究にも駆り立てたが、どれも代用品としては不足であるとわかった。私が今日もクリスチャンであり続けているのは、疑いのおかげだ。けれども、他の多くの人には、疑いがそれと反対の影響をもたらしてきたことは確かだ。疑いは神経の病のように、ゆっくりと霊の麻痺を引き起こす。私は毎週のように、疑いに苦しめられている人からの手紙に返事を書いている。彼らの苦しみは、私の知る苦しみと同じように激しいもので、衰弱をもたらしている。

私たちに疑いをコントロールすることはできないが、それを毒でなく栄養になりそうな方向へ向けることは可能だ。私はまず疑いに対して、被造物としての自分の地位にふさわしい謙虚さをもって近づくようにしている。

難しい問題への取り組み方は、有限な生き物である人間の地位にふさわしいものであるべきだ。神の主権という教理を例に取ると、それは人間の自由と不分離の緊張関係の中にあると聖書は教えている。一秒ごとにひもとくようにではなく、すべての歴史を一度に見る全能の存在としての神の見方は、神学者を困惑させてきたし、これからも常に困らせることだろう。それは、そうした見方を私たちはすることができず、想像することさえできないという、それだけの理由による。この世で最高の物理学者は、時間の多方向の矢を説明するのに奮闘している。謙虚なアプローチとは、見方の違いを受け入れ、私たちの限界を超越している神をあがめることだ。

もちろん、教理の周辺にあるいくつかの問題も探究しなければならない。たとえばC・S・ルイスは『天国と地獄の離婚』（みくに書店）の中で、地獄を人々が自分で選ぶ場所、そこで終わりになるときにも選び続ける場所として描いたが、私はそれに慰めを見いだした。ミルトンのサタンが言ったように、「天国において奴隷たるよりは、地獄の支配者たるほうが、どれほどよいことか」である（『失楽園』上、岩波文庫、二一頁）。それでもなお、天国と地獄についての最も重要な疑問――だれがどちらに行くのか、セカンドチャンスはあるのか、さばきと報いはどのようなかたちをとるのか、死後の中間状態とはどのようなものか――は、せいぜいおぼろげにわかる程度だと言わなければならない。私はその無知をますます感謝し、また、イエスの中にご自分を現した神が答えを決定する方であることに、ますます感謝している。

――『見えない神を捜し求めて』（五一～五四頁）

＊　＊　＊

5月28日　ほかにない

だれと関わりをもつ場合でも、その相手の存在を信じることが、まず必要だ。私は、神の存在を信じる、それだけのために、信仰を働かせなければならない。それなのに、信仰がどのように働くかを探究したいときは、いつも疑いという裏口から忍び込む。自分には信仰が必要だと最も痛感するのは、信仰がないときであるからだ。神が目に見えない存在であるということは、私が必然的に疑いを幾度となく経験することだ。

裏切りとも言えることに直面して、もう信じ続けることができないと思う人たちに、私は親近感を覚える。私もときどき似たような経験をしてきたが、神が信仰という思いがけない贈り物を下さったことに驚いている。自分自身が不信仰だった期間を調べてみると、ありとあらゆる不信仰のかたちがあったことに気づく。証拠がないからと尻込みしたり、傷つくか失望してこっそり逃げたり、故意に従わずに脇へ逸れたりした。しかし、いつも何かが私を神へと引き戻す。それは何なのだろうか。

「これはひどい話だ。だれが聞いていられるだろうか」（ヨハネ六・六〇）。イエスの弟子たちのこの言葉を、疑う人はみな繰り返す。イエスの聴衆は、磁石のそばに置かれた羅針盤の針よろしく、引きつけられると同時に反発した。イエスの言葉が理解されるにつれ、見物人や弟子の群れから一人、また一人と抜けていき、最後は十二弟子だけが残った。「あなたがたも離れて行きたいのですか」（同六七節）。イエスは悲しみとあきらめの入りまじった声で弟子たちにお尋ねになった。いつものように、シモン・ペテロが口を開いた。「主よ、私たちはだれのところに行けるでしょうか」（同六八節）。

結局のところ、私が信仰に踏みとどまっている理由はそれなのだ。恥ずかしい話だが、自分が囲いの中にい続けている最大の理由の一つは、いろいろなものを試してみても、ほかに良い選択肢がないことだ。「主よ、私がだれのところに行けるでしょうか。」目に見えない神と関わることよりも、そうした関係をもたないことのほうがはるかに難しいのだ。

――『見えない神を捜し求めて』(四二～四四頁)

＊　＊　＊

5月29日　情熱のしるし

では、どちらなのか。満ち足りているのか無味乾燥なのか、光か暗闇か、勝利なのか失敗なのか。答えを強要されたら、私は「両方だ」と言うだろう。こうすれば祈りの人生に成功し、神の活き活きとした臨在を経験し、誘惑に常に勝利するといったコースを描いてみても、おそらく座礁することだろう。目に見えない神との関係には、常に不確実性と可変性が含まれている。

しかし、私は先の質問は回避するほうが好きだ。間違った質問だと思うからだ。信仰の巨人たちを振り返ってみると、全員に共通しているものがあった。それは勝利でも成功でもなく、情熱だ。霊のテクニックを強調すると、神が何よりも大切にしておられる情熱的な関係から離れてしまう。当然のことだ。聖書は、教義学や神秘的経験よりも、人格をもった神との関係を強調している。そして、人格的な関係は決して定常状態にはない。

神に愛された人たちは、同じような仕方で情熱をもって応えた。モーセは神と激しく論じ、幾度も神を説得して気持ちを変えさせたほどだ。ヤコブは一晩中戦い、神の祝福をつかもうとして策略を練った。ヨブは皮肉のこもった怒りをもって、神を痛烈に非難した。ダビデは少なくとも十戒の半分を破った。しかし、彼らは決して神に見切りをつけることはなかったし、神も彼らを見切られなかった。神は、怒りも非難も、意図的な不従順さえも対処することがおできになる。けれども、関係を妨げるものがある。無関心だ。「彼らはわたしに背を向けて、顔を向けず」(エレミヤ三二・三三)と、神はエレミヤに、イスラエルを痛烈に告発なさった。

聖書の霊の巨人たちから、目に見えない神と関わることについて、ある決定的な教訓を学んだ。それは、何をしようと神を無視するな、ということだ。神を人生のあらゆる局面に招き入れよ。

クリスチャンによっては、ヨブのような危機に見舞われたときが最も危険な状態となるだろう。無関心で敵対してさえいるように思える神への信仰に、どうしてしがみつくことができるだろう。私もその一人だが、もっと小さな危機に直面する人たちもいる。調子の悪いコンピューター、請求書、迫ってきた旅行、友人の結婚式、人生によくある一般的な忙しさ等、次から次へと気になる物事が重なり、徐々に神を人生の中心から押し出していく。人と会ったり、食べたり働いたり、決断したりを、神を一顧だにせずやってしまうことがある。そしてその溝は、ヨブが経験したものよりもはるかに深刻だ。ヨブは神について考えることを、ただの一度もやめなかったからだ。

――『見えない神を捜し求めて』(二五七〜二五九頁)

* * *

5月30日　悪の巣窟

ロシアのザゴルスク刑務所は一八三二年に建てられた。建築業者は暖房費を抑えるため、地下に石造りの壁を据えた。私たちは監獄まで四つの門を通り、すりへった石の階段をいくつも下りた。いちばん下の階にある独房の、むせかえるような悪臭の源に少しずつ近づいて行った。

最初に入った独房の広さは、シカゴの私の寝室ぐらいだった。ドアが開くと、十代の若者八人が――最年少は十二歳――跳び上がって、こちらを見た。ベッドは四台だけで、二人で一つのベッドを使っていた。脚のぐらつくテーブルが唯一の家具だった。どのベッドにも、汚れた薄い毛布がかけられていたが、シーツも枕カバーもなかった。

部屋の片隅に陶磁器で囲った穴があり、しゃがむ場所を記した足載せ台が二枚置かれていた。この穴はどこからも丸見えで、トイレと「シャワー」、両方の機能を果たしていた。といっても三十センチほど先にある蛇口から、冷たい水が出るだけの代物だった。地下の独房の壁のてっぺんに十センチの窓があったが、凍りついていて開かなかった。天井から吊り下がっているワイヤーの先に裸電球がついていた。

ボードゲームも、テレビやラジオも、気晴らしになるものはなかった。ザゴルスクは安全を確保するため、囚人を二十四時間独房に拘禁している。一年、二年、もしかすると五年、これらの少年たちは毎日、その狭い牢獄で動物のようにうずくまり、解放される日を待つのだろう。彼らのほとんどが、窃盗という微罪で収監されていた。

ソ連最悪の刑務所の所長は献身的で、勇敢ですらある男だった。政府が食料供給を削減した二年前、この刑務所長は有名なザゴルスク修道院に援助を求めた。修道士たちは、囚人が食べ物に困らず一冬を過ごせるよう、貯蔵庫から十分な量のパンと野菜を提供した。その無私の行いに、当時コミュニストだった所長は感銘を受ける。一九八九年、所長は刑務所の地下にチャペルの再建許可を修道士たちに与えた。当時権勢を誇っていた無神論国家のコミュニストの役人による驚くべき大胆な行為だった。〔5月31日へ続く〕

――『KGBと祈る』（五五～五八頁）

＊　＊　＊

5月31日　牢獄のオアシス

〔5月30日の続き〕

最下階の隠れたところに再建されたチャペルは、ぞっとするような監獄に誕生した美しいオアシスだった。司祭たちは大理石の床をしつらえ、壁には精妙な作りの美しい突き出し燭台をつけた。毎週司祭たちが修道院からやって来て礼拝を執り行うとき、囚人たちは独房から出ることを許された。もちろん礼拝の出席率はきわめて高かった。

私の仲間ロン・ニッケルが、「囚人たちのために祈りますか」とブラザー・ボニファート・ペートルに尋ねた。司祭は当惑したようだった。「祈りですか？　祈ってほしいのですか？」　私たちはうなずいた。

考え込んでいるようだったが、司祭は部屋の奥にある演壇の後ろに姿を消した。やがてイコンを一つ取り出し、持って来た二つの燭台と二つの香鉢を所定の場所に大儀そうに置いて火を灯した。次に頭の被り物とローブを脱ぎ、黒い両袖に金のカフスを丁寧に飾りつけた。首に金のストールをだらりとかけ、金の十字架像をつけた。祈る準備が整った。

ブラザー・ボニファートは祈りの言葉を唱えるのでなく、別のスタンドに立てかけた典礼の本を見ながら歌った。囚人たちのために祈ってほしいとロンが言った十分後、ブラザー・ボニファートはようやく「アーメン」を言い、私たちは刑務所を出て、外の新鮮な空気を吸い込んだ。

チャペルで行われた手順を見ながら、ロシアの壮大な聖堂の中で感じた、心の中の葛藤を思い出した。崇敬の念、従順、畏怖、戦慄すべき神秘（mysterium tremendum）――正教会にはこうしたミサの性質がしっかりと保たれている。しかし、神は遠くにいるままで、たくさんの準備や司祭やイコン等の仲介を通して初めて、近づくことができる。地下の独房の少年たちのことを思った。「だれかが祈ってください」と求めたら、「忍耐する力が与えられるように」とか、「病気の家族のために祈ってください」と求めたら、ブラザー・ボニファートはやはり同じ儀式を行うのだろうか。独房の少年たちは、自分たちで神に近づこうとは思わないのだろうか。イエスがお用いになったような、ふだんの言葉で祈ろうとは思わないのだろうか。

それでも必要があれば、修道士たちはそれに対応していた。パンをもって、受肉した臨在をもって、最も思いがけないところで行われる礼拝を再び行いながら。ある朝、私はザゴルスクにおいてロシアで最高かつ最悪のものを見た。一瞬、その最善と最悪が一つになった。

――『ＫＧＢと祈る』（五八～六〇頁）

6
月
June

6月1日　不愉快な数学

弟子ペテロの几帳面な性格からして、恵みの数学的公式を追究するのは至極当然のことだった。イエスにこう尋ねている。「兄弟が私に対して罪を犯した場合、何回赦すべきでしょうか。七回まででしょうか」（マタイ一八・二一）。当時のラビは、人は最大三回まで赦すことが望ましいと言っていたので、七回は寛大すぎるくらいだろう。

しかしイエスはすぐに、「わたしは七回までとは言いません。七十七回までと言います」（新国際訳）とお答えになる。

ペテロの質問をきっかけに、イエスはもう一つ辛辣な話をされた。どういうわけか数億円の借金をつくってしまったしもべの話だ。そこまで膨らんだ借金を抱えるしもべなど現実にはあり得ない。そこにイエスの話の本質が凝縮されている。たとえこの男の家族や子ども、財産の全部を差し押さえたとしても、借金の完済は望めない。返済逃れは許されない行為であるにもかかわらず、この王は心からあわれみ、いきなり借金を帳消しにし、しもべを放免した。

イエスのたとえ話をよくよく考えるにつけ、ここでも「不愉快な」という言葉で福音の数学を描写したくなる。イエスは、私たちを「目には目を、歯には歯を」という「恵みのない」世界から完全に抜け出させ、無限の恵みである神の国に招き入れようとして、このような恵みの話をされたと思われる。ミロスラフ・ヴォルフは言う。「恵みの分不相応な経済は、砂漠のようなモラルの経済にまさっている。」

私たちは就学前から、この「恵みのない」世界を渡る術《すべ》を学び続ける。早起きは三文の徳。虎穴に入らずんば虎子を得ず。ただほど高いものはない。自分の権利を主張せよ。支払っただけのものを得よ。私がこうしたルールに詳しいのは、それによって生きているからだ。私は働いただけのものを得るために働いている。勝つことが好きだし、自分の権利を主張する。人々には、その人にふさわしいもの――それ以上でもそれ以下でもないもの――を得てほしいと思っている。

しかし耳を澄ませると、おまえは受けて当然のものを受けなかったとどなる声が、福音から聞こえてくる。

罰を受けて当然だったのに、赦しを得た。怒りを受けて当然だったのに、愛を得た。借金を払えず牢に入るのがふさわしかったのに、傷のない信用歴を得た。厳しい説教を聞かされ、ひざをついて悔い改めるのがふさわしかったのに、宴会――バベットの晩餐会――を開いてもらった。

――『この驚くべき恵み』(七四～七六頁)

＊　＊　＊

6月2日　恵みの定義

神学者たちは、神は時間の外におられると言う。芸術家が仕事に使う媒体を選ぶように、神は時間を創造し、しかもそれに縛られることがない。神は、未来と過去をいわば永遠の現在としてご覧になる、と。この神の特性についての考えが正しいなら、気まぐれで、移り気で、気難しい私のような人間を、神学者たちは説明しなどと神がお呼びになる理由を、「愛された者」たことになる。私の人生の年表に神がご覧になるのは、善に向かったり悪に向かったりするぎざぎざ曲線ではなく、まっすぐ善に向かう直線だ。神の御子の善は一瞬のうちに獲得され、永遠に適用される。

私は、自分の善行と悪行を天秤にかけ、いつも足りないところを発見する数学的な神のイメージをもって成長した。福音に記されているあわれみ深い寛大な神を、なぜか見失っていた。その神は、「恵みでないもの」の情け容赦ない律法を打ち砕く方法を探られる。算術表を引き裂き、「恵み」という新しい数学、英語の中で最も不思議な言葉、複雑で意外な結末をもつ言葉を紹介しておられる。

恵みはいろいろな姿で現れるので、定義するのが難しい。それでも私は、神との関わりの中で自分なりに恵みを定義してみたい。恵みとは、神に愛していただくために私たちにできることはもはや何もないということだ。霊の健康体操や禁欲をどれほど行おうが、神学校で得た知識がどれほどあろうが、正しい改革運動をどれほど行おうが、関係ない。そして恵みとは、どれほど多くの人種差別、プライド、ポルノ、姦淫、殺人があろうとも、神の愛を減らすことなどできないということでもある。恵みとは、無限の神がありったけの愛を私たちに注いでおられるということなのだ。

ブレナン・マニングがアイルランド人司祭の話をしている。ある司祭が田舎の教区を巡回中、道端でひざまずいて祈っている年老いた農夫に出会う。心動かされた司祭は、声をかけた。「あなたは神にとても近いところにいますね。」農夫は祈りをやめると頭を上げ、少し考えてから微笑む。「ええ、神様は私のことが大好きなんです。」

――『この驚くべき恵み』(八三～八五頁)

＊　＊　＊

6月3日　不自然な行為

白熱した議論の最中に、妻が神学の重大な公式を見つけ出した。私の欠点について、かなり激しい言い合いの最中に、「あなたの卑劣な行為を赦すなんて、全く驚くべきことだわ！」と言ったのだ。

罪ではなく、赦しについて書いているので、「私の卑劣な行為」の詳細は割愛しよう。妻のコメントで衝撃的だったのは、むしろ、赦しの性質に関する鋭い洞察だった。それはスプレー缶から噴霧される芳香剤のように世界に散布される甘いプラトニックな理想などではない。痛みを感じれば感じるほど、赦すことは困難であり、赦した後もずっとその傷――私の卑劣な行為――が記憶の中に生き続ける。要するに、赦しとは不自然な行為であり、妻はその紛れもない不公正さに抗議していたのである。

これと同じ感情をよく表している創世記の話がある。子どものころ、教会学校でその話を聞いたとき、ヨセフが兄弟たちと和解するくだりに現れる目まぐるしい変化がどうしても理解できなかった。ヨセフは兄弟を投獄するという厳しい行為をとったかと思うと、次の瞬間には部屋を出て声をあげて泣き、悲しみに押しつぶされているようだった。彼は兄弟をぺてんにかけた。兄弟の穀物袋に銀を隠し、一人を人質にとり、また他の兄弟を、銀の盃を盗んだと非難した。そして、ついに自分を制することができなくなる。ヨセフは説教をして、兄弟を劇的に赦す。

この話には、赦しという不自然な行為が現実的に描かれている。ヨセフが懸命に赦そうとした兄弟たちは、ヨセフをいじめ、殺害計画を練り上げ、奴隷に売り飛ばした張本人たちだった。彼らのせいでヨセフは青春時代をエジプトの地下牢で過ごす羽目になった。不運に打ち勝った今、兄弟たちを赦したい思いでいっぱいだったが、まだ自分をそこまでもっていくことができない。傷の痛みはなお大きかったのだ。

創世記四二章から四五章までは、ヨセフの言い方だと「君たちの卑劣な行為を私が赦すなんて、全く驚くべきことだと思うよ！」になるだろう。恵みがついにヨセフに届いたとき、宮殿中に彼の悲しみと愛の調べが響きわたる。「あの悲しげな叫び声は何だ。王の家臣が病気なのか。」いや、ヨセフの健康状態は良好だった。それは、赦す人から聞こえてくる調べだったのだ。

——『この驚くべき恵み』（九九〜一〇一頁）

＊　＊　＊

6月4日　非暴力という武器

映画『ガンジー』（R・アッテンボロー監督、一九八二年）に、ガンジーが新しい哲学を、長老派の宣教師チャーリー・アンドリュースに説明しようとする素晴らしい場面がある。二人は南アフリカの街を歩いていたとき、若いごろつき連中に道を塞がれる。彼らを一目見るなり、急ぎ逃げようとするアンドリュース牧師をガンジーは制して言う。「新約聖書に、『あなたの右の頰を打つ者には左の頰を向けなさい』と書かれていませんか。」アンドリュースは口ごもりながら、「その言葉は隠喩的に使われていると思うのですが」と答える。

ガンジーは言う。「よくわかりませんが、イエスは勇気を見せるべきだと言ったのではないでしょうか。つまり、一発か数発殴らせて、殴り返すつもりも、逃げるつもりもないと示すのです。そうすれば、人間の本性の中にある何か、相手の憎しみを減らし、尊敬の念を高める何かに訴えることになります。キリストはそれを理解していたと思います。そして、私はその働きを見てきました。」

ガンジーの心に深く刻まれたこの感性はやがて、しっかりした教義へと形をなしていった。相手が丸腰の群衆に発砲する兵士であったとしても、他者への暴力は、普遍的な人間の尊厳についてガンジーの信ずるすべてと矛盾するものであった。暴力によって人の信念を変えることはできない。暴力は人を残忍にし、分断する。和解することができない。非暴力運動の中で支持者が暴力的になることがあれば、ガンジーは運動自体をとりやめるだろう。どれほど正しくても、流血を肯定する大義など存在しない。ガンジーは結論した。「私はこの大義のために死にますが、大義のために殺すことはありません。」

ガンジー以来、多くの政治指導者たちもこの戦略を採用してきた。マーティン・ルーサー・キング・ジュニアは、自らをガンジーのたましいの継承者と考え、インドを訪れてからこの方法を米国に導入した。キングをはじめ何人かの非暴力は、比較的開かれた社会では劇的な成果を挙げたが、ナチス・ドイツや現代中国やミャンマーなどではどうだろう。それらの国では、軍事政権があらゆる抗議を鎮圧している（皮肉にも、ガンジー自身の宗教を継承するヒンドゥー教の指導者の中に、この原理はキリスト教の影響から生まれたものであり、ヒンドゥー教徒の中にはないとほのめかす人々がいる）。

倫理学者、政治家や神学者たちの間では、軍隊が正当化されるかどうか、正当化されるならどういう場合か、意見が分かれたままだ。しかしガンジー以降、非暴力が変革に与えてきた影響は否定できない。地球で人口が二番目に多い国に、非暴力が自由をもたらしたことは事実なのだから。

――『ソウル・サバイバー』（二七九～二八一頁）

＊　＊　＊

6月5日　抗議の終焉

マーティン・ルーサー・キングには弱さもあったが、一つ正しいところがあった。困難も自己保存の本能ものともせず、平和をつくるという原則に真実であり続けたことだ。彼は殴り返すことがなかった。ほかの人々が復讐を求めたとき、キングは愛を求めた。警棒や消火用ホースを手に、うなり声をあげる警察犬を従えた保安官の前で、公民権運動のデモ隊は、わが身を危険にさらした。そうしたことが、長く待ち望んだ勝利をもたらした。歴史家は、ある出来事をきっかけに、公民権運動の大義は、一定数の国民の支持を獲得することができたと言う。それはアラバマ州セルマ郊外の橋の上で、保安官ジム・クラークが部下の警官たちに、丸腰の黒人のデモ行進者たちに発砲させた事件だ。米国の大衆は、暴力的な不正の行われる場面に恐怖を覚え、やがて公民権法案通過に賛成する。

私はアトランタの、マーティン・ルーサー・キングのいた町の反対側で育った。恥ずかしながら告白すると、キングがセルマやモントゴメリー、メンフィスなどで行進を率いていたとき、警察犬を従え、警棒を手にした白人保安官たちの傍らにいたのである。キングの道徳上の欠点にいち早く飛びつきながら、自分の隠された罪はなかなか認めようとしなかった。だが、自分の身体を標的にすることはあっても、決して武器として使おうとはしない、揺るがぬ信仰をもったキングを見て、私の道徳の硬いマメは砕け散った。

キングは口癖のように言っていた。真のゴールは白人を打ち負かすことではなく、「抑圧する者の中に恥の意識を目覚めさせることであり、また抑圧者の間違った優越意識に挑むことだ。……目的は和解だ。目的は贖いだ。目的は大切なコミュニティーを作り上げることだ」と。そしてそれこそ、マーティン・ルーサー・キングが最終的に、私のような人種差別主義者の中においてさえ引き起こした変化なのだ。

キングも、ガンジーと同様、殉教した。彼の死後、いっそう多くの人が、正義を要求する手段として非暴力による抗議の原則を取り入れ始めた。フィリピン、ポーランド、ハンガリー、チェコスロバキア、東ドイツ、ブルガリア、ユーゴスラビア、ルーマニア、モンゴル、アルバニア、ソビエト連邦、ネパール、チリにおいて、五億を超える人々が非暴力によって抑圧の軛《くびき》を断ち切った。こうした場所の多く、とりわけ東欧諸国では、キリスト教会が先頭に立った。抗議者たちは蠟燭《ろうそく》を手に賛美歌を歌い、祈りながら通りを行進した。ヨシュアの時代と同じく、壁は音を立てて崩れたのである。

――『私の知らなかったイエス』（一八四～一八六頁）

＊　＊　＊

6月6日　悲しむ者

『痛むとき、神はどこに』や『神に失望したとき』といったタイトルの本を書いたことで、嘆き悲しむ人々と関わってきた。最初は彼らが怖かった。彼らの尋ねる質問に答えをもっていなかったし、深い悲しみを目の当たりにすると、身の置きどころがない気持ちになった。特に記憶に残っている年がある。隣人の招待を受け、近くの病院で、ある治療グループに加わった。「今日を実りあるものに」と呼ばれていたそのグループにいたのは、死期の近い人たちだった。私は友人につき合って、その集まりに一年通った。

その集まりを「楽しんだ」とは言えない。そんな言葉は不適当だ。だが私にとって、この集まりは毎月最も意義深い行事の一つとなった。参加者が地位や権力をほのめかしながら、互いに印象づけ合おうとするパーティーとは対照的に、このグループではだれも自分を印象づけようとはしなかった。服、流行、アパートの家具、仕事上の肩書き、新車――死期の迫っている人々にとって、そんなものに何の意味があるだろう。それまでに会っただれよりも、「今日を実りあるものに」グループの人々は、究極的な問題に注意を集中させていた。私はいつのまにか、浅薄で享楽的な友人たちにも、この集まりに出てほしいと思っていた。

その後、苦しみや悲しみの渦中にいる人々から学んだことについて、ものを書くようになると、面識のない人たちから便りが届くようになった。私の持っている三つのファイルは、それぞれ数センチの厚さがあり、こうした人々からもらった手紙でいっぱいだ。私にとって何より大切なものだ。その中に、青い罫線の引かれた便箋にしたためられた二十六頁にも及ぶ手紙がある。四歳の女の子が脳腫瘍の手術を受けているときに、母親が控室で書いたものだ。また、四肢の麻痺した患者が息を管に送り込み、それをコンピューターが翻訳して手紙に印刷するという方法で「書いた」手紙もある。

手紙をくれた人々の話の結末は、楽しくないものが多い。依然、神に見放されたと感じている人々もいる。

「なぜ?」という質問に、答えを見いだした人はほとんどいない。しかしイエスは、悲しむ者は慰められると約束された。私はその約束を信じる信仰を、いくつかの悲しみを通して獲得した。

——『私の知らなかったイエス』(一八七~一八八頁)

* * *

6月7日　受けずにすんだはずの苦しみ

クリスチャンが何より貢献できるのは、人々がお門違いの理由で苦しまないようにすることだ、と思うようになった。痛みは「尊ぶ」ことができる。最も重要な意味で、痛みはすべて痛みである。偏頭痛による痛みか、連鎖球菌咽頭炎による痛みか、急性のうつ病による痛みか、そんなことはどうでもいい。苦しむ人を助け(たり私たち自身の痛みを受け入れ)る第一歩は、痛みは正当なものであり、同情を受けるに値すると認めることだ。そんなふうにして痛みに意味を与えることができる。

クリスチャンは違ったレベルで、さらなる価値を苦しみに付け加えることができる。入院患者を見舞う人は、火のついた炭をくべるように患者の罪意識を増し加えたり、苦しみを広げたりする。「祈りましたか。神が癒してくださるという信仰がないのですか。」混乱させることもできる。単なる自然の摂理ですか。「この痛みはサタンが起こしているのですか。それとも神はあなたを他の人々の模範として特別に選ばれたのですか。」痛みは罪意識をいとも簡単に生み出しもする。私たちはみな、するべきでないことをし、痛みに見舞われると、その原因は自分にあると考えて自らを責める。

激しい痛みに襲われているときには、善意の忠告も害を及ぼすことがある。「神はお嬢さんを強く愛しておられたので、こんなに早く天に連れて行かれたのですよ。」こんな言葉をかけたくなるかもしれないが、残された親は、神は娘をそんなに愛してくださらなくてよかったのに、と思うことだろう。「神は耐えられないような重荷はお与えになりません。」苦しむ人は、重荷が少ないほうが得だから、弱い信仰心の持ち主だったらよかったと思うかもしれない。

多くの苦しむ人たちに取材して、見舞い客の言葉から受けた苦痛のほうが、病気そのものの痛みより大きい場合もあることを知った。クリスチャンの間で著名なある女性は、顎関節症の苦しみをつらそうに語った。痛みに支配された生活を送っている彼女は、こんなことを言った。「クリスチャンが大好きな、神が苦しみを許される理由を説明する公式があります。その公式に基づいて、苦しむ人をさばくような手紙をもらったときに受ける痛みは、顎の痛みをはるかに超えています」と。クリスチャンにできる最大のこととは、人々が誤った理由で苦しまないようにすることなのかもしれない。

――『痛むとき、神はどこに』(一九八～一九九頁)

＊　＊　＊

6月8日　ダイヤモンドの採掘

率直な話、答えようのない「なぜ」という疑問にばかり取り組んでいると、多くの痛みは無意味なままではないかと考えるようになる。友人宛ての手紙に、何気なくスターリンを批判する言葉を書いただけで、ソルジェニーツィンはなぜ過酷な労働収容所で八年も過ごさねばならなかったのか。狂気の独裁者の気まぐれを満足させるために、なぜ何百万ものユダヤ人が死ななければならなかったのか。そのような苦しみはそれ自体無意味であり、鉱脈にダイヤモンドを探すように、苦しむ人がそこに意味を見つけないかぎり、無意味なままなのだ。

ヒトラーの収容所に収監されたヴィクトール・フランクルは、「絶望とは、意味もなく苦しむことだ」と言った。フランクルとブルーノ・ベッテルハイムはホロコーストの無意味な苦しみから、意味を引き出した。収容所の極限的状態に置かれた人間の行動を観察し、後の仕事の基盤となる洞察を与えられたのだ。エリ・ヴィーゼルらは、「証言すること」に意味を見いだした。この人たちは、犠牲者たちが忘れ去られぬよう力を尽くしている。

ドストエフスキーは収容所で、新約聖書や聖人たちの生涯を夢中になって読んだ。彼にとって、また後に同郷のソルジェニーツィンにとって、収容所は信仰をもたらす源泉となった。二人ともそのプロセスをこう描いている。まず人間の悪という紛れもない現実に直面し、贖いの必要を確信させられる。その後、収容所の信仰者たちの生きた証しを通して、人が変わり得ることを知るのだ。ソルジェニーツィンの古典『イワン・デニーソヴィチの一日』には、神を信仰すれば収容所から出られるわけではないが、少なくともその日その日を生きてゆけることが、優雅な筆致で描かれている。

こうした開拓者たちと比べれば、私自身の苦しみなど他愛もないものだが、私もまた苦しみから意味を引き出そうとしている。出発点は、苦しみが自分の中に価値あるものを生み出し得るという聖書の約束だ。ローマ人への手紙五章にパウロの記した忍耐、練られた品性、希望、救いの確信（三～五節）を読み上げる。「苦しみがどのように、これらを作り上げるのか」と自問する。苦しみにあうと、歩みが遅くなり、神に向かわされ、忍耐力や落ち着きが生まれる。苦しみは私の内なる強さに呼びかけ、それによって練られた品性が生まれる。神がどのように入り込んで、苦しみのプロセスに意味をもたらされるか、パウロの挙げた言葉について考え続ける。

――『痛むとき、神はどこに』（一九九～二〇〇頁）

＊　＊　＊

6月9日　分かち合う苦しみ

苦しんでいる本人には、ときに無意味に思われる苦しみも、私たちには意味がある。こう確信させることが、苦しむ人に唯一差し出すことのできる苦しみの意味だ。

妻はシカゴ市で最も貧しい人々に奉仕し、そして、世話をする人のいない見捨てられた孤独な高齢者を探し出すという、ラサール・ストリート教会のプログラムを任されていた。「あなたが生きるか死ぬかは私にとって重要なのですよ」と妻がお年寄りに一生懸命説得しているところを一度ならず目撃した。妻はそんなふうにして、彼らの苦しみに「光を当てている」。

ジャネットが世話をしていた九十歳のクルーダー氏は、白内障の手術を二十年間も拒み続けていた。七十歳の時に、これといって見るべきものもないし、ともかく神が白内障を起こさせたなら、それが神のお望みなのだと決め込んだ。若いころ、女の子たちに目を向けていた罰を神が与えているのかもしれない、とも言った。

妻は二年かけて、うまくおだて、議論し、食い下がり、愛情を示し、クルーダー氏にうんと言わせることができた。それができた理由はただ一つ、彼が視力を取り戻すことがジャネットに大切であることを印象づけたからだ。クルーダー氏は人生をあきらめていた。もはや人生に何の意味もなかった。しかし、ジャネットが意味を運んできた。九十二歳のクルーダー氏があきらめないことが、だれかにとって意味があったのだ。この老人はついに手術を受けると言った。

ジャネットはクルーダー氏の苦しみを、文字どおり分かち合っていた。何度も訪問して、だれかが心にかけてくれていること、彼の生き死にも、視力を得るか否かも重要であることをクルーダー氏に確信させた。苦しみを分かち合う原理は、ヘンリ・ナウエンの『傷ついた癒し人』のテーマであり、ひょっとすると、苦しみの意味に私たちが唯一貢献できることなのかもしれない。苦しみを分かち合うことにより、私たちは、やはり痛みをその身に負われた神の例に倣う。神は私たちの一人となり、多くの人が知る以上の苦しみと貧困の人生を生きられた。苦しみは最終的に無意味ではあり得ない。神が分かち合ってくださったのだから。

――『痛むとき、神はどこに』（二〇三～二〇四頁）

＊　＊　＊

6月10日　収容所の教訓

一九七八年の春、テレビで『ホロコースト』という番組が放映されたとき、私の教会は、苦しみを受けたユダヤ人と心を一つにする礼拝を行った。クリスチャンのための「ヨム・ハショア」（ホロコースト記念日）だ。子どもたちを含め何人かの教会員が、生き残った人々の思いを読みあげた。ワルシャワのゲットーにいたチャイム・カプランの日記、ゲットーには蝶々がいないという子どもの詩、当時収容所の医師であったヴィクトール・フランクルの所見、エリ・ヴィーゼルの痛ましい話、ネリー・ザッハの遺体焼却場の煙突の詩、アンドレ・シュワルツバルトの小説『正しい人々の最期』からの抜粋、『クリスチャンはなぜ私たちを憎むのか』。

会衆は静かに座って、朗読に耳を傾けた。生々しい描写になると出て行く人もいた。ある友人は、語られた内容を深く受けとめ、礼拝の後で私にこんなことを言った。「こうしたユダヤ人の声を聞いて感じる痛みと罪意識の中で、何より心に突き刺さるものがある。ぼくが彼らのためにできることは、共感し、気の毒に思うだけだ。いちばんの懸念は、自分たちが今、どれぐらいの状況を無視しているか、ということだ。第二次大戦中のクリスチャンは、もっと早く、決然と行動することができなかったのか、と非難するのは簡単だ。だが僕たちは今、何かしているだろうか。最近のカンボジアやウガンダ情勢はどうだ。僕たちは現地の人々のために礼拝の時をもつべきではないだろうか。」

ユダヤ人強制収容所で起きた事実は、早くも一九三九年に『ニューヨークタイムズ』紙で詳しく報じられていた。しかし、その記事を信じた人も、これに反応した人もほとんどおらず、合衆国は二年後に日本から直接攻撃されるまで戦争に突入しなかった。

アウシュヴィッツの外には草原があり、細かい骨が土となって数インチの厚さで覆っている。そこで焼却されたユダヤ人の骨の残骸だ。しかし、最近では何百万ものカンボジア人やルワンダ人が殺され、ダフールやコンゴなどで今も多くの人が命を奪われている。私たちはその人たちのために何をしてきただろうか。

何よりも重要に思われる教訓がある。正義は外からやって来るということだ。収容所の犠牲者全員が絶望的な状況にある。彼らは外部の力による解放を待つことしかできない。道徳性や勇気、美的センスや希望にどれほど影響を受けたとしても、外部からの力なしには、彼らは生き延びることができない。圧倒的多数の人たちにとって、生き残ることは、強制収容所が破壊されるか否かにかかっている。

——『開かれた窓』（二一八〜二二〇頁）

＊　＊　＊

6月11日　砲火を浴びる信仰

逆説的だが、困難な時代に信仰は育まれ、絆も強められるのかもしれない。人間関係も、危機に際して強固になることが多い。私にも妻にも百歳を超える祖母がいる。祖母たちやその友人たちと話していて、高齢者の思い出話には普遍的とも思われる傾向があることに気がついた。困難な動乱の時代を懐かしそうに振り返るのだ。第二次大戦や大恐慌時代の話をするとき、猛吹雪や子ども時代の屋外トイレ、三週間、缶詰のスープと固くなったパンだけを食べて過ごした大学時代の話などを嬉しそうに語る。

結束の強い家族に、その強さの源を尋ねれば、必ずや危機を乗り越えた話を聞かせてくれるだろう。人々の中にこの原則が働いているのを見て、神との関係という神秘についての理解が一歩進んだ。信仰は、与えられた関係の信頼の問題に帰着するのだ。自分は愛する人々を信頼しているだろうか。神を信頼しているだろうか、と言ったほうがよいかもしれない。信頼という岩盤の上に立っているなら、最悪の状況でも関係は破綻しないだろう。

キリスト教の思想家セーレン・キェルケゴールは、神の信頼性を疑わせるような信仰の試練について、一生涯探究した。キェルケゴールは気難しい性格の変わり者で、絶えず心に苦悩を抱えていた。ヨブやアブラハムのような、非常に苦しい信仰の試練を乗り越えた聖書の登場人物に幾度となく頼った。試練の渦中にいたとき、ヨブにもアブラハムにも神はご自身と矛盾しておられるように見えた。「神がこんなふうに行動なさるはずがない。それなのに、明らかにこうしておられるのだ。」キェルケゴールは最後の最後に、最も純粋な信仰は、まさにそのような試練から生まれ出るものだと結論した。自分には理解できない、それでも神を信頼しよう、と。

信仰者にとって信仰の中心は、知的な疑いより個人的関係の危機である。事態がどうあろうとも、神は私たちの信頼に足る方であろうか。

――『見えない神を捜し求めて』(六五～六八頁)

＊　＊　＊

6月12日　両手の信仰

成熟した信仰には単純な信仰と忠誠の両方が含まれ、パラノイアと正反対に機能することを私は学んでいる。成熟した信仰は、人生に起こるあらゆる出来事を、愛なる神への信頼を中心に組み立て直す。良いことが起これば、私はそれを神からの贈り物として受け入れ、感謝に値するものと見る。悪いことが起これば、それを必ずしも神から送られたものとは思わず――その反対の証拠を聖書に見ているのだ――そこに神と絶縁する理由を見いださない。むしろ、神はそうした悪いことさえ、私の益となるように用いることがおできになる、と信頼する。少なくとも、それが私が懸命に目ざしているゴールである。

信仰深い人は、人生を恐れでなく、信頼という観点から見る。信仰の基本は、たとえこの瞬間は混乱の中にあっても、神が支配しておられると信じることだ。自分がどんなに価値のない人間に思えても、愛の神にとっては真に大切な存在であり、永遠に続く痛みはなく、悪が最後に勝利することもない、と。信仰は、神のひとり子の死という歴史上最も暗い行為をも、最も輝かしい行為に必要な前奏曲と見る。

この世には、明らかに神の意思に反することが数多く起きている。神が任命したスポークスマンである預言者たちの書を読むと、彼らは偶像崇拝、不正、暴力など、人間の罪と反逆のありさまを激しく非難している。福音書の記事を読むと、イエスは、聖職者たちから「それがみこころだ」とみなされていた障がいのある人々を解放し、既成の宗教的権威を覆しておられる。神の摂理は大いなる神秘かもしれないが、それでも私は、神がこれほど明らかに反対しておられることを神のせいにすることには首を傾けざるを得ない。

とはいっても、懐疑論者の疑問はなくならない。どうすれば、悪いことについて神を責めず、人生の良いことについて神を称賛できるのか、という問いだ。信頼の姿勢は、私が神との関係の中で学んだものに基づくものであり、逆のパラノイアだ。

神のやり方には戸惑うことが多い。神はゆっくりとしたペースで動き、反抗者や放蕩者を好み、自らの力を抑え、ささやき声や沈黙の中で語られる。しかし、これらの性質の中にさえ、私は、辛抱強さ、あわれみ、強制するよりも懇願したい気持ちのしるしを見る。疑いの中にあるときは、イエスに気持ちを集中させる。イエスには神ご自身の姿が最もよく現れている。私は神を信頼するようになった。そして、自分が知って愛するようになった神にそぐわない悲劇や悪が起きたときは、他の説明を求めている。

——『見えない神を捜し求めて』(八二～八五頁)

＊　＊　＊

6月13日　甘い毒

超自然的存在を否定する社会は、たいてい最後は自然的なものを超自然的な地位にもちあげることになる。アニー・ディラードが、昆虫学者が厚紙に彩色したレプリカを使って、雄の蝶を誘惑する実験の話をしている。レプリカの蝶は、その種の雌蝶より大きく誘惑的だ。雄の蝶は興奮して厚紙に何度もよじ登る。「そのそばで、生きた本物の雌蝶が虚しく羽を開いたり閉じたりしている。」

C・S・ルイスは、これと似た人類の傾向を表すのに、「偽りの神の甘い毒」という表現を用いている。私たちは、聖なるものの代替物、あるいは無限の代替物に、この幻滅した世界の虚しさを埋めさせている。

今日、偽りの神の中でセックスは最も露骨なもののようだ。創刊の数年後、『プレイボーイ』誌に織り込まれている見開きページを初めて見たとき、私は仰天した。そのページは神秘のベールを剝いで、思春期の私を誘惑と約束に満ちた未踏の世界に招き寄せた。『プレイボーイ』誌が大胆さを他に譲って久しい。今では遺物のようなものだ。

セックスについて、あれこれうるさく言うつもりはないし、中世のモラリストのように畏縮するつもりもない。現代の西洋社会はセックスを神聖な地位にまで高めてしまったのではないかと言っているだけだ。実際、『スポーツ・イラストレイテッド』誌は、水着姿の美女たちを「女神」と呼んでいる。またランジェリー専門店の「ヴィクトリアズ・シークレット」は、スーパーモデルたちに天使の衣装を着せている。前の世代は処女と禁欲を尊重した。しかし今、私たちはセックスを最高善や魔法がかった誘惑として差し出し、広告主はそれを使って、車やコーラや歯磨き粉を買わせようとしている。

知り合いの牧師が言った。広告やロックミュージックのビデオにセックスの超越的な力が描かれているが、それはどうかと思う、と。調査報告からすると、毎日の通勤電車で会う三、四人のうち、一人は前の晩にセックスをしたことになる。しかし彼らの顔を見るかぎり、これといった違いは見られない。より幸せそうでも、満たされているようでも、変化があったようでもない。「セックスのように強力なものには、もっと持続的な効果があるはずではないか。独身の牧師だからこう思うのかもしれないが。」

――『「もう一つの世界」からのささやき』（四一～四三頁）

＊　＊　＊

6月14日　なぜ純潔か

性的誘惑と闘っていた人生のある時期、フランスのカトリック作家フランソワ・モーリヤックの『私は何を信じるか』という小編に関する記事を偶然見つけた。老齢のモーリヤックが、かなりのページを割いて自身の欲望を論じていたのには驚いた。モーリヤックは言った。「老年は、何倍もの試練にさらされる時期にいる危険を冒している。老人の想像力は、恐ろしい仕方で、自然に拒絶されたものの代用を務めているからでだ。」

モーリヤックはカトリックの教えを受けて育ったにもかかわらず、性的な純潔を支持するカトリックの議論のほとんどをはねつけた。

「結婚は欲情を癒すものだ。」多くの人々の場合と同様、モーリヤックにとってもそうではなかった。欲情には未知の人物の魅力や冒険の味、偶然の出会いが含まれているからだ。

「欲情は自制することができる。」だが、モーリヤックの性の欲望には、高波のように、どんなに良い心づもりをもさらっていってしまう力があった。

「真実の充足は一夫一婦婚の中にのみ見いだされる。」これは正しいかもしれないが、一夫一婦婚においてさえも性的衝動が衰えないことを知る者には、とても正しいとは思えない。

このように、彼は伝統的な純潔の議論を慎重に考慮したうえで、それらの議論に欠陥があることを突きとめた。モーリヤックは、最終的に、純潔でいる唯一の理由を見つけることができた。それは、イエスが八つの幸いの中で提示したものだ。「心のきよい者は幸いです。その人たちは神を見るからです」(マタイ五・八)。モーリヤックは言う。「不純は私たちを神から離れさせる。霊的生活は、物質的世界の法則と同様、立証可能な法則に従っている……純潔は、より高次の愛へ至るための条件だ――あらゆる所有物にまさる所有物、すなわち神のものとなるための条件だ。そう、危機に瀕しているものはこれにほかならない。」

フランソワ・モーリヤックの言葉を読んだからといって、私の欲情との闘いが終わったわけではなかった。しかし彼の分析が真実であると知ったことは、明言しておかなければならない。神が私たちに差し伸べてくださっている愛は、私たちがより高い愛、ほかの仕方では手に入れることのできない愛であり、それを受け取るためには、まず私たちの心身の機能がきよめられ、純化されることが求められている。それが、純潔であろうとする動機である。欲情を抱くことで、私は神との親密さに限度を設けてしまっている。


――『私の知らなかったイエス』(一七七〜一七九頁)

＊　＊　＊

6月15日　前触れの響き

C・S・ルイスから健全な生活様式を学んだ。ルイスは北欧の神話や自然、ワーグナーの音楽等、様々な喜びを通して、もう一つの世界の現実性に気がついた。彼は私たちの憧憬の中に、噂だけでなく、もう一つの世界の「前触れの響き」を感じ取った。きらめく美しさや、痛むような優美さや疼《うず》きは、「物自体ではないからです。それは、わたしたちが見出すことのなかった花の香りであり、耳にすることのなかった楽の音の谺《こだま》であり、一度も訪れたことなどない国からのたよりなのです」(『栄光の重み』新教出版社、一一頁)。

私は、地上で見逃しているかもしれない手がかりを得るために、花の香りを嗅いだり、調べに耳を傾けたりする必要があることを悟った。人生を、自然的と超自然的、あるいは霊的と霊的でないものとに分けることから方向転換し、両者を組み合わせる方法、神が意図された(今では神の意図を前よりいっそう信じているのだが)一致をもたらす方法を探すことに注意を向けるようになった。

私はどんなことに喜びを感じるだろう。野生には不思議なスリルを感じる。雷雲が湧き立ち、近くで稲妻が炸裂する中を、安全な樹木限界線を目指して、滑りやすい山の岩肌を駆け下りる。山道でグリズリーベアと鉢合わせし、選択肢は熊の手中にあるのだから、自分の決断は何の意味もないと知らされる。何を食べ、嗅ぎ、聞いているのか見当もつかない異国の文化に触れる。自国で味わう楽しみもある。本格的なコーヒー、高脂肪アイスクリーム、果樹園で採れた桃やブルーベリー。田舎暮らしをしている今だからこそ恋しく思う、都会の文化的な催し物、幾日も心に残る外国映画、洗練された音楽、芝居。

私はもう一つの世界を示すしるし、創造主の性質を示す輝かしい手がかりとして、自分自身の内にある憧憬に耳を傾けるようになった。自然界は霊的なものではなく、神は喜びには反対だ——どういうわけか、そんな間違った判断を下していた。しかし、物質を発明したのはほかならぬ神である。喜びを感じる肉体のあらゆる感覚器官も例外ではない。自然と超自然は二つの別々の世界ではなく、一つの現実の異なった表現なのだ。

——『「もう一つの世界」からのささやき』(四七~四九頁)

* * *

6月16日　キリスト教書籍の落とし穴

昨今のキリスト教作家は神の創造物を避けてばかりいる。創造物は単なる「物質」であり、超自然的な問題として目を向けるに値しないのだ。(ジャック・エリュールも、科学は目隠しをし、知的思考を厳しく制限して、超自然に関する問題を避けている、と言っている。)

自然を避けることによって、人間は超自然という最も偉大なイメージから、また超自然を運んでいるものから離され、私たちの書くものは、創造物を模倣する力という最も大きな利点を失っている。トルストイは春を描くとき、凍っているツンドラから小さな花々が芽吹く不思議を描き、そこにキリスト教への回心を描くときと同じあふれんばかりの喜びと重要性を込めている。それもまた神の世界の表現だ。その結果、どちらのくだりも繊細な読者の心に憧憬の感情を掻き立てる。人々は自然界に生きている。私たちはそれを確かに認め、超自然にそれらをもっていく前に、その意味を徹底的に調べなければならない。

超自然の伝達者としての自然を明らかにしようとする道を先導した優れた現代芸術家たちがいる。アニー・ディラードの『ティンカー・クリークのほとりで』(めるくまーる)は、そのジャンルの金字塔だ。ルイス・トーマスも同様の姿勢をとっているが、宗教的観点はそれほど明確でない。これら二人の著者への反応は、この世界により全体論的アプローチを求める読者の渇きを証明している。自然と超自然は、二つの別の世界ではなく、同じ現実の異なる表現であり、優れた著作物はその両方を扱ってしかるべきだ。

創造性とは、本質的にキリスト教の概念であり、ギリシア人にはなかった思想である。ギリシア人が使ったのは、「テクノロジカル」の語源である「テクネ」という言葉だ。ギリシアの偉大な詩人や劇作家たちは、作品をアレンジしたり作ったりするという観点から考えた。無から創造する神という、模倣するモデルがなかったのだ。創造されたその壮麗な世界を探検する機会を、クリスチャンがあまりにも無思慮に逃していることに私は衝撃を受けている。私たちは周辺の読者からあまりにも隔たった超自然的世界に飛び、読者は跳ぶことができずにいる。

――『開かれた窓』(一六四〜一六六頁)

＊　＊　＊

6月17日　良きものはみな

神は素晴らしい贈り物をこの世界に惜しみなく与えておられる。その贈り物が、満足を与える良いものであり続けるかどうかは、使い方次第だ。バランスのとれた生き方をするのは、乗馬に似ている。左側に落ちる危険性もあり、右側に落ちる危険性も同様にある。乗馬のスリルは、鞍にまたがって初めて味わうことができる。

私が青年期までに出合った教会は、神からの良き贈り物をうまくバランスをとって扱うことに失敗していた。しかめっ面をして、楽しみや願望を見下していた。神のことを、この星の上のあらゆる良きものを喜んで造ってくださったお方だと思えるまでには、長い年月が必要だった。イエスは言われた。「盗人が来るのは、盗んだり、殺したり、滅ぼしたりするだけのためにほかなりません。わたしが来たのは、羊たちがいのちを得るため、それも豊かに得るためです」〔イエスは指導者層にあてつけて話された〕（ヨハネ一〇・一〇）。イエスはこの世界でどうしたら最良に生きることができるかを、もう一つの世界から私たちに教えに来られたのだ。

ところが、クリスチャンはやがて楽しみに否定的だと言われるようになった。そして自然の欲望を否定すればするほど、「霊的」と考えるようになった。そのような超霊性を言い広める人たちは、実際は神からの贈り物を中傷していたのだが、使徒パウロはその彼らに辛辣な言葉をぶつけた。「偽りを語る者たちの偽善」（Iテモテ四・二）と言い、また「彼らは結婚することを禁じたり、食物を断つことを命じたりします。しかし食物は、信仰があり、真理を知っている人々が感謝して受けるように、神が造られたものです」（同三節）と批判した。

神は私たちが欲望を放棄するためにだけ、欲望を備えた私たちを造られたわけではないのは明らかだ。パウロが主張したように、この世界は神の創造物だ。私たちを造った神は、いつくしみ深い親のように、私たちに最高のもの、可能なかぎり満足な人生を所望しておられる。

キリスト教が約束している最良のものは、個人的な楽しみ、つまり快楽主義を志向する人生ではない。むしろ、私たちが創造主の意向どおりに楽しみを理解するよう、人生を秩序づけること——還元するのでなく、結びつけること——を約束している。そうでなければ、酒量を決めるアルコール依存症患者のように、破滅に耽溺する危険を冒すことになる。楽しみを、楽しみを超えたものへの指標と認識せずに、それ自体を目的と考えれば、乱用が生じてしまう。パスカルは祈った。「完全なるものは、あなたが私にお与えになった良き願望です。あなたが良き願望の源であるように、良き願望の目的でもありますように。」

――『「もう一つの世界」からのささやき』（八三～八七頁）

* * *

6月18日　神の音楽

ヨハン・セバスティアン・バッハは、ルターが聖書をドイツ語に翻訳したヴァルトブルク城のすぐ近くで生まれ、教会といえばバッハと言われる作曲家になった。神ご自身――裕福なパトロンでなく――が音符もフレーズもすべて細かく調べられたかのように曲を作り、ほとんどの楽譜のはじめにＪＪ（「イエスよ、お助けください」）、最後にＳＤＧ（Soli Deo Gloria「栄光はただ神の上に」）と書かれていた。

バッハの作品中、マタイ受難曲はドイツ語で書かれた最高の合唱曲だと一般に言われている。けれども、バッハの時代に一度しか演奏されず、反響もほとんどなく、その後百年間、全く演奏されなかった。そして一八二九年、フェリックス・メンデルスゾーンが師から楽譜を入手する。二束三文の原稿でチーズを包んでいた商人から買ったものだったと伝えられている。メンデルスゾーンはマタイ受難曲のリバイバル演奏を行い、それ以後途切れることなく続くバッハへの熱狂の波を解き放った。

その不朽の名作を夏のコンサートで聞いた。シカゴ近郊のラビニア公園で行われた、シカゴ交響楽団と合唱団による演奏で、三千人が集まり四時間の演奏を聴いた。聴衆の思いがけない組み合わせに驚かされた。上流階級の後援者たちのそばに、汚いデニムの上下に身を固めた人たちが同じくらいおり、シカゴの北海岸に住むユダヤ人が全体に散らばっていた。この人たちがみな、マタイの福音書に基づきイエスの十字架をそのまま語り直す演奏に聞きほれていた。

その場面はどう見ても、カルバリの埃っぽく血なまぐさい夜とかけ離れていた。しかしどういうわけか、この巨匠は魅力を織り込んでいた。演奏家たちはその暗い一日の苦しみと恐怖と、それが全人類にもつ深遠な意義を伝えていた。恐ろしい釘や茨の棘の痕を、口角泡を飛ばして語る南部の福音派の人たちよりも遥かに上手に伝えていた。

その演奏の及ぼした衝撃はどれほど大きかったことだろう。クラシック音楽に刺激されてリバイバルを経験した教会など聞いたことがない。しかし、偉大な音楽家が、歴史を二分したある出来事を表現しようと苦心惨憺して創り上げた作品は、一信仰者である私に感動をもたらした。崇高な芸術が、私たちの中に真の対象への渇きを目覚めさせる「恵みの滴り」を表しているなら、正しい巨匠の下でそうした滴りは、神の臨在があふれんばかりに押し寄せるものとなり得るのだ。栄光はただ神の上に。

――『開かれた窓』（二五四～二五六頁）

＊　＊　＊

6月19日　注意を傾けること

風変わりなオーケストラ指揮者から、注意を傾けることを学んだ。ルーマニアの音楽家セルジュ・チェリビダッケがミュンヘン・フィルハーモニー管弦楽団とともに、ある年シカゴを訪れた。チェリビダッケと仕事をしたがるオーケストラは少ない。演奏会前のリハーサルは四回が通例なのに、十二回から十八回も要求するからだ。彼は音楽に対して東洋的な手法を用いる。他の指揮者やオーケストラのように「理想的」な演奏を再現するというよりも、むしろその瞬間の音楽との心ときめく出合いを創造しようとする。

チェリビダッケは七十一歳で初めて米国の地を踏んだ。五年後のコンサートでは、演奏台に上るのに助けが必要だった。このとき彼が選んだのは有名な作品だったが、全く別の曲のように聞こえた。ムソルグスキーの『展覧会の絵』を、作曲家のつけたテンポ記号を無視し、通常の二倍の長さに引き伸ばした。各楽曲について考えてはいたが、それぞれを作品の流れに組み込むことよりも、その楽曲の音色の質を引き出すほうにずっと興味があるようだった。音楽に近づく姿勢は、演奏よりも瞑想に近かった。

注意を傾けると体が反応する。私はオーケストラホールで体を前に傾け、頭を揺らし、両手を耳の後ろにあてて目を閉じる。シモーヌ・ヴェイユは、詩人は何か現実的なものに集中し注意を傾けることによって美に出合うと言う。恋人も同様だ。内的生活で同じようなことを神に対してできるだろうか。常に新しい洞察や真理を探す必要はない。「最もありふれた真理が『たましい全体』を満たすとき、それは啓示に似ている。」

よく考えてみると、私は、瞬間の連続としてというよりも流れとして人生を歩む傾向にある。予定を組み、目標を設定し、その達成に向けて邁進する。電話のベルなど予定外の出来事は注意の妨げと考える。イエスの生き方とどれほど違っていることだろう。イエスは他者という妨害に、毎日の予定を決定させることが多かった。そしてローマの隊長であれ、長血を患う女性であれ、目の前にいる人に注意を集中させた。また、野の花、収穫した麦、ぶどう園、羊、婚礼、家族といった最も日常的な物事から永続的な霊の教えを引き出された。

――『「もう一つの世界」からのささやき』（七三〜七五頁）

* * *

6月20日　落ち着きの源

インドのコルカタを訪れたことがある。貧困と死と、治療できない人間の問題であふれている場所だ。そこでマザー・テレサの教えを受けたシスターたちが、地球で最も貧しく最も惨めな人々に仕えている。コルカタの通りで半死半生で保護された人々である。シスターたちの献身とその奉仕の結果に、世界の人々は畏敬の念を抱くが、私は彼女たちのもつあるものに、より大きな感動を覚える。それは落ち着きだ。もし私が気力の萎えるようなそのプロジェクトに取り組んだなら、慌ただしく走り回り、寄贈者たちに報告文書をファックスし、もっと資金が欲しいと懇願し、精神安定剤をがぶ飲みし、山のようにのしかかる絶望を手なずける方法をつかもうとするだろう。しかし、このシスターたちは違う。

彼女たちの落ち着きのもとは、仕事を始める前の行為にある。日の出にはまだ時間のある午前四時、鐘の音と「主をたたえましょう」という呼びかけにシスターたちは目を覚まし、床を上げる。彼女たちは「神に感謝を」と答える。しみ一つない白のサリーを身にまとうと、列をなしてチャペルに入る。そこでインド式に床に座り、共に祈り、歌う。簡素なチャペルの壁には十字架像と一緒に次の言葉がかけられている。「わたしは渇く」(ヨハネ一九・二八)。彼女たちは最初の「来訪者」に会う前に、礼拝と神の愛に自らを浸すのだ。

コルカタの「死を待つ人々の家」の運営に当たるシスターたちには、慌てふためいた様子が全く感じられない。関心と思いやりは確かにあるが、できなかったことへのこだわりは見られない。実際、マザー・テレサは、シスターたちが仕事を始めたとき、祈りと休息のために木曜日を休みにするきまりを作った。マザーは言った。「仕事はいつでもここにありますが、休息して祈らないと、落ち着いて仕事をすることができなくなってしまいます。」

いつか自分も彼女たちが具現している聖なる単純さのようなものを得たいと思って祈っている。朝、神のためだけに生きる恵みを求めるが、電話が鳴ってエゴを満足させるメッセージを聞いたり、読者からの怒りの手紙を開封したりすると、自己を意識するあまり自分の価値と落ち着きが他の人々や状況に決定される状態へと、ずるずる戻っていってしまう。いや、転げ落ちていくと言ったほうが正しいだろう。自分が変わる必要を感じる。そしてこの感覚こそ、変わる可能性がある確かな基盤であるから、進み続けるのだ。

――『見えない神を捜し求めて』(一〇八～一一〇頁)

＊　＊　＊

6月21日　機能している信仰

真理を広める手段として、理論上だけでなく実際日々の営みの中で信仰がどう働くかを探究する必要があると思う。私自身、信仰生活でたくさんの驚きに遭遇した。もちろん、深い穴や暗い道などがなく、予想外の遠回りもしない旅であれば、人は信仰を必要とすることもないだろう。

修道士の中には、霊の強さが外にあふれ、活動のすべてを浸しているような完成された人生を語る人もいる。その場合もやはり、決められた時刻に祈りや礼拝の時をもつ霊のコミュニティーで生活し、日々の生活を遮る携帯電話やテレビをもたない人がほとんどだ。一方、全部こなせるはずもない予定を書いたリストとにらめっこしながら、沈黙をかき消し、休息があれば埋めようとする文化の中に生きている私たちはどうだろうか。

朝起きると、私はまず意図して神に意識を集中させ、静かなその一点から落ち着きと平安が広がり、これから始まる一日のすべてに影響するようにと願う。ほんの三十分だけ落ち着いた時間を過ごし、あとは騒々しい一日を送るとしても、静かな時間をもつ努力をする価値はある。以前は、結婚、仕事、親しい友人、神との関係等、人生で大切なものは、すべてきちんと秩序づけられていなければならないと考えていた。コンピューターのうまく機能しないプログラムのように、一か所でも欠陥があると、システム全体がクラッシュしてしまうと思っていた。その後、どこか一か所が最悪の事態に落ちていくときでも、いや、そういうときにこそ、神を追い求め、神の恵みに寄りかかることを学んだ。

自らの信仰について公にものを書き、話をする者として、自分は価値がないとか偽善的だなどと感じるときがある。それでも、その自分は神が用いてくださる「土の器」なのだと認めることができるようになった。だから、私は、構成を組み立てる段階で自分にとって真にいのちのある話をしたり説教をしたりすることができる。たとい話すときに、心の中に葛藤があったり、友人から受けた傷口の手当てをしていたりしても、である。また、人に強く勧めていながら、自分には達成できないと気づいて心を痛めていても、自分が真実であると思うことは書くことができる。

今この瞬間に信仰を実践するとは、残る生涯でどんな混乱が起きようと、自分が出合うことを通して神は確かに働いておられると信じることだ。自助グループの人たちが教えてくれたように、無力さこそが私たちを神へと駆り立てるのだ。

――『見えない神を捜し求めて』(一一二～一一三頁)

＊　＊　＊

6月22日　神は副詞を愛される

ピューリタンのことわざに、「神は副詞を愛される」というものがある。それが暗示しているのは、神は具体的な結果より、私たちがどのような霊の状態にあるかに心をかけておられるということだ。ピューリタンは人生のすべてを、その源である神と結びつけようとした。聖と俗の二つに世界を分けるのでなく、統合しようとした。

神を喜ばせるとは、新しい「霊的」活動で忙しくするということではない。ピューリタンが言ったように、家の掃除にせよ、説教することにせよ、馬に蹄鉄を打つことにせよ、ネイティブアメリカンのための聖書翻訳にせよ、人間の活動はどれも、神へのささげ物になる。その精神で、トマス・マートンは晩年こう述べている。「どんなことを言うかより、箒の使い方を見たほうが、その修道士のことがわかる。」

自然の中の神を「神聖視する」ことは比較的容易だ。生活の中の普通の出来事を神聖視するほうがずっと難しい。どうやったら、一日の決まりきった仕事が何らかの意味あるパターンをなすものと考えることができるだろうか。どうやったら、一日の暮らしの中に神を読み取って、二つの世界を結びつけることができるだろうか。

マルティン・ルターはどんな仕事にも潜在的な召命を見ていた。彼は言う。「こやしをシャベルですくったりオムツを洗ったりするような、汚くて楽しくない仕事でも、きよらかな心でするなら、純粋で神聖な仕事である。」ルターは、農夫、乳搾り、肉屋、靴職人といった一般の人々に、神ご自身がご覧になっていると思って仕事を果たすよう勧めた。

年老いた親の世話。子どもが汚したものの後始末。隣人とポーチに腰を下ろすこと。顧客の苦情処理。光ファイバーケーブルの据え付け。ナースステーションで病歴を書き込むこと。交通渋滞の中にいること。木の伐採。接客スタッフにチップを渡すこと。食料品の買い出し。私たちは、九割方というわけではないが、かなりの時間を日常的なことに費やす。こうした事柄が重要であり、召命にもつながっていると信じるには、信仰が必要だ。

パウロは「私たちはキリストの心を持っています」(Iコリント二・一六)と記しているが、全教会の中で、その証拠が最も見られないコリントの教会に向けてこれを書いている。日常的なことのただ中で「キリストの心」を実践するとは、どういうことだろうか。

ベネディクト会の修道女ヨハンナ・チティスターは、霊性を「普通の生活を普通でないほど良く生きること。……今いるところで、自分のありようが霊的でないなら、私たちは全く霊的でないのである」と要約している。

――『「もう一つの世界」からのささやき』(八七～九三頁)

＊　＊　＊

6月23日　であるかのような行動

イエスは言われた。「わたしの教えは、わたしのものではなく、わたしを遣わされた方のものです。だれでも神のみこころを行おうとするなら、その人には、この教えが神から出たものなのか、わたしが自分から語っているのかが分かります」(ヨハネ七・一六～一七)。順序に注目してほしい。神のみこころを行う選択をすると、確信が後に続くのだ。イエスは、信仰の旅路とは不確実性と脆弱な信頼の中で始められる個人的なものである、と述べておられるのだ。

心理学者の中には、どれほど非現実的に見えようとも、ある特定の状態が真実であるかのように行動するよう患者を仕向ける行動療法を実践している人々がいる。この学派の人々によると、過去を探索したり、動機と行為を同調させようとしたりするのでなく、変化が起こるように行動することで人の行動は変わるという。気持ちを行動に影響させるより、行動の仕方を気持ちに影響させるほうが、はるかに容易だというのである。

結婚生活を存続させたいのに、妻を本当に愛している確信がもてないなら、妻を愛しているように行動してみることだ。彼女を驚かせ、愛情を示し、贈り物をし、思いやりを示す。そうしたことを実行するうちに、愛の感情が本当に生まれることに気づくかもしれない。

父親を赦したくても自分にはできないと思ったら、父親を赦しているかのように行動するのだ。たとえ心から言っているという確信がもてなくても、「お父さんを赦します」とか、「大事に思っています」と言う。こちらが行動を変えると、びっくりするほど相手が変わることは多い。

同様のことは、私と神との関係にも働く。神を喜ばせたいという本能的願望から完璧な従順が湧き出てくればよいのだが、悲しいかな、そういうふうにはなかなかいかない。私にとって信仰生活は、すべてのことが真実であるかのように行動することで成り立っている場合がある。神は私を限りなく愛してくださり、善は悪に打ち勝ち、どんな災いも贖われ得る、と私は思っている。といっても、その確信があるわけではなく、自分を激励するような真理の啓示に遭遇することも稀《まれ》だ。私は、神が愛にあふれた父親であるかのように行動する。隣人たちを真に神のかたちをとどめている人であるかのように扱う。私を不当に扱う人々を、神がまず私のことを赦してくださったようにして赦す。

――『見えない神を捜し求めて』（一一六～一一七頁）

＊　＊　＊

6月24日　今と時間

スタンリー・ハワーワスによると、信仰の歩みは忍耐と希望で成り立つものだという。神との関係を確認するような事態が起こってくると、私たちは二つの美徳を頼りにするものだ。長期にわたる記憶が形づくる忍耐と、危険を冒す意味があると信仰によって裏づけられる希望だ。ユダヤ人とキリスト者が常にこの二つの美徳を強調してきたのは、善良かつ忠実な神が宇宙を支配していると信じているからだ、とハワーワスは指摘する。その信仰は、疑問の影がさしている間も、忍耐と希望によって生き続ける。

ハワーワスの言葉を私流に言い換えると、信仰の歩みは過去と未来に生きることで成り立つということだ。私は、神がすでになさったことを自分の基盤とするゆえに過去に生きる。神が再びそのようになさるであろうと確信するために、過去に生きるのだ。目に見えない神と関わることは、ハンデを伴っている。感覚でとらえられる証拠が現在にないので、後ろを向いて、自分がだれと関わっているかを思い出さなければならない。神は「アブラハム、イサク、ヤコブの神」と自らを紹介するたびに、神に選ばれた民にご自身との歴史を思い出させた。アブラハム、イサク、ヤコブにも、試練と疑いの季節があった歴史を。

同じように新約聖書の書簡も、信仰の戦いに必要な道路地図となる聖書を勤勉に学ぶようにと助言をしてくれている。聖書以上に、これまでの教会が神の忠実さを証ししている。アウグスティヌス、ジョン・ダン、ドストエフスキー、ユルゲン・モルトマン、トマス・マートン、C・S・ルイスがいなかったら、私の信仰はいったいどうなっていただろう。くたびれた旅人が道端の標識にもたれかかるように、彼らの言葉を私は幾度となく支えにしてきた。

私は正式な日記はつけていないが、著作が日記のようなものだ。二十五年前に書いた記事を見つけると、それ以来ほとんど考えてこなかった問題について、自分がどれほど情熱を感じていたかに驚く。たった今感じ、信じていることを、将来必ずしも感じ、信じているわけではないかもしれないということを、過去のことから認識している。

――『見えない神を捜し求めて』(九六〜九八頁)

＊　＊　＊

6月25日　作家の生活

シカゴに住んでいたころ、妻は極貧層のお年寄りの援助プログラムを担当していた。わが家の夕食時の典型的な会話はこんな具合だ。

「ジャネット、きょうはどんな一日だった?」

「もう大変。リンカン公園に住んでいたホームレスの一家に会ったのだけど、この人たち、まる三日何も食べていなかったの。この家族の世話をしてから、八十九歳のペグ・マーティンが亡くなったと知らせを受けて、それから非行グループの一味が教会のバンを荒らして、スプレーでそこら中落書きをしていったのを発見したわ。」

こういった冒険談を事細かに話し終えたあと、ジャネットが私の一日を尋ねる。

「えーっと、きょうは何かあったかな？　一日中パソコンの画面とにらめっこしていたよ。ああそうだ——とてもいい形容動詞を思いついたよ。」

私たち夫婦の毎日は、性格の違いはさておき、だいたいこんなものだ。陽気で活発で人といるのが好きなジャネットは、ヒル・ストリートにある事務所を拠点に働いている。彼女の毎日はスリルと人間とであふれている。一度に七十人分の食事を配ることもよくあるし、ほとんど毎日のように数十人の世話をしている。

コロラドに引っ越してから、妻はホスピスで働き始めた。入院を許された患者はたいてい十日以内に亡くなる。今ではジャネットが、勇気、激怒、絶望と様々な反応を示した家庭の物語をもち帰る。その物語はみな深い悲しみに追いやられた劇場に彩られている。

一方、シカゴだろうがコロラドだろうが、私は自宅地下室の仕事場で完璧な言葉を探しながら、ちらつくコンピューターの画面を見つめている。一日の最大の「出来事」は昼ごろに起こる。郵便屋が来ることだ。たまに電話が鳴る。そして、一週間に一回かそこら、だれかと昼食を共にする。作家の毎日とは人が想像するほど魅力的なものではない。

——『思いがけないところにおられる神』（四二～四三頁）

＊　＊　＊

6月26日　座ってクリックするだけの人間

一連の物語を聞きながら思った。「私が妻の仕事に就いていたら、作家として行き詰まることは決してないだろう」と。そのあとで、さめた現実が私を幻想から連れ戻しにくる。「フィリップ、問題が二つある。まず、ジャネットの仕事におまえは尻込みするだろう。もう一つは文章を書く時間がなくなることだ。」そこで翌朝、シリアルの朝食をとると、またすごすごと地下室に降りて行き、コンピューターの前でカチカチと虫の鳴くような音を立てて一日過ごす。

やがて、私たち夫婦の大きな違い——性格、外見、毎日の過ごし方——そのものが、実際は大きな力になっていることが理解できるようになった。ジャネットは私が決して知り得ない世界を新しく見せてくれる。そこで私はチャレンジと刺激を受ける。ほとんど希望のない人生を送っている人に妻が希望を与える話を聞くときに、私自身の信仰が試される。そして、ときどき――たった今のように――彼女の経験が私の筆を進ませることさえある。

もはや妻の仕事を競争心から羨むことはなくなった。むしろ、私だったらたちまちおかしくなってしまうような状況で毎日を過ごせる、妻の霊的な賜物と気質の違いに感心している。妻の仕事を神への奉仕の一部として、誇りをもってとらえることも学んだ。妻に仕え、妻の話に耳を傾けることで彼女を支え、再び厳しい仕事に打ち込めるよう助けている。

調子のいい日はこの原則を忘れず、ジャネットのために祈り、妻の困難であるが素晴らしい仕事をどうやって助けられるか模索する。調子の悪い日は、おそらくコンピューターの前に座り、自宅の地下室ではなくヒル・ストリートにいるなら創作できるかもしれない大小説を、焦点の合わない目でぼんやり夢想している私が見られることだろう。

――『思いがけないところにおられる神』(四五～四七頁)

*　*　*

6月27日　ソフトパワー

私の育った南部のファンダメンタルな教会では、あからさまな人種差別主義、共産主義の黙示的恐怖、米国第一の愛国主義を教えていた。

読書が隙間から光を呼び込み、別の世界を見る窓を開けてくれた。『アラバマ物語』のような穏やかな本が、友人や隣人たちのもつアパルトヘイトの考えを疑わせる影響を覚えている。後に『私のように黒い夜』や『マルコムX自伝』、マーティン・ルーサー・キングの『バーミンガム刑務所からの手紙』を読んだとき、自分の世界が崩れ落ちるのを感じた。一人の心が、薄っぺらになった木材チップの一片だけで他者の心に突き刺さる力を経験した。

特にものを書く仕事のもつ、自由を強化するところを価値あるものと思うようになった。通っていた教会の説教者は、大きな声で話し、感情を楽器のように操ることができた。けれども、一人部屋にいて、ページをめくるたびに、神の国の別の代表者たちに出会った。C・S・ルイス、G・K・チェスタトン、聖アウグスティヌスらだ。彼らの静かな声は時代を超えて、律法だけでなく恵みも知るクリスチャンが、さばきばかりでなく愛も知るクリスチャンが、情熱ばかりでなく理性も知るクリスチャンがどこかにいることを確信させてくれた。

私が作家になったのは、言葉の力を経験したからだと思う。本来の意味が捻じ曲げられて台無しにされた言葉も、再生され得ることを知った。書かれた言葉が岩の隙間に入り込み、密封された箱に囚われている人々に霊の酸素を届けられることを知った。神が自己表現の本質を私たちに伝えるとき、それを「ことば」と呼ばれたことを知った。「ことば」は自由を強化する方法として、想像し得るかぎりにおいて最高のものだ。

私たちはある種の暗黒時代に入っているのかもしれない。悪魔が電波を所有し、実質的な現実とマルチメディアDVDの眩惑とを比べれば、言葉は灰色にかすんで見える時代になっているのかもしれない。だが、私には希望がある。教会史には異常事態と権威主義が見られるが、それでも真理の言葉は生き残り、個々人や全体の文化を変える生きた力として、後に姿を現した。私は言葉の力を経験してきた。ますます抑圧的になっている時代に、言葉が自由を強化するとき、言葉が解放を与えるとき、最大の影響を及ぼすことを教会が思い起こすよう、祈っている。

――『思いがけないところにおられる神』
(原書、五五～五六頁)

＊　＊　＊

6月28日　芸術とプロパガンダ

今日のクリスチャン作家は、反発し合う磁石のように、二つの力で引っ張られている気がする。どんな「メッセージ」も遮ってしまう、自己表現、形式、構造に向かっていこうとする傾向と、これに対抗するように、人生に意味を与えるものを伝えようとする強い願望だ。その結果、プロパガンダと芸術の両方に向かい、絶えず二つの分裂した力に引っ張られている。

プロパガンダは、目的のために不正に手段を操作したり歪曲させたりすることをほのめかす、最近は好まれない言葉だ。私はこの言葉をもっと好ましい意味で用いている。教皇ウルバヌス八世が作った、この言葉の本来の意味で使うのだ。教皇はキリスト教信仰を広めるため、十七世紀にプロパガンダを目的とする大学を創った。私もクリスチャン作家として、この意味でプロパガンダに努めていることを一も二もなく認める。拙著の多くは、私が真実だと思う観点を読者に考えてもらうのが狙いだ。

プロパガンダからかけ離れた文芸に引かれるのを埋め合わせるかのように、多くのクリスチャン作家が、芸術からかけ離れた狡猾なものに引きつけられている。これは、ローマが燃えているときにバイオリンを弾くようなものではないだろうか。福音派の立場に立つ人たちの書いた小説はとりわけプロパガンダの方向に向かい（聖書の物語をフィクションにし、再臨を予告するまでして）芸術からかけ離れた傾向にある。

この芸術とプロパガンダの磁場のどこかで、クリスチャン作家（や画家や音楽家）は仕事をしている。一方の力は私たちをより低い芸術的次元に誘い、飾り気のないメッセージを説くようにいざなう。もう一つの力は、芸術的感性のゆえに、メッセージを覆い隠すか、変えてしまうようにといざなう。こうした緊張のただ中で生きてきたので、私はそれを常に確認するという健全な緊張感を覚えるようになった。

成功はしばしば極端とともにある。著者のプロパガンダの失敗が、キリスト教世界での成功になるかもしれない。けれども、実にゆっくりとキリスト教世界と世俗世界との裂け目は広がってゆくだろう。私たちがプロパガンダに傾き続けるなら、やがて自分たちばかりを対象としたものを書き、売ることになるだろう。その一方で、クリスチャン作家は、もっと広い世界の文字どおりの基準を取り入れることができなくなる。私たちの究極的なゴールは、自己表現ではなく、神を表現することなのだ。

——『開かれた窓』（一七三〜一七四頁）

＊　＊　＊

6月29日　テレビの教会

テレビの宗教番組は主流派のクリスチャンにとって、地元の教会でしばしば欠落している個人的な信仰に関わる興奮をもたらしている。番組の方針に強く反対する視聴者の中には、それでも、キリスト信仰を明言できる人たちの新鮮な姿に刺激を受けている人たちもいる。

視聴者がテレビのキリスト教番組の興奮と、受肉した教会のメッセージと働きとを混同するときは危険だ。派手なテレビと比べると、地域の平均的な教会は明らかに精彩を欠く。礼拝は退屈でメッセージも難しく、まとまりがないように思える。そして何より危険であると思うのは、他の人の経験に自らを重ねさせるというテレビの潜在的な影響力かもしれない。テレビで放映される教会は、泣きじゃくる子ども、落ち着きのないティーンエイジャー、耳の遠い祖父母、眠そうな会衆のいる部屋ではない。あなたの居間という、ずっと安全で、ずっと落ち着いた環境で礼拝が行われている。

テレビの教会を見ると、「△△のプログラムに参加しませんか」と声をかける人がいない。「教会学校の中学生クラスに注意を向けてください」と言う人もいない。「外に出られない人たちのために食事を作ってくださいませんか」と言う人もいない。そうしたなかで強く求められるただ一つのことは、毎月、感謝の献金を送ることだ。神の世界に至るどんな良い方法があるか。電子教会の会員なら、最新の衛星に献金することだと簡単に言いのけるかもしれない。その人自身がそこへ参加することに大きな意味があるかどうかなどと問うことはない。電子の福音宣教の驚くべき力と比べれば、一人の人間がささげる礼拝がいかに小さいものであろうかと思うだろう。

聖書はクリスチャンの実際の人生を描いている。そこには荒野を通る、長く、のろのろとした行程、無様な失敗、苦痛、戦いがあることが記されている。こうした点は、テレビではほとんど語られることはない。伝えられるのは、素早く要点だけを論じた前奏曲と勝利の結論だけだ。その結果、クリスチャンの人生は、常に喜びと成功にあふれたものとして語られるが、実際のところは私たちの予想に反したものなのだ。視聴者の経験はまちまちだが、人々は次第に惨めになり、苦しむようになる。あたかも信仰の魔法が解けるかのように。本質的に、電子の教会は、キリストのからだである教会の口であり、他の部分が欠けているのだ。

――『開かれた窓』（二〇〇～二〇一頁）

＊　＊　＊

6月30日　もう一つの山

親愛なるジャネット

コロラドに暮らす僕たちは山登りをする。次第にわかってきたのが、登山とは、一方の足をもちあげて、もう一方の足の前に置く作業だ。どれだけ呼吸が苦しくても、どれだけ足が痛んでも、やがては頂上に着く。

リフトに乗るような結婚もあるかもしれない。でも君と僕は山登りをしてきた。結婚は愛に基づくものであるが、その愛は、親やキリストの弟子に求められるような愛であることを共に学んできた。一歩一歩、一足一足、とにかく前進しようという決断の連続だ。だから結婚生活三百か月を記念するきょう、こんなに良い気分なのだろう。

別々の人生を歩もうかと考えたこともあった。結婚カウンセリングも受けた。苦労を重ねてきた。でもきょう、何より思い浮かぶのは――へりくだって神に感謝して言うのだが――そうした戦いから、大いなる善が手に入ったということだ。

田舎の南部を離れ、恐る恐るシカゴの繁華街に引っ越し、いろいろな国に出かけたが、二人でどこへ行っても、君はそこに適応して大きく成長しながら、だれの成長をも妨げない。君のそんなところが大好きだ。

シカゴで暮らした十二年間、君は高齢者に奉仕するプログラムで働いた。浴槽で足を滑らせ、三日後にようやく助けが来るまで横たわっていた女性。死と向き合う年老いた売春婦たち。君だけが彼女たちのために胸を痛めていたね。おんぼろ車で暮らしていた五人家族。あの人たちは君の子どもになり、君は一生懸命彼らの面倒を見ていた。

そして今、君はホスピスで働いている。解消されることのない緊張感、兄弟姉妹間の争い、患者がこん睡状態に陥り、死を待つようになったときにあらわになる、赦されていない傷。君はこうした人々にカウンセリングをし、話に耳を傾け、一緒に祈っている。

君の技術には驚嘆するが、忘れられた人々や苦しんでいる人々のため、君がその技術をささげる決断をしていることへの驚きのほうが、はるかに大きい。多くの人に知られる環境で書いている僕のほうが、たたえられることが多い。けれども人生の最後になって、僕の果たしてきたことの中で、君の働きを助ける環境を提供したことが、神様にとっては何よりも意義深いと思うことだろう。二人で山を登ってきた。君と僕とで。

——コラム「裏頁」、『クリスチャニティー・トゥデイ』一九九六年四月八日号（一〇四頁）

〔7月1日へ続く〕

7
月
July

7月1日　頂上からの眺め

〔6月30日の続き〕

昨年、出向いた先のオレゴン州ポートランドで、自由時間の使い方をあれこれ考えた。コロンビア川渓谷沿いに車を走らせ、滝をうっとり見つめる。ライトレールで繁華街に出て、オイスター・シチューを食べるのもいい。歩行者天国をぶらぶらして、カプチーノ・スタンドに寄る手もある。

結局、ホテルの部屋でルームサービスを頼み、原稿書きに勤しんだ。妻と生活を共にすること四半世紀、自分ひとりで楽しむことが難しくなった。離れているときは、ワーカホリックのように仕事に打ち込むほうがいい。わくわくする瞬間は、私の感性を呼び覚ましてくれた妻と分かち合うまでお預けにしたい。

ポートランドの薔薇や石楠花（シャクナゲ）に心を留めることを教えてくれたのは、君だった。小川や滝が見えると、君は水辺に足を延ばして靴を脱ぎ、つま先で水の冷たさを確かめていたね。道端の屋台で車を停め、新鮮な桃やラズベリーを買うことも君に教わった。それを教えてくれた君のいないところで、そんな楽しさを味わうのは裏切りのような気がする。

結婚する前は、相手の望むような人間になろうと、どちらも必死だ。若い女性は魅力的に見せようと努め、スポーツに興味をもとうとする。若い男性は植物や花に注意を向け、そっけなく答えるだけでなく、できるだけ質問もする。ところが結婚すると、その動きは適当になり、やがて減っていく。それぞれが自分の権利を主張し、どちらも自分を曲げて相手の意思に沿おうとはしなくなる。

ところが何年か経つと、その流れが再びかすかに反転する。相手の望むほうに喜んで自分を曲げようとする思いが生まれてくるのだ。二人とも成熟し、今回は相手をつかまえようとする欲求からではなく、四半世紀を分かち合ってきた相手を喜ばせたいとの思いから、そうする。この段階に達する前に別れてしまう夫婦のことを心から残念に思う。

世のならいとして、私たちにも危機は忍び寄ってきたが、この中年期もそれほど悪いものではない。私たち夫婦は世界に対しても、お互いに対しても自然体でいられる。人生に求めるものを二人で探ってきた。到達した結論の一つは、私たちは互いを必要としているということだ。山頂からの眺めは実に美しい。

――コラム「裏頁」、『クリスチャニティー・トゥデイ』一九九六年四月八日号（一〇四頁）

＊　＊　＊

7月2日　持続するぬくもりの輝き

バーノン・グラウンズに会ったのは、彼の六十五回目の結婚記念日の翌朝だった。その日、グラウンズはデンバー神学校の新キャンパスの起工式で重要な役割を担った。神学校の学長を二十三年務め、引退後は大学総長になった。キリスト教カウンセリングだけでなく社会活動のパイオニアでもあった。

霧雨の降る寒い日に、教室から図書館に向かって足早に歩く学生たちの群れが見えた。「ここの学生の多くが神の臨在を感じることに関心があるようです。常に日の当たる人生を歩みたいと期待しています。満足のいかない霊的生活について話す学生には、同じ問題と格闘したヘンリ・ナウエンや、自分を神の友だと一度も思わなかったルイス・スミーズのことを教えます。」

「神との関係が、常に一定の基準にあることを期待すべきではありません。私の言うことを信じてください。結婚生活が六十五年以上になりますが、いつまでも愛にうっとりしている状態ではありません。私の恋は、大きく燃え上がるかがり火のように始まりました。『君は僕の人生を明るくしてくれる』ってね。何十年か経つと、そのかがり火は、赤く燃える石炭の塊のようなものに落ち着いていきました。もちろん熱はいくらか冷めますが、炭には炭の良さがあります。マシュマロが焼けるし、足を温めることもできます。レベルの異なる関係が始まります。」

グラウンズは霊の高揚を何度か感じたと言う。だが、それは稀だった。信仰をもち続けたのは、主として神との関係を大切にしたからだ。夫婦関係を大切にしてきたように。「私は火のそばで足を温めます。」　グラウンズは六十を過ぎ、老いについて深く考えるようになると、ロバート・フロストの言葉、「衰えつつあるものから最大に学ぶには」を借用して祈り始めた。人生がまだ三分の一も残っているとは考えていなかった。

グラウンズは九十年の生涯で多くの試練を経験した。「望むものを何でも達成する力が神にあることを、私は確信しています。復活がそのことを証明しています。けれども、霊的な力が善の力を悩ませていることも信じています。私は神秘と逆説を受け入れます。私と同じくらい長生きすれば、あなたもそう信じるでしょう。ロバに乗って逆走した中国の哲学者のように、人間はあとになって初めて人生を理解するのです。」

――コラム「裏頁」、『クリスチャニティー・トゥデイ』二〇〇六年五月号（八八頁）

＊　＊　＊

7月3日　前もって信じること

最近、古い『タイム』誌の山をめくりながら、世界が三十年前と比べて、どれほど変容して見えるかに驚いた。当時の『タイム』誌は「氷河時代の到来」に関する記事を連載していた。今しきりに聞くのは地球温暖化だ。世界地図にはインドシナからアフリカまで共産主義の支配が広範囲に赤く塗られていた。エコノミストは、米国の圧倒的支配の終焉と、米国、ロシア、中国、日本、ヨーロッパの間で新たなグローバルな対等関係が築かれるだろうと予言していた。

もっと最近の二〇〇一年八月の雑誌に、アルカイーダやオサマ・ビン・ラディンの名を見つけることはできなかった。予言者たちは、テロとの戦いや冷戦の終結を含む、私自身の人生における決定的事件をどれも見逃していた。

未来を予言する私たちのお粗末な記録を顧みながら、聖書がしばしば待つという行為を核にしていることに驚かされる。ひとりの子どもを待ち望むアブラハム。エジプトからの解放を四百年も待ち続けるイスラエル人。約束された戴冠を穴の中で待ち続けたダビデ。自分たちに与えられた奇妙な預言の成就を待ち続けた預言者たち。イエスが力ある待望のメシアらしく行動するのを、じれったい思いで待ち続けた弟子たち。

ヨハネの黙示録の最後でイエスが放った言葉は、「わたしはすぐに来る」（二二・二〇）であり、その次に、火急の祈りが鳴り響く。「アーメン。主イエスよ、来てください」（同節）。この祈りはいまだ答えられていない。

第二次世界大戦中のドイツの収容所で、米国人捕虜が看守の目を盗んでラジオを作った。ある日、ドイツの最高司令部が降伏して戦争が終わったというニュースが流れた。ドイツ人看守らは、通信網が破壊されていたため、そのことを知らなかった。終戦の知らせが広まるや、祝福の歓声が沸き上がった。

三日間、だれが捕虜か見分けがつかなかった。捕虜たちは歌い、看守らに手を振り、ジャーマン・シェパード犬に笑いかけ、食事をしながら冗談を言い合った。四日目の朝、ドイツ人たちは門に鍵をかけずに、一人残らず姿を消していた。待ち続けた時間はこうして終わった。

ここで自問する。私たちクリスチャンは、なぜ恐れ、不安を抱いて現代の危機に向き合っているのだろうか。なぜ連合軍の捕虜たちのように、自分たちの信じている良き知らせに基づいて行動しないのだろうか。信仰とは、とどのつまり、あとになって初めて意味をもつことを前もって信じることではないだろうか。

――コラム「裏頁」、『クリスチャニティー・トゥデイ』二〇〇五年三月号（一一二〇頁）

*　*　*

7月4日　政治にできないこと

二〇〇八年、デンバーで民主党大会が開かれる三か月前に、国の昼食祈禱会で話をした。祈りに注意を集中させているその場所で、米国を新しい方向に導き、過ちを正す、と政治家たちがすぐに次々と約束を口にする。

目の前に集まっている指導者たちに何を語るべきかを考えていたとき、現代ドイツの哲学者ユルゲン・モルトマンの言葉を思い出した。民主主義はその市民に、民主主義が提供することのできない性質のものを要求する、という一節だ。政治家たちは、健全で自由で繁栄する社会という高尚なビジョンを掲げることができるが、それを下支えするはずの正直さ、あわれみ、個人的責任感等の性質は、どんな政府も提供することができない。

幸いにも、米国では共和党・民主党どちらの陣営の政治家も、信仰が健全な社会に果たす力強い役割をまだ認めている。信仰をもつ人々は、別種のビジョンを掲げる役目を担っている。地球は神の星であって、私たちの星ではなく、この星を修復できないほど傷つければ、神は泣かれるのだ。また、人の価値は、見た目や収入、民族的背景、市民権の状態ですらなく、神からの神聖な、侵すことのできない贈り物として与えられる。あわれみと正義――イエスの言葉によると、「わたしの兄弟たち、それも最も小さい者たち」（マタイ二五・四〇）への配慮――は、政治家や社会学者の同意する恣意的な価値観ではなく、私たちを人間という種に造られた神からの聖なる命令である、と。

クリスチャンが常にそのビジョンどおりに生きているわけでないことは、一も二もなく認めよう。この世と次の世、この人生と次の人生、その双方に関心をもち続けるのは難しい。最終目的地について語るより、旅をしている間の生き方を語るほうがはるかに多いことを覚えるべきだ。

神に対してだけでなく、神の創造物と、神の子どもたちに対しても献身する人々を、世界は必要としている。そして来たる世に対するように、この人生にしっかり関心をもつ人々、神の国と同じように地上の国に献身する人々が必要とされている。ユルゲン・ハーバーマスが言うように、自由な人間による民主主義は、その市民に必要な性質を別のところに探さなければならないからだ。

――コラム「裏頁」、『クリスチャニティー・トゥデイ』二〇〇八年九月号（一〇二頁）

＊　＊　＊

7月5日　恵みに癒された目

イエスはこの世との関わり合いの中で、八つの幸いで告げられている「どんでん返し」を実践された。この世では通常、金持ちや美男美女、成功者が敬われる。しかし神の恵みは、新たな論理で働く世界をこの世に導入する。神は、貧しい者、苦しむ者、迫害されている者を愛されるのだから、私たちもそうすべきなのだ。神の目には望ましくない者など存在しないのだから、私たちの目もそうあるべきなのだ。イエスはご自身を例に、エイレナイオスの言った、「恵みに癒された目」でこの世界を見よと私たちに挑まれたのだ。

その使命は、イエスのたとえ話に強調されている。イエスは貧しい者や抑圧された者を話の英雄になさることが多々あった。ラザロという貧しい男――イエスのたとえ話で唯一名前をもった人物――を主人公に描いた話もその一つだ。ラザロは金持ちの男に搾取されていた。最初、金持ちは贅沢な着物や食べ物を楽しんでいたが、物乞いのラザロは金持ちの家の門の外で、犬とともに傷だらけの身体を横たえていた。ところが死は彼らの運命をあっと驚くほど逆転させる。金持ちはアブラハムの声を聞く。「子よ、思い出しなさい。おまえは生きている間、良いものを受け、ラザロは生きている間、悪いものを受けた。しかし今は、ここで彼は慰められ、おまえは苦しみもだえている」（ルカ一六・二五）。

この手厳しい話は、経済的に低い階層に属する者の多かった初期クリスチャンの意識に深く染み入った。教会はしばらくの間、この新しい論理に従おうと懸命に働いた。その結果、初期クリスチャンが貧しい人々や苦しむ人々を助けると、それがローマ帝国で有名になった。クリスチャンは、異教を信じる隣人たちと異なり、友人を野蛮な捕獲者たちから快く買い戻した。疫病が襲うと、異教徒は症状の出始めた病人を見捨てたが、クリスチャンは介抱した。少なくとも初めの二、三世紀、教会はよそ者を受け入れ、裸の者には衣服を着せ、飢えた者には食べさせ、捕らわれている者を訪問するようにというキリストの命令を文字どおりに受けとめていた。

教会史家たちによれば、この良きわざはコンスタンティヌスの勝利に至るまで続行された。コンスタンティヌス帝はキリスト教信仰を公認し、帝国の正式な教会を設立した。その時点から、教会は貧困を精神の貧困ととらえ、「福祉」を皇帝に預けるようになった。そのうち教会自体が裕福な体制の一部となってしまった。

――『私の知らなかったイエス』（二四一～二四三、二五四頁）

＊　＊　＊

7月6日　第三世界の目から見る福音

イエスの話を読み、初代教会史を研究しながら、感動を受けつつ、困ったなとも思った。今日の教会は社会的に尊敬される人々の集まりとなっていて、不届き者はもはや歓迎されていないと感じている。イエスが明示した手本を考えると、これはどうしたことだろう。

私は現在コロラドに住んでいて、人種（白人）も社会階級（中流）もほぼ同じ人々が集う教会に通っている。新約聖書を開き、初代教会がバラエティーに富んだ土壌に根を下ろしていたことを知ると驚かされる。私たちに馴染み深い中産階級の教会は、福音書や使徒の働きに描かれている、社会から拒絶された人々が構成する多様なグループと、かけ離れている。

イエスの時代にいるつもりになって、その情景を思い描いてみる。貧しい人々、病んでいる人々、取税人、罪人、娼婦たちがイエスを取り囲んでいる。みなイエスの癒しや赦しのメッセージに感動している。裕福で力をもつ者たちは傍観者として立ち、イエスを試し、こっそり見張り、罠に陥れようとしていた。イエスの時代のこうした事実を知っていながら、米国のように富んだ国の中産階級が集う教会の中では、イエスのメッセージの革新的な核をあっけなく見失ってしまう。

自分の見方を正す一助として、第三世界のキリスト教を基盤とするコミュニティーで生まれた説教を読んだ。第三世界の目を通して見た福音は、米国の多くの教会で説かれている福音とはずいぶん違って見える。貧しい人々や無学な人々は、イエスが自らの使命について述べた箇所（「……貧しい人に良い知らせを伝えるため、心の傷ついた者を癒やすため、**主**はわたしに油を注ぎ、わたしを遣わされた。捕らわれ人には解放を、囚人には釈放を告げ……」）が、イザヤ書からの引用（六一・一）であることを必ずしも知っているわけではないが、それが本当に良い知らせであると思って聞いている。どんでん返しを抽象的概念としてではなく、神の約束した大胆な希望であり、弟子たちに対するイエスの挑戦として理解する。世界からどのような扱われ方をしようと、貧しい人々や病んでいる人々は、イエスのゆえに、神にとって好ましくない存在ではないと確信している。

――『私の知らなかったイエス』（二四三～二四五頁）

＊　＊　＊

7月7日　しゃくにさわる説教

友人のヴァージニア・ステム・オーエンズが、テキサスA&M大学の創作の授業で、山上の説教を題材にした短いエッセーを書く課題を与えた。バイブル・ベルトが横断しているテキサスだから、学生たちはこの主題には基本的に尊敬の念をもっているはずだとヴァージニアは思っていた。だが、学生たちの反応から、すぐにその考えが誤りであることに気づかされる。ある学生は、「私の意見では、宗教とは一つの大きな悪ふざけです」と書き、別の学生はこう書いた。「『書かれていることをすべて鵜呑みにすべきではない』という古い警句がありますが、それはこの場合にも当てはまります」と。

ヴァージニアは、教会学校で山上の説教を教わったときのことを思い出した。パステルカラーのポスターの絵には、興味津々で興奮した面持ちの子どもたちに囲まれて、イエスが緑の丘に腰を下ろしていた。怒りや嫌悪感を覚えるなど思いもよらないことだった。しかし学生たちの思いは違っていた。

「教会で説教されている内容はきわめて厳格で、楽しみについては、それが罪に当たるか否かだけしか考慮されない。」「私は『山上の説教』について書くのが嫌いだった。読むのが難しいし、完全な人などいないのに、自分は完全でなければならないという気にさせられた。」「この説教の要点はばかげている。女性を見ることが姦淫になるのだ。これほど極端きわまりなく、ばからしく、非人間的な主張は聞いたことがない。」

「このとき、元気が出てきたんです。」ヴァージニアはそのときの経験をこう書いている。「イエスなんて、ばか呼ばわりしてやればいいのだ――こうした思いには、何かこの上なく無垢なものがあります。……これこそ真実で、二千年の文化の霧に遮られていない、福音に対する原初的な反応でした。……聖書が、正直で無垢な者の耳には一世紀と同様、依然不快なものであるということに、不思議にも元気づけられました。私にとって、それはどういうわけか事の重要性を確認させてくれるものなのです。聖書に特徴的な辛辣な風味は、過去一世紀の間にほとんど失われてしまいましたが、聖書に無知な人がこれほど増えてしまった今、私たちは一世紀の最初の聴衆が置かれていたのとよく似た状況に放り出されているはずです。」

――『私の知らなかったイエス』(一九五～一九六頁)

＊　＊　＊

7月8日　神の考案されたセックス

現代の都市でセックスがこれほど幅を利かせているのは、なぜだろうか。ファッション、ビルボード、市バスの側面を飾る広告に顕著なのは、裸のジャングルにも決して見られないような性的関心だ。フランスの社会学者ジャック・エリュールは、セックスに対する現代の執着を、親密さの崩壊の症状ととらえている。セックスの物理的行為を関係性から切り離してしまったため、私たちにできるのは、一生懸命「テクニック」を完璧にしようとすることだけなのだ。それゆえ、セックスの研究、セックスマニュアル、セックスのビデオは増える一方だが、その中に私たちの痛みの真の源に注意を向けているものは一つもない。

しかし、もう一つの世界をささやく声も入り込んでいる。洗練された現代人の生活には、超越した存在がないことが多い。彼らは教会を避け、科学が宇宙の謎をほぼ解明したと信じている。しかしセックスは、還元主義の普通の原理にはあてはまらない謎だ。性欲を満たせば、さらに欲しくなる。どれほど知識が豊富でも、性欲の魔法は少なくならない。ヌーディストでさえ、ヴィクトリアズ・シークレットの下着を身に着けた妻に声をかけられたら興奮する。

社会がその神々もしくは神への信頼を失うと、より劣った力が生じ、神の地位に取って代わる。憧れは遮られると、新しい道を模索する。G・K・チェスタトンは言った。「売春宿のドアを叩く男は、みな神を探し求めている。」現代ヨーロッパや合衆国では、セックスは神秘的で超自然的な力のある、神聖に近い性質をもっている。私たちは自分にとって最もセクシーな人たちを選び、神や女神の称号を与え、その生活ぶりをもてはやし、肉体のデータを公に知らせ、カメラで取り巻き、報酬として金と地位を与える。セックスはもはや超越的なものを指し示してはいない。セックスは物そのものになり、神聖なものの代用品となっている。

ところが、教会が上品ぶって、人間の性欲の創造者であり創始者である御方を指し示す、超越的なものを力強く伝えるささやきを黙らせてきたのは、なおいっそう悪いことなのかもしれない。創造主は、大方の現代人の想像をはるかに上回る意味を性欲に込められた。私たちは実際、抑圧と否定によって性欲を神聖視してこなかった。そうしながら不器用に抑え込もうとすることで、虚偽の神が公に権限をもつようになった。性的な力は存続するが、その中にそれを設計した神を指し示すものを見る人は、無きに等しい。

――『「もう一つの世界」からのささやき』
（一〇七～一〇八、一一二頁）

＊　＊　＊

7月9日　良き人生

神を権威ある御方と考えることには、しばらく抵抗があった。子ども時代に抱いた厳格なイメージから受けた傷はあまりに深かった。多くの人たちと同じように、私も宗教を主として一連のきまり、この星の上に人間がなぜか従うよう義務づけられている、目に見えない世界から手渡された道徳規範と考えていた。だが、ちっぽけな星の上の生き物が神のきまりを守るかどうかが、なぜ神にとって重要なのか見当もつかなかった。聞こえていたのは、きまりを破ったら償いをすることになるという恐ろしい警告だけだった。

ところが最近になって、ときには喜んで権威に従うようになった。コンピューター・ソフトの調子がおかしくなると、サポートセンターに電話をかけ、技術者の指示に正確に従う。ゴルフのように難しいスポーツを習得したければ、レッスン料を支払う。そして怪我をしたり病気になったりすれば、医者に行く。

神と罪について考えるとき、医者のイメージを思い浮かべるのが、私にはいちばん役に立つようだ。人生の生き方について、神の意見を求める必要があるのはなぜか。医者の意見を求めるのと同じ理由だ。医者と自分は、私の健康という同じ目標を共有しているが、医者は優れた知恵と専門的な判断を授けてくれる。私はそれを信頼して医者に従う。最近では、罪を発癌物質やバクテリア、ウィルス、怪我とよく似た、霊の危険と考えるようになった。何としても、自分自身のために避けるべきものだ。私がこの世界で、萎縮し、抑圧された人生ではなく、最高の人生を送ることを神は望んでおられる。そう信じるようになったのだ。

「人体の不思議展」に行ったとき、展示されていた臓器のカタログを買った。健康な肺と、一日中煙草を吸っている人の肺を見比べたことのある医師なら、再び煙草に手を出そうとはしないだろう。喫煙したい誘惑を感じたら、このカタログの六六ページを開けばいい。人間が本来耐えられるように造られていないストレスに内臓をさらせば、肉体に大変な混乱をもたらすことを「人体の不思議展」の多くの展示物が物語っていた。罪について考えるときは、あの二組の肺を思い出す。罪もまた成長を妨害し、健康を損なわせ、新しい命の供給を妨げる。

——『「もう一つの世界」からのささやき』(一七六〜一七七頁)

*　*　*

7月10日　ひねりを加えた利益

子どものころ、罪について考えるのは恐怖だった。青年期には嫌悪した。しかし神を医者や愛情深い親として正確に思い描くことができるようになるにつれて、私の防波堤は崩れていった。かつては神を、風刺画の不機嫌な爺さんのように思っていた。だれにも楽しい思いなどさせてやるものかという明確な目的をもって、恣意的なきまりの表をつくりあげた爺さんだ。今の私には、そうしたきまりが神のためではなく、私たちのために与えられていることがわかる。

親ならだれでも、主として親に都合よく考えられたきまり(「私が電話しているときは黙っていなさい!」「自分の部屋を掃除して。おばあちゃんが来るのよ！」）と、子どものために考えられたきまり（「手袋をしなさい、帽子もね。外は氷点下なんだから。でも、まだ池でスケートをしては駄目！」）との違いを知っている。神のきまりは主として後者の範疇に入る。人類の創造主である神は、どうしたら人間社会がいちばん良く機能するかを知っておられるのだ。

この光に照らして十戒を見た。十戒は、主として人間の利益を考えてつくられた律法だ。「安息日は人のために設けられたのです。人が安息日のために造られたのではありません」（マルコ二・二七）。こう言ったときにイエスが強調しておられたのは、この原理だった。聖書はきわめて実際的な書物だ。私たちは隣人に情欲を抱いたり、他の人の財産をむやみに欲しがったり、働き過ぎたり、不当な仕打ちをした人々を怒りに任せてやっつけたいと思ったりすることがある。聖書は、人間がそのような誘惑に遭うことを想定している。要するに、人間の性質が私たちの触れるすべてのものに混乱をもたらすことを想定しているのだ。

十戒はどれも否定形で述べられているが、そのような混乱から身を守る盾を提供している。人間は動物とは異なり、基本的な本能に対して否と言う自由をもっている。否と言うことによって、私たちはある種の害を避ける。

結局、十戒はこの星の上での人生を、意味のある全体に織りなすものであり、その目的は、私たちが神のもとで平和で健康的なコミュニティーとして生きるようになることだ。今から三百年前、聖書注解者マシュー・ヘンリーは言った。「神は私たちの利益にひねりを加えるのを喜ばれたのである。私たちが神の栄光を探し求めながら、本当にそして十分に自らのまことの利益を探すように、と。」

——『「もう一つの世界」からのささやき』（一八二～一八四頁）

＊　＊　＊

7月11日　医者の命令

ナイフを振り回すマスクの男に出会ったことがある。といっても、それは整形外科医で、私は足の手術をしてもらったのだ。横になったまま過ごす回復期は、自分があえて選んだ痛みについてじっくり考える機会となった。痛い思いは、良い結果につながることもあれば、そうでないこともある。

診察を受けに行ったある日、時期尚早だがゴルフの試合に行かせてもらえないかと頼んでみた。「親しい仲間で年に一度だけ集まる、とても大切な試合なのです。スイングの練習もしてきました。使うのは上体だけで、両足と腰は動かさないようにすれば、試合に出ても差し支えなくありませんか。」

主治医は微塵もためらいを見せずに答えた。「向こう二か月ゴルフをなさったら、私はとても悲しく思いますよ。」

あとで医師のそのおかしな表現を妻に話し、冗談めかして言った。「主治医が悲しいかどうか、どうしてぼくが気にしなくちゃならないんだ。ぼくは彼の精神科医じゃないんだよ。」

要点は明白だった。自身もゴルフをする主治医は、私の欲求不満をよく理解していた。しかし、私にとっての最善を考えてくれていたのだ。患者が目先の楽しみに耽れば、医者は真実、悲しくなるだろう。完全な回復を危険にさらしかねないからだ。彼は、来年も再来年も、一生涯ずっと私にゴルフをしてほしいと思っていた。だから手術を終えたばかりの私が試合に出ることを認めなかったのだ。

私は医者の奇妙な言葉遣いに感謝するようになった。「ゴルフなど絶対に駄目です！」と命令されていたら、意固地に反抗したかもしれない。だが彼はすこぶる個人的な言い方で、それがどういう結果を招くかを示しながら、私に自由な選択を残してくれた。命令に従わなかったら、深く悲しみます。あなたの健康を回復させることが私の仕事なのですから、と。

神と罪について考えるとき、医者のイメージを思い浮かべるのが、私にはいちばん役に立つようだ。医者が私の肉体にすること――健康に導くこと――を、神は私の霊になさる。私は罪を、やかましい裁き人の決めた恣意的なきまりのリストとしてではなく、「自分たちのために」何としても避けるべき危険のリストとして見始めている。

――コラム「裏頁」、『クリスチャニティー・トゥデイ』
一九九九年十二月六日号（一〇四頁）

『「もう一つの世界」からのささやき』（一七四～一七七頁）

＊　　＊　　＊

7月12日　イエスと痛み

イエスは地上に来て、苦しみ、死んだ。その事実があるからといって、私たちの人生から苦痛が取り除かれはしない。しかしその事実が示すのは、神は何もしないで傍観し、私たちがひとり苦しむのを見ておられはしない、ということだ。神は私たちの一人となった。こうしてイエスにおいて、神は人間の苦しみに対するご自分の反応を、至近距離で直接見せてくださっている。神と苦しみとに関するあらゆる疑問は、イエスに対する私たちの知識を通して出てきたもののはずだ。

地上に来た神は、苦痛にどう反応されたのか。イエスは苦しむ人に出会ったとき、深くあわれみを覚えられた（あわれみ compassion は、ラテン語の pati と cum に由来する「共に苦しむ」という意味）。「飢えに耐えよ！　悲しみは呑み込め！」とは一度も言われなかった。直接求められて、痛みをお癒しになることが何度もあった。癒しを施すために、古い慣習を破られることもあった。長血を患う女に触れたときや、「汚れている！」という叫び声を無視して、社会から捨てられた人々に触れた時がそれだ。

イエスの反応のパターンから、私たちの苦しみを楽しく見ている神でないことが確信できる。イエスの弟子たちは、「神は心にかけてくださるのか」と問うて苦しむことはなかったのではなかろうか。イエスの顔を見ているだけで、弟子たちには神が心にかけておられることがわかったのだ。

そしてイエス自身が苦しみに直面したとき、私たちのだれとも変わらないような反応を示された。イエスは苦しみに後ずさりし、別の道はないかと三回尋ねられた。別の道はなく、イエスは初めて、最も人間的な意味で見捨てられた経験をされたのかもしれない。イエスが地上で過ごした最後の夜を描いた福音書の記事に、恐れ、無力感、希望との激しい戦いが感じ取れる。苦しむときに、だれもが対峙する領域だ。

地上で過ごしたイエスの生涯の記録は、「神は私たちの痛みをどう感じておられるのか」という問いに最終的な答えを与えた。神は痛みの問題について、言葉や理論で答えてくださったのではなかった。神はご自身を与えてくださったのだ。哲学は難しい事柄を説明しても、それらを変える力をもたない。イエスの生涯の物語である福音は、変化を約束している。

――『痛むとき、神はどこに』（二二五～二二六頁）

＊　＊　＊

7月13日　だれも教えられなかったこと

他者の痛みを尊重しようとどんなに頑張っても、全く無意味に思われる苦しみに出合うことがある。特に思い浮かべるのが、一人のアルツハイマー病の男性だ。父親の面倒を見ようとする娘は、かつて父親であった人の悲しい抜け殻に接して毎日激しい心の痛みを覚えている。知能指数が三十から四十の間という重度の障がい児のことも思う。その子はたとえ長生きをしても、専門家の高額なケアを受けながら、ベビーベッドにじっと横たわり、しゃべることも理解することもできずに時間を過ごす。

「彼らが生きていて何になる。彼らの人生に何の意味があるだろう。」ユルゲン・トロギッシュ博士は問うた。重度精神障がい者を診る小児科医だ。

博士は長年、その質問に答えることができなかった。ある年、新しい介助者を教育する入門コースを教えることになった。一年間の教育期間の最後に、若い介助者たちにアンケートに答えてもらった。設問の中には、こんなものもあった。「障がい児と全面的に関わるようになって、人生にどんな変化がありましたか。」

以下に、答えのいくつかを記す。

●人生で初めて、何か本当に意義あることをしていると感じています。

●以前はとてもできないと思っていたようなことも、今ではできる気がします。

●ここにいた間に、ザビーネに愛されるようになりました。障がい児と関わる機会を得てから、もう彼女を障がい児とは思わなくなりました。

●人間の苦しみに前より応えられるようになり、助けたい思いが生まれています。

●人生で本当に大切なものとは何かを考えるようになりました。
●忍耐力が強まりました。自分自身の小さな問題など、もうそれほど重要ではなく思えて、欠点の多い自分のことを受け入れられるようになりました。何より、人生の小さな喜びに感謝するようになりました。

トロギッシュ博士はこうした反応を読み返しながら、自身の疑問に対する答えに驚いた。あの子どもたちの苦しみの意味は、他者の人生、自分のヘルパーたちの人生の中で明らかにされつつあった。ヘルパーたちは、どんな洗練された教育システムも教えることのできない教訓を学んでいたのだ。

――『痛むとき、神はどこに』（二〇四～二〇六頁）

* * *

7月14日　なぜ耐え忍ぶのか

他者との関係と、神との関係とには、そもそも違いがある。食料品店で隣人にばったり出会う。「ジュディが離婚したよ。」そういえば最近、彼女から連絡をもらっていない。ジュディに会って、何かしようと思い立つ。生活状況を尋ね、子どもたちの様子を確かめ、教会に誘ってみるかもしれない。「ぜひジュディや子どもたちと一緒に過ごそう。」家に戻ってから食料品店での出会いを思い出し、妻に提案する。

ところが神との場合は順序が逆になる。私は神を「見る」ことがない。私が注意していなければ、神のことを思い出す視覚的な手がかりにばったり出会うなどということはまずない。注意するという行為、追求自体が出会いを可能にするのだ。キリスト教が、信頼と従順が最初に来て、知識は後からついて来ると常に主張してきたのは、そのためだ。

こうした違いがあるために、私はどんなふうに感じようとも、へこたれずに霊の訓練をし続ける。私は神を知りたい。そして神との関係を追求し続けるには、自分のやり方ではなく、神のやり方をしなければならない。

旧約聖書の預言者たちは、すこぶる率直に神を知るための条件を提示している。ミカ書の次の聖句もそうだ。「主はあなたに告げられた。人よ、何が良いことなのか。主があなたに何を求めておられるのかを。それは、ただ公正を行い、誠実を愛し、へりくだって、あなたの神とともに歩むことではないか」（六・八）。同様に新約聖書の書簡は、神への愛とは、神に対して愛をもって行動することを意味し、それによって関係が育まれ、成長に導かれる、と繰り返し語っている。神がわからないなら、神のみこころを行うのだ。みこころを行うことによって神を知るようになる。私は行動的な関係に入るが、それは、自発的にそうしたいと思うかどうかは別として、神と共に過ごすことであり、神が心にかけておられる人々のことを心にかけ、神の命令に従うことでもある。

トマス・マートンは問うた。「『あなた』〔訳注＝神〕のようになろうとしないで、どうやって『あなた』のことがわかるようになるでしょう。」 神は聖なる他者である。私が共通の言語を使わずにハンガリー人を知ることができないように、共通の地盤に立たずに神を知ることはできない。マートンは次のように付け加えている。

「謙虚な服従と愛によって、徹底的に自分を神に献げることによってのみ、私たちは啓蒙される。まず見て、それから行動するのではない。まず行動する。すると見えてくる。……だからこそ、はっきり見てから信じたいと望む人は、決して旅を始めることはない。」

——『見えない神を捜し求めて』（一一七〜一一九頁）

＊　＊　＊

7月15日　当たりまえのことの習得

神の臨在感が薄れるときや、人生が平凡であるがゆえに自分の対応の重要性を疑わしく思うときに、信仰は試みを受ける。私たちは、「一人の人間に何ができるだろう。私の小さな努力に、どんな意味があるというのか」と思う。

テレビで、第二次世界大戦の生存者へのインタビューをシリーズで放映していた。兵士たちは、ある特別の日をどう過ごしたか思い起こしていた。ある者は一日中、塹壕の中にこもり、一、二度、ドイツ軍の戦車が通りかかると、それを狙い撃ちした。ある者はトランプをして時間をつぶしていた。激しい銃撃戦に巻き込まれたのは数人だった。歩兵にとっては、他の日とおおむね同じように過ぎていった。しかし後日、自分たちが最大かつ決定的交戦に数えられるバルジの戦いに参加していたことを知る。当時はだれ一人、その戦いを決定的なものであると思っていなかった。別の場所で起きている大きな図式を知らなかったからだ。

普通の人々が自分に課された仕事をただ遂行していたときに大勝利が得られた。忠実な人は、自分が軍曹の指令に従いたい気分かどうか、あるいは退屈な仕事で目立ちたい気分かどうか日々思案するなどといったことはしない。私たちは目の前の仕事に応えて信仰を実践する。コントロールできるのは、今この瞬間の自らの行動だけだからだ。福音書の記者たちが公生涯に入る前のイエスの生活について詳しく書いていてくれたらと思うことがある。成人してからのイエスは、生活の大半を村の大工として働いて過ごした。イエスは繰り返しの多いその仕事に費やす時間の価値を問題視されたことはなかったのだろうか。

自分でも認めたくないほど、疑問はしばしば私を蝕む。聖書にある明らかな争いを、苦しみと不正を、クリスチャン生活の理想と現実の大きなギャップを疑問に思う。そういうときは足をひきずりながら歩く。信仰の習慣に頼り、それが真実「であるかのように行動」し、確信が与えられるよう祈り求める。最終的には与えられる確信、だが疑いが舞い戻るのを防いではくれない確信を。

――『見えない神を捜し求めて』(一一九～一二一頁)

* * *

7月16日　激しく対立するもの

アンドリュー・グリーリーは言った。「人が人生から不確実性、緊張、混乱、無秩序を抹殺しようとするなら、ヤーウェともナザレのイエスとも関わり合う意味がなくなる。」私は、神との関係は秩序、確実性、そして落ち着いた合理性を人生にもたらすものと期待しながら成長した。ところが信仰に生きるとは、ダイナミックな緊張を多く含むものであることを発見した。

教会史を通してキリスト教の指導者たちは、すべてを明確に定義しようとする衝動、行動と教理を正誤テストで答えられる原理に還元しようとする衝動をさらけ出してきた。しかし、この傾向が聖書の中に見いだせないのは重要なことだ。むしろ聖書に見られるのは神秘と不確実性で、この二つは、どんな関係においても見られる特徴だ。完璧な神と過ちを犯す人間との関係では、なおさらだ。

G・K・チェスタトンの神学の実質的な礎石となった忘れがたい言葉がある。「キリスト教は激しく対立する二つのものを一つにまとめる難事をやってのけた。しかもその方法は……二つのものを二つながらまったく生かして、二つのまま、激しいままに包みこむ方法だった」(『正統とは何か』春秋社、一六八頁)。異端はおしなべて、一方を犠牲にして、もう一方を支持することで生まれる。

逆のことを快く思わない教会は一方から他方へと傾くきらいがあり、それによって破壊的な結果がもたらされるのはよくあることだ。最初の数世紀に神学者たちが書いたものを読むといい。私たちの信仰の中心であり、完全に神であり完全に人でもあるイエスを理解しようとして書いたものだ。宗教改革の神学者たちの書いたものも読むといい。彼らは神の主権の堂々とした暗示を発見し、それから後に続く人々があきらめに至る運命主義に落ち着くことがないよう懸命に努力した。今日の神学者たちが書いたものを読むと、そこで論じられているのは、書かれた啓示の複雑性だ。聖書は神から私たちへの言葉だが、知性も性格も書き方も大きく異なる人々が書いたことが論じられている。

最初のものが最後になる。いのちを失うことによっていのちを得よ。愛がなければどんな働きも意味がない。あなたがたのうちに働くのは神なのだから、恐れおののいて自分の救いに努めよ。神の国は到来したが、完全に到来したのではない。幼子のように天国に入れよ。仕える者がいちばん偉大である。人があなたをどう思っているかではなく、あなたが他の人をどう思っているかによって自分の価値を測れ。最も腰を低くする者が最も高く上る。罪の増し加わるところでは恵みはそれ以上に増す。私たちはただ信仰によって救われるが、働きのない信仰は死んでいる。――こうした人生の深遠な原理はすべて新約聖書に書かれているが、いずれの原理にもきれいな論理的一貫性を汲み取ることはできない。

英国の牧師チャールズ・シメオンによると、「真理は中間にはなく、一方の極端の中にもなく、両方の極端の中にある」。私も渋々それに同意するようになった。

——『見えない神を捜し求めて』（一二二～一二三頁）

＊　＊　＊

7月17日　関わることで変えられる

霊的生活も人間の内部に組み込まれている能力だと思う。ただし、神との関係の中でのみ発展が可能な能力だ。アウグスティヌスは言った。「わたしはわたしの魂のなかにあなたを呼び求めるのであるが、あなたは、あなたがわたしの魂に注がれた願望によって、あなたを迎え入れるように、わたしの魂に備えをされるのである」（『告白』下、岩波文庫、一九九頁）。私たちはみなその能力をもってはいるが、たましいの願望は、私たちが神と関わり、そしてたましいの「やりとり」の技能を発展させるまで満たされることはない。こう考えると、新しく生まれるというイエスによる注目すべきイメージが完全な意味をもち始める。回心とは霊の現実とつながりをもつ過程であり、真新しいいのちの可能性を呼び覚ますものである。そして私たちは神の子どもとして、神や神の民との関係を通して自分になる。

私のクリスチャン人生にだれよりも影響を与えた人物というと、宣教師でもあった外科医ポール・ブランドだ。私は十五年という期間に、ブランド博士と一緒に三冊の本を書いた。彼とともにインドやイギリスを旅し、そこで彼の生涯における主要な出来事をたどり直した。何百時間も費やして、彼の医学や人生、神にまつわる経験について私の思いつくかぎりの質問をした。元患者、同僚、家族、手術室勤務の看護師たちにも会って話を聞いた。ブランド博士は善良で立派な人物で、私は一緒に過ごした時間をいつまでも感謝する。霊的成長における自分自身の信仰について書く自信のない段階にあったときも、彼の信仰について書くことにおいては絶対的な自信があった。

ブランド博士との関係のおかげで私は変わり、博士は私にとって霊的成長への通路となった。神との関係によってどこもかしこも強められている人という生きたお手本があったので、私の信仰は強められた。いま私は正義やライフスタイル、金銭のことを、主として彼の目を通して見ている。自然環境も違ったふうに見ている。人体、とりわけ痛みを全く異なった光の中で見ている。ブランド博士との関係は私の芯に、内側に、深く影響を与えた。それでも振り返ると、博士が自分の考えを押しつけたり、巧みに私を変えようとしたりしたという覚えがない。自分の世界と自分自身が、博士の世界および博士自身と出会ってから、私はいそいそと喜んで変わっていったのだ。

神との場合も同様のプロセスが起きると思う。私は神に関わることによって、クリスチャンとしての自分になる。神と接触したおかげで、神秘的かつしばしば描くのに難しい――しかし決して強制したり操作したりしない――仕方で、時間をかけて変わってきた。

――『見えない神を捜し求めて』(一四二～一四三頁)

＊　＊　＊

7月18日　観客は一人

『キャンパス・ライフ』誌で働く若いジャーナリストだったころ、アシスタント女性の机に置かれていた飾り板に、二行の詩が書かれていた。

あっという間に過ぎ去る　一度限りの人生
存続するのは　キリストのためになされたことのみ

それを読むたびに、はっとさせられた。だが、それが真理であると信じていても、どうしたら実行できるのだろうか。車のオイルを替えたり、テレビでシカゴベアーズのフットボールの試合を見たり、休憩時間に階下でおかしな話を交わし合ったり、ミシガン湖に出かける計画を立てたり、原稿をタイプしたりといったことは、キリストのためになされる行為だろうか。目に見えない世界への私の信仰が、どうしてこの目に見える世界の日々の生活に影響するのであろうか。

イエスによれば、自分が他者にどう思われているかは、たいした問題ではない。神にどう思われているかのほうがはるかに重要だ。他人から霊的な人だと認められるような公の場所でなく、父なる神だけがあなたをご覧になる、扉を閉めた部屋で祈るように、とイエスは言われた。他者のためではなく神のために生きるように、ということだ。私はいつも注目され、何かを達成したいと思っている。イエスは私を招いて、その競争から解放させようとなさる。究極的に重要なのは私に対する神の意見だけだと信じさせようとされる。

神秘家マダム・ギュイヨンによると、「宇宙には道徳生活の二原則がある。一つは、私たち、すなわち最も有限で個人的な善を中心に置く原則。もう一つは、普遍的に良い御方と呼ぶことのできる神を中心に置く原則である」。私の霊の彷徨は、管理センターを自分自身から神に移行させる努力であったと言えるだろう。

神という観客に向かって心から演じるならば、また、「自分は何がしたいのか」とか、「他人から認められるにはどうしたらよいのか」と問うのでなく、「神は私に何をさせるのだろうか」と常に問いかけたら、人生はどれほど違ったものになるだろう。私のエゴや競争意識は確実に色褪せるだろう。もはや他者に自分を示そうと悩む必要がないのだから。代わりに、人々が引きつけられたイエスのような生き方をして、神を喜ばせることに専心できるだろう。

――『「もう一つの世界」からのささやき』(九五～九六頁)

＊　＊　＊

7月19日　赦しというつまずき

心の停戦に合意しようとする人はみな、赦しという言語道断の行為に直面することになる。不当な仕打ちを受けていると思えば、私は相手を赦さない理由を百も考え出すことができる。「彼は反省しなければならない。」「ぼくは無責任な行動をとらせたくない。」「彼女にはしばらく思い悩んでもらおう。本人のためだ。」「行動には結果が伴うことを彼女は知る必要がある。」「こちらがひどい仕打ちを受けたんだ。だから、最初にこちらが動くべきではない。」「彼自身が悪いと思っていないなら、どうしてぼくに彼が赦せるだろう。」 疲れ果てるまで、こうした議論を延々と述べ立てる。ついに態度を軟化して赦そうかと思うとき、まるで白旗を出したように、確かな論理から感傷的なものへと飛躍したような気がする。

なぜそんな飛躍をするのか。クリスチャンとしての私をそのように動かす一つの要因は、赦してくださる父なる神の子どもとして、赦すよう命じられているからだ。そして少なくとも三つの実際的な理由を確認できると思う。

第一に、赦しだけが「恵みでないもの」の鎖を断ち切り、非難と痛みの循環に終止符を打つことができる。赦さなければ、人は自分が赦すことのできない人々に縛られ、彼らの罪深い力に抑えつけられたままになる。第二に、赦しは加害者の罪意識の支配を緩めることができる。自分に不当な仕打ちをした人を赦しながら、なおその行為に対して正当な懲罰を要求しているかもしれない。しかし、赦すことができれば、自分にも、不当な仕打ちをした人にも、赦しによる癒しの力が流れ込む。そして第三に、赦しは、赦す者を不当なことをした者と同じ側に立たせるという驚くべき結束を促す。そうすることで予想に反して、悪いことをした者と自分がそれほど変わらないことを私たちは認識する。「わたしもまた、自分でそうだと想像しているものとはちがったものです。このことを知るのが、赦しです」とシモーヌ・ヴェイユは言っている(『重力と恩寵』ちくま学芸文庫、二二二頁)。

赦し――全く不相応と思える――は束縛を断ち、罪の重荷を取り除く。新約聖書に描かれているのは、赦しの三つの儀式を通して、ペテロを優しく導いておられる復活のイエスだ。ペテロは、神の御子を裏切った男としておどおどしながら生涯を過ごす必要はなかった。そう、全くその必要はなかった。そして、そのように変えられた罪人たちを基として、キリストは教会を建てようとされたのだ。

――『この驚くべき恵み』(一一七～一一八、一二三、一二七、一二九頁)

＊　＊　＊

7月20日　十分な血

一九八七年、ベルファスト西部の小さな町において、復員軍人の日に戦没者を称えようと集まっていたプロテスタントグループの真ん中でIRAの爆弾が爆発した。十一人が死亡し、六十三人が負傷した。ところが負傷者の一人、ゴードン・ウィルソンの言葉が、このテロを数多くの他のテロ行為と全く別ものにした。ウィルソンは敬虔なメソジストだった。

この爆弾テロによってウィルソンと二十歳になる娘は一・五メートルもあるコンクリートと煉瓦の下敷きになった。「パパ、愛しているわ。」これが、マリーが救出を待ちながら父親の手を握りしめて語った最後の言葉だった。

新聞は後にこう報じた。「そのとき政治家たちが言ったことを、だれも覚えていない。しかし、ゴードン・ウィルソンの話を聞いた人は決してそれを忘れないだろう……。彼の恵みは、爆弾テロリストたちの哀れな言い訳の上に高くそびえ立っていた」と。ウィルソンは病院のベッドで語った。「私は娘を失いました。でも、不平は言いません。憤怒に駆られた言葉を発しても、マリーは戻ってきません。私は祈ります、今夜、そして毎晩。神が彼らをお赦しになるように、と。」

彼の娘の最後の言葉は愛だった。そしてゴードン・ウィルソンは、その愛の飛行機に乗って人生を生き抜く決意をする。ウィルソンがその週BBC放送のラジオで同様のインタビューを受けたとき、「世界が泣いた」と報道された。

ウィルソンは退院後、プロテスタントとカトリックの和解を目ざす改革運動を導く。プロテスタント過激派は報復爆撃を計画していたが、ウィルソンに対する世間の注目度があまりに高いため、報復行為は政治的に意味がないという結論を下す。ウィルソンは娘のことを本に書き、暴力反対の声をあげ、いつも「愛こそ決め手」という文句を繰り返した。IRAと会い、個人として彼らの行為を赦し、武器を捨てるように頼んだ。「あなたたちも私と同じように、愛する人を失ったことを知っています。」彼は語りかけた。「確かにそうです。でももうたくさんです。血はもう十分に流されました。」

アイルランド共和国は最終的にウィルソンを上院議員に選出する。彼が一九九五年に亡くなったとき、北アイルランドとグレート・ブリテン全体が、この一人のクリスチャン市民を称えた。彼が名誉を得たのは、類い稀なる恵みと赦しの精神ゆえだった。

――『この驚くべき恵み』（一四八～一五〇頁）

＊　＊　＊

7月21日　政治の悔い改め

一九九〇年、国際政治の舞台で赦しのドラマが上演される様を世界中が目にした。東ドイツで初の自由選挙が行われ、政権を担うべく選ばれた議員が招集された。共産圏は日々変化しており、西ドイツは、再統一という革新的な一歩を提案している。新議会には検討すべき国家の重大問題が山積していた。ところが議員たちが最初の公務として行ったことは、次のような意外とも思える声明を採択するかどうかを決めることだった。それは政治学用語ではなく神学用語で書かれている。

「ドイツ民主共和国初の自由選挙で選ばれたわれわれは……この国の市民を代表して、ユダヤ人の男性、女性、子どもたちに屈辱を与え、追放し、殺害した責任を認める。われわれは悲しみを覚え、慙愧の念を抱き、このドイツの歴史の責任を認識する。……国家社会主義の時代に、測り知れない苦しみが世界の人々に加えられた。……われわれは世界中の全ユダヤ人に赦しを請う。われわれはイスラエル人民に赦しを願う。東ドイツの公の政策がイスラエルに対して欺瞞と敵愾心をもってなされたことを。そして一九四五年以降も、わが国のユダヤ人市民を迫害し、侮辱を与えてしまったことを。」

東ドイツ議会はこの議案を全会一致で可決した。議員たちは立ち上がって、しばらくの間拍手をした。それからホロコーストで亡くなったユダヤ人に思いを馳せ、黙禱した。

何が議会にそうした行為をとらせたのか。もちろん、それで殺害されたユダヤ人が生き返るわけでもないし、ナチズムの犯した非道な行為が帳消しになるわけでもない。だが、このことは、半世紀近くも――政府が頑なに赦しの必要を否定していた五十年間——東ドイツ国民に息苦しい思いをさせてきた罪意識の締めつけを緩める一助にはなった。

西ドイツは、戦時中の忌まわしい行為に対し、すでに公式に悔い改めを行っていた。さらにユダヤ人に三兆円の補償金を支払っている。ドイツとイスラエルとの間にとにかく関係が成り立っている事実は、国境を越えた赦しを実証している。恵みは国際政治においてさえ、その力を発揮する。

——『この驚くべき恵み』(一五六〜一五七頁)

＊　＊　＊

7月22日　鎖を断ち切る

かつて共産主義者が支配した国でも、近年、赦しのドラマが目撃されている。

鉄のカーテンが上がる前の一九八三年、戒厳令下のポーランドを教皇ヨハネ・パウロ二世が訪れ、大規模な青空ミサを執り行った。教区ごとにきれいにグループ分けされた群衆がポニアトースキー橋の上を行進し、スタジアムへと進んで行く。橋のすぐ手前の道に、共産党中央委員会ビルがあった。人々はビルを通り過ぎるとき、声を合わせて何時間も歌い続けた。「あなたがたを赦します、あなたがたを赦します!」と。誠心誠意、そのように歌った人もいたが、軽蔑の思いを込めて叫んでいるような人もいた。「おまえたちなど目ではない。われわれはおまえたちを憎んですらいない」とでも言うように。

その数年後、説教でポーランドを興奮させた三十五歳の司祭イェジ・ポピェウシュコが、目をくり抜かれ、指の爪をはがされて、ヴィスツラ川に遺体となって浮かんでいるのが発見された。カトリックの信者たちは再び通りに繰り出し、「あなたがたを赦します。あなたがたを赦します」と書いた旗をかざして行進した。「真理を守れ。善をもって悪を克服せよ。」ポピェウシュコ神父はこれと同じメッセージを、毎日曜日に教会の広場を埋め尽くした群衆に説いていた。人々は彼の死後も、なお彼に従った。そしてついに、この広がりゆく恵みの精神がポーランドの体制を崩壊させた。

東ヨーロッパ中で赦しの戦いが今も行われている。

ロシアの牧師は、自分を投獄し、その教会を破壊したKGBのメンバーを赦すべきだろうか。東ドイツ市民は、密告者たちを――神学校の教授や牧師、不実な伴侶も――赦すべきだろうか。人権活動家ヴェラ・ウォレンバーガーは逮捕されて国外追放となったが、自分を裏切って秘密警察に密告したのが夫だとわかったとき、バスルームへ走って行って吐いた。「私の通ってきた地獄は、だれにも経験してほしくありません」と彼女は言う。

パウル・ティリッヒはかつて、赦しとは過去を忘れるために過去を覚えることだ、と定義した。これは個人同様、国家にも適用される原理である。赦しは決してたやすいことではないし、何世代もかかるかもしれないが、人間を歴史的な過去の奴隷にする鎖を切断できるものが、ほかにあるだろうか。

――『この驚くべき恵み』(一五七～一五九頁)

＊　＊　＊

7月23日　イエスご自身の身体

神は、シナイの荒野を放浪するイスラエルの民に奇跡的は方法で食べ物を与え、彼らの靴がすり切れることはないという保証までなさった。イエスも飢えた人々に食べ物を与え、人々の直接的な必要を満たされた。こうしたわくわくするような話を読んだ多くのクリスチャンは、一種の郷愁と失望を感じながら過去を振り返る。「神はなぜ今そうしてくださらないのか。」「なぜ奇跡的は方法で私の必要も満たしてくださらないのか。」

ところが新約聖書の手紙は、別の方法を示しているように思える。パウロは冷たい地下牢に閉じ込められたとき、長年の友人テモテに物質的な必要を満たしてくれるよう頼んでいる。「外套を持って来てください。また書物……を持って来てください」(Ⅱテモテ四・一三)。また、「マルコを伴って、一緒に来てください。彼は私の務めのために役に立つからです」(同一一節)。別の試練のとき、「神の慰め」をテトスの訪問というかたちで受けた(Ⅱコリント七章)。そしてエルサレムの飢饉のときは、パウロ自身が先頭に立って、自らが設立したすべての教会間で基金調達を行った（ローマ一五章）。神は、かつてイスラエル人の必要を満たしたのと同様に、若い教会の必要をも満たされた。けれどもそれは、ご自身のからだである教会を通して間接的に働かれたのだ。パウロは、「教会はこれをし、神はそれをなさった」というような区別をつけない。そうした区別は、パウロが常に主張した点を見落とすことになる。教会はキリストのからだである。だから、教会が何かをしたなら、それは神がなさったことなのだ。

パウロがこの真理を強調するのは、パウロ自身が劇的に神と出会ったことが関係しているからだろう。当時パウロは、クリスチャン狩りで悪名高い賞金かせぎで、猛烈な迫害者だった。ところが、ダマスコへ行く途中でまばゆい光を見、三日間目が見えなくなった。そして、天から声を聞いたのである。「サウロ、サウロ、なぜわたしを迫害するのか」（使徒九・四）。

あなたを迫害するですって？　だれを迫害するというのですか。私はただ、あのクリスチャンという異教徒どもを追っているだけですよ。

「主よ、あなたはどなたですか」（同五節）。サウロは地に打ち倒されたまま、そう尋ねた。

「わたしは、あなたが迫害しているイエスである」（同節）と答えが返ってきた。

この一文は、聖霊によってもたらされた変化を見事に要約している。イエスは、この出来事の何か月も前に処刑されていた。サウロが追っていたのはあくまでもクリスチャンであって、イエスではない。だがイエスはよみがえり、クリスチャンたちがイエスご自身のからだであることを告げた。クリスチャンを傷つける者は、イエスを傷つけている。パウロには決して忘れられない教えとなった。

――『神に失望したとき』（一七九～一八〇頁）

＊　＊　＊

7月24日　私が信じる理由

懐疑主義に浸っていた時代、私は上から劇的なかたちで介入されるのを望んでいた。何らかの方法で立証され得る、目に見えない現実的な証拠が欲しかった。信仰をもつようになると、そうした超自然的な介入はそれほど重要でないように思える。物質主義に基づいて人生を説明することでは、その現実を十分に説明できないと気づいたのが理由の一つだ。私は、目に見える世界と目に見えない世界とのかすかな関連性に注意を向けるようになった。恋愛を、単に生化学的誘因と説明したのでは不十分だと感じる。美や自然には、天才的な創造主のしるしを感じ取る。創造主への自然な反応は礼拝である。ヤコブのように、私もときどき夢から目覚めて気づくのだ。「まことに主はこの所におられる。それなのに、私はそれを知らなかった」(創世二八・一六)。

性欲も含めた欲望には、結びつきを求める神聖な希求のしるしがあると感じる。また痛みや苦しみには、全能の愛が永遠にとどまることのできない恐ろしい分裂を感じ、あわれみ、寛大、正義、赦しには、もう一つの世界のことを語り伝える恵みの性質を感じる。それらがないために傷ついた、ロシアのような場所を訪れると、特にそう思う。イエスの中に、始終変わらずにそうした性質を保った人を感じる。そのために世界はイエスに耐えられず、彼を黙らせ、亡き者にせざるをえなかった。そのような人を感じる。要するに、私は、目に見えない世界がこの世界に影響を与えているから信じるというよりも、目に見える世界が私の心を大きく感動させながらも、いまだ完成していると思えないゆえに、信じているのだ。

ある女性が自身の華々しい活躍を語った。フェミニストの先駆者だった彼女は、男性に支配されていた内分泌学の分野で名声を得る。ノーベル賞受賞者や世界の指導者たちと肩を並べ、だれよりも充実した豊かな人生を送った。しかし彼女は話の最後に言いきったのだ。「振り返ると、大事なのは、私が愛し、愛されてきたということ。他のことはみなBGMにすぎない。」

愛もまた、私が信じる理由だ。人生の最後に、これ以上大事なものがあるだろうか。パウロは書いている。「愛は決して絶えることがありません」(Iコリント一三・八)。「すべてを耐え、すべてを信じ、すべてを望み、すべてを忍びます」(同七節)と。彼は神の愛を描くことしかできなかった。人間の愛は神の愛ほど完璧なレベルには到達しないからだ。この世で味わってきた愛を通して私は確信している。完全な愛は、この星の悲しい話に満足することがなく、悪が征服され、善が支配するまで休むことも、完全な愛の対象をなくすこともない、と。完全な愛は、完全になるまで耐え忍ぶ。

――『「もう一つの世界」からのささやき』（二三三～二三五頁）

＊　＊　＊

7月25日　帰郷

妻のジャネットは、おそらく合衆国で最も貧しいコミュニティーであるシカゴ公営住宅団地の界隈で高齢者を介助する仕事をしていた。世話をした高齢者は、白人と黒人が半々だった。皆、二つの世界大戦、大恐慌、社会の大変動という厳しい時代を生きてきた七、八十代の人々であり、死を意識しながら生活していた。しかしジャネットは、死に向かう態度が白人と黒人で大きく違うことに気づいた。もちろん例外はあったが、一般的な傾向はこうだった。白人の多くは、恐れや心配をますますつのらせていった。生活や家族、衰えていく健康について不満をもらした。黒人はそれとは対照的に、つらい思いや絶望を味わってもおかしくない状態にありながら、ユーモアを失わず、活力に満ちていた。

この違いはどこから来ているのだろう。ジャネットは、答えは希望だと結論した。黒人の根底にあるのは、天国を信じる気持ちに直接由来する希望である。現代の天国のイメージを知りたかったら、黒人の葬式にいくつか出席してみればよい。雄弁な黒人説教者は、安らかで美しい天国の生活を語り、だれもがそこに行きたくてたまらなくなる。会葬者は当然、深い悲しみを感じているが、適切な悲しみ方をしている。終局がすでに決定されている戦いでの一時的敗北、中断としての悲しみを味わっているのだ。

たとえ地上の人生に困難があっても神に期待し、神を喜ぶようになった、これら軽んじられてきた聖徒たちにとって、天国に行くのは新しい場所を訪れるというより、長く待ち望んでいた帰省を果たすことに近いのだろう。彼らの人生において、八つの幸いは真実となった。痛みや崩壊した家庭、経済の混沌、憎しみや恐れ、暴力に捕らわれている人々――こうした人々にイエスは、健康で欠けたところのない、喜びと平和の約束を差し出しておられる。それはこの地上の時間よりはるかに長い、より実質的な約束だ。報いの時なのだ。

――『私の知らなかったイエス』（一六六～一六八頁）

＊　＊　＊

7月26日　性格の変化

高校時代、必死になって自分の性格を変え、再構築しようとしていた。何より南部の人であることが嫌でたまらなかった。『じゃじゃ馬億万長者』や『ヒー・ホー』等のテレビ番組には当惑し、リンドン・ジョンソン大統領が口を開いて「わが同朋アミュルカ人たちよ……」と言うたびに、恥ずかしくて身がすくんだ。一九六〇年代、米国南部の人間は時代遅れで無知で人種差別主義者だと思われている気がして、自分を南部から切り離したかった。

母音の発音をすべて矯正できたので、深南部で育ったと言うたびに驚かれるようになった。無知な田舎者を脱却しようと名作を読む作戦を立てた。南部の儀礼に「適切」だったり「妥当」であったりする行為はすべて避け、「本物」の行為だけを探し求めた。感情のしもべでなく主人となるべく、感情のコントロールに努めた。筆跡まで変え、一文字一文字をそれまでと違う書体で書いた。

大変身はおおむね成功し、その時から何十年も心地よく自分の性格としておさまっている。昔ほど傷つきやすくなくなり、より心を開き、柔軟になった。成長の過程で自然に身に着いたものではなかったが、ジャーナリストという仕事には便利な特性だ。自分で作り上げた個性の限界を悟ったのは、何年も経ってからだった。神にとって重要な多くのことについて、私は失敗し、惨めな思いをした。自己中心的で、喜びがなく、愛もなく、あわれみにも欠けていた。自制心を除けば、ガラテヤ人への手紙五章に挙げられている聖霊の九つの実すべてが欠落していた。これらの性質は、作ったりできないことがわかった。それらは内なる力、聖霊の指導のもとで育まれなければならないものだからだ。
それ以降、ガラテヤ人への手紙に記されたリストを一つ一つ定期的に祈ることにした。愛、喜び、平安、寛容、親切、善意、忠実、柔和、自制だ。私は愛を現しているだろうか、喜びを経験しているだろうか、平安を感じているだろうか、寛容だろうか。それらの性質の成長はすべて聖霊の働きの結果であることに、謙虚な思いで気づかされている。J・ハインリッヒ・アーノルドの言葉に全く同意する。彼は言う。キリストの弟子としてのあり方は、「私たち自身の行うことが問題ではない。神が私たちの中に住むことができるように、神のために場所を作るという問題なのだ」。

――コラム「裏頁」、『クリスチャニティー・トゥデイ』一九九九年十月二十五日号（一〇四頁）

＊　＊　＊

7月27日　より自分らしく

元文学教授（で映画『クイズ・ショウ』〔一九九四年、R・レッドフォード監督〕の主人公）マーク・ヴァン・ドーレンが、十三年ぶりにケンタッキーの修道院に昔の教え子トマス・マートンを訪ねた。ドーレンにもマートンの友人たちにも、マートンのどこが変わったかわからなかった。どんな力がニューヨークのパーティー好きの人間を、孤独と沈黙を旨とする修道士に変えたのだろうか。ヴァン・ドーレンは報告した。「もちろん少し年を重ねたように見えましたが、じっくり話をしていても、決定的に変わったところはわかりませんでした。それで、こう尋ねました。『トム、君はちっとも変わらないね。』すると彼はこう答えたのです。『なぜ変わることがあるのです。ここで求められるのは、より自分らしくあることで、自分らしくなくなることではありません。』鋭い意見で、そんなふうに正してもらって、とても嬉しく思いました。」

新約聖書は聖霊の支配を、地上における神の働きの絶頂と記しているが、その理由は、それ以前の記述と比べてみると、いくらかわかる。旧約聖書の時代、イスラエル人は恐れとおののきをもって、それを生業とする祭司の保護のもと、一連の複雑な儀式を通して神に近づいた。イエスの弟子たちは、イエスともっと深い個人的つながりがあったが、それにもかかわらずイエスの言葉をそれほど理解しなかったようである。弟子たちは最後まで、イエスの使命の意味を取り違えていた。ところが聖霊は、私自身のたましいに特に適したかたちで神の臨在を「具現化」してくださるのである。

ヘンリ・ナウエンはその生涯の最後に、祈りは彼にとって、「祝福に耳を傾ける」時になったと言った。「祈りの本当の『働き』は、沈黙して、私の良いところを語ってくださる声に耳を傾けることです。」自分を甘やかしているように聞こえるかもしれない、と彼は認めたが、自分が愛されている者であり、神がお住みになる神殿であると認識しているならば、そうではないのである。自分の良いところを語る声を聞けば聞くほどに、他者がどう反応するか、自分はどれほどのことを達成したかで自らの価値を判断しなくなるということだ。ナウエンは、飲み食いしたり、話したり愛したり、遊んだり働いたりする日々の生活の中で、内なる臨在が現れるようにと祈った。「人間のあらゆる称賛や非難を超えた」ところにしっかりと根ざしたアイデンティティー。ナウエンは、そのアイデンティティーによってもたらされる真の自由を探求した。

――コラム「裏頁」、『クリスチャニティー・トゥデイ』一九九九年十月二十五日号（一〇四頁）

* * *

7月28日　率直な告白

パウロのどの手紙にも、一つの問題が現れている。律法に何の意味があるのかという問題だ。パウロの手紙の読者の多くにとって、「律法」という言葉が表しているのは、旧約聖書の膨大なきまりや儀式を成文化したものだ。パウロはそうしたきまりに通じている。そして「新しい契約」や「キリストにある自由」について語り出すとき、ユダヤ人は常にその律法について、パウロがどう考えるかを知りたがっていた。

ローマ人への手紙の七章にはパウロの考えが正確に表されており、自身のことが記され、自伝的な章になっている。

パウロは律法を捨て去るようにとは勧めていない。

律法が基本的道徳律、神を喜ばせる理想的行為であることは明らかであるとしている。律法の利点が一つある。罪を暴露するのだ。「律法によらなければ、私は罪を知ることはなかったでしょう」(ローマ七・七)。パウロにとって、十戒などの律法は役に立ち、正しく、良いものなのである。

律法にはしかし、一つ大きな問題がある。人がいかに悪いかを証明するが、人を少しもより良い者にしないのだ。当時の律法主義のイスラエル人として、パウロはすこぶる繊細な良心を育んだが、彼自身はっきりと述べているように、それは主として罪意識に閉じ込めるだけなのである。パウロは告白している。「私は本当にみじめな人間です!」(二四節)。律法は自らの弱さをあらわにするが、それを克服するための力を提供することはできない。律法の——どんなきまりも——行き着く先は袋小路なのだ。

ローマ人への手紙七章には、不完全な人間が完全な神に献身するときに起こる戦いが鮮烈に描かれている。「しつこいこの罪を、取り除くことなどできるだろうか」と思うクリスチャンならだれでも、パウロのこの率直な告白に慰めを見いだすのではないだろうか。神の規準に向き合うと、すべての人が無力感に襲われるが、そのことこそパウロのポイントだ。どんなきまりも、罪意識や失敗の恐ろしいサイクルを断ち切ることはできない。私たちには、「古い文字にはよらず、新しい御霊によって仕え」(六節)るために外部からの助け手が必要なのだ。パウロはその助け手をローマ人への手紙八章でほめたたえている。

——『聖書に出会う』(五九四頁)

＊　＊　＊

7月29日　内なる神

ローマ人への手紙八章のテーマは聖霊だ。パウロはこの章で聖霊が個人の生活をいかに変え得るかを概観している。

八章の冒頭で、パウロは取り上げてきたしつこい罪の問題に決着をつけ、「罪に定められることは決してありません」(一節)と宣言している。イエス・キリストはその生と死を通して、「罪の問題」を永遠に解決された。

　他の箇所（四章）では、そのプロセスを銀行業の言葉を用いて説明している。神は私たちのためにイエスご自身の完全さを「お認めになった」。私たちが自分の行いではなく、イエスの行いによってさばかれるように。同様に、神はイエスの十字架の死を通し、私たちが受けるに値するあらゆる罰をイエスに負わせられた。この和解において、人間は罪ののろいから解放され、汚れのない勝者となった。

　そしていつものようにパウロは、最も素晴らしい知らせを伝える。死がイエス・キリストを支配することはないということである。パウロは、キリストを死者からよみがえらせたその力が、私たちを「活気づける」ことに驚嘆する。聖霊はいのちを与えるものであり、七章に描かれている死に至るような暗いパターンを、聖霊だけが崩壊させることができる。

　なるほど聖霊はすべての問題を取り除きはしない。けれども、この「内なる神」は、私たちに不可能なことを、私たちのためになすことが可能である。聖霊は、私たちが神と関わるとき、私たちのすぐ横で働いてくださる。弱さの中にある私たちを助け、私たちが何を求めればよいかがわからないとき、私たちのために祈ってもくださる。

　パウロの言い方をすれば、信仰者それぞれの内側で起きていることが、歴史の中心的な事件なのである。「被造物は切実な思いで、神の子どもたちが現れるのを待ち望んでいます」（同一九節）。なぜか私たちの霊的な勝利が、「うめいて」いる被造物の解放と癒しをもたらす助けになるというのだ。使徒パウロは高まる感情を抑えきれずに、そうしたことに思いを巡らしている。パウロは八章の終わりで、どんなものも、本当に何一つも、私たちを神の愛から引き離すことはできないと、力強く宣言している。

——『聖書に出会う』（五九六頁）

＊　＊　＊

7月30日　音量を上げる

　聖書の中で最も明るく希望に満ちた書簡——ピリピ人への手紙、コロサイ人への手紙、エペソ人への手紙

――は、意外にもパウロがローマで軟禁されていた時期に書かれたものである。それには十分な理由がある。牢獄が貴重な時間を提供したからだ。パウロはもはや、敵のしかけた炎を踏み消しながら町から町へ旅をせずにすんだ。まずまず快適な環境に置かれ、人生の意味について深く思索することもできた。

キューバの刑務所で十四年を生き抜いた人が、元気でいる秘訣を語った。「最悪なのは単調さでした。窓のない独房だったので、ドアに窓があると思うことにしました。峡谷からの水が岩に滴り落ちる山の絶景を心の目で『見て』いました。私には実にリアルなことだったので、独房のドアを見るたびに、その風景が自然に立ち現れました。」

エペソ人への手紙は、使徒パウロが、軟禁先の退屈さを超えて心をさまよわせながら、何を「見て」いたかということの手がかりを提供している。まず、残してきた教会の霊の成長を思い描いている。このくだりはエペソの教会の活力に大いに感謝するところから始まっている。それから「あなたがたの心の目」(一・一八)を開かせ、神の「限りなく豊かな」恵みが、より明瞭に見える目をもたせようとする。

エペソ人への手紙は、驚くほど良き知らせに満ちている。その中で、パウロは最大の問いを投げかける。神はこの世界にいったいどんな目的をもっておられるのか。置かれている状況から、はるか上に目を向け、より大きな問題、宇宙的規模の問題に注目する。そして声を大にして神の愛の計画に言及するとき、嘆きのような低い響きは微塵も表さない。

落胆したり、神は本当に心にかけておられるのかと疑問に思ったり、クリスチャン生活をあえて送る価値はあるのかと疑いの念をもったりするときに、エペソ人への手紙は優れた強壮剤になる。すべての人が使える「キリストの測り知れない富」(三・八)が処方されているからだ。

――『聖書に出会う』(六一三〜六一四頁)

* * *

7月31日　人間のサイクル

フランスの社会学者ジャック・エリュールは現代世

界を観察して、驚くべき流れに目を留めた。キリスト教の福音が社会に浸透すると、かえって、福音と矛盾する価値観を生み出す傾向があるというのだ。この不思議な展開はどうして起こるのか。

ワシントンDCの「救い主の教会」の創立牧師ゴードン・コスビーの著作に、一つの手がかりを見つけた。コスビーは、「熱心なキリスト教コミュニティーは、強い献身意識をもって始まり、規律ある生活を送る。献身と規律を中心にしてまとまったグループは、豊かさを生み出す傾向にあるが、まさにその成功こそがついには規律を破壊し、耽溺と退廃に至る」と記している。

コスビーはこのパターンを、「修道院のサイクル」と呼んでいる。初期のベネディクト修道会の人たちは懸命に働いて森を切り開き、土地を耕し、余剰資金を排水、家畜、種苗に投じた。ところが六百年後、「ベネディクト会の修道院は実質的に霊的な組織であることをやめていた。彼らは上流階級の人々のために確保される大学の閑職に就いていた」と、歴史家ポール・ジョンソンは言う。大修道院長は今や、その贅沢な生活様式を維持するために、修道院の歳入の約半分を使い込んでいた。その時代のベネディクト会の人々の大半が「冒険心に欠けた上流階級の寄生虫」になったとジョンソンは見ている。

ドミニコ会、イエズス会、フランシスコ会もこのサイクルをなぞった。まず献身と規律が突発的に登場し、豊かな時代となり、それから耽溺へ向かい、改革者たちが現れて創立者の理想を復活させるのだ。プロテスタントの改革者たちも同様な挑戦を行った。

旧約聖書が述べているように、あらゆる国が同じパターンに陥り得る。「修道院のサイクル」というよりも「人間のサイクル」と呼ぶべき傾向かもしれない。そもそもアダムとエバも楽園には短い期間しか滞在せず、それ以来、人間は繁栄と成功をしっかりと取り扱う能力に著しく欠けていることを示してきた。私たちは困ると、神に顔を向け、事態が好転すると神を忘れる。

この傾向を数多くの国に見て、私はイエスが富について警告を発し、貧しい人々や迫害されている人々を「幸い」と呼んだ理由がわかるようになった。困窮した人々は絶望の底から神のほうを向く。その一方で、私は自分の生きている社会を心配している。この社会は主として富と力に依拠しており、空きスペースは娯楽で埋めている。豊かな時代に生きる私たちに、「修道院のサイクル」を打ち破る方法を見つけることはできるのだろうか。私たちの未来の健康は、この問いの答えにかかっているのかもしれない。

――コラム「裏頁」、『クリスチャニティー・トゥデイ』二〇〇九年九月号（一〇四頁）

8月
August

8月1日　「やあ、エバンジェリコス！」

海外から戻った後に『タイム』や『ニューズウィーク』に書かれている米国福音派の人物像を読むと、悲しくなる。米国ではすべてのことが結局は政治に集約され、それはたいてい分断を意味している。多くの米国人の見る福音派は、いくつかの道徳上の問題にこだわる、一枚岩の有権者集団だ。福音という言葉は、世界の多くの場所で活気と熱情にあふれ、「良き知らせであること」を表すが、福音派はその本質をとらえそこなっている。

アフリカの福音派は四人に食べ物を差し入れ、エイズ孤児の面倒を見、アフリカの指導者を多く輩出するミッションスクールを運営している。アフリカやアジア、ラテンアメリカの福音派は、現地の人々がミシンや鶏を買えるよう、零細企業向け融資制度を設けている。過去五十年、福音派の団体が支える米国人宣教師の割合は、四十パーセントから九十パーセントに上昇している。

ブラジルのサンパウロにあるスペイン語使用地区を訪れた私の友人は、麻薬密売組織の手先が自動小銃を抱えて近隣地域をパトロールしているのを見て不安を覚えた。通りは徐々に狭くなり、未舗装の道になった。プラスチックの水道管が頭上にぶらさがり、ひとかたまりのワイヤーが高圧線から電気を引いていた。汚水の悪臭が立ち込めていた。自分の縄張りに怪しい外国人が侵入して来たが、あいつは麻薬取締官か、それとも秘密捜査員か。そんなふうにブリキの掘っ立て小屋からにらみつける目を見て、不安はいっそうつのった。ところが友人のTシャツの背中に地元のペンテコステ教会のロゴを見つけた組織のボスは、渋面を満面の笑みに変え、「やあ、エバンジェリコス！」と叫んだ。同教会がスペイン語地区の住民の生活を長年助けてきたため、外国からの訪問者も、いま大歓迎されたのだ。

米国でも、主流派のプロテスタント教会が衰えても、福音派は栄えている。社会問題と取り組む目的で、第二次世界大戦以降、五百ものキリスト教団体が生まれたが、その多くに福音派の職員がいる。シカゴ郊外のウィロークリーク・コミュニティー教会と、南カリフォルニアのサドルバック・コミュニティー教会をベースとするメガチャーチは、主要都市にも生まれている。所属を見極めにくい「新興教会」は、ポストモダン世代への伝道を展開している。最近のある調査によると、米国で急成長を遂げている上位百の教会中九十三が、福音派を名乗っている。

――「活気あるまだらなモザイク」、『クリスチャニティー・トゥデイ』二〇〇五年六月号（三八頁）

＊　＊　＊

8月2日　道に書かれた言葉

「祈りについて本を書いているのなら、しばらくホームレスの人たちのところに通ってみたら。」ベテランのスラム地区伝道者である妻に言われた。「路上生活者は、贅沢のためではなく、必要だから祈るのよ。」

なるほどと思った。そしてホームレスの人々のために作られたデンバーのコーヒーハウスを訪れたとき、彼らの現実的な祈りに強い印象を受けた。主の祈りに実によく似ていたのだ。「われらの日用の糧を今日も与えたまえ。」食べ物がなくなって祈っていると、ブリトーや手つかずのピザを見つけた経験が、だれにでもあった。「悪より救い出したまえ。」物騒な通りに暮らす信仰者たちにとって、それは日々の祈りだった。「われらの罪をも赦したまえ。」彼らは心の奥底に、人に言えない恥や後悔の念を抱えていた。

熟練カウンセラーのジョンが言った。「路上生活者にファンダメンタリストがこれほど多いとは驚きでしょうが、当たりまえのことです。救護所に行くたびに、地獄の業火の説教を聞かされます。あなたは罪深く、価値がないというメッセージばかり受け取っているのです。」

二十年の伝道生活から、路上生活者はファンダメンタリストと同様、大きな「愛着障がい」を抱えている、という理論をジョンは打ち立てた。彼らは子どものころに両親をはじめ人々との絆が作れず、神との絆も作ることができなかった。自ら関わったり、他者に心を開いたり、信頼したりすることが困難で、世界を危険で、怖くて入り込めない場所だと思っている。

ホームレスの人々と時間を共にしてから、祈りの新しい意味を知った。安心して秘密をもっていける場なのだ。連れ合いや信頼できる友人に恵まれれば、秘密を分かち合うことができる。たとえ分かち合えなくても、神がおられる（私たちがまだ生きていて、愛されているという事実は、どんな秘密を打ち明けても、私たちが考えている以上に神は寛容であるということを示している）。

ジョンは言った。「愛着障がいについて間違っていなければ、私に提供できる最善の伝道は、長期にわたる関係を築くことです。何か月も何年もかけて、路上生活者が私のことを、自分の秘密を打ち明けられる人間だと信頼してくれることを願っています。そしてホームレスの人々と向き合う人たちには、食べ物や金銭よりも、目を合わせることが大切であると伝えています。彼らは他の人と、どんなかたちでもつながる必要があります。自分が価値のある人間であると見てくれる人とつながる必要があるのです。」

――コラム「裏頁」、『クリスチャニティー・トゥデイ』二〇〇六年一月号（八〇頁）

＊　＊　＊

8月3日　望まれない病

重い病に付随する社会的不名誉を、イエスは知り尽くしておられた。レビ記の律法は、ツァラアトに冒された者は町の外に住み、だれからも二メートル離れ、埋葬に行く会葬者の衣を着るようにと定めていた。そうした社会から見捨てられた者が群衆の間を歩くとき、人々の間に憤慨が広がったことが容易に察せられる。人々はその人から遠ざかったに違いない。男はイエスの足もとに身を投げ出してこう言った。「主よ、お心一つで私をきよくすることがおできになります」（ルカ五・一二）。

この場面について、マタイ、マルコ、ルカは異なった説明をしているが、三者とも度肝を抜くような同一の文を入れている。「イエスは手を伸ばして彼にさわり……」（マタイ八・三、マルコ一・四一、ルカ五・一三）。群衆は息をのんだに違いない。モーセの律法は、そうした行為を禁じていなかっただろうか。病に冒された男は身を離したかもしれない。温かい人間の肌と触れ合う感覚が奪い去られて何か月、いや何年が経っていたことだろう。イエスが触れたとき、安らぎをなくした病気の状態に終止符が打たれた。平安が取り戻されたのだ。

病気に対するイエスの対応は、彼を中心につくられた教会にある型を与え、クリスチャンはイエスを手本として、病人、貧しい人々、社会から見捨てられた人々の世話をした。ハンセン病患者の場合、教会はときに「神ののろい」のメッセージや惨めさを加えることもあったが、同時に個々人が立ち上がって治療の道を切り拓きもした。修道院は献身的にハンセン病患者の世話をした。この病が科学的な突破口を見いだすのは、宣教師たちによるところが大きかった。率先してハンセン病患者に尽くしたのは、宣教師だけだったからだ。

マザー・テレサのもとで働く修道女たちは、コルカタでハンセン病患者のためのホスピスも診療所も運営している。マザーはこう言ったことがある。「ハンセン病のような病気にかかった人々のための薬を、私たちは持っています。しかしこうした薬は、『必要とされない』という、患者のいちばん大きな問題を治療しません。それを治療するものを、私のシスターたちが提供したいと願っています。」マザーによると、病人や貧しい人は、物質的な欠乏よりも拒絶される苦しみを抱えていることのほうがずっと多い。「オーストラリアのアルコール依存症患者は言いました。通りを歩いていると、向かって来る人の足音も、通り過ぎて行く人の足音も、どんどん速くなる。孤独、そして必要とされていないと感じることは、何よりも悪質な貧困です。」その必要に応えるには医者でなくてもいいし、奇跡を起こす人でなくてもいい。

――『私の知らなかったイエス』（二六八～二七〇頁）

＊　＊　＊

8月4日　どちらが易しいか

イエスに会いたくて仕方がなかったので、屋根に穴をあけて、そこから自分を吊り下ろしてくれと四人の友だちに頼んだ、身体の麻痺した男の話が福音書に書かれている。人生を水平に過ごしてきたこの男に、垂直の光栄に浴する一瞬が訪れようとしていた。

イエスは邪魔されることを喜ばれたようだ。ずば抜けた信仰は、いつでもイエスを感動させた。そして、男四人がかりの取り壊し工作班はそれを証明していた。しかし、見物人たちはイエスの反応に戸惑った。イエスは「彼らの」信仰を見て――この癒しに四人の友だちが果たした役割を強調して、複数形になっている――言われた。「子よ、あなたの罪は赦された」(マルコ二・五)。

だれが罪のことなど言っただろうか。それに彼らを赦すイエスとは何者だったのか。

イエスは謎めいた言葉でその議論を静まらせたが、そこには肉体の癒しに対するイエスの見方が垣間見える。「『あなたの罪は赦された』と言うのと、『起きて、寝床をたたんで歩け』と言うのと、どちらが易しいか」(同九節)。肝心な点を証明するかのように、イエスがほんのひとこと言葉をかけると、身体の麻痺した男は立ち上がって床を巻き上げ、歩いて家に帰った。

イエスには癒すことのできない病気もなければ、変えることのできない先天性欠損も、追い出すことのできない悪霊もなかった。しかし、罪の赦しには受け手の意志による行為が必要であり、神の恵みと赦しを力強く説くイエスの言葉を聞いた者の中にも、悔い改めないまま去って行く者がいた。

「人の子が地上で罪を赦す権威を持っていることを、あなたがたが知るために」(同一〇節)。イエスは男を癒すとき、懐疑論者たちにこう宣言された。それは、「より高い」御方に「より低い」者が仕えていることを明確に表していた。イエスは、霊の平安を欠く病気のほうが、単なる肉体の病よりも深刻であることを知っておられた。癒された者もみな、最後は死ぬ。それで、どうなるのか。イエスは何よりも、この世の細胞ではなく、この世のたましいを癒すために来られたのだ。

物質的な身体の中に生きている私たちは、なんと簡単に霊の世界を軽んじてしまうことだろう。イエスは、偽善、律法主義、思い上がりといった問題に時間を多く費やされたが、そうした「霊的」な問題の癒しに献身しているテレビ伝道師を見たことがない。逆に肉体の病気に重点を置いている伝道師はたくさん知っている。しかし、こうして自己満足を感じ始めるや、肉体にほんのわずかの期間でも苦しみがあると、自分がいとも簡単に音を上げること、また罪のことではほとんど悩まないことを思い出した。

――『私の知らなかったイエス』(二七一～二七四頁)

＊　＊　＊

8月5日　旅先で聞こえてきたこと

昨秋、町から町へスーツケースを追いかけながら英国と米国を旅し、祈りについて書いた新刊書を紹介して回った。その途中、教会を見渡してきた。

英国のクリスチャンは米国のクリスチャンよりも信仰に対して真剣であるように見える。英国の聴衆は、語られる内容に熱心に耳を傾け、米国では娯楽をまとった説教の受けがよい。

CNNによれば、クリスチャン、とりわけ福音派の人たちは、政治家が巧みに取り込んでいる組織票となる。しかし私は、それとは全く異なる数多くの福音派の人たちと出会ってきた。ペンシルベニアのホームレスや、ニュージャージーのスラムにいる中途退学者たち、ハーバードのアジアからの留学生、シリコンバレーの経営者たちのために献身的に働いている。開発途上国に赴任する宣教団は言うまでもない。

世界は苦痛に満ちている。教会は欠点や失敗も多いが、傷をもってくる場所、そして破壊や戦いがあるときに意味を探す場を提供している。ある老人が足をひきずって歩きながらつぶやいた。「神は私にパーキンソン病をお与えになった。私の祈りを神が聞いておられるか、どうしてわかるだろう。」ある女性は、十九歳の娘が夫から虐待を受けていたときに、絶望のうちに祈ったと語った。自殺の話、先天性欠損症の話、トラックに轢かれた子どもの話、レイプされた若者の話も聞いた。按手礼を受けて牧師となったある女性は、一歳半の息子を亡くしてから祈れなかった暗い時期の話をしてくれた。彼女はある日こう叫んだ。「神様、このまま死にたくありません！　あなたとのコミュニケーションが断ち切られたままで！」それでも再び祈ることができるようになるまで半年以上かかったという。

ある集会で、二十歳の若者がマイクのところまでやって来て、私に向かって「山をも動かす信仰という聖書の約束を、あなたは文字どおりに受け取っていませんね」と言った。「私にはそうした子どものような信仰がもっと必要ですね。でも苦しんでいる人たちに、『あなたの信仰は不十分です』などと言って傷つけることもできません」と言葉を返した。苦しみの中にある人たちから、人生は解決すべき問題ではなく、生きていくうえでの神秘であることを学んでいる。祈りが提供するのは、確かな保証ではなく、その神秘をひとりで生き抜く必要はない、という約束なのだ。

――コラム「裏頁」、『クリスチャニティー・トゥデイ』二〇〇七年三月号（一二〇頁）

＊　＊　＊

8月6日　ウェスレーとの旅

英国旅行の最中、疲れ知らずの伝道者がその日々を綴った『ジョン・ウェスレーの日記』を朝読むことにした。たまたまその朝読んでいたウェスレーの旅先を、その日の夜に訪ねることになった。

ところが、なんという違いだろう！　私は快適な車に乗って町から町へ移動し、恵まれた聴衆の前でチケット制の夜のイベントで話をした。ジョン・ウェスレーは雨や雪の降るなか、馬に乗り、広場に集まった大群衆に向かって一日に四回も五回も説教し、憤慨している反対者たちとも向かい合った。

ウェスレーの『日記』を読み終えたとき、その体力、簡素な生活スタイル、英国中に生まれた多くの信仰者への全き献身に感銘を受けた。その一方で、ウェスレーが身の周りの美や文化の豊かさに感謝していないことがどうしても気になった。人が花壇を見つめていると、それを咎めた。「神と、その愛を知ること以上に、どんな喜びがあるだろうか。」英国のとある歴史的な邸宅を訪れたときには、こう言った。「この屋敷が、そう、地球そのものが、あっという間に燃え尽きてしまうのだ！」

私たちは貧しい人々に仕え、宝を天に積みながらも、芸術、美、音楽、愛という贈り物に恵まれたこの人生を、どのようにいつくしめばよいのだろうか。

ウェスレーは富の危険を的確に表現した。「宗教のいかなるリバイバルも、その性質上、どうすれば長続きするのかわからない。宗教は、必然的に勤勉と倹約を生み、それらが富を生み出すことは必至であるからだ。しかし、富が増えれば、うぬぼれ、怒り、この世のあらゆるものに対する愛も増大してゆく。」

現在の傾向が続けば、三十年後の英国にメソジストはいなくなるだろう。私は、自分の国のこと、この世界で最も豊かな国でありながら、それでも最も宗教的な国に数えられる米国のことを思った。今から二百年後に歴史家たちは現在の米国の教会についてどう見るだろうか。G・K・チェスタトンからの引用が心に浮かんだ。「落ちることは、いつでも簡単である。落ち込む斜面は無限にある。立っているその足許に必ず一つ存在する」(『正統とは何か』一八一頁)。

——コラム「裏頁」、『クリスチャニティー・トゥデイ』二〇〇七年十一月号(一〇四頁)

＊　＊　＊

8月7日　恥ずべき過去

私は人種差別主義者として成長した。米国南部が完璧に合法的なかたちでアパルトヘイトを実践していたころをよく憶えている。アトランタ市街の店には、白人男性用、白人女性用、有色人種用と、三つのトイレがあった。ガソリンスタンドには、白人用と有色人種用と、二台の水飲み器があった。モーテルやレストランを利用できたのは白人の常連客だけだったので、公民権法がそうした差別を不法としたとき、多くの店主が店をたたんだ。

後にジョージア州知事に選ばれたレスター・マドックスも、公民権法に抗議するレストラン店主だった。フライドチキンの店を閉じた後、自由の死を嘆く記念館を開き、権利宣言の写しを、黒布をかけた棺に安置して、呼び物とした。食いつなぐために、パパ、ママ、子どもと三つのサイズの、こん棒や斧の柄を販売した。それは黒人の公民権運動活動家たちを殴るために使われた、こん棒のレプリカだった。私も新聞配達で稼いだお金でそうした斧の柄を一本買った。レスター・マドックスは私の教会に来ることがあり（彼の妹が教会員だった）、私はその教会で、人種差別主義の歪曲された神学的基礎を学んだ。

一九六〇年代に、教会の執事会が監視部隊を動員し、日曜日に彼らが順番に入り口を見張り、黒人の「トラブルメーカー」が入り込まないようにした。

議会が公民権法を通過させると、私たちの教会は白人の安息所となる私立学校を創設し、黒人の生徒はいっさい入学させなかった。その幼稚園が黒人の聖書学教授の娘の入園を拒否すると、数人の「リベラルな」教会員がこれに抗議して教会から出て行った。一年後、教会の役員会は、カーヴァー聖書学校の学生が教会員となることを拒否した。（彼はトニー・エバンスといい、後に優秀な牧師、説教者になった。）

私たちはマーティン・ルーサー・キング・ジュニアを「マーティン・ルシファー・クーン」〔訳注＝マーティン・サタン・黒人、の意〕と呼んでいた。キングのことを、ばりばりの共産主義者で、牧師をきどっているだけのマルキストの工作員と呼んでいた。ずっと後になって、やっと私はこの男性の道徳的な強靭さを理解する。彼はおそらく他のだれよりも、南部を露骨な人種戦争から守ったのだ。

――『この驚くべき恵み』（一六五〜一六七頁）

＊　＊　＊

8月8日　たましいの力

マーティン・ルーサー・キング・ジュニアは『バーミンガム市刑務所からの手紙』の中に、赦しとの格闘を綴っている。刑務所の外で南部の牧師たちはキングを共産主義者だと糾弾し、暴徒たちは「やつらを吊るせ！」と叫び、警官たちは非武装のキングの支持者たちに警棒を振り回している。キングは、敵を赦すために必要な霊の訓練をするために、数日間断食をしなければならなかった、と書いている。

キングは悪を暴露することによって、道徳的暴挙という国家問題に迫ろうとしていた。アラバマ州セルマで起きた事件の後、その暴挙は猛烈に激しくなった。騎馬警官たちがデモ行進者の列に突っ込み、警棒を振り回して人々の頭を殴りつけ、その身体を引きずり回した。傍観している白人たちが歓声をあげて喝采しているそばで、混乱する行進者に催涙ガスが発射された。

多くの米国人は日曜日の朝、映画『ニュールンベルク裁判』（一九六一年、S・スタンリー監督）が中断されて入ったABCニュースの映像で、その光景を目にした。アラバマからの中継で視聴者が見た光景は、ナチス・ドイツの映画で観ていた光景に酷似していた。リンドン・ジョンソン大統領はその八日後、一九六五年の投票権法案を提出する。

キングが展開したのは、火薬でなく恵みをもって戦うという高度な戦略だった。彼は敵対者との話し合いを決して拒まなかった。政策に反対しても、人格に反対することはなかった。何よりも重要なのは、彼が非暴力をもって暴力に、愛をもって憎しみに反撃したことだ。「苦々しさと憎しみの杯から飲むことで、自由への渇きを満たそうと思わないようにしよう。」彼は支持者を一生懸命に諭した。「私たちは、自分たちの創造的な抗議が物理的な暴力に堕すのを許してはならない。何回も何回も、物理的力に霊の力で向かうようにして、威厳ある高みに上らなければならない。」

――『この驚くべき恵み』（一六七〜一六八頁）

＊　＊　＊

8月9日　悔い改めのとき

二〇〇八年十一月四日。東海岸の投票所が閉まる直前に、メンフィスに向かう飛行機に乗った。メンフィスに降り立ったとき、米国が初めてアフリカ系米国人を大統領に選んだことを知った。

翌日は、マーティン・ルーサー・キング・ジュニアが暗殺されたモーテルのそばに造られた公民権博物館を訪れた。数時間を費やして、米国南部で過ごした少年時代によく目にしていた光景の展示物に目を凝らした。ノースカロライナ州グリーンズボロで、勇敢な大学生たちがカウンターの椅子に座っている。ごろつきが学生たちの髪で煙草をもみ消し、マスタードやケチャップを顔に吹きかけ、椅子から転げ落として蹴り上げる。白人警官らはそれを笑って眺めている。アラバマでは「フリーダムライド」（自由のための乗車運動）のバスが燃やされたが、「フリーダムライダーズ」の遺体がミシシッピに埋葬されることはなかった。投票する権利、レストランで食事をする権利、ホテルに宿泊する権利、大学に通う権利など、基本的人権を求めていた人々に、このような残虐行為を働くなど、今では信じられないことだ。

博物館の敷地には、キング牧師が最後の演説「私は山頂に登ってきた」で語った、忘れがたい預言的な言葉がスチールに刻まれている。バラク・オバマが選出されたわずか数時間後のよく晴れた日に、私の胸に迫った言葉だ。「私は皆さんと一緒にその地へたどり着けないかもしれない。しかし、知ってほしい。私たちは一つの民として必ずや約束の地に行き着くのだ。」キングはこの演説の翌日、まさに私が立っていた場所で、血まみれになって死んだのだ。

オバマと多くのクリスチャンとの間にある重大な政策の違いを軽視するつもりはない。けれども少なくとも、私たちはこの瞬間を、合衆国の創設以来、この国を特徴づけてきた人種差別主義者という罪を振り返り、悔い改めの時間にすることができる。かつての奴隷制度支持を謝罪するのに、南部バプテストは百五十年を要した。しかも二〇〇八年十一月になってようやく、ボブ・ジョーンズ大学は、一九七一年以前に黒人学生の入学を許可しなかったことを間違いであったと認めたのである。彼らの謝罪の言葉、「私たちは主なる神を正確に現すことに、そして他者を自分たちのように愛せよ、という命令の実行に、失敗しました」は、私にも、公民権運動に反対した他の多くの福音派の人々にも適用されるものだ。私たちは今、人種差別主義から の癒しと和解という指導者の呼びかけに、応えることができるだろうか。

――コラム「裏頁」『クリスチャニティー・トゥデイ』二〇〇九年三月号（九六頁）

『神を信じて何になるのか』（二五〇～二五四頁）ほか

＊　＊　＊

8月10日　後退して近くに

都会のスラム地区で伝道している二人の友人を訪ね、それぞれに同じ質問をしてみた。「教会の人たちはきまって、人間は罪を犯したり『後退』したりすると、神との関係を引き裂くことになると言う。あなたは、毎日失敗しながら生きている人たちのために働いている。『後退』は彼らを以前より神から引き離すことになったか。それとも神のほうへ押しやることになったか。」

薬物常用者を助けて働くバドが即答した。「間違いなく、彼らは『後退』によって神のほうへ押しやられる。自分自身にも家族にも、どんなにひどいことをしているかを知りながら、薬物に屈する常用者の話をぼくはいくつも語ることができる。彼らを見ていると、この世における悪の力がわかる。彼らが何よりも抵抗したいのに、それができない悪だ。しかしそうした弱さの中にあるときこそ、彼らは最も神のほうを向いて絶望の底から叫び声をあげる。彼らはひどく失敗した。だから、どうだというのか。もう一度起き上がって歩けるだろうか、それとも動かずにそのままでいるだろうか。神の恵みを通して、幾人かは確実に起き上がる。事実、一人の薬物常用者が癒され得るかどうかを決定する鍵が一つある。心底自分のことを、神が赦すことのできる子どもだと信じるかどうかなんだ。失敗をしない神の子どもでなく、神に赦していただける者だと信じるかどうかだ。」

エイズ患者のホスピスで働くデイビッドも同意した。「このホームの人々は死と向き合い、病がともかく自分のせいであることを知っている。ぼくは、彼らほど霊的な人々に出会ったことがない。薬物使用や性的乱交を通してHIVウィルスに感染した人がほとんどだ。彼らの人生は失敗そのものだ。ぼくには説明できないが、この人たちには、他のどこにも見たことのない霊性、神とのつながりがある。」

フランソワ・ド・サルは書いている。「今や私たち自身が惨めであると知れば知るほど、神の善とあわれみへの確信は、いっそう深くなる。あわれみと惨めさは密接につながっているため、一方を抜きに他方を働かせることはできないからだ。」ド・サルはかつて、つまずいた人々をそしったが、その後、自らが彼らと同じ惨めさの中で転げ回る。「私はなんと惨めなのだろう！　私は何にもふさわしくない！」神の真の弟子たちは静かにへりくだり、勇気を奮って再び起き上がる。

――『見えない神を捜し求めて』(二六五〜二六六頁)

＊　＊　＊

8月11日　仕えるか、死ぬか

ポール・ブランド博士は、インドのベロアにあるハンセン病療養所の所長をしていたが、そこにやって来た最も思い出に残る訪問者の話をしてくれた。ある日、ピエールというフランス人の托鉢修道士が現れた。それから数週間をブランド家の人たちと過ごし、身の上を語った。高貴な家に生まれ、フランス議会で働いていたが、政治の遅々とした変化に幻滅した。第二次世界大戦後、ナチス占領の影響でパリがいまだ落ち着きのなかったとき、通りにはホームレスの物乞いが何千人も暮らしていた。これほど多くの人が路上で飢えているときに、上流階級の者や政治家たちがいつまでも議論ばかりしていることが、ピエールには耐えられなかった。

いつになく厳しかった冬、パリジャンの物乞いが大勢凍死した。ピエールは絶望して職を辞し、物乞いのために働くべくカトリックの托鉢修道士となった。この人たちの組織をつくることが唯一の希望だと確信し、退屈な低賃金の仕事を効率的に行う方法を教えた。すると物乞いの人々はいくつかのチームに分かれて町を隈なくさらい、ビンやぼろ布を集めた。そして、捨てられた煉瓦で倉庫を建て、ホテルや事業所から出た大量の使用済みのビンを仕分け・貯蔵する事業を展開した。最後にピエールは一人ひとりを励まして、もっと貧しい人々を助ける責任をもたせた。このプロジェクトに火がつき、数年も経つと、エマオという組織がつくられ、ピエールの仕事は他の国々にも広がっていった。

だが、今この組織は危機に瀕していた。この仕事を何年か続けるうちに、パリに物乞いが一人もいなくなったからだ。ピエールは宣言した。「彼らが助けることのできる人を探さなければなりません！　彼らより悲惨な状態にいる人々が見つからなかったら、この運動は内側に向かうでしょう。彼らは強く豊かな組織となり、霊のインパクトはすっかり失われます。仕える相手がいなくなるからです！」

八千キロ離れたインドのハンセン病療養所で、ピエール神父はついにパリの危機の解決策を見いだした。彼の出会った何百人ものハンセン病患者の多くが不可触賤民の出であり、それまで出会った物乞いよりも、あらゆる点で悲惨な状態にあった。彼らに会うと、ピエールの顔に笑みがこぼれた。そしてフランスの物乞いたちのところへ戻ると、彼らを動員してベロアの病院に病棟を建設した。贈り物をもらって感謝しているインドの人々にピエールは言った。「いいえ、いいえ、あなたがたこそ私たちを救ってくださったのです。私たちは仕えなければなりません。そうしないと、死んでしまいます。」

——『見えない神を捜し求めて』（三三〇～三三二頁）

＊　＊　＊

8月12日　下降する屈服

「自分のいのちを救おうと努める者はそれを失い、それを失う者はいのちを保ちます」（ルカ一七・三三）。イエスのこの言葉は、福音書の中で六回繰り返されている。イエスご自身の人生がこの原理を立証している。イエスは公生涯に入るや、喪失を経験されたからだ。群衆はますます要求をつのらせながら彼についてまわった。敵対者たちが出現した。最終的にイエスは自らのいのちを失った。

クレルヴォーのベルナルドゥスは霊の成長の四段階を述べている。⑴自分のために自分を愛する。⑵神が私たちにしてくださることを考え、自分のために神を愛する。⑶自己中心的でなく、神のために神を愛する。⑷私たちに対する神の大きな愛に気づいて、神のために自分を愛する。私はこれにもう一つ加えよう。神のために他者を愛するという、霊的に成熟した親の段階だ。

クリスチャンは、その犠牲愛によって、世界に多大な影響を与えている。この愛は、世界を真に変えるのに最も効果的な手段だ。親は病気の子どものために一晩中起きていたり、自分の願いを犠牲にしたりして、愛を表現する。そしてイエスに従う親たちもみな、同様のパターンを学ぶ。神の国は愛ゆえに自らを放棄する。それこそ神が、私たちのためにしてくださったことであるからだ。

イエスは自己愛をけなすようなことはなさらなかった。自分自身のようにあなたの隣人を愛するように、とお命じになった。最高の自己実現はナルシシズムでなく、他者に奉仕する結果として生じることを示されたのだ。私たちが自分を成長させたり、「実現」したりするのは、恵まれていない人たちとそれらの贈り物を分かち合うためだ。「自分を発見する」ために荒野に向かったり瞑想を始めたりする大学生がいる。イエスは、内側を見つめるのでなく外側に目を凝らすことによって、内省ではなく愛の行為を通して、人は自己を発見すると示唆しておられる。「自分のいのちを……失う者はいのちを保ちます」と。このイエスの預言は最後に真実であることがわかる。下降する屈服は上昇に通じるからだ。

——『見えない神を捜し求めて』（三三八〜三四〇頁）

＊　＊　＊

8月13日　長く苦しむ愛

長期間の苦しみと闘っている人々は、疲れが入り込んでくると言う。どのような病であれ、最初、その人に多くの目が向けられる。郵便受けはカードであふれ、カウンターには所狭しと花が置かれる。だが、次第に関心は薄らいでゆく。

私たちは、消え去らない問題に当惑し、悩んでしまう。ベッツィー・バーナムは、自らの実体験を綴った著書の中で、癌が再発を繰り返すたびに、見舞客が少なくなっていったと書いている。病が長引くと、さらに傷つきやすくなり、恐怖と孤独感が増したという。癒しを祈ったのに聞かれなかったことに憤慨し、彼女を責めている様子のクリスチャンもいた。その人たちは信仰を失い、足が遠のき、残されたベッツィーは罪意識と自己嫌悪にさいなまれながら、癌の痛みとも付き合わなければならなかった。

遺伝子疾患をもつ子どもの親も、ベッツィーと同じ言葉を語る。その子が生まれたときにはたくさんの同情が寄せられても、やがて連絡も少なくなってくる。

親に物心両面の必要が増していくにつれ、援助の提供は少なくなりがちだ。

パウロは御霊の実のリストの中に、古めかしく響く「寛容〔訳注＝原語はlongsuffering　長く苦しむこと、長く耐え忍ぶこと〕」を入れている。文字どおり長い苦しみという問題に適用すれば、この言葉とその概念がよみがえってくる。

慎重に、しかしあえて言わせてもらおう。キリストのからだにある私たちは、神が愛を現していないように見えるときに愛を現すよう求められている。痛んでいる人々、とりわけ長期の痛みに苦しむ人々は、神に見放されたとしばしば感じるものだ。妻の死を綴った心痛む日記の中でC・S・ルイスはこのことをだれよりもよく表現している（『悲しみを見つめて』）。自分が最も助けを必要としたとき、いつもそばにいるように思われていた神が、突然、遠くに行って、いなくなってしまったように思えたと記している。まるで神がドアをバタンと閉めて、中から閂《かんぬき》を二重にかけたかのようだった。

私たちには、苦しんでいる人が口に出せない祈りを、口にしなければならないときがある。そして痛みや悲しみが極度に激しいとき、神の愛が感じられるのは、あなたや私のような、普通の人間の身体を通してだけであることが実に多い。そのようにして、私たちはイエス・キリストのからだとして働くことができるのだ。

——小冊子『痛む人の助け』（一〇～一一頁）

＊　＊　＊

8月14日　普通の癒し人

神ですら、苦しみの理由をヨブに答えるとき、理論で説明しようとはされなかった。偉大なるダビデ王、義なる男ヨブ、最後は神の御子ですら、痛みに対して私たちと変わらない反応を示された。みな痛みに後ずさりし、痛みを恐れ、どうにか痛みを和らげようとし、最後は痛みのゆえに絶望し、神に向かって叫び声をあげた。私としては、痛みを覚えている人のために満足のゆく決定的な答えを見つけられないことに、落胆している。

そうではあっても、別の見方をすれば、答えがないのは実に良き知らせだ。苦しんでいる人たちに「どなたが助けてくれましたか」と尋ねたとき、これまでイェール神学校の博士や著名な哲学者の名前を出した人はいなかった。苦しみの王国では皆が等しく苦難を味わい、そこに生き、人々のそばにいる。それで私たちはだれでも人を助けることができるのであり、そのことは良き知らせなのである。

「苦しみに対する適切な対応」を包んだり、ビンに詰めたりすることは、だれ一人できない。そして万人に向けられた言葉は、一個人にとって価値がないことがほとんどだ。苦しんでいる人たちのところへ行って、どのような言葉に助けられるかを尋ねても、一致した答えはないだろう。明るく助けてくれた友人が病気を忘れさせてくれたことを思い出す人もいれば、そのような態度は侮辱的だと思う人もいる。正直に、率直に向き合いたいと思う人もいれば、そのような議論は耐えがたく、気持ちを沈ませるだけだと思う人もいる。

主としてそうした人に必要なのは愛だ。愛は本能的に、必要なものを感じ取るからだ。ラルシュ共同体運動の創設者ジャン・バニエがそれを的確にこう表現している。「苦しみや病に苦しみ、傷ついた人々が求めるのは、たった一つのことだ。苦しむ人々を愛し、その人たちに関わろうとする心、苦しむ人々にあふれんばかりの希望を抱いている心である。」

実際、「傷ついている人々をどう助ければよいのか」という質問への答えは、「どのように愛すればよいのか」という質問への答えと全く同じだ。苦しむ人々をどのように助ければよいかを教える聖句を聞かれたら、私はコリント人への手紙第一、一三章の、愛が雄弁に描かれている箇所を指し示すだろう。それが苦しむ人の必要としていることだ。知識や知恵ではなく、愛なのだ。神はしばしば、普通の人々を用いて癒しをもたらされる。

――『痛むとき、神はどこに』（一六八頁）

＊　＊　＊

8月15日　居場所の意義

訪れた病院で、人々が「死ぬ前に死ぬ」プロセスに言及した。それは、親戚や友人たちが良かれと思って、苦しんでいる人の最後の何か月を煩わしさから解放させようとするときに起こる。「あ、そんなことしてはだめよ！　いつもあなたがゴミを出してくれていたけれど、ほんと、そんなに具合が悪いのに無理にやることないから。私にさせて。」「家計簿の管理なんて大変なことはしないで。そんな心配しないで。これから私があなたの世話をするからね。」

次第に、それも容赦なく、その人の居場所や人生の役目が奪われてゆく。病気になったシングルマザーに、家を売って実家に戻って来なさい、と母親が促す。その言葉に従って実家に戻った娘は、そうすることで自分のアイデンティティーまで失ったことに気づく。すでに病気によって危うくされている、価値があるという思いが、さらに遠のいていく。

明らかに、病の重い人は、日々の生活の必要を他者に頼らなければならない。けれども、その人に尊厳を与えていたものをすっかり取り去ってしまうというパターンに、私たちはいともたやすく陥ってしまう。

苦しみの中にある人たちはすでに、世界における自分の居場所について疑問に思っている。仕事を続けられないことが多く、病気や治療のせいで身体が疲れ、一つ一つの行動も難しくなる。それでも私たちと同じように、自分にも居場所があること、生活は自分がいなくなってしまうだけでスムーズに運ばなくなること、自分の熟練した注意力がなければ通帳の収支が合わなくなることを思い起こさせるものが必要である。助けを差し出すことと、助けを差し出しすぎることとの微妙なバランスを、賢明な友人や親類は感じ取っている。

私たちの生きている社会には、病気の人々が自然にいられる「場所」がない。私たちは彼らを見えないところに、病院や介護施設の壁の向こうに追いやっている。ベッドに寝かせ、テレビのリモコンだけ握らせて時間を過ごさせている。「病人 invalid」(in-val-id　有効でない、と発音してほしい）のレッテルを貼っている。

病人たちの友人や愛する者は、彼らの居場所を確保する方法を探さなければならない。ある人たちにとっては、具体的な奉仕活動があるだろう。ある人たちにとっては、同じ病状の他の人たちを助ける計画的な形態のものがあるだろう。

——小冊子『痛む人々の助け』（一一～一四頁）

＊　＊　＊

8月16日　死にゆく人々の天使

　一九六七年のセント・クリストファーズ・ホスピスの開設以来、シシリー・ソンダース――エリザベス女王二世に叙勲され、現在はデーム・シシリー――によって、一万五千人が高度な医療機器による延命治療なしに、自ら選んだ最期を迎えることができた。六十二床のそのホスピスの設計は、死にゆく人々のケアについて彼女の学んだすべてが注ぎ込まれている。デーム・シシリーは、「だれでも良い最期を迎えるのは、当然のことなのです」と言い、そうした権利を患者に提供する働きに精力を惜しみなく傾けている。

　ソンダースは早くから、看護を教えるとともに、患者の意向を大切にする教育を行っていた。癌病棟で死を待つ患者の世話を実践させることで、どんな看護学校も教えることのできない視点を提供した。シシリーは、混雑して慌ただしい現代の病院では、末期患者はきわめて孤独な状態で息を引き取ることに気づいた。

心のうちに訴える力を感じ始めた。これからの人生を末期患者のために使いなさい、という召しだった。

　ソンダースは三十九歳を迎えようとしていた一九五七年に医師免許を取得する。その二年後、『日々の光』というデボーションの本を読んでいたとき、詩篇三七篇の馴染みのある一節に出合った。「あなたの道を主にゆだねよ。主を信頼せよ。主が成し遂げてくださる」（五節）。召しに対して行動を起こすときだった。終日、チャペルでの黙想に費やし、長年心の中で温めてきた展望を書き上げた。自分の考えを「必要」と「計画」に分けたその論文から、現代のホスピス運動が誕生した。

　シシリー・ソンダースによれば、死を前にした人々のコミュニティーは、益を受けもするし、与えもする。死を前にしている人々には教会の慰めと強さが必要だ。だが教会も、死を前にしている人たちのコミュニティーが必要なのだ。永遠の問題を思い起こすため、耳を傾けることを教えるため、キリストの名によって他者に仕えることでキリストに仕える道を示すために。

　ソンダースは言う。「私のホスピスのビジョンは、神のものであり、私たちが経験できるものよりもはるかに深い旅を分かち合うのです。人を赦す犠牲的な神の愛と、神の無力さという力を統合します。この自由でありながら危険な世界に、困難の発生を妨ぐことはできませんが、そうした困難を私たちみなと分かち合う神のビジョンです。」

――「死を前にした人々の天使」、『クリスチャニティー・トゥデイ』一九九〇年十二月十七日号（二二一～二二四頁）

*　　*　　*

8月17日　本当の戦い

緊急人道支援機関「ワールド・ビジョン」の会長をしていたボブ・セイプルが、大虐殺の行われたルワンダから戻って、こんな話をした。ある橋の上に立ち、何千もの遺体で真っ赤に染まった川を見下ろしたという。フツ族の男たちは、百万人ものツチ族の人間を鉈《なた》で斬殺したが、だれ一人、それを行った理由を説明できなかった。

セイプルは体をぶるぶる震わせた。「私にとって信仰の危機でした。それまで味わったこともない、何と表現してよいかわからない恐怖だったのです。獣性という言葉を使った人がいますが、それでは獣たちの名誉を汚すことになります。動物が殺すのは食べ物のためであって、楽しみのためではありません。動物は一度に一匹か二匹の獲物を殺しますが、何の理由もなく、自分と同じ種族を百万も殺したりはしません。」

自然界の現象でルワンダにおいて起きていることを説明することはできないと私も思った。説明できるとすれば、超自然の力だけであろう。それは、第二次世界大戦中のヒトラーに、彼が大いに必要としていた資源をユダヤ人大虐殺のために使わせた、説明のつかない力と同種のものだ。

米国人はつい最近、別の霊の力が働くのを目撃した。それは重役たちに何百万ドルもの富を吸わせながら企業を破産に追い込み、何千人もの勤勉な従業員の退職積立金をゼロにした貪欲の力だ。イエスの時代、パレスチナには奴隷がいたが、貪欲の力が美しい宮殿や広大な家屋敷を建設させた。イエスはその力に出合ったとき、つまり一世紀版の貪欲な最高経営責任者に出会ったとき、それが霊的な力であることを知り、その神をマモンと名づけられた。

私は、この世界について新しいことを知ったために、霊的な力に対する信仰を変えたのではない。聖書の言葉によって、既知の事柄を見直すようになっただけだ。私たちの本当の戦いは目に見えない力に対して行われるという、使徒パウロの主張を受け入れるようになった。この星の上では、人間の目に見える以上の事が起きている。

――『「もう一つの世界」からのささやき』(二四八～二五〇頁)

＊　＊　＊

8月18日　神聖を汚す金銭

イエスは金銭を欲望の対象とはご覧にならなかった。むしろ金銭から身を守るべきだと考えておられた。「あなたの宝のあるところ、そこにあなたの心もあるのです」(マタイ六・二一)。イエスのこの言葉は、形のある宝にあふれた社会に生きる私たちへの警告だ。イエスは金銭を有害な霊の力、天国に対抗するマモン(拝金主義)神と表現された。率直に言われた。「あなたがたは、神と富とに仕えることはできません」(ルカ一六・一三)。

たとえすべてを手放しても、金銭の力から自由になることなら何でもするように、そして身を守るようにとイエスは要求しておられる。ジャック・エリュール著『金と権力』は金銭についての刺激的な書物だが、その中のいくつかの提案に私は衝撃を受けた。著者によると、私たちは金銭の神聖さを汚す方法を見つけ出し、その霊力から磁気を抜かなければならない。それが、見知らぬ人々に札束を渡したり、人通りの激しい道でお金を宙にばらまいたりすることであったとしても。そのような考え方は非常識でけしからぬことのようにも思えたが、そう思った自分がマモンの霊力に屈服していたことに気がついた。私は金銭の浪費を、一つの冒瀆と考えていた。

そのとき私は、自分が天国に仕えるために金銭を使っていると思っていた。しかし、実は与えるという行為の核心を見逃していたことがわかってきたのだ。私は正確にどれだけ、またどれに与えるべきかを案じていた。どこに寄付するのがいちばん見返りがあって、一ドル当たりの効果が最も高いかを探っていたし、所得税の控除対象となる領収書や私の厚意を感謝する手紙を当然期待してもいた。そのように神経質な計算ずくの寄付は、聖書の教えに反するものだ。使徒パウロが言及しているのは、陽気に、あるいは楽しく施す人だ。陽気になるのは、与えるという行為の核心が非合理なものであるからだ。与える行為は金銭を取り巻く価値のオーラを破壊する。人は金銭を本能的に、鋼鉄の地下室や秘密の隠し場所に貯蔵する。与える行為は金銭を解き放ち、競争と貸借対照表の世界に恵みを放つ。

――『「もう一つの世界」からのささやき』(二八八～二九〇頁)

＊　＊　＊

8月19日　握っていた手をほどくこと

シカゴの町中に住んでいたとき、合理的な寄付計画には当てはまらない、周囲の必要に気がついた。妻は低所得のお年寄りたちに奉仕していたが、帰宅した彼女からたびたび、立ち退きを迫られたり電気を止められそうになったりしている人たちの、胸を引き裂かれるような話を聞いた。百ドルぐらいあれば、彼らはもうひと月暮らしていけるだろう。しかし、政府官僚や詳しい聞き取りをした慈善団体にそのような必要に迅速に対応するよう求めても埒があかない。私たちは五十ドルから百ドル分の紙幣を封筒に入れ、「心にかけている者より」とだけ書いた無記名のメモをつけて、ドアの下にすべり込ませるようにした。

同封したお金が有効に使われる確信もなく、自分たちの時間と労力を評価する税金の領収書もないのに与える。最初の数回はその行為そのものが冒瀆のような気がした。しかし、そのような感情は真の冒瀆を暴露するものであることに、まもなく気がついた。私の経済的観点は金銭を最高の価値として称揚する合理的なものだった。私にはエリュールが提案していたように、金銭を冒瀆し、自分に対する金銭の呪縛を解く必要があった。永遠の配当金を払う唯一の国、天国に投資するため神から託された貸付金という、金銭の本来の姿を理解する必要があった。イエスは、貧しい人々に隠れて施しなさいと言われた。「そうすれば、隠れたところで見ておられるあなたの父が、あなたに報いてくださいます」（マタイ六・六）。

そして私は、正しいオープンエンド型投資信託を選ばなかったり、正しい保険を買わなかったりしたらどうなるかを警告する、テレビのきまじめな俳優たちのことを冷めた目で見るようになる必要があった。『フォーチュン』誌やCNNの「ザ・マネープログラム」を、ポルノと同様に扱う必要もあった。同じ影響を及ぼすことがわかったからだ。金銭は情欲やプライドとよく似た影響をもたらす。神託のような力でつかみ、決して満たされない幻想で私を魅了する。そして金銭は情欲や高慢のように、私が決して「克服する」ことのない個人的な戦いの領域を提示する。それは人格をもった力だ。それはまさに神であり、イエスもそれをマモン神と呼ばれたのである。

——『「もう一つの世界」からのささやき』（二九〇～二九一頁）

＊　＊　＊

8月20日　広大な沈黙

神の不在を示す実例は、聖書を見るだけでいくつもある。イザヤは、「あなたは私たちから御顔を隠し」（イザヤ六四・七）と言い、エレミヤは、「どうしてあなたは、この地にいる寄留者や、一晩だけ立ち寄る旅人のようにされるのですか」（エレミヤ一四・八）と問いただした。どんな関係にも、近しいときと距離のあるときがあり、神との関係においても、たとえどれだけ親密でも、振り子は一方からもう一方へと揺れる。

子どもじみた信仰から、自分も他の人々を助けることができると感じる地点へと霊的成長を遂げつつあったとき、ちょうどこうした見捨てられ感を味わった。突然、暗闇が下りたのである。丸一年間、私の祈りは行き先がないように思えた。神が聞いておられるという確信が全くなかった。だれからも「不在のミニストリー」を教わっていなかった。気がつくと、ジョージ・ハーバートのような詩人に慰めを求めていた。ハーバートは自身の霊的に荒廃した時期についてきわめて率直に述べている。またジェラード・マンリ・ホプキンズにもひかれた。彼は次のように書いている。

神よ、私たちはあなたに賛美をささげますが、
天から答える声は聞こえません。
罪人は打ち震えながらあなたに祈りますが、
赦そうと答える声はありません。
私たちの祈りは
　不毛なまま失われているように見え、
私たちの賛美は広大な沈黙の中で死にます。

私の祈りも失われているように見え、私の賛美も広大な沈黙の中で死んでいた。どんな「テクニック」も霊的訓練も効果がないように思われたとき、絶望の中で英国国教会高教会派の典礼に用いられる祈禱書を購入した。その一年を通じて、祈りと聖書箇所だけを読み、それを自分の祈りとして神にささげていた。神に言った。「私には自分の言葉がありません。信仰がないのかもしれません。どうぞこれら他者の祈りを、今ささげることのできる唯一の祈りとして受け入れてくだささい。彼らの言葉を私の言葉の代わりにお受けくださ

さい。」

今振り返ると、その不在の時期は重要な成長の時だったと思う。ある面で、以前にもまして真剣に神を追い求めていたからだ。そこから抜け出たとき、私には新たにされた信仰と、神の臨在は権利というより贈り物であるという認識が備わっていた。

――『見えない神を捜し求めて』（三三四〜三三六頁）

＊　＊　＊

8月21日　待つこと

私は自分が労苦した結果を見るのが好きだ。記事の執筆に励み、数か月後にそれが印刷される。山に登って頂上に着く。しかし、祈りは違うルール、神のルールで働く。私たちはだれにも努力を気づかれないように秘密裡に祈る。そして私たちの結果でない神の結果は、驚くようなかたちで、期待していたよりもずっと後になってやって来ることが多い。祈りとは、自分自身を神に打ち明けることであって、私自身の先入観で神に限界を設けることではない。要するに、祈りとは、

神を神とすることなのだ。

聖書における多くの祈りが、待つという行為から発生している。一人の子どもを待ち望むアブラハムとサラ。妻を七年間待ち、彼女の父親に騙されてからさらに七年を待つヤコブ。四百年も救いを待つイスラエルの民、そして、彼らを導けという召しを聞くのに四十年待ち、それから自分が足を踏み入れることのない約束の地をさらに四十年待つモーセ。多くのユダヤ人と同じようにメシアを待つマリアとヨセフ、エリサベツとザカリヤ、アンナ、シメオン。

時間に拘束されない神は、私たちに成熟した信仰を求めておられる。その信仰には、前述の人たちが味わった、試みのように思える遅延が含まれているかもしれない。忍耐力は成熟さの一つのしるしであり、これは時の経過によってのみ成長し得る性質だ。

子どもは待てない。「もう着いた?」……「でもデザートは、今、欲しい!」……「ねえ、プレゼントを開けていい?」……「もう教室に戻っていい?」医学生は、訓練を積みながら医師になる日を待つ。親は何年も放蕩息子が帰って来る日を待つ。私たちは待つ価値のあるものを待ち、その過程で忍耐を学ぶ。

ある詩篇の記者は書いた。「私のたましいは 夜回りが夜明けを待つのにまさって 主を待ちます まことに 夜回りが夜明けを待つのにまさって 主を待ちます」(一三〇・六)。あと何分でシフトが終わるか数えている夜回りの様子が目に浮かぶ。私は試みにあったとき、耐えることができる、期待し続ける、希望をもち続ける、信じ続ける忍耐力を祈る。忍耐強くいられるだけの忍耐を祈る。

——『祈り—どんな意味があるのか』(四八四~四八五頁)

＊　＊　＊

8月22日　絶えず祈ること

マルティン・ルターやジョージ・ミュラーといった祈りの巨人たちのように、祈りを真剣に受けとめている数少ない知人の一人に会った。マルシアは、アビラのテレサが説いた霊魂の城のモデルにならい、祈るための小部屋をもっている。しかし、祈りについて尋ねると、驚いたことに彼女が語ったのは、一日のうちの祈りの時間以外のことだった。

「会話も祈りになります。水や山やエルサレムについてイエスと話していた、井戸の傍らのサマリア人女性を考えてみると、あれは祈りでなかったでしょうか。私は、人々との会話を祈りと考えるのが好きです。その人の中にいるイエスに語りかけます。主よ、このランチやお茶、どんなことでも祈りにさせてくださいと祈ります。聖書を読むこと、それも祈りです。私は詩篇七三篇を読むのではありません。詩篇七三篇を祈るのです。自分の行動についても神に聞いてみますが、そうすることで私の行為は祈りになります。」

「私は画家であると言えるでしょう。絵を描きながら祈り、絵が祈りのようなものになります。人からどのように祈ればよいのか聞かれると、何よりも楽しいことを見つけてそれをしてください、ただし神の栄光のためにね、と言います。あなたにとっては文筆活動や登山がそうかもしれません。それをしながら、それを神のためにしていることを思い出させてください、と神にお願いしましょう。楽しいことをしているとき、しばしば願い事が心に浮かびます。何かが心に浮かんだ瞬間、すぐに祈ります。そして神がそれを思い出させてくださることを信じます。」

マルシアの話に耳を傾けながら、自分が生活をどれほど安易に区切っているかに気がついた。私は祈りを、奇妙なことに、他の生活時間と関係のない霊的行為だと考えていた。ときには喜んで、ときには喜ばずに、祈りの時間を義務感から過ごし、それからその日の実際の仕事にとりかかっていた。それで祈りを準備運動のようなものと考えるようになっていた。祈ること自体が目的でなく、他のすべての時間に神のことを考えていられるようにするための手段だと考えていた。

——『祈り—どんな意味があるのか』(五一一〜五一三頁)

＊　＊　＊

8月23日　不適切な祈り

新約聖書は、私たちの人生のあらゆるところに神が親しく関わっておられることを強調している。「あなたがたの髪の毛さえも、すべて数えられています」(マタイ一〇・三〇)とイエスは聞く者たちに確約された。率直な話、神がご自分の関心事について述べているこのような言葉は、私にとって理解しがたい。ましてそのような約束を祈りに適用するのは、もっと難しい。ある友人が言ったように、「私の人生にそれほど多くのことを心にかけてくださる人を想像することができません。まして神を想像することはなおさら難しいのです。神は私のちっぽけな関心事よりもはるかに多くのことを悩まなければならないはずです」。

私のこの友人のような人は、セルフイメージが低いため、祈りに口輪をはめている。申しわけないという感覚から祈りに口輪をはめている人もいる。神秘家マイスター・エックハルトは、病気から快復するために「豊かで愛にあふれた神に、そのような細々したことを祈る」のを拒絶した。ジェノヴァのカタリナは三十五年にわたる絶えざる祈りの中で、自分自身のために何かを求めたことが一度もないことを誇りにしていた。私もそういう人たちの例にならいたくなることがある。利己的だったり不適切に思えたりするような祈りはすべて抑制したい、という誘惑だ。そんなときは、あらためて聖書の祈りに目を向ける。

聖書はあらゆる種類の「利己的な」祈りを認め、記録している。赤ん坊が欲しい不妊の女性、料理油がもっと必要な未亡人、戦いの勝利を懇願する兵士。人々は旱魃のときには雨を、敵に対しては復讐を祈っている。主の祈りそのものに、日々の糧を求める祈りが入っている。パウロは、旅の安全、仕事の繁栄、病気の快復、大胆な説教を求めて祈っている。ヤコブは知恵や肉体の癒しを求める祈りを勧めている。

聖書に書かれた祈りを読み返して、不適切な祈りについて悩むのをやめた。神が私と関わる主要な方法として祈りに依拠しておられるのに、私は適切さを確認するテストを作り、その基準に合わなさそうな祈りを取り除いて、神と親密になる機会を妨げているのかもしれない。イエスによれば、取るに足らなすぎるものなどない。私についてのすべて——私の考え、動機、選択、気分——が神の心を引くのである。

——『祈り——どんな意味があるのか』(五一七～五一八頁)

＊　＊　＊

8月24日　隔たりを縮めること

この星にある苦痛や不正、恐怖を、イエスは他のだれとも違ったふうに見ておられた。イエスは目覚めている間、いつもそのようなことに気づいておられたから、夜の眠りを奪われていたのではなかっただろうか。イエスご自身の思いをそのような意識が揺さぶっていたのではなかっただろうか。

いや、イエスは地球全体に対する思いを父なる神にゆだね、その代わり、取税人、漁師、やもめ、売春婦、世間から見捨てられた人々の中でご自分の時間を過ごされたのだ。イエスにとって、父なる神と話すこと――祈り――は、群衆に語りかけることより大切だった、とヘルムート・ティーリケは記している。「そして、それが人々に割く時間をイエスがもっておられた理由なのです。すべての時間は父なる神の御手の中にあるのだから。それはイエスから不安でなく平安がなくならない理由でもあります。神の誠実さはすでに虹のように世界に広がっているのだから。イエスは虹をつくる必要がありません。ただ、虹の下を歩けばよいのです。」

イエスに従う私たちもまた、神の誠実さが虹のように世界に広がって、イエスご自身がその誠実さの最高の証拠を示しておられることを信じている。そのような信仰を限界まで試す時がやってくるだろう。私自身はそのような時に直面したら、絶望の祈りを叫ぶ。大きな絵を信じて、もう一度大局的な視点に立つ、神の視点であらためて見るという希望をもって、何も見えない暗闇の中で前進する祈りだ。そして物事が順調に運んでいるときは、矛盾するようだが、神との会話が続くように、また神が私の人生の細かなところまで心にかけてくださっていると信じるために、いっそう努力するに違いない。

私は神が関係の継続を望んでおられることに驚き、またそれを信じて祈る。祈りという行為が、神のつくられた方法であり、無限と私との広大な裂け目を埋めると信じて祈る。地上において神の癒しが働く流れに身を置くために祈る。私は息をするように祈る。そうせざるをえないからだ。祈りはコミュニケーションの完璧なかたちではない。物質でできた不完全な星に住む、物質的で不完全な存在である私が、霊的で完全な御方に手を伸ばそうとしているからだ。聞かれない祈りもある。神の臨在感は、あったりなかったりする。そして解決以上に神秘を感じることも多い。それでも私はパウロとともにたゆまずに祈る。「今、私は一部分しか知りませんが、そのときには、私が完全に知られているのと同じように、私も完全に知ることになります」（Iコリント一三・一二）と信じながら。

――『祈り―どんな意味があるのか』（五三三～五三四頁）

＊　＊　＊

8月25日　働く恵み

恵みとは、人生でどんな過ちを犯しても、神の愛にふさわしくない者とはならない、ということだ。それはつまり、贖いを受けられない人間はいないということであり、人間の汚れの中で清められないものはないということだ。私たちは人間をその行状によって判断し、犯罪者や負債者や道徳上の失敗者にその結果を背負っていくことを求める世界に生きている。

恵みは不合理、不公平、不当なものであり、それが意味をもつのは、常にチャンスを与えてくださるあわれみ深い神が統治する、もう一つの世界の存在を信じる場合だけだ。「アメイジング・グレイス」は、近年、ポピュラー音楽のチャートを上昇した珍しい賛美歌だが、この歌が差し出しているのは、神は人間を、それまでどういう者であったかではなく、どんな者となり得るかによって判断されるという約束である。過去ではなく未来によって判断なさるという恵みの約束だ。粗暴な奴隷商人、「この身の汚れを知れる我」、ジョン・ニュートンは、驚くばかりの恵みの力によって変えられた後に、この賛美歌を書いた。

恵みの働きを見るとき、世界は沈黙する。二十七年ぶりに刑務所を出て、南アフリカ共和国大統領に選ばれたネルソン・マンデラ。彼が大統領就任式の演壇に一緒に上がってほしいと看守に言ったとき、恵みのもつ教訓が世界に提供された。その後マンデラはデズモンド・ツツ主教を、「真実和解委員会」という、あっと驚くような名称をもつ、正式な政府委員会の長に指名した。多くの国々で、抑圧されていた人種や部族が他の人種や部族を支配するのを見たマンデラは、そうした自然の復讐パターンを打開する方法を探った。

それから二年半、南アフリカは「真実和解委員会」の聴聞に出される残虐行為の報告に耳を傾けた。ルールは簡単だ。白人警官や軍の士官が、自発的に告発者と向かい合い、自らの犯罪を告白する。完全に罪を認めた者は裁判にかけられず、罰せられることもないというルールだ。強硬論者たちは、犯罪者を自由にさせる、この明らかな不正義に文句を言ったが、マンデラは主張した。この国は、正義よりも癒しを必要としている、と。〔8月26日に続く〕

――『「もう一つの世界」からのささやき』（三〇七～三〇九頁）

＊　＊　＊

8月26日　正義を超えて

〔8月25日の続き〕
ある聴聞会で、バンデ・ブロイクという警官が、ほかの警官たちとともに起こした事件について詳述した。彼らは十八歳の少年を銃で撃ち、その遺体を燃やしたのだった。八年後、バンデ・ブロイクはその同じ家に戻って来て、今度は少年の父親をつかまえた。警官たちが夫を材木の山に載せて、体にガソリンを浴びせ、火を放つのを、妻は無理やり見せられた。
長男と夫を失った老いた女性に発言の機会が与えられると、法廷は静まり返った。「バンデ・ブロイク被告に何を望みますか。」判事が尋ねた。女性はバンデ・ブロイクに、「夫の体を焼いた場所に行って灰を集めてほしい。そうすればきちんと埋葬してやれるから」と言った。警官は頭を垂れ、うなずいた。
それから彼女はさらに要望を加えた。「私はバンデ・ブロイクさんに家族全員を奪われました。でも私にはまだ愛がたくさん残っています。彼には月に二回ゲットーに来て、私と一日を過ごしてもらいたいのです。そうすれば私はブロイクさんの母親のようになれます。そして、バンデ・ブロイクさんが神に赦されていること、そして私も彼を赦していることを知ってほしいのです。ブロイクさんを抱きしめたいのです。そうすれば私の愛が本物であることがブロイクさんにわかるでしょう。」

この女性が法廷の証人台に向かって歩きだすと、だれかが「アメイジング・グレイス」を歌い始めた。しかしバンデ・ブロイクには聞こえなかった。感極まって気絶していたからだ。

正義の裁きはその日、南アフリカで行われなかったし、真実和解委員会による何か月ものたいへんなやりとりの間も、この国に正義の裁きが下ることはなかった。しかし、正義を超越した何かが起きた。パウロは言った。「悪に負けてはいけません。むしろ、善をもって悪に打ち勝ちなさい」（ローマ一二・二一）。ネルソン・マンデラとデズモンド・ツツは、悪がなされたとき、悪に打ち勝つ対応が一つだけあることを知っていた。報復は悪を永続させる。正義は悪を裁く。悪は、傷ついた側がそれを吸収し、それ以上の働きをさせないようにするとき初めて、善によって克服される。そして、それこそイエスがその生と死において示された、もう一つの世界における恵みの型なのだ。

――『「もう一つの世界」からのささやき』（三〇九～三一〇頁）

＊　＊　＊

8月27日　輪を広げること

一九九一年にロシアへ行ったとき、実際にKGBの役人と一緒に祈っているクリスチャンのグループに加わった。『悔い改め』という言葉の意味を知る必要があるから、来ています」と議長を務める大佐は言った。私たちがそこをあとにしてから、彼は二百万冊の新約聖書をロシアの軍隊に配った。恥ずかしいことに、私は冷戦の間、ロシアの指導者たちのために一度も祈ったことがなかった。彼らを単なる敵と考えていたため、彼らを神の前に連れて行き、神の視点から見るという一歩を踏み出さなかったのだ。

現在、西側世界と敵対しているイスラム過激派はどうだろうか。各キリスト教会がアルカイーダのメンバーの一人を選び、その人のために誠実に祈ったら、どんな効果があるだろう。

それ以上に、私たちは十分な祈りで自らの心を調べ、そもそもそのような敵愾心を生じさせた、この社会の中にある症状を探るべきではないだろうか。二〇〇一年九月十一日の夜、礼拝がもたれるという事前の知らせはなかったのに、私の教会には数百人もの会員が自発的に集まった。米国人は少しの間、内省的になった。敵のための祈りは言うまでもなく、敵を意識した祈りも、自省する機会を提供する。私たちの敵は奇妙な仕方で、友人らがしてくれるように、私たちが何者であるかを明らかにしてくれるのだ。

C・S・ルイスは兄弟に宛てた手紙の中で、ヒトラーやスターリンやムッソリーニを筆頭とする自分が最も憎みたい人々のために、毎晩祈ったことに触れている。そうした敵のために祈るとき、自分自身の残酷さも彼らの残酷さに似て来ることに思いを巡らす、と別の手紙に書いている。キリストが自分のためと同様、彼らのためにも死なれたこと、そして自分自身も「これらのぞっとするような面々と大差ない」ことを思い起こしたのだ。

ほとんどだれもが敵のリストなるものをもっている。米国にいる人々のいくらかは、そのリストにファンダメンタリストや右翼の共和党員を入れているだろう。世俗的なヒューマニストや米国自由人権協会を載せている人たちもいるだろう。クリスチャンが、政府や宗教によるあからさまな迫害に直面している場所もある。しかし、イエスの真の弟子たちはみな、自分の敵を愛し、自分を不当に扱う者のために祈るようにという、驚くような命令を携えている。そうしながら、私たちは共に神の愛の輪を広げていく。それ以外の方法では神の愛を経験することがないであろう人々に。

――『祈り――どんな意味があるのか』（五〇四、五〇七頁）

＊　＊　＊

8月28日　三つの疑問

「神は不公平なのか。」「神は沈黙しておられるのか。」「神は隠れておられるのか。」出エジプト記と民数記は、これらの疑問に手っ取り早い解決が与えられても、神に対する失望の解決にはならないかもしれないことを教えてくれた。イスラエル人は、遮られることのない神の臨在の光にさらされていたのに、どの民よりも気が変わりやすかった。シナイの寂然とした道なき荒野をさまよっていたとき、十回も神に反逆した。豊かな約束の地が目前に広がったときでさえ、奴隷だった「古き良き時代」を懐かしんでいた（申命一章）。

このような悲惨な結末が、なぜ神が今日もっと直接的に介入なさらないのかという問いの答えを見つける手がかりになるのかもしれない。奇跡や、神の臨在を知らせる目を見張るほどのしるしに満ち満ちた世界に憧れるクリスチャンもいる。二つに割れた紅海、エジプトでの十の災い、荒野で毎日与えられたマナに言及しながらの、もの欲しげな説教を聞くことがある。まるで神に、今日でも同じようなことを起こしてほしいと願っているかのように。だが、移動を繰り返したイスラエルの民の旅について、落ち着いて考えてみてほしい。奇跡が炸裂すれば、信仰は育つのだろうか。そんな信仰に神が興味を示されないことは明らかだ。奇跡は私たちの心を神にではなく、そのしるしだけに向けがちなことを、イスラエルの民は数多くの証拠をもって教えてくれている。

イスラエル人は実に、奴隷から身を起こした、文化の未発達な粗野な人々だった。けれども聖書を見ると、その姿は私たちの周囲で見覚えがあるものだ。フレデリック・ビュークナーの言うように、イスラエル人は「他の人々と同じように、むしろ、はなはだ普通に」行動する傾向があったのだ。

彼らのことを研究しながら、神への失望の三大要因である不公平、沈黙、隠れておられるという問題が解決されても、人々の生き方に何の変化も見られないことに驚いた。そして、神の地上での働きへの疑問が湧き起こってきて混乱した。神は変わってしまわれたのか。この地上から身を引かれたのだろうか。

――『神に失望したとき』（五四～五五頁）

＊　＊　＊

8月29日　遮られない光

私はかねてから神に、直接的で具体的なお働きをと願い求めてきた。ご自身を現してくださりさえしたら！　しかし、イスラエル人の度重なる失敗談から気づかされるのは、神があまりに直接的に働かれると、必ず「不利」が伴うということだ。イスラエルの民がすぐさま直面した問題は、個人の自由がないことだ。

聖なる神の間近で生きるイスラエル人にとって、性交も月経も衣服の素材や食習慣など、一つとして神の律法の範囲外にはなかった。「選ばれた民」であるためには、それだけの犠牲が必要だった。神にとって、罪深い人間の中に生きることがほぼ不可能であるように、イスラエルの民が、聖なる神をすぐそばに見ながら生きることもほとんど不可能だった。

礼拝者たち自身の言葉を聞いてみるといい。「ああ、われわれは死んでしまう。われわれは滅びる。全員が滅びるのだ。すべて近づく者、**主**の幕屋に近づく者が死ななければならないとは」(民数一七・一二〜一三)。また、「私の神、**主**の御声を二度と聞きたくありません。この大きな火はもう見たくありません。私は死にたくありません」(申命一八・一六)。

偉大なる科学者アイザック・ニュートンは、鏡に映った太陽を見つめる実験を行ったことがある。結果、太陽の明るさが網膜に焼きつき、一時的に目が見えなくなった。雨戸を閉めて、暗闇の中で三日間引きこもった後でも、視野から明るい斑点が消え去ることはなかった。彼は、「あらゆる手を使って自分の思いを太陽からそらせようとした」という。「だが暗闇にいても、太陽の明るさを思うなり、その姿が見えてしまう。」もう二、三分太陽を見つめていたら、視力を永遠に失っていたかもしれない。視力をつかさどる網膜は、直射日光の威力には耐えられないのだ。

このニュートンの実験から、イスラエル人が荒野の旅で学んだことを説明できる。彼らは、目に見える形で姿を現された、全宇宙を統べる主とともに生きようとした。だが、喜々としてエジプトを逃れた何万人もの民のうち、ご臨在に耐えて生き延びたのは二人だけだった。蠟燭《ろうそく》の光を見つめるのが精いっぱいの者に、太陽を見ることができようか。

預言者イザヤは言った。「私たちのうち、だれが焼き尽くす火に耐えられるか」(三三・一四)。神が隠れておられることに私たちは失望するどころか、感謝すると言えないだろうか。

——『神に失望したとき』(八六〜八八頁)

＊　＊　＊

8月30日　古代の預言者、現代の疑問

私は、預言書をずっと間違って読んでいた――わざわざ読もうとしたときには。預言者のことを、エリヤのように異教徒のさばきを祈り求め、人を見下す、頭の固い老人だと思っていた。けれども驚いたことに、預言書には聖書のどの部分よりも「現代的」な響きがある。今世紀の暗雲垂れ込める問題と、まさしく同じものを扱っている。神は沈黙され、悪が主権をふりかざしているように見え、世界には癒されることのない苦しみがある。預言者たちがもった疑問こそ、本書の疑問だ。神は不公平なのか、沈黙しておられるのか、隠れておられるのか。

預言者たちは歴史上、だれよりも怒りを込めて、神に対する失望を訴えた。なぜ神を否定する国家が栄えるのか。なぜこの世には貧困や堕落があるのか。なぜわずかな奇跡しか起こらないのか。神よ、あなたはどこにおられるのですか。「なぜ、いつまでも私たちをお忘れになるのですか。私たちを長い間、捨てておかれるのですか」（哀歌五・二〇）。姿を現し、沈黙を破ってください。どうか、行動してください！

貴族であり、王の相談役でもあった預言者イザヤの語り口は洗練されている。ウィンストン・チャーチルの口調がガンジーと違うように、イザヤの語り口もエリヤと違っている。イザヤは神を「まことに、あなたはご自分を隠す神」（イザヤ四五・一五）と言う。

エレミヤは「成功の神学」の失敗に抗議した預言者だった。当時、預言者は地下牢や井戸に投げ込まれ、のこぎりで真っ二つにされることさえあった。エレミヤは神を、力のない者、「驚いているだけの人や、人を救えない勇士」（エレミヤ一四・九）にたとえている。

他のイスラエル人たちと同様、預言者も輝かしい話を聞いて育った。神が民を奴隷から解放し、天から下りて来て彼らの中に住み、約束の地へ導き入れてくださったと教わった。だが、実際に預言者が見た未来の幻に、そういった輝かしい勝利はない。エゼキエルは、ソロモンの時代に神が天から下りて来た忘れがたい場面とは逆に、神の栄光が天に上り、神殿の上に一瞬とどまってから消え去るのを見ている。

エゼキエルが幻の中で見たものを、エレミヤは現実

に見た。神殿に入ったバビロンの兵士は聖所を荒らし、焼き払った。戦火に焼き払われた瓦礫《がれき》の中を呆然と歩く人のように、エレミヤはショック状態で、打ち捨てられたエルサレムの通りをさまよった。

——『神に失望したとき』（九九〜一〇二頁）

＊　＊　＊

8月31日　嘘とは思えないこと

最後のメッセージを抜きに、預言書の要点をつかむことはできない。預言者たちは、世界は「宇宙の最終的な破滅」ではなく、喜びのうちに終わると声高に述べている。旧約聖書にある十七の預言書はどれも、希望の言葉に行き着いている。

預言者たちの声は、世界の壁の向こうにある喜びを描くところに来ると、小鳥のさえずりのように高らかに響きわたる。終わりの日、神はこの世を絨毯《じゅうたん》のように巻き上げ、新しく織り直される。狼と子羊は野で共に食し、獅子も牛の傍らで平和に藁をはむ。

マラキは言う。いつの日か、私たちは牛舎の子牛のように跳ね回る。そのときは、恐れも痛みもない。幼子が死ぬこともなく、涙を流すこともない。国々には平和が川のように流れ、軍隊は武器を溶かして農具に作り変える。その日、神が隠れておられると文句を言う者はいない。神の栄光が地に満ち、それに照らされると太陽すらもかすんで見える（マラキ四章）。

預言者たちにとって人間の歴史は、それ自体で完結するものではなく、あのエデンの園と、神がやがて創造する新天新地との間にある過渡期なのだ。あらゆることが手に負えなくなっているように見えても、神はすべてをしっかりと支配しておられる。

預言者たちの見た未来の世界に、何の慰めも見いださない人々もいる。彼らは言う。「教会は何世紀も、奴隷制度や圧政、あらゆる不正を正当化するためにこのくだりを使ってきた。貧しい人々がこの世で多くの要求をしないようにと、天国の希望を押しつけたのだ」と。この批判は当たっている。教会は預言者たちの見た幻を悪用してきた。だが、その「絵空事」の理論的根拠は預言者たち自身にはない。彼らは、未亡人や身寄りのない子ども、異邦人の世話をし、裁判所や宗教組織の腐敗を一掃する必要のあることを、手厳しく語っている。神の民は、神が介入してすべての間違いを正してくださるまで、ぐずぐずしていてはならない。むしろ、新天新地を模範とし、神がいつの日か実現してくださるものを求める気持ちを呼び覚ますべきなのだ。

――『神に失望したとき』（一一六〜一一七、一二〇頁）

9
月
September

9月1日　恵みの分配

イエスの革命は、「異なる」人々に対する私の見方に大きな影響を与えている。イエスの示した手本は今の私に有罪宣告を下す。イエスという模範の逆方向へわずかながらも進んでいると自覚しているからだ。社会が崩壊し、不道徳が力を増すとき、あわれみの心を抑え、もっと道徳を主張すべきだというクリスチャンの主張を耳にするが、それは旧約聖書のスタイルに戻れということだ。

ペテロとパウロが使っている、私が大好きなイメージの言葉がある。この二人の使徒は、人間には神の恵みを与えたり「分配」したりする義務がある、と言う。そのイメージは、スプレー技術が開発される前に女性たちが使っていた旧式の「噴霧器」を思い起こさせる。ゴム球をぎゅっと握ると、反対側の小さな穴から香水が吹き出す。一人分にはほんの数滴で十分で、二、三回も噴射すると部屋の空気が一変する。恵みの働き方もこのようだと思う。世界や社会全体を変えたりはしないが、その雰囲気を豊かなものにする。

クリスチャンの一般的なイメージが、香水噴霧器から、害虫駆除業者の使う殺虫スプレーに変わってしまったのではないかと心配している。「ゴキブリだ！」ギュッ、シューッ、ギュッ、シューッ。「害虫がいるぞ！」ギュッ、シューッ、ギュッ、シューッ。私の知るクリスチャンの中には、悪の横行する地域社会のために「道徳上の悪駆除業者」の仕事を引き受けている人たちがいる。

私はこの社会に深い関心をもっているが、イエスの示されたあわれみの力に心を打たれる。イエスが来られたのは、健康な人のためではなく病人のため、正しい人のためではなく罪人のためだった。イエスは決して悪を大目に見ることはなかったが、いつでも赦そうとしておられた。どういうわけかこのイエスは罪人の友という名声を得たが、この名声こそ、イエスに従う者たちが今日失ってしまう危機に瀕しているものだ。ドロシー・デイが言うように、「私は、自分が最も愛せない人を愛するほどしか神を愛していない」。

——『この驚くべき恵み』（二〇三〜二〇四頁）

＊　＊　＊

9月2日　分極化の政治

圧政からの解放をイエスに期待した人々は、イエスの選んだ仲間たちを見て、戸惑った。イエスは搾取される側ではなく、明らかに搾取する側の外国人の仲間、取税人の友として知られるようになった。イエスは当時の宗教体制を糾弾したが、ニコデモのような指導者には尊敬の念をもって接せられた。そして金銭や暴力の危険性について語ったが、若い裕福な役人やローマの百人隊長には、愛とあわれみを示された。

要するに、イエスは相手に同意するにせよ、しないにせよ、その人の尊厳を重んじられたのだ。イエスの御国は、人種や階級といった仕切りに基づくものではなかった。五人の夫をもったサマリアの女であろうが、十字架の上で死にかけている盗人であろうが、だれでもイエスの御国に喜んで迎え入れられた。どんな区別やレッテルよりも人間のほうが重要だった。

私は自分の堅く信じる大義に夢中になるたびに、イエスのこうした性質を思い出して罪責感にさいなまれる。分極化の政治に加わり、ピケラインの向こう側の「敵」に向かって叫ぶのはなんと容易なことだろう。人工妊娠中絶手術を行う診療所から出て来た女性（と、その医師）、乱れた性生活を送り、死を迎えようとしている人間、神の被造物を搾取している裕福な地主。こうした人々を愛するようにという神の国の要求を思い起こすのは、なんと難しいことか。そうした人々に愛を示せないなら、本当にイエスの福音を理解しているだろうかと自問しなければならない。

政治運動は本来、線引きをし、区別をつけ、判断を下すものだ。それとは対照的に、イエスの愛は線を越え、区別を飛び越し、恵みを分け与える。論点がいかに価値あるものであろうと――右翼陣営の堕胎反対にしろ、左翼陣営の平和と正義の推進にしろ――政治運動は、愛を窒息させる覆いのような力に自らを引き込む危険を冒している。どのような活動に加わるにせよ、それが愛や謙遜を放逐してはならないこと、そうでなければ天の御国を裏切ることになることを、私はイエスから学んでいる。

――『私の知らなかったイエス』（三九〇～三九一頁）

＊　＊　＊

9月3日　驚くべき近づきやすさ

シカゴに暮らしていたとき、私の牧師だったビル・レスリーが、「神が近づいてくださる」という驚くべき変化について語ったことがある。この地殻変動とも言うべきものを感じ取るには、レビ記の後に使徒の働きを読めばよいだろう。旧約の礼拝者たちは神殿に入る前に身体をきよめ、祭司を通して神にささげ物をしたが、使徒の働きでは、神に従う者たち（そのほとんどが善良なユダヤ人だった）は個人の家に集まり、形式ばらない「アバ」という言葉で神を呼んでいる。それは、「ダディ（お父ちゃん）」のような、家族の愛情を表す親しみを示す言葉で、イエス以前には、宇宙を統べ治める主なるヤハウェに対してだれも用いようとしなかったものだ。この言葉は、イエス以降、初代教会のクリスチャンが祈りの中で神を呼ぶとき、普通に使われる言葉になった。

ジョン・F・ケネディが政権の座にあったとき、カメラマンたちはしばしばほほえましい場面を撮影した。グレーのスーツに身を包んだ閣僚たちが、大統領のデスクを囲んで座り、キューバのミサイル危機のような重大問題を議論している。そこへ、ホワイトハウスのきまりや国家の重大問題などお構いなしに、二歳のジョン・ジョンがよちよち歩いて来て、大統領の巨大なデスクによじ登った。ジョン・ジョンはダディに会いたい一心で、ときどきノックもしないで大統領執務室へ入って来ては、父親を喜ばせた。

そのような驚くほどの近づきやすさが、イエスの使った「アバ」という言葉には込められている。神は宇宙を統べ治める主であられるが、御子を通して、子煩悩な父親のように親しみやすいご自分を示された。ローマ人への手紙八章で、パウロはさらに身近さを表すイメージを提示している。神の霊は私たちの内に住んでおられる、と言うのだ。そしてどのように祈ったらよいかわからないとき、「御霊ご自身が、ことばにならないうめきをもって、とりなしてくださるのです」（二六節）と言う。

私たちはきよさの問題を心配しながらヒエラルキーのはしごを上って、神に近づく必要はない。もしも神の国に「変わり種は認めない」という看板がかけてあったら、だれひとりそこへ入ることはできないだろう。イエスは、銀貨を二枚投げ入れた貧しい女性や、ローマの百人隊長、あわれな取税人、十字架上の強盗たちの助けを求める声に、完全で聖なる神は喜んで耳を傾けてくださる、と説かれた。ただ「アバ」と呼ぶだけでいい。それができなければ、ただうめくだけでよい。神はそれほど近くに来ておられるのだ。

——『この驚くべき恵み』(二〇一～二〇三頁)

＊　＊　＊

9月4日　なぜ祈るのか

ジャーナリストなので、普通だったら臆してしまうような有名人に会う機会に恵まれてきた。二人の合衆国大統領、ロックバンドU2のメンバー、ノーベル賞受賞者、テレビスター、オリンピック選手たちにも取材した。あらかじめ完璧な質問を用意したと思っても、前の晩はよく眠れず、神経過敏症状に陥る。取材相手は対等な友人と思えない。

祈りの中で私が近づくのは、存在するすべてのものの創造主、私をこの上なく小さいものに感じさせる御方だ。そのような御方を前にして、沈黙する以外に何ができるだろう。そのうえ、私の言うことなど何であれ、神にとって重要なことだろうか。後ろに下がって見なければわからない大きな絵のように、荘厳かつ理解不可能な神が、わざわざ地球のようにちっぽけな星のことを顧みることすら不思議だ。

時間の法則に縛られない神は、地上の一人ひとりに時を費やすことがおできになる。神は私たち一人ひとりに対して、まさに文字どおり、世界の時間すべてを所有しておられる。「神は、何百万人もの祈りをどうやって一度にお聞きになることができるのだろう」とよく問われるが、これは、時間の外で考えることができないことを表している。時間に捕らわれている私は、無限を考えることができない。だれも理解できない、神と人間との途方もない距離が、意外にも、親密な関係を可能にする。

この星に生きて時間という束縛を受け入れたイエスは、神と人間の途方もない違いをだれよりもよく理解しておられた。イエスは明らかに父なる神の偉大さを知っていて、ときどき懐かしむようにその全体像を思い起こして言われた。「世界が始まる前に一緒に持っていたあの栄光を」（ヨハネ一七・五）。しかしイエスは、雀を見守り、私たちの髪の毛を数える神の個人的関心を疑われることがなかった。

さらに肝心なのは、イエスが何時間もそれに費やしたほど、祈りを重視しておられたことだ。「なぜ祈るのか」という質問に一言で答えなければならないなら、私は「イエスが祈られたから」と答えるだろう。イエスは神と人間との間に橋を架けられた。イエスは地上で傷つきやすくなられた。私たちが傷つきやすいのと同じように。イエスは拒絶された。私たちが拒絶されるのと同じように。そして試みにあわれた。私たちが試みにあうのと同じように。どの場合もイエスは祈りをもってお応えになった。

――『祈り―どんな意味があるのか』（七一～七三頁）

＊　＊　＊

9月5日　破壊活動

アウシュヴィッツで日記を書き続けたユダヤ人の少女エティ・ヒレスムは、神との「邪魔されない対話」について書いている。道徳的に不毛な場所にあっても、神がはっきりと彼女の前に姿を現された。「ときどき、収容所のどこか片隅で足をあなたの大地の上におき、目をあなたの空へ上げて立っていると、涙が頬を流れます。深い思いと感謝の涙が。」彼女は恐怖を知った。「『……それに、私は神を信じている。みんなが〈身の毛もよだつ惨事〉と呼ぶもののただなかにいたいの。それでも、人生は美しいって言うことができるわ』。いま私は、ここの片隅に横たわっているが、目がくらくらして、からだは熱っぽく、何もできない。ついさっき目がさめたとき、のどがからからだったので、水の入ったコップに手を伸ばし、その一口に感謝してこう思った」（『エロスと神と収容所』朝日新聞社、三六八頁）。

祈りは、信仰を絶えず疑う世界で行われる破壊活動だ。ほかならぬ祈りという行為の中で疎外されている感じがしても、私は信仰によって祈り続け、神の臨在を示すしるしを探し続ける。あらゆる創造物の分子以下のレベルに神がおられるのでなければ、世界は存在することを完全にやめるだろう。神は美しかったり奇妙だったりする創造物の中におられるが、そのほとんどはどんな観察者にも感知されない。神は御子イエスの中におられる。イエスはこの星を訪れ、今やここに残された人々を擁護する者として仕えておられる。イエスがマタイの福音書二五章で主張されたように、神は飢えている人々、ホームレスの人々、病気の人々、投獄されている人々の中におられる。そしてこの人たちに仕えるとき、私たちは神に仕えている。神は、神の栄光のために建設された大聖堂や建物の中だけでなく、ラテンアメリカのベースコミュニティーや、中国の納屋にこっそり集まる家の教会におられる。神は聖霊の中におられる。聖霊は私たちのために言葉にならない声でうめき、ご自身に調和したあらゆる良心に優しい声で語りかける。

私は、祈りを神の臨在を確立する方法として見るのでなく、むしろ感知できてもできなくても、動かしがたい事実である神の臨在に応答する方法として考えるようになった。テクニックにばかり執着したり、不適切な祈りをして罪意識に沈んだり、祈りが聞かれなくて失望落胆したりするたびに、祈りとは、すでにおられる神と親しくなることだ、と思い起こす。

――『祈り―どんな意味があるのか』(七八～八〇頁)

＊　＊　＊

9月6日　夜空を仰いで

かつて輝くばかりの天の川を見たことがある。赤道直下のソマリアの難民キャンプを訪れたときのことだ。天の川は漆黒の天蓋にダイヤモンドの粉を敷き詰めた高速道路のように広がっていた。街路灯から遠く離れ、暖かい砂の上に仰向けになって空を眺めたあの夜ほど、空がだだっ広く、地球が大きく思えたことはなかった。

私は当時、大規模な難民の出た地域にいて、日がな一日、救援スタッフにインタビューしていた。クルド人のキャンプ、ルワンダ、スーダン、エチオピア——ところは変わっても、現地の惨状は酷似していた。痩せ衰えて乳の出なくなった母親、泣き叫び死んでいく赤ん坊。荒れ果てた地に薪にする枯れ木を探し求める父親の姿……。

三日の間、悲惨な人々の話を聞いて回った私は、「アフリカの角」と呼ばれる地域の片隅にある国の、辺鄙な難民キャンプから目をそらすことができなかった。天の川を見るまでは。天の川を見た途端、今の情況が人生のすべてでないことに気づいた。歴史は進む。部族、国家、あらゆる文明も興っては滅び、惨めな様を残していく。しかし、私は努めて周囲の苦難ばかりを見ないようにした。夜空を仰いで星を眺める必要があった。

「あなたはすばるの鎖を結ぶことができるか。オリオン座の綱を解くことができるか。あなたは十二宮をその時にかなって、引き出すことができるか。牡牛座をその子の星とともに導くことができるか。あなたは天の掟を知っているか。地にその法則を立てることができるか」(ヨブ三八・三一〜三三)。神は、ヨブという名の男に、これらの問いを投げかけられた。ヨブは深い苦悩にとらわれていて、自分のかゆい皮膚しか目に入らなかったが、神はこういったことを思い起こさせて、見事に彼を立ち直らせた。皮膚はまだかゆいままだったが、ヨブは一千億の銀河を心に留めている神の偉大さを垣間見たのだった。

ヨブ記の神の言葉は、ずいぶんぶっきらぼうに聞こえる。しかし、おそらくこれがヨブ記で一番大切なメッセージなのだろう。ちっぽけな人間は自分の不服にどれほどの価値があるかも考えず神にくってかかるが、全宇宙の主は不愛想に答える権利をもち合わせておられる。ヨブの子孫である私たちも、広い視野を失わないよう努めたいものだ。広い視野を得るには、月のない、星の輝く夜が一番いい。

——『思いがけないところにおられる神』(二九〜三一頁)

＊　＊　＊

9月7日　野生の創世記

シカゴの繁華街に十三年暮らした後で、ロッキー山脈という新しい環境になじむにはしばらく時間がかかった。シカゴの隣人たちが恋しかった。有名なラッパーを自称していた空き缶拾い、火をつけていない煙草を口にくわえ、コーヒーショップに一日中座っていた精神病患者、「僕には妻が必要だ！」と書かれた看板を持って、クラーク通りをうろうろしていた奇抜な男性。

新しい住まいからは、人間よりも動物のほうが多く見える。わが家の裏手の丘ではエルクが草をはみ、キツツキが外壁の羽目板をつつき、妻にフォスターと名づけられたアカギツネが毎晩施しものを探しにやって来る。この間はフォスターが網戸の外に座って、私が仕事部屋に壁紙を貼りながら流していたギャリソン・ケイラーのラジオ番組に耳を傾けていた。ブルーグラスが流れている間、不思議そうに頭をかしげていたが、おおむね番組を楽しんでいたようだ。

転居してまもなく、聖書の通読を始めた。創世記から読み始めたが、新しい環境で読むと、聖書は違った響きを帯びてくる。創造の記事を読んだのは、雪の季節だった。山々が朝日に輝き、純白の雪をまとったポンデローサ松は、どれも水晶のようにきらめいていた。最初の創造の喜びが容易に想像できた。後に神がヨブに語ったように、「明けの星々がともに喜び歌い、神の子たちがみな喜び叫んだとき」（三八・七）だ。

しかし、創造の記事を読んだその週、ドンという大きな音で読書に邪魔が入った。小鳥が窓に激突したのだ。V字型の尾で、両翼に山型の縞模様があるマツノキヒワだった。雪の塊の上に腹ばいになって喘ぎ、嘴から血が滴り落ちていた。小鳥はそこに二十分間横たわり、まどろむように頭を上下させていたが、やがて立ち上がろうと最後の羽ばたきを試みると、頭を雪の中に落とし、死んでしまった。

悲劇が続き、私はその小さなものの目撃者となった。昼のニュースは中東の殺戮やアフリカの流血を報じていた。しかし、どういうわけか、一羽の鳥の死、窓ガラスの向こうで起きた死が、この日読んだみことばの重要性を痛感させてくれた。それは、創世記二章と三章との間、楽園と堕落した被造物との間にある大きな裂け目の縮図と思われた。

——『思いがけないところにおられる神』（原書、三〇～三一頁）

＊　＊　＊

9月8日　堕落の後に

創世記二章に編集的なコメントが入っていたことに、初めて気がついた。神が、「人がそれを何と呼ぶかをご覧になるため」(一九節)、アダムの前に多くの動物を行進させた場面に注目すべきだ。全能者としては、なんと奇妙な新しい感覚だったろうか！　果てしなく広がる宇宙の創造主が傍観者役に徹し、アダムのすることを「静観」しておられる。

ブレーズ・パスカルによると、私たち人間には「因果関係の厳粛さ」が与えられてきた。創世記の次の数章は、因果関係が厳粛なものでもあり重責でもあることを示している。人間は家庭生活、農業、音楽、道具作りの基本をたちまち習得する。だが、殺人、姦淫など、人間に特徴的な恐ろしい行動も習得してしまった。やがて神は創造したご自身の決断を「後悔」される。「主は、地上に人を造ったことを悔やみ、心を痛められた」(六・六)。

旧約聖書を通して、神は傍観者になったり参与する者になったりしておられる。地から血が泣き叫び、不正義が耐え難いほど大きくなり、悪があらゆる制約を蹴散らすときになると、神は行動される。圧倒的なかたちで、そしてときには暴力的なかたちをとって。山々は煙を吐き、地は大きく口を開き、人々はそこで命を絶たれる。ところが、新約聖書が描いているのは、その「犠牲」となるために降りて来て、無私無欲に因果関係の厳粛さを分かち合う神だ。神は世界を破壊する権利をもっているにもかかわらず――ノアの時代に一度、崩壊させるところだった――、いかなる犠牲を払ってでも、この世を愛するということを選ばれた。

ときどき不思議に思う。歴史の中で何もしないことが神にとってどれほど困難であったことだろう、と。創造物の栄光――熱帯雨林、鯨、象――が一つ一つ消えてゆくのを見たら、どんな気持ちになるだろうか。ユダヤ人の全滅を見るのは、どんな気持ちだろうか。「ひとり子」を失うことはどうだろうか。神の自制はどんな犠牲を伴うのか。

私は常々、人間への影響という観点から堕落というものを考えてきた。つまり、創世記三章に概括されている罰だ。今回、堕落が神に与えた影響に目を向けさせられた。聖書は最初の創造物の栄光に、たった二つの章しかあてていない。その後に描いていることはすべて、再創造への痛々しい歩みだ。

――『思いがけないところにおられる神』(原書、三一～三二頁)

＊　＊　＊

9月9日　大いなる分断

イスラムが今や「殉教者」という言葉を取り入れているのは歴史の皮肉だ。初期のクリスチャンがローマ帝国中に増えたのは、ただ肉体が生き残るよりも、永遠の報いを選択したためだ。彼らは信仰を捨てようとせず、殉教者たちの血が教会の種となった。(重要な違いだ。クリスチャンはだれも殺めなかったのに、ローマの手で命を奪われた。)

昨今、西洋では永遠の報いについて聞かれることはほとんどなく、もっぱら聞かれるのは死を遠ざけるテクニックの話だ。西洋で学ぶ若いアラブ人たちは、私たちがいかに多くのエネルギーを物質的な人生に投資しているかを心に刻み、しばしばあきれて帰国する。地元のドラッグストアのマガジンラックを見て、ボディービル、ダイエット、ファッション、女性の裸体――いずれも物質的なものを重視している証し――が記事のタイトルになっている雑誌を探してみると、それがわかる。

「ピューリタン的」という言葉も、イスラム社会が使っているキリスト教用語だ。米軍兵士は中東諸国の厳格なイスラム教の戒律を尊重し、おそらく近年初めて、アルコールと『プレイボーイ』誌なしで二つの湾岸戦争を戦った。だがイスラムと西側の道徳規準の違いが文化的なものでなく、哲学的なものであることを理解している人は意外と少ない。

米国社会は倫理を確定する際、「それが他のだれかを傷つけるか」という原則を適用する傾向にある。そのようにしてポルノは合法となり、露骨な暴力や児童虐待は違法となる。飲酒も隣家の窓を割ったり、車の運転をしたり、他者を危険な目に遭わせたりしなければ、合法だ。テレビで映し出される暴力は、俳優が演じているものなので許される。

道徳規準は、私たちの物質主義をあらわにしている。私たちは「相手に損害を与える」ということを物質的な観点から定義するが、イスラム社会はもっと霊的な観点から定義する。そのより深い意味において、ポルノや娯楽としての暴力、テレビの昼メロがおもしろおかしく描くつまらない悪ほど有害なものがあるだろうか。こうした見地から、米国は「グレートサタン」の評判を得たのである。

――『思いがけないところにおられる神』(原書、八七~八八頁)

＊　＊　＊

9月10日　衝突から学ぶこと

ラミン・サネは稀有な存在だ。西アフリカのガンビアに生まれ、イスラム教徒として育ち、十代でキリスト教に改宗した。意外なことに、サネがその決断を伝えたリベラルなメソジストの宣教師は、喜ぶのでなく当惑し、この若者に再考を促した。サネは考え直すことなく、福音に「どうしようもなく心を揺さぶられた」と思い、宣教師を説得して洗礼を受けた。

さらに意外だったのは、サネがキリスト教神学を学びつつイスラム史で博士号を取得したことだ。霊の旅を続けながら、イスラム教徒の家族と緊密なつながりを保ち続けた。サネはまずハーバード大学、その後イェール大学の教授になったが、クリスチャンとイスラム教徒の宗教間対話にすぐれた手腕を発揮した。

サネは西洋のクリスチャンに、植民地主義と十字軍の罪意識を脱するよう促している。とにかく世界地図は変わった。一日に七万五千人がクリスチャンになっているが、その三分の二はアフリカに住んでいる。この元気な新しい信仰者たちは、福音を良き知らせとして経験しているのだ。

同時に、アフリカやアジアのクリスチャンは新たに復興したイスラムや、ときに好戦的なイスラムと向き合っている。西側の退廃や奔放な世俗主義に不快感を覚えるイスラム教徒は、彼ら自身の伝道の課題を抱えている。イラン、エジプト、パレスチナでは、シャリア法を厳格に実行しようとする熱狂派に、穏健派が敗れている。

サネはイスラム教徒に語るとき、中世キリスト教会が学んだ教訓を考えるよう呼びかけている。宗教が国家とねんごろになると、信仰は権力の腐敗や乱用にさらされる。カルヴァンのジュネーヴも、クロムウェルの英国や異端審問のスペインやラテンアメリカでも、教会と国家の融合というキリスト教の実験は、いっときはうまくいっても必ずや反動を引き起こす。

クリスチャンとイスラム教徒は正反対の課題に直面している。西側の私たちは、宗教を端へと追いやらない文化、信仰が人生のすべてに影響を与えるとする文化、社会や倫理に関する問題について宗教指導者に導きを求める文化から、学ぶことがある。

他方、イスラム諸国もキリスト教の西洋から学ぶことがある。ますます多文化になっている世界で少数派の権利を守るためには、自由な民主主義が最良の方法だと西洋は考えてきた。その教訓から学ばなければ不幸になるだろう。今現在、「文明の衝突」において起きていることからわかるように。

——コラム「裏頁」、『クリスチャニティー・トゥデイ』

二〇〇七年七月（六四頁）

* * *

9月11日　救援の支援

世界貿易センターの攻撃から二週間後、ようやく検問所を通り抜けたとき、通りにはニューヨーカーが——ニューヨーカーだ！——列をなし、短いメッセージの書かれた横断幕を振っていた。「皆さんを愛しています。あなたたちは英雄です。神の祝福がありますように。感謝します。」運搬車が燃料で走るように、作業員たちがそうした声援を受けて走り回っていた。それでも、その日に良い知らせを聞くことはない。何トンもの曲がった鋼、圧縮された泥、粉々になった備品、割れたガラスなどを取り除く、途方もなく気の滅入る作業に直面していた。けれども作業員たちは、瓦礫の山を通り過ぎるたびに声援を送る人たちの列を目にする。それはあたかもフットボール選手がチアリーダーたちの作ったトンネルを走り抜けるようで、米国全土が自分たちの働きに感謝していることを思い起こさせた。私たちの乗った救世軍のバンも、何度か大声援をもらった。

バンの先導をしてくれた救世軍の士官モイゼ・セラーノは、ニューヨークの特務総監だった。就任して一か月になるころ、航空機がツインタワーに激突した。彼は三十六時間働き続けて四時間眠り、四十時間働いて六時間、さらに四十時間働いて六時間眠った。そして休みを一日とった。私と同じバンに乗っていたアシスタントは早々に神経を病み、快復の兆しも見えなかった。

出会った救世軍の人の多くが、フロリダから来ていた。満杯の水筒や救援物資を積んだトラックが用意され、マンハッタンのビルが崩落したときに、その全車両がニューヨークに向かった。クルー・ディレクターが言った。「本当のことを言うと、あなたもわかると思いますが、気の荒い人たちを相手にするものと考えていました。でも来てみると、みんな笑顔でありがとうと言ってくれました。」

私は救世軍の快活な強靭さに感服した。この人たちは陰気な場所で働き、その最前線で奉仕している。長い年月をかけて、彼らには内なる強さが育っていたのだ。それは、規律、コミュニティー、そして何よりもだれに仕えているかという明確なビジョンに基づく強さだった。救世軍には階級による命令系統があるのだろうが、それぞれが神おひとりのために仕えているという意識をもっている。ある人によると、救世軍の人は、最後に神から表彰されるために仕えているということだ。「よくやった、おまえは忠実な良きしもべだ」と。

——『思いがけないところにおられる神』(原書、六九〜七一頁)

* * *

9月12日　グラウンド・ゼロのオアシス

救世軍から派遣された人たちは、希望者にはだれでもカウンセリングをし、共に祈ってくれる。そして、ただそうしてもらいたくて、グラウンド・ゼロで真っ赤な「チャプレン」ジャケットを着た救世軍の人を人々は捜し求めた。けれども、派遣されてそこに来たのは、何よりも人々の基本的な必要を支援するためだった。煙で痛む目を洗い、荒れた唇用のリップクリームや、熱い鉄板上を歩き回るブーツの中敷きを提供する。給水所や軽食の売店を出し、休憩所を提供し、焼き立てチキンをふるまった。到着した日、働く人々が家に電話をかけられるよう、千五百枚のテレホンカードを配った。毎日七千五百食を用意した。瓦礫の荒野にあわれみのオアシスを提供していた。

新聞に載っている地図を確認していたが、二次元の紙に描かれたもので破壊のスケールをとらえることはできなかった。八街区にわたる建物は荒れ果て、窓ガラスは割れ、床を突き破った鋼の破片が道路から高く突き出ていた。ファックス機や電話機やコンピューターのあった数多くのオフィスの中には何もなく、瓦礫が散乱しているばかりだった。九・一一。そのとき人々はそこにいて、キーを叩き、電話をかけ、一杯のコーヒーを手に仕事を始めようとしていた……。そして突然、世の終わりが来たかと思ったはずだ。

作業員たちの顔を見ると、一様に陰鬱な面持ちだった。グラウンド・ゼロに微笑はなかった。そんな場所で、微笑みなど浮かべられるはずもない。そこにあるのは死と破壊だけだった。人間が人間になし得る最悪のことを後世に伝えていた。

世界貿易センターの跡地の向かいに空いたビルがあり、そこに三つのブースが作られていた。「キリストの警察官」、「キリストの消防士」、「キリストの清掃作業員」(最後のブースは私が支援したいと思っている慈善団体だ)。救世軍のチャプレンによると、警察と消防はグラウンド・ゼロで一日に二回、祈りと礼拝の時をもってもらえないかと要望してきたという。無宗派の組織である赤十字が、救世軍に援助を求めたとき、こんな答えが返ってきた。「何をおっしゃいます。私たちはそのためにここに来ているのです!」

――『思いがけないところにおられる神』(原書、七一~七二頁)

＊　＊　＊

9月13日　拒絶された者

遠藤周作という日本の作家の生涯は、その小説の筋書きとよく似ている。満州で過ごした少年時代、彼は外国人であり、軽蔑される日本人占領者だった。日本に引き揚げてから母親とともにカトリックに改宗すると、再び異邦人の苦しみを味わう。クリスチャン人口は日本の人口の一パーセントにも満たない。同級生たちは、西洋の宗教と関わっていることを理由に遠藤をいじめた。第二次世界大戦が始まると、この疎外感はいっそう強まった。遠藤にとって、西洋は常に霊の故郷だったが、その西洋人が日本各地を破壊しようとしていた。

戦後、彼はフランソワ・モーリヤックやジョルジュ・ベルナノス等のフランスのカトリック作家を研究するために渡仏する。日本人初の交換留学生の一人であり、リヨンで唯一の留学生であったにもかかわらず、今度は宗教でなく人種のせいで拒絶される。連合国は反日プロパガンダの大きな流れを確実に作り出し、遠藤は「日本人」を理由に、仲間のクリスチャンから侮辱の標的になった。「つり目の東洋人」と呼ばれることもあった。

ヨーロッパでの研究生活を終えて帰国する前に、遠藤はイエスの生涯を研究するためにパレスチナを訪れ、そこで考えを一変させる発見をする。イエスもまた拒絶を知っていたのだ。それどころか、イエスの生涯は「拒絶そのもの」だった。隣人たちに町を追い出され、家族から正気を疑われ、最も親しかった友人たちに裏切られた。そして同じユダヤ人が犯罪者の命と引き換えに、イエスの命を差し出した。イエスは一生涯を、拒絶されていた人々の中で過ごした。

自らの発見したイエスの姿に遠藤は衝撃を受け、目を開かれる思いがした。日本という遠く離れた地点から見ていたキリスト教は、勝利するコンスタンティヌス帝の信仰だった。遠藤は、ヨーロッパの神聖ローマ帝国やきらびやかな十字軍を研究し、大聖堂を称賛し、不名誉を感じることなくクリスチャンでいられる国に住むことを夢見ていた。今や、その故郷で聖書を研究して理解した。イエス自身が「不名誉」を避けていなかったことを。イエス自身が、預言者イザヤによって描かれた〝苦難のしもべ〟としてやって来た。「彼は蔑まれ、人々からのけ者にされ、悲しみの人で、病を知っていた。人が顔を背けるほど蔑まれ……」（イザヤ五三・三）。まことに、ほかでもないこのイエスなら、遠藤自身が経験していた拒絶を理解できるのだろう。

――『ソウル・サバイバー』（四八二～四八三頁）

＊　＊　＊

9月14日　母の愛

セラピストのエーリッヒ・フロムは、バランスのとれた家庭に育つ子どもは二種類の愛を受けると言う。母親の愛は無条件であることが多く、どんなことをしても、何があっても、子どもを受け入れる。父親の愛はもっと条件付きで、行動がある基準に達するとき、子どもを是認する。フロムが言うには、理想的には子どもは両方の愛を受け取り、吸収するべきだ。遠藤周作は、日本は権威主義的な父親のいる国であり、父としての神の愛は理解してきても、母としての神の愛は理解してこなかったと言う。

キリスト教が日本人の心に届くためには、母としての神の愛を強調しなければならない、と遠藤は結論する。過ちを赦し、傷をいたわり、他者を無理やりでなく、愛そのものに引き寄せる愛でだ（「エルサレム、エルサレム。……わたしは何度、めんどりがひなを翼の下に集めるように、おまえの子らを集めようとしたことか。それなのに、おまえたちはそれを望まなかった」〔マタイ二三・三七〕）。

『母の宗教』において、キリストは売春婦、価値のない人々、不格好な人々のもとへやってきて、彼らを赦している」と遠藤は言う。その目には、イエスは母の愛とメッセージを携えて、旧約聖書の父の愛とバランスをとろうとしたかに見えた。母の愛は、どんな弱さをも赦す。遠藤にとって、弟子たちを本当に感動させたのは、キリストを裏切った後ですらも、キリストが彼らをなお愛している、という気づきだった。過ちを指摘されることは、別に新鮮なことではないだろう。だが、過ちを指摘されながらも、なお愛されている。それが新鮮なのだ。『イエスの生涯』には、イエスのもつ母の愛のような特徴があふれている。

「痩《や》せて、小さかった。彼はただ他の人間たちが苦しんでいる時、それを決して見棄てなかっただけだ。女たちが泣いている時、そのそばにいた。老人が孤独の時、彼の傍にじっと腰かけていた。奇蹟など行わなかったが、奇蹟よりもっと深い愛がそのくぼんだ眼に溢れていた。そして自分を見棄てた者、自分を裏切った者に恨みの言葉ひとつ口にしなかった。にもかかわらず、彼は『悲しみの人』であり、自分たちの救いだけを祈ってくれた」（新潮文庫、二一五頁）。

イエスの生涯はたったそれだけだった。それは白い紙に書かれたたった一文字のように簡単で明瞭だった。

——『ソウル・サバイバー』（四九七〜四九九頁）

＊　＊　＊

9月15日　モスクワのジャーナリスト

モスクワでの歓迎会は非常に礼儀正しいもので、私は落ち着かなくなった。一九九一年のソ連は、ものすごい速さで変化していた。ところが、無神論国家全体が一夜にしてキリスト教に好意を寄せたわけでないことは確かで、私は腹蔵なく意見を交わす対話を望んだ。米国から来た十九人のキリスト教指導者には、崩壊しつつある国でキリスト教がどんな変化をもたらし得るかという難問に答えてほしいと思った。冷ややかで処しづらいソ連の記者たちが、そうした難題を寄こしてくることを十分に予想していた。


ところがその予想は的外れだった。モスクワの記者クラブで起きたのは、次のようなことだ。まず私たち北米のクリスチャンが、小劇場のスポットライトの当たったステージの席に着いた。「プリズン・フェローシップ・インターナショナル」の、ふだんは無口なロン・ニッケルが、打ち解けた感じでこう口火を切った。

「ウィンストン・チャーチルは、刑務所を見れば、その社会がわかると言いました。その基準からすると、ソ連も米国も悲劇です。両国の刑務所は悲惨なものだからです。」

「私は世界中の刑務所に足を運び、社会学者、行動主義者、刑事司法の専門家たちと話をしてきました。しかし、どうすれば囚人たちを変えられるか、だれも知りません。でも私たちは信じています。キリストが一人の人間をすっかり変えることができることを。そして、そのあふれるほどの証拠を目撃してきました。イエスご自身も囚人で、処刑されましたが、復活されました。イエスのおかげで、今や多くの囚人が復活しつつあります。」

それからロンは、二十一年間に何十回も刑務所に戻った、インドのある囚人に言及した。悪循環を断てずにいたその犯罪者は、キリストに出会って変わることができた。法廷で彼の姿を見なくなったことを不思議に思った地元の判事が男の家を訪問し、何があったのかを尋ねると、元囚人は答えて言った。「人生で初めて、私を赦してくれる人に出会いました。」

会場は静まり返り、その後「冷ややかで処しづらい記者たち」は、私が全く予想もしなかったようなことを行った。一斉に拍手をしたのだ。そして、次のような質問をロンに投げかけた。「その赦しとは何ですか？」「どうすればそれを見つけることができますか？」「どうすれば神を知ることができますか？」後に一人の記者が言った。「ソ連の記者は囚人に対して特に好意的です。記者の多くが服役しているからです。」

――『KGBと祈る』（四四～四五頁）

＊　＊　＊

9月16日　神なき善

『プラウダ』紙の編集者たちは、キリスト教と共産主義には共通の理想が多くあるのに、と残念そうに話していた。共産主義を「キリスト教の異端」と呼ぶ人もいる。平等、分かち合い、正義、人種間の融和を強調しているからだ。けれども、ロシア人がマルクス主義を信奉していた過去を嘲笑的に言う「どこにも行かない道にいた七十四年間」という言葉は、人類史上最大の社会実験にはひどい欠陥があったことを教えている。

古典的マルクス主義者は無神論を説き、宗教に抗して猛然と闘った。それは、「抑圧者に暴力をもって立ち向かえ」と労働者を鼓舞するため、という賢明な理由からだった。マルクス主義は、この世を超えた天国に生きる望みと神の懲罰という恐れを断ち切らなければならなかった。

ルーマニア人牧師ジョセフ・トンが、マルクス主義の人間観の核心にある矛盾について、こう書いている。

「生徒たちに、人生は物質の偶然の組み合わせの産物だと〔彼らは教えている〕。人生は、ダーウィンの適者生存の法則に支配されている、と。死後の世界もなければ、自己犠牲に報いたり、エゴイズムや貪欲を罰したりする『救世主』もいない。このように教えられた生徒たちのもとに私は送られ、気高く立派な人間になれ、と教えなければならなかった。彼らが全精力を傾けて善行に励み、良い社会を作るように、と。しかし、彼らには善を行うための動機が欠けている。純粋に物質的な世界では、自分のためにつかみとる人間だけがすべてを所有すると考えている。なぜ自分を否定し、正直であるべきなのか。他者のためになる人生を送ろうとするには、彼らにどんな動機を提供すればよいのか。」

『プラウダ』の編集者たちは、人々にあわれみを示したいと思わせることがきわめて困難であったことを認め、こう尋ねた。「どのように人々を変革し、動機づければよいのでしょう。」この国全土が抑うつと絶望の状態にあるように見えた。

「善良である必要がないほど完璧な社会を、だれもが求めている」と言ったのは、マルクス主義の夢を信奉している多くの友人を目にしたT・S・エリオットだ。ソ連の指導者、KGB、そして今『プラウダ』から私たちが聞いたのは、ソ連が二つの意味で最悪の結末を迎えたことだ。社会が完璧に程遠いこと、そして人々がいかに善良になるかを忘れてしまったことだ。

――『KGBと祈る』(七四～七五頁)

＊　＊　＊

9月17日　神が物をお書きになったとき

何を書いてよいのかわからなくて、頭を抱えていたある日、私のこの状況について、神は理解しておられるのだろうかと考えた。神はもちろんお語りになった。だけれども、何かをお書きになっただろうか。

そしてすぐ心に思い浮かんだのが十戒だった。神は「さとしの板を二枚、すなわち神の指で書き記された石の板をモーセにお授けになった」(出エジプト三一・一八)。しかしこのとき、モーセがシナイ山から下りて来る前に、イスラエルの民は十戒の最初の二つの戒めをすでに破っていた。モーセはそれを知って怒り、その板を打ち砕いてしまった。すると神はまずそれを書き直してくださった。

次に神が物をお書きになる場面は、バビロン（現代のイラク）での大宴会の場だった。ベルシャツァル王がエルサレムの神殿から持ち出した金の器を冒瀆すると、突然、手の指が現れて、塗り壁に四つの言葉を書いた。その夜、権勢を誇ったバビロニア帝国は、ペルシア（現代のイラン）に屈する（ダニエル五章）。

福音書は、イエスが物をお書きになった場面を一つだけ記録している。宗教権威者たちが、姦淫の現場で女を捕らえた。モーセの律法に従えば、女は死罪に値した。ところがローマ人は、ユダヤ人が大罪の懲罰を下すことを禁じていた。そのときイエスは何も言わず、身を屈めて地面に何か書いておられた。そして口を開かれた。「あなたがたの中で罪のない者が、まずこの人に石を投げなさい」（ヨハネ八・七）。告発者たちのほうに、罠がはね返ってきたのだ。恵みが支配し始めたのである。

後にパウロは、心に書かれた律法について語っている。コリントの人々にこう言っている。「あなたがたが……キリストの手紙であることは、明らかです。それは、墨によってではなく生ける神の御霊によって、石の板にではなく人の心の板に書き記されたものです」（Ⅱコリント三・三）。

以上のことをあわせて考えると、こうした場面は律法から恵みへと段階を踏んで進んでいることがわかった。そして非常に重要なことに、その場面に三位一体のそれぞれの位格がおられたのだ。媒体の三つ——石の板、塗り壁、神殿の庭の砂——は歴史上に起きた破壊行為によって姿を消してしまった。けれども、神の文学作品は人々を変え、世代から世代へと受け継がれている。「実に、私たちは神の作品であって」（エペソ二・一〇）とパウロは書き、ギリシア語のポイエーマ（ポエム）という言葉をそこに使っている。

神が物をお書きになった場面を概観してからは、私はもはやあまり悩まなくなった。紙の上に言葉を書くことと、気紛れな人間から神聖な芸術作品を創り出すこととは、はるかに規模の異なることだとわかったからだ。

——コラム「裏頁」、『クリスチャニティー・トゥデイ』

二〇〇七年九月号（一一二頁）

＊　＊　＊

9月18日　内なる芸術

チェコ生まれの作家ミラン・クンデラは、ゲーテの「人生は芸術作品に似るべきだ」という考えに、常に異議を唱えていた、と書いている。クンデラは、人生があまりにかたちがなく予想のつかないものであるがゆえに芸術が生まれるため、芸術は人生に欠けている構造と解釈を与えるのだろうかと不思議に思った。そんな彼も、友人のバーツラフ・ハベルは例外であると認めている。ハベルはクンデラのように作家として出発しながら、チェコ共和国の大統領になり、この時代の強力な道徳の声となった。クンデラの目にも、ハベルの人生には一貫して主題があり、ゴールに向かって少しずつ継続的に進歩しているように見えた。

クンデラとハベルの作品を読むと、根底の見解にその違いがあるようだ。大方のポスト・モダンの思想家にとってそうであるように、クンデラにとっても人生に「メタ物語」はなく、人生がどこから来てどこへ行こうとするかを説明する意味はない。しかし、ハベルにはそれがある。彼は次のように嘆いている。「大いに必要が叫ばれている地球規模の責任という危機は、原則的に次の事実のせいであると、いよいよ確信するようになった。すなわち宇宙、自然、存在するものや私たちの人生は明確な意図によって導かれる創造の作品であり、その意図には明確な意味があり、明確な目的に従っている。その確信を私たちが失ってしまったという事実のせいであることを。」

クリスチャンは（ハベルは自らをクリスチャンと明言したことはない）、人生一般だけでなく、個々の人生もすべて潜在的芸術作品と考える。私たちは神とともに、素材から何か永続的な美しさを創り出している。人間は人生で小さな物語を書いているが、それは大きな物語の一部であり、その筋書きはおおざっぱにわかる程度だ。

古いタルムードのことわざは言う。「あなたにその仕事を終わらせる責任はないが、その仕事を始めない自由もない。」その仕事とは神の仕事、ひどく傷ついた星を回復させ、贖う仕事だ。ユダヤ人にとってもクリスチャンにとっても、その仕事は、私たちの手が触れるところどこにでも平和、正義、希望、癒し、「シャローム」の気配をもたらすことだ。クリスチャンにとって、それはイエスの弟子としてそうすることを意味している。イエスは、私たちには決して果たすことのできない贖いを成し遂げてくださったのだ。

――『見えない神を捜し求めて』(三七八～三八〇頁)

＊　＊　＊

9月19日　いつもの仕事の裂け目

「静まって、わたしこそ神であることを知れ」(詩篇四六・一〇、英訳)。詩篇のこのよく知られた言葉に、すこぶる重要な二つの命令を読む。第一に、私は静まらなければならない。それは現代の生活には不利なことだ。十年前は二、三週間以内に返事をすれば、先方は満足した。五年前は二、三日中にファックスで返事を送れば、やはり相手は満足そうだった。今、先方はその日のうちに電子メールで返信してほしいと言い、即座にメッセージを送らなかったり携帯電話を使わなかったりすると、私は罵られる。

神秘、もう一つの世界を認識すること、行動より存在を強調すること、ほんの短い時間静まっていることさえ、この慌ただしく騒々しい世界の中では自然にもたらされるものではない。時間を切り取って、心の中の生活を神に豊かにしていただかなければならない。

作家パトリシア・ハンプルは、イタリアのアッシジへ向かう巡礼中、祈りとは何かという問いに対する答えのリストを作り始めた。賛美、感謝、懇願、弁明、取り引き。実を結ばない哀れな声。弱々しい泣き声。焦点を合わせること。そして、このリストは中断する。祈りを言語としか見ていないことに気づいたからだ。彼女は言う。「祈りとは基本的に、位置、自分がどこに置かれているかということです。祈りは、目に見えるものだけに焦点を合わせるのではなく、存在するすべてのものをはっきり見るようにさせるものです。」

なるほど、はっきり見えるようにさせるものなのか。静まれ。そして焦点を合わせることで、他のすべてが明瞭になってくる。いつもの仕事の絶え間に、宇宙は整えられてくるのだ。

静まることによって、「わたしこそ神であることを知れ。わたしはもろもろの国民のうちにあがめられ、全地にあがめられる」（詩篇四六・一〇、英訳）という二つめの祈りに備えることができる。神を崇めるのでなく抑圧しているこの世界のただ中で、私は祈りを通してのみ、その真理を信じることができる。

――『祈り――どんな意味があるのか』（三一～三二頁）

＊　＊　＊

9月20日　私の世界を脱創造すること

詩篇第二篇は、反逆をもくろんでいる王や支配者を神が天で嘲笑しておられる様子を描いている。南アフリカの囚人や、中国で苦難にあっている牧師、北朝鮮で迫害されている信仰者が崇高な信仰に達するには、そして神が本当に国々の間で崇められると信じるには、大きな飛躍が必要だ。ピリピの牢獄で「歌を歌っていた」（使徒一六・二五）パウロや、「上から与えられていなければ、あなたにはわたしに対して何の権威もありません」（ヨハネ一九・一一）という明白な真理でピラトを正されたイエスのことを思う。そのような危機的状況にあっても、イエスは太陽系の誕生以前にさかのぼる長期的視点をもっておられた。

「静まって、わたしこそ神であることを知れ」（詩篇四六・一〇、英訳）。ラテン語で「静まれ」の命令形は〝vacate〟だ。サイモン・タグウェルによると、「神は私たちに、休み（vacation）を取るように、自分が神であることをしばらくやめて、神を神とするようにと招いておられる」。私たちは祈りを、骨の折れる重大な仕事、他の約束事を後回しにしてでも計画に入れるべきもの、緊急の事柄があっても、その合間に押し込んでしまうべきもの、と考えることが多すぎる。だが、それは要点をはずしているからだ、とタグウェルは言う。「神は、休みを取りなさい、さぼりなさいと招いておられる。私たちは、神として行わなければならないあらゆる重要な作業を中断し、神であることを神におゆだねすればよいのだ。」私は祈ることによって、無限のあわれみをもち、人間の傷つきやすさに応えてくださる御方に対して、自らの失敗や弱さや限界を認めることができるのだ。

神を神とするというのは、当然、自分自身が支配する重役の椅子から降りることだ。自分の目的を推し進め、自分の主張を通すために細心の注意を払って作ってきた世界を「(神に) 明け渡す」ようにしなければならない。依存症や自我と闘う人々は言うまでもなく、アダムとエバ、バベルの塔を建てた人々、ネブカドネツァル、南アフリカのあの看守たちは何が問題なのか十分理解している。原罪が、神のようになろうとした二人の人間にさかのぼるなら、祈りの第一歩は神を認めること、神を「思い出すこと」だ――宇宙の真理を回復させるために。ミルトンは言った。「(創造主は) ご自分だけの世界に住んでおられるのでないことを、人間に知らしめる」(『失楽園 下』岩波文庫、五〇頁)。

――『祈り―どんな意味があるのか』(三二一〜三二三頁)

＊　＊　＊

9月21日　上流からのスタート

私の家は大きな山を目の前にした渓谷にある。春の雪解けの時期や大雨の後、この山を流れるベアクリーク川は水かさを増す。泡を立てて岩にぶつかりながら流れるさまは、小川 (クリーク) どころか立派な川 (リバー) だ。この川で何人もが溺れている。あるとき、ベアクリーク川の水源を山頂にたどった。雪原に立つと、あちこちに「サンカップス」が顔を出している。雪解けのときに咲く、ぎざぎざのついた椀型の花だ。雪の下のほうでこぽこぽと静かに流れる音が聞こえ、雪の端に細い水の流れが滲み出ている。それが集まって水たまりを作り、高山の小さな池になり、その池の水もあふれ出ると、山を下る長い旅が始まる。やがて別の細流と合わさって、わが家を下ったところを流れる小川になる。

祈りについて考えると、自分が方向を誤ってばかりいることに思い当たる。関心事を携えて下流からスタートし、それを神にもっていく。神に、神がまだご存じでないかのように伝える。御心を変えていただき、神が不本意ながらもそれをかなえてくださるのではないか、と期待して嘆願する。しかし、私は流れの始まる上流からスタートすべきなのだ。

方向を変えると、神は、おじの癌、世界の平和、壊れた家庭、反抗的な十代の子どもといった心配事について、すでに私以上に考えてくださっていることがわかる。恵みは水のように最も低いところに向かって降りて行く。あわれみの小川が流れるのだ。地上の出来事に根本的な責任を負ってくださる神と一緒にスタートし、地上における神のお働きの中で自分はどんな役割を担えばよいのですか、と尋ねる。預言者アモスは叫んだ。「公正を水のように、義を、絶えず流れる谷川のように、流れさせよ」（アモス五・二四）。私は土手に立っていようか、それとも流れに飛び込もうか。

この新しい祈りのスタート地点に立つと、認識が一変する。自然の中に、野の花や金色に輝く高山の樹木だけでなく、偉大な芸術家の署名も見えてくる。人を見ると、「あわれな裸の二本足の動物」だけでなく、神のかたちに造られた永遠の運命をもつ人間も見える。義務でなく自然な反応として感謝と賛美が湧き起こる。

――『祈り――どんな意味があるのか』（二八～三〇頁）

＊　＊　＊

9月22日　道を突き進むこと

イエスは言われた。「わたしが道であり、真理であり、いのちなのです」（ヨハネ一四・六）。真理といのちが、従っていこうとする動機になるかもしれないが、最終的には神との関係は、どんな関係もそうであるように、「道、やり方」、すなわち私の存在の細部に神を招き入れる日々のプロセスに帰着する。セーレン・キェルケゴールはあるクリスチャンたちのことを、数学の問題の答えを本の最後を見て探したがる学童のようだと言った。数学は一歩一歩、問題を解くことによってのみ学ぶことができる。あるいはジャン・バニエのアナロジーを使うと、その道を追求することによってのみ、その喜び、苦労、遠回りに見える道を通ることによってのみ、巡礼者は目的地に着くことができる。

性衝動が減るか、取り去られるようにとまで真剣に祈っている未婚の友人がいる。性衝動が絶えず誘惑を引き起こすのだと言う。ポルノは気を散らし、失敗の螺旋《らせん》へと放り投げ、デボーションの生活を駄目にするのだ、と。私は努めて穏やかに、神は、男性ホルモンのレベルを調整し直すといった、君の望むようなかたちでは、祈りに応えてくださらないのではないかと言った。皆と同じ方法で、訓練とコミュニティー、依存させてほしいという絶えざる願いに頼ることによって、忠誠を学ぶ可能性のほうが高い、と。

どんな理由か知らないが、神はこの壊れた世界を長い間堕落した状態のままにさせてこられた。その壊れた世界に住む私たちは、神は私たちの快適さよりも品性に価値を置いておられるように思える。しばしば、私たちを最も不快にする要素を用いて、その品性をつくられるのだ。

私自身は霊的生活において、新しい現実にオープンであり続けようとしている。期待どおりに事が運ばなかったときに、神を非難するのでなく、失敗を通して私が新しくなり成長するよう神が導いてくださると信じる。また、この世界がどう営まれているかに関して「パパは何でも知っている」と信じようと努めている。旧約聖書の時代を振り返ると、神に行動してほしいと思うようなあからさまなやり方では、期待する結果が得られないことがわかる。そして罪がなく、高圧的でなく、恵みと癒しに満ちたひとり子を神が送られたとき、私たちはそのひとり子を殺したのだ。神ご自身が、より大きな目標を達成するために、ご自分の好まぬことを許しておられる。

——『見えない神を捜し求めて』（三八八〜三九〇頁）

＊　＊　＊

9月23日　地獄の門

エルトン・トゥルーブラッドは、イエスが教会の姿を描写するのによくお用いになったイメージ——「よみの門もそれに打ち勝つことはできません」（マタイ一六・一八）——が、防御ではなく攻撃の比喩であることに注目している。クリスチャンはその門を攻撃している。そして勝利を得るだろう。歴史のどの時点でも、悪の力を守る門は、恵みの猛攻には耐えられない。

だれがフィリピンのあの光景を忘れることができようか。一般市民がひざまずいたとき、五十トンの戦車はまるで目に見えない祈りの盾に衝突したかのように、ガクンと止まった。アジアで唯一、クリスチャンが多数を占めるフィリピンで、恵みという武器が暴政の武器に打ち勝った。

暗殺される直前のベニグノ・アキノがマニラでタラップを降りたとき、その手には、ガンジーの言葉を引用した演説原稿が握られていた。「罪なき人の自発的な犠牲こそが、傲慢な暴政に対する、神あるいは人が考え出した最も力強い答えである。」演説をするチャンスはなかったが、彼の人生――そして妻の人生――はそれらの言葉が預言的なものであったことを証明した。マルコス体制は致命的な打撃をこうむったのだ。

元上院議員のサム・ナンが言っている。冷戦は「核の焦熱地獄の中で終結したのではなく、東欧諸教会の蠟燭《ろうそく》の炎の中で終結した」。東ドイツの蠟燭を灯した行列は夕方のニュースにはあまり映らなかったが、世界を変える力になった。まず二、三百、それから一千、そして三万、五万、最後は五十万の人々――ライプツィヒのほぼ全人口――が蠟燭を灯し、夜を徹して祈るために町に姿を現した。聖ニコライ教会で祈禱会が行われた後、穏やかな抗議者たちは賛美歌を歌いながら暗い通りを行進した。武装警察や兵士たちは、そうした力に対して無力に見えた。

最終的に、東ベルリンでも百万人の抗議者が同様の行進に加わったその晩、憎悪の的だったベルリンの壁は一発の弾も発砲されることなく、崩れ落ちた。ライプツィヒの通りに巨大な横断幕が掲げられた。「教会よ、我らなんじに感謝す。」

――『この驚くべき恵み』（一七一～一七二頁）

＊　＊　＊

9月24日　恵みの兵器庫

どんよりとした雲を強風が吹き払い、新鮮な空気をもたらすように、穏やかな革命が地球上に広がった。一九八九年だけでも、十か国、五億もの人々が非暴力革命を経験した。これらの国の多くで、少数のクリスチャンが決定的な役割を果たした。スターリンの嘲りの質問、「教皇はいくつの師団を従えているのか」は、その返事をもらったのである。

そして一九九四年、度肝を抜くような革命が起こる。こう言うのは、ほとんどの人が流血を予測していたからだが、南アフリカは平和的抗議の母体でもあった。トルストイと山上の説教を研究したマハトマ・ガンジーは、南アフリカで非暴力戦略を開発した（それを後にキング牧師が採用した）。このガンジーの戦略を実行に移す大きな機会が訪れたとき、南アフリカの人々は恵みという武器を見事に役立てた。ウォルター・ウィンクが、あるアフリカ人女性が子どもたちを連れて通りを歩いていたときに、白人の男に唾を吐きかけられた話をしている。彼女は立ち止まると、言った。「ありがとう、それでは子どもたちにもどうぞ。」男は面食らい、返す言葉がなかった。

ある不法居住者の村で、南アフリカの有色人種の女性たちが、突然ブルドーザーに乗った兵士に囲まれ、二分後にこの村を破壊すると言われた。女性たちに武器はなく、男たちも仕事に出ている。しかし地方のオランダ改革派アフリカーナ（南アフリカ系白人）にピューリタン的傾向があることを知っていた彼女たちは、ブルドーザーの前で服を脱ぎ捨てた。警官たちは逃げ出した。かくして村は今日も同じ場所にある。

南アフリカの平和革命にキリスト教信仰が重要な役割を果たしたことを、ニュースはほとんど報じていない。ヘンリー・キッシンジャーに率いられた調停チームは、インカタ自由党を選挙に参加させようと説得したが、同党は応じず、すべての望みを断念せざるをえなかった。その後、ケニアから来たクリスチャン外交官がすべての首領と個人的に会い、彼らとともに祈り、彼らの思いを変えるのに一役買ったのだった。（不思議なことに、この重大な話し合いは、コンパスの不具合で飛行機が一便遅れたせいで実現した。）

――『この驚くべき恵み』（一七二～一七三頁）

＊　＊　＊

9月25日　複雑な赦し

ネルソン・マンデラは、復讐ではなく赦しと和解のメッセージを携えて、二十六年の収監生活を終え、「恵みでないもの」の鎖を断ち切った。F・W・デクラーク〔訳注＝南アフリカのアパルトヘイト体制下最後の大統領で、アパルトヘイト廃止後の最初の副大統領。アパルトヘイト関連法全廃に大きな役割を果たした〕は南アフリカの教会の中で最も小さく、最も厳格なカルヴァン主義の地盤から選出されたが、彼自身が感じたのは、後に「強い召命の感覚」と述べたものだった。彼は教会員に、「神は南アフリカのすべての人を救うために私を召しておられます。たとえそのことを白人たちが否定したとしても、です」と語った。

有色人種の指導者たちから、アパルトヘイトについて謝罪を求められ、デクラークは動揺するが、それは、アパルトヘイトの成立に父親が加担した過去があったからだ。けれども主教デズモンド・ツツは、南アフリカの和解プロセスは赦しによって始まると信じ、その信念を貫いた。ツツによれば、「私たちが世界に教えることのできる教訓、ボスニア、ルワンダ、ブルンジの人々に教えることのできる教訓があるとしたら、それは、私たちには赦す用意がある、ということです」。そして、デクラークは謝罪をした。

多数派の有色人種が政治権力をもつ今、彼らは正式に赦しの問題を考えている。法務大臣が政策を述べる言葉には、本当に神学的な響きがある。彼は、だれかが被害者に代わって赦すことはできない、と言う。被害者は自分自身のために赦さなければならないのだ。そしてだれも全容を解明しないで赦すことはできない。何が起きたのか、だれが何をしたのかがまず明らかにされなければならない。また、その残虐行為を行った人々は、その行為が赦される前に赦しを求めなければならない、と。南アフリカの人々は過去を忘れるために、着実に過去を思い起こしている。

南アフリカの人々が気づいているように、赦しは簡単でもなければ歯切れのよいものでもない。人はドイツ人を赦しても、その軍隊に規制を設けるだろう。幼児虐待者を赦しても、被害者たちから遠ざけるだろう。南部の人種差別を赦しても、法律を施行して二度と差別が起こらないようにするだろう。

しかし、赦しがどれだけ複雑なものであろうが、ともかくこれを追い求める国は、少なくともその代替物――赦そうとしないこと――のもたらす恐ろしい結果を避けようとするだろう。大量虐殺と内乱の場面の代わりに世界が見たものは、南アフリカの現地の人々が長く、ときには二キロ以上も続く列をなし、生まれて初めて投票する機会を得たことを喜び、「踊っている」光景だった。

――『この驚くべき恵み』（一七四～一七五頁）

＊　＊　＊

9月26日　だれも欲しがらない贈り物

ブランド博士は、「痛みがあることを神に感謝します！」と言っている。当然痛みは不快なもので、ストーブに触れれば、すぐに手を引っ込めさせるだろう。不快という痛みの特質が私たちを救ってくれるのだ。応答を求める警戒信号がなければ、私たちは警告に気づくことがない。

それゆえ、痛みは神の大きな失策などではない。それは贈り物であり、だれも望んでいなくても、大切な贈り物なのだ。痛みは通信網として見られるべきである。痛みは私たちの身体を一つにするとともに各器官を守り、私たちを防御するという共通の目的のために各器官を結びつけている。

すべての痛みが善であるとは言えない。ときに痛みは荒れ狂い、人生を悲惨なものにする。身体の自由を奪う関節炎や末期癌を患う人には、痛みが支配するため、どんな緩和処置によってでも、苦痛のない世界は、それ自体が天国のように思えることだろう。しかし、大方の人にとって、痛みという通信網はいつも、私たちを守る働きをしている。ときに私たちに敵意をむき出しにするこの星で、命が長らえるように組み立てられている。

ブランド博士は言っている。「痛みに対する、道理にかなった不平といえば、痛みを失くせないということだ。末期癌患者の場合のように、その警告に耳を傾けながらも、痛みの原因をどうすることもできない。だが、私は外科医として、苦痛の中で緩和できないカテゴリーに入るものは一パーセントに満たないと確信している。人間を襲うあらゆる痛みの九十九パーセントは短期のものだ。医療、休息、生活様式の改善が必要な矯正可能な状態だ。」

「痛みは贈り物である」という驚くべき考えが、苦しみに関係する問題の多くに答えとならないことは確かだが、これは、痛みと苦しみを現実的にとらえる出発点となる。強い痛みから引き起こされる感情的なトラウマが、痛みに備わっている価値を見えなくしていることは実に多い。

――『痛むとき、神はどこに』（三二一～三五頁）

＊　＊　＊

9月27日　苦痛の活用

ロビン・グレアムを取材したことがある。彼は歴史上最年少で単独世界一周航海をした人物だ。（彼の話は『ダブ』のタイトルで書籍と映画になった。）航海に出たときは、十六歳の冒険心に富んだ少年だった。三年の航海の間、海上で激しい嵐に襲われ、波をかぶってマストが真っ二つに折れ、また竜巻で危うく一巻の終わりか、という目にもあった。赤道付近の熱帯無風海域を漂っているとき、絶望のあまり自暴自棄になって、ボートに灯油をかけて火をつけた。（すぐに思い直して、火を消したが。）

五年後、ロビンはロサンゼルス港に帰って来て、おびただしい数のボート、旗、新聞記者、クラクション、汽笛などに迎えられた。帰還した喜びは、航海中に味わったどんな経験とも全く異なるものだった。もし楽しい思いばかりして帰って来たなら、こうした歓喜に満たされることはなかっただろう。世界一周航海の苦悩が、勝利の帰還という格別の喜びを得させてくれたのだ。出発のときに十六歳だったが、帰港したときには二十一歳になっていた。

自力でやり遂げたという自信に後押しされて、彼はモンタナ州のカリスペルに農地を買い、そこに自分の手で伐採した丸太で小屋を建てた。出版社や映画会社などがいろいろと魅力的な条件を出して、彼を引っ張り出そうとしたが、そのすべてを丁重に断った。

快適な状態に制御された環境に暮らす私たち現代人は、苦痛のもたらす不幸を敵視しがちだ。人生から苦痛を追い出してしまえば、幸せになるだろうと考える。ところが、ロビンの経験が示しているように、人生はそのように簡単に区別できるものではない。痛みは感覚という縫い目のない生地の一部であり、ときに喜びと充実感を味わうために必要な前奏曲なのだ。幸せの鍵は、痛みの役割を理解するところにある。あらゆる犠牲を払って苦痛を避けることよりも、痛みが私たちに歯向かうものではなく、私たちを保護するための警告システム、これを活用するときに私たちを利するものであることを理解するのだ。

――『痛むとき、神はどこに』(五四～五五頁)

＊　＊　＊

9月28日　驚きのボーナス

「自分のいのちを得る者はそれを失い、わたしのために自分のいのちを失う者は、それを得るのです」(マタイ一〇・三九ほか)。福音書の中で何度も繰り返し語られたこのイエスの言葉は、人生の逆説的な性質を簡潔にとらえている。そのような言葉は最先端の心理学が説く「自己充足」の追求に逆行するものである。そうだとすれば、現在の心理学は進展しているとは言えないことになる。キリスト教は、真の充足がエゴの満足ではなく、他者への奉仕を通して得られるという、さらに進んだ洞察を提供しているわけだ。

これまでに訪れた大きな教会のことを考えるとき、心に思い浮かぶのは、ヨーロッパの大聖堂の姿ではない。これらは今では単なる博物館となっている。私が思い描くのは、ハンセン病療養所のチャペル、崩れたしっくいと雨漏りする屋根のニューアーク(ニュージャージー州北東部の町)のスラム街にある教会、コンクリートブロックとトタンで造られた、チリのサンティアゴのミッション教会だ。悲惨な状態にある人々のただ中にあるこうした場所で、私はキリストの愛があふれているのを見た。

ルイジアナ州カールビルにあるハンセン病療養所は、この素晴らしい原理が働いているところだ。そこは最初合衆国が買い取った。国はその発展を約束したが、道路を清掃したり、建物を修繕したり、沼の干拓をしたりする人材を得られなかった。ハンセン病の元患者のそばで働こうとする者がいなかったのだ。

そんなときに女子修道会の修道女たちが、ハンセン病の元患者の世話を買って出た。日の出の二時間前に起床し、沼地の蒸し暑さの中、糊のきいた白い制服を着て、どんな海兵隊の特訓も及ばぬほど厳格な規律のもとで生活した。この人たちだけが、その仕事を進んで引き受けたのだ。修道女たちは溝を掘り、建物を修繕し、その土地を人の住めるところにした。そうした作業の間もずっと神を賛美し、患者たちに喜びをもたらした。彼女たちは、おそらくこうした献身的な奉仕の中で、最も深いレベルでの生における苦楽の結びつきを学び取ったことだろう。

もし薬や慰めや贅沢によって幸福を得ようとして人生を費やすなら、幸福は避けて通って行くだろう。「幸福は、これを追い求める者たちから逃げて行くのだ。」幸福は副産物として、また私が自らを投資し、注ぎ込んできたことに対する予想外のボーナスのように、不意にやって来るものだ。そしてほとんどの場合、その投資には多くの痛みが伴う。痛みなしの喜びは想像することができない。

――『痛むとき、神はどこに』（五七～五八頁）

＊　＊　＊

9月29日　虹色の国

二〇〇六年、恵みについて話をするために南アフリカの町をいくつか回った。南アフリカは、恵みの働きを示す現代最良の手本の一つだ。たとえば北朝鮮やイランのような国々が必死に核兵器開発を進めているが、南アフリカは核兵器を廃絶した。そしてだれもが語るのが、そこで起きた変化という奇跡だ。

内戦と大虐殺という予想を退け、ネルソン・マンデラとデズモンド・ツツ主教は、正義でなく和解に基づく新しい方法を提案した。自身の看守を就任演説の演壇に招き、並んで座ったばかりでなく、マンデラは、黒人の恐るべき敵であった南アフリカの白人警察官を自分のボディーガードに雇った。そしてデズモンド・ツツの常識外れの真実和解委員会は、世界中の模範となった。

この虹の国の多彩さを経験するのに時間はかからなかった。初日の夜、私は英国国教会の人々に語った。大半が英国人の子孫の英語を話す人たちだ。数日後は首都プレトリアで、オランダ改革派のアフリカーナの聴衆に語った。彼らはちょうど七千人を収容する新しい建物に移ったところだった。オランダ改革派の堅苦しい伝統を知る人々には、少し違和感があった。（オルガンはなく、見事なドラムセットがあった。）アフリカーナは、この変化によって多くのもの――権力、金、威光――を失い、アパルトヘイトを成立させたとして、多くの人々に蔑まれている。この国から逃げ出した人は少なくなかったが、とどまった人々は従来にも増して謙虚で開放的だ。

翌日の夜、四万三千人の教会員を擁するレイ・マコーリーのペンテコステ教会で話をした。八十パーセントが黒人で、十パーセントが「有色人種」もしくは混血の人たちだった。カリスマ的なことを人がどう思おうが、手を叩き、「アーメン！」と叫び、スピーチの間、うなずいてくれる人たちに向かって話すほうが、私はずっと楽しい。南アフリカの黒人が、キリスト教をこれほど広く歓迎している事実は、キリスト教信仰をこの国に持ち込んだ人たちから受けた扱いに照らしてみると、驚くべきことだ。アフリカ人奴隷が最終的に、奴隷所有者たちの信仰を受け入れた米国とよく似ている。

――未発表の旅の覚書、南アフリカ、二〇〇六年

＊　＊　＊

9月30日　神を見えるようにすること

二〇〇四年に南アフリカを訪れたとき、ヨアンナという素晴らしい女性に出会った。彼女は黒人と白人のダブルで、「カラード」として知られるカテゴリーに入る。学生時代にアパルトヘイトの変革を激しく論じ、その後、邪悪な体制が平和裏に崩壊するという、だれも予想しなかった奇跡を目にする。彼女は後に、放映された「真実和解委員会」の審議の様子を夫とともに見た。

新しく見つけた自由にただ大喜びするだけでなく、ヨアンナは南アフリカで最も暴力的な刑務所の改善に取り組む決断をする。ネルソン・マンデラが七年間過ごした場所だ。体中に入れ墨を彫ったギャングのメンバーたちが刑務所を仕切り、新参者は気に入らない囚人に暴行を加えれば、ギャングの仲間入りを認められるという厳しいルールを課していた。刑務官たちは、こうした「獣たち」が殴られ、殺し合う様子さえ、見て見ぬふりをしていた。

この若い魅力的な女性は、ひとりでその刑務所に毎

日通い始めた。赦しと和解のシンプルなメッセージを携え、マンデラやツツ主教が国家全体に影響を及ぼそうとしていたことを、小さな規模で実践しようとした。スモールグループを作って信頼し合うゲームを教え、囚人たちに、恐ろしい思いをした子どものころの出来事を打ち明けさせた。刑務所の訪問を始める前年、この刑務所には二百七十九の暴力行為が記録されていたが、翌年は二つだけになった。ヨアンナのもたらした結果は強い印象を与え、ＢＢＣはロンドンからカメラクルーを送り、彼女に焦点を当てた一時間のドキュメンタリーを二本製作した。

ケープタウンの海岸通りのレストランで、ヨアンナと、活動を共にしてきた彼女の夫に会った。ジャーナリストの性分から、私は何があの刑務所を変えさせたのか、具体的な答えを聞き出そうとした。ヨアンナは口に運びかけていたフォークを持つ手を止めて、上を見ると、ほとんど何か考えた様子もなく言った。「そうね、フィリップ。神はすでにあの刑務所の中におられた。私はただ、その神を見えるようにすればよかったのよ。」

ヨアンナの口から出たその言葉を何度も考えた。あの一言は、神を知り、神に従おうとしている私たちだれにとっても、素晴らしいミニストリーの言葉だろう。神はすでにおられるのだ。最も思いがけないところに。私たちはただ神を見えるようにすればよいのだ。

――『思いがけないところにおられる神』（原書、xii～xiv頁）

10
月
October

10月1日　獄中の聴衆

二〇〇六年の南アフリカツアーでは、どの集会でも、恵みと和解を具現化しているヨアンナの話をした。ケープタウンに行ったとき、ヨアンナから彼女の働くポルスモア刑務所に招かれた。地下トンネルでつながる五つの刑務所に、驚くことに計八千人という、本来の収容人数の三倍の囚人が押し込められていた。

数百人の男がひしめくジムのような一室で、ヨアンナが礼拝を行った。存在感が際立っていた。一人ずつ囚人の名前を呼んで挨拶していたが、受刑者たちからも看守たちからも等しく尊敬されているようだった。囚人たちはほぼ毎日、一時間だけ独房の外に出ることが許されるので、一息つける教会の礼拝を喜んでいるという。数百人の男の力強い歌声はとても忘れられそうにない。「もうすぐ私たちは王にまみえる……もう泣くことはない……もう死ぬこともない……。」

礼拝の後、刑務所で「クリスチャンの監房」と呼ばれている三つの監房の一つを訪ねた。わが家の居間ほどの大きさの部屋に四十九人が寝起きしている。作りつけの三段ベッドもあるが、床の上のつなぎ合わせたマットの上で寝ている人もいる。「トイレ」はビニールのごみ袋で、四十九人全員がこれを使用し、日に一度空けられる。想像を絶する強烈な臭気だった。

そこで受刑者たちの話を聞いた。「俺は殺人罪で終身刑プラス三十八年の刑に服している……俺はレイプ犯だ……俺は妻を殺した。」神がいかに人生を変えてくださったか、刑務所から二度と出られなくても、どのように神のために生きようとしているか、一人ひとりが話してくれた。ヨアンナと夫のジュリアンは正義の回復プログラムを実践している。囚人たちに寄り添い、告白と悔い改めの段階を経て、罪の償いをするよう目指している。私たちはいくつか歌を歌ってから、ケープタウンの驚くほど新鮮な空気と美しい街中に戻った。

忘れられない情景がある。囚人たちの監房は、卑猥な絵や落書きではなく、賛美歌やプレイズコーラスの歌詞で飾られていた。何よりも胸を打たれたのは、レストランでヨアンナに聞いた言葉で言えば、「確かに主はここにおられる」ということだった。

——未発表の旅の覚書、南アフリカ、二〇〇六年

＊　＊　＊

10月2日　意外なチャンピオン

当時米国公衆衛生局長だったC・エベレット・クープにもインタビューしたことがある。クープは確かに福音的なクリスチャンだった。フランシス・シェーファーと組んで、保守的なキリスト教団体が人工妊娠中絶合法化反対論争を起こしたときも一役買っている。

クープは「国の医師」としてエイズ患者を見舞った。がりがりに痩せて衰弱し、身体中に紫色の傷がある人々を見て、医者としてもクリスチャンとしても、患者たちに深く同情するようになった。以前から、特権を奪われた弱い立場の人たちのために働く誓いを立てていた。エイズ患者ほど弱く、特権を奪われた人々はこの国にいなかった。

クープは七週間にわたり、ジェリー・ファルウェルの教会、全米福音放送連盟の大会、ユダヤ教やローマ・カトリック内の保守グループなど、宗教団体だけに話をした。それらの講演会は完全に公衆衛生局の主導でなされたが、クープは信念をもって、禁欲と一夫一婦婚の必要を主張した。しかし、「私は異性愛者と同性愛者、若者と老人、道徳的な人と不道徳な人両方の公衆衛生局長です」とも付け加えた。仲間のクリスチャンにはこう諭した。「罪を憎んでも、罪人は愛するべきではないのかね。」

クープ個人は性的混乱を嫌悪していると言って憚らなかった——同性愛行為に言及するときは必ず「ソドミー」（sodomy）という言葉を使った——が、公衆衛生局長としては、議員に働きかけて同性愛者を思いやった。ボストンで一万二千人のゲイに向かって講演を行ったとき、「クープ！　クープ！　クープ！　クープ！」と自分の名を連呼する同性愛者たちに、信じられない思いであった。「彼らは同性愛行為についての私の発言を知りながら、驚くほど強く支持してくれた。私がすべての国民の公衆衛生局長であると公言し、同性愛者に直接会おうとしているから、そして同性愛者へのあわれみを呼びかけ、彼らをケアするボランティアを募っているからだろう。」

クープの思想に妥協は見いだせなかった。今も「ソドミー」という感情的な言葉を使っている。しかし、彼ほど同性愛者に温かく受け入れられている福音派のクリスチャンはいない。

——『この驚くべき恵み』（二一九〜二二二頁）

＊　＊　＊

10月3日　恵みの乱用

「恵みの乱用」がなされ得る危険性を、私は否応なく理解させせられた。ある夜遅く、レストランで友人のダニエルから、十五年連れ添った妻と別れる決心をしたと打ち明けられた。「何年も感じることのなかった、生きている実感を与えてくれる」人を見つけたと言うのだ。

ダニエルはクリスチャンなので、自分のしようとしていることが個人的、道徳的にどんな結果をもたらすか十分知っていた。家を出てしまえば、妻と三人の子どもに後々までダメージを与えるだろう。それでも若い女性に引き寄せられる力は、強力な磁石のように抗いがたく強い、と言った。

そして、とんでもないことを言った。「本当のことを言うとね、フィリップ、今夜君にここへ来てもらったのは、ほかでもない、前から聞きたかったことがあるからなんだ。君は聖書をよく勉強しているよね。ぼくがしようとしているようなひどいことを、神は赦すことができると思うかい？」

ダニエルの質問は、まるで生きた蛇のようにテーブルの上にのっていた。コーヒーを飲みながら、恵みの余波について一生懸命考えた。赦しがすぐそこにあることを理解している友人が、恐ろしい過ちをしでかすのを、どうやって思いとどまらせることができるだろうか。

恵みには確かに「問題点」がある。聖アウグスティヌスによると、「神は、ご自身がからっぽと見た手に恵みを与えてくださる」という。両手に包みをいっぱい抱えている人は、贈り物を受け取ることができない。恵みは受け取られるものなのである。私が「恵みの乱用」と名づけたものは、見逃すことと赦すこととを混同させたために生じる、とルイスは説明している。

「悪を大目に見るということは、それを無視し、あたかもそれが善であるかのごとくに取り扱うことです。しかし赦しが完全となるためには、それは赦す側によって提供されるだけでなく、赦される側が受け入れなければなりません。けれども罪を認めない人間は、赦しを受け入れることができないのです」(『痛みの問題』新教出版社、一五八～一五九頁)。

私は友人ダニエルに、だいたいこんなことを語った。「神は君を赦すことができるだろうか。もちろんだ。君は聖書をよく知っている。神は殺人者や姦淫を犯す者をもお用いになる。なんといっても、ペテロやパウロという、ろくでもない二人が新約の教会を導いたのだから。赦しはぼくらの側の問題であって、神の問題ではない。ぼくたちは罪を犯すとき、神から遠ざけられる。反逆行為を行うとき、ぼくたちは変わってしまうわけだ。そして、元に戻る保証もない。君は今、赦しのことをぼくに聞いているけれど、赦しに悔い改めが必要だとしても、後から赦しを求めるだろうか。」

——『この驚くべき恵み』(二三三～二三五頁)

＊　＊　＊

10月4日　抜け穴

「神の恵みを放縦に変え」(ユダ四節)ることは可能だ、と聖書の記者ユダは警告している。こうした狡猾な考えは、まず心の奥底で形づくられる。「自分が求めているのはこれだ。確かに、良くないことだとわかっている。でも、とにかくこのままやってみよう。あとで必ず赦してもらえるし。」この考えが膨らんで、頭から離れなくなり、恵みは「不道徳へのライセンス」になり果てる。

クリスチャンはこの危険にいろいろな仕方で対処してきた。神の恵みに心酔していたマルティン・ルターは、恵みが乱用される可能性をときには一蹴した。友人のメランヒトンにこう書いている。「あなたが恵みを説く牧師であるなら、まがいものの恵みではなく本物の恵みを伝えなさい。そしてその恵みが真実であるなら、まがいものの罪ではなく本物の罪を伝えなさい。罪人でありなさい、そして元気に罪を犯しなさい。

……私たちが豊かな神の栄光を通じて、この世の罪を背負った子羊を知れば、それで十分です。罪がこのことから私たちを断ち切ることはありません。たとえ私たちが姦淫や殺人を一日に何千回犯したとしても、です。」

クリスチャンが姦淫や殺人を一日に何千回も犯すかもしれないという話に仰天し、誇張表現だとルターを非難する人たちもいた。聖書は結局のところ、罪に対抗し、癒す力をもつものとして恵みを描いている。この恵みと罪は同じ人間の中でどう共存できるのか。ペテロが命じているように、私たちは「恵み……において成長」(Ⅱペテロ三・一八)すべきではないのか。神の家族として、神にますます似ていくべきではないのか。ウォルター・トロビッシュによると、「キリストはありのままの私たちを受け入れるが、キリストが私たちを受け入れると、私たちはありのままではいられなくなる」。

二十世紀の神学者ディートリッヒ・ボンヘッファーは、恵みの乱用を要約する一手段として「安価な恵み」という言葉を作り出した。ナチス支配下のドイツに生きた彼は、クリスチャンがヒトラーの脅威に怖気づいているのを見て愕然とした。ルター派の牧師は日曜ごとに説教壇から恵みを説いたが、週日は、ナチスが人種差別や安楽死、ついには大量虐殺の政策に走っても、押し黙ったきりだった。ボンヘッファーの著書『キリストに従う』は、きよさに到達するように命じている新約聖書の多くの言葉を強調している。ボンヘッファーは、回心への招きはみな、弟子となること、キリストのようになることでもあると主張した。

――『この驚くべき恵み』(二四〇～二四二頁)

＊　＊　＊

10月5日　短期的結果

ある夏、大学院の学位取得のためにドイツ語の基礎を学習しなければならなかった。なんと散々な夏だったことか！　友人たちがミシガン湖でボートを走らせ、サイクリングに興じ、カフェテラスでカプチーノをすすっている夕方に、私は指導教官と部屋にこもり、ドイツ語の動詞変化を覚えたりしていた。週に五晩、一晩に三時間、二度と使わないであろう語彙や活用語尾の暗記に費やした。この拷問に耐えたのは、試験に通って学位を得るというただ一つの目的のためだった。

学校の教務係がこんな約束をしていたら、どうだっただろう。「フィリップ、一生懸命勉強してほしい。ドイツ語を学び、試験を受けてほしい。しかし前もって約束しておくよ、君は合格だ。卒業証書ももう書いてある。」もしもそうだったら、私が楽しい夏の宵を、暑くてむんむんしたアパートの中で過ごしたと読者は思われるだろうか。まさか、である。要するにこれが、パウロがローマ人への手紙の中で相対した神学上のジレンマだったのだ。

なぜドイツ語を学ぶのか。もちろん立派な理由はいくつもある。言語は考え方やコミュニケーションの幅を広げる等といったものだ。しかしそうしたことは私のドイツ語学習の動機に一度もならなかった。学位取得課程を終えるという、ひたすら利己的な理由のために勉強したのであり、目の前にぶらさがっていた結果の脅威が、夏の優先順位を改めさせた。しかし今日、あのとき脳みそに詰め込んだドイツ語はほとんど思い出せない。「古い文字」(パウロによる旧約聖書の律法の描写)は短期的結果を生む程度なのだ。

どんな目的ならドイツ語を学ぶ気が起こるだろう。ある強い誘因力が考えられる。もしも妻(私が恋に落ちた女性)がドイツ語しか話さなかったら、記録的な速さでこの言語を学んだことだろう。なぜか。「この美しい女性」と意思疎通を図りたいと強く願うからだ。夜遅くまで動詞の変化形を学び、ラブレターの文章にはそれを正しく書き、新しい語彙が加われば、それを心に蓄えて、愛する人に自分のことを表現する新たな方法として組み入れただろう。報いを受けられるので、意気込んでドイツ語を学んだことだろう。〔10月6日に続く〕

――『この驚くべき恵み』(二四九～二五〇頁)

＊　＊　＊

10月6日　愛の生活

〔10月5日の続き〕

こうしたことが、「恵みが増し加わるために、私たちは罪にとどまるべきでしょうか」という問いに、パウロが「決してそんなことはありません」（ローマ六・一～二）と、激しい口調で答えた理由を私が理解する助けとなっている。婚礼の夜の花婿が、花嫁と次のようにような会話をするだろうか。「ねえ、君。ぼくは君をとても愛している。だから君と人生を共にしたいと心から願っている。だけど、ちょっとはっきりさせておきたいことがある。結婚した後、他の女性とどこまでつきあってもいいかなあ？　ベッドを共にしてもいいかい？　キスしてもいいかい？　ときどき浮気するぐらい、気にしないだろう？　君が傷つくかもしれないことはわかるけど、裏切ったぼくを赦すチャンスがあることを考えてくれ！」

そんなドン・ファンに唯一合理的な返答は、顔をぴしゃりと叩いて、「絶対に駄目！」と言うことだ。明らかに、その花婿には愛の何たるかがわかっていない。

同様に、私たちが神に「どんな罰なら免れる？」といった姿勢で近づくとしたなら、私たちは自分たちへの神の思いを理解していないことになる。神は私に、主人と奴隷のような関係をはるかに超えたものを望んでおられる。奴隷の主人は、鞭をもって服従を強要するだろう。神は社長でもなければ部長でもないし、私たちの命令に従うランプの精でもない。

実際、神は、地上で最も親しい関係よりも、男と女の生涯にわたる絆よりも、親密なものを求めておられる。神が望んでおられるのは、素晴らしい演技ではなく、心なのだ。私が妻のために「良い行い」をするのは点数稼ぎのためではなく、彼女に愛を示すためだ。同じように、神も私に対して、「新しい御霊によって」（ローマ七・六）仕えてほしいと願っておられる。無理強いではなく、願望だ。「弟子であるとは、ただ、恵みから生まれ出る人生を意味している」とは、ボンヘッファーの言葉である。

――『この驚くべき恵み』（二五〇～二五一頁）

＊　＊　＊

10月7日　なぜ良くあらねばならないのか

新約聖書に記されている「良くある」ための動機を一語で要約するとしたら、私は「感謝」を選ぶだろう。

パウロは手紙のほとんどを、私たちがキリストにあって所有する豊かさの要約で始めている。キリストが私たちのためにしてくださったことを理解したら、感謝の気持ちから、そのような偉大な愛に「ふさわしく」生きようと必死になるはずだ。一生懸命にきよさを求めるのは、神にもっと愛してもらうことが目的ではない。なぜなら神はすでに愛してくださっているからだ。パウロがテトスに言ったように、「私たちが不敬虔とこの世の欲を捨て、今の世にあって、慎み深く、正しく、敬虔に生活（する）……ように教えてい」（テトス二・一二〜一三）るのは、神の恵みなのだ。

カトリック作家ナンシー・メアーズは回顧録『月並みな時代』の中で、子どものころの「パパなる神」というイメージに反抗した日々を語っている。その神は、七面倒くさい規定や禁止令のリストに従ったときにだけ喜ぶお方だ。

「私は、永遠にしてはならないことを今にもしそうな危うさの中にあり、そうした罪を償うために、神に赦しを請わなければならなかった。このお方がまさに、これは犯すだろうと予測した行為をまず禁じ、そうすることで私を違反者に仕立て上げられたのだ。『ほら、つかまえた』の神、と言えるかもしれない。」

メアーズはそれらの規則の多くを破り、常に罪意識を感じ、彼女の言葉で言うと、「罪が犯せなくなるただ一つの行為——愛を求める」神の「ご配慮の中で成長するようになった」。

善良でなければならないいちばんの理由は、善良になりたいと思うということだ。心が変化するには関係が必要だ。愛が必要だ。アウグスティヌスは、「愛することによってそうさせられるのでなければ、だれが善良になれようか」と言った。アウグスティヌスは「神を愛しているなら、あとはしたいようにしてよい」という有名な言葉を述べたとき、真剣そのものだった。真に神を愛する人は神を喜ばせたくなる。それが、イエスとパウロが律法全体を、「神を愛せよ」という単純な命令に要約した理由だ。

私たちに対する神の愛の不思議を本当に把握したら、ローマ人への手紙六章と七章に綴られた回りくどい問い——私は何をしてもかまわないのか——は思いつきもしなかっただろう。私たちは神の恵みを搾取するのでなく、その真の意味を理解しようとして日々を過ごすだろう。

――『この驚くべき恵み』（二五一～二五三頁）

＊　＊　＊

10月8日　静けさに調整すること

作家ブレナン・マニングは、霊のリトリートを年に数回開いている。その沈黙のリトリートという厳しい訓練を受けた人は、例外なく神の声を聞く、と彼は言った。興味を覚えながらも少々懐疑的な思いを抱いたまま、五日間のリトリートに申し込んだ。参加者はほとんどの時間を好きなように過ごせたが、一つだけ要求されていることがあった。毎日二時間祈るのだ。

どんな集まりであれ、三十分以上祈ったことがあっただろうか。初日、牧草地の端までぶらぶら歩き、背中を木にもたせかけて座った。

幸運なことに、一四七頭のエルクの群れが、座っていた草地にゆっくりとやって来た。一頭のエルクを見るのも刺激的だが、一四七頭のエルクをその自然棲息地で見物するのは本当に楽しい。しかし、すぐにわかったのだが、一四七頭のエルクを二時間も見つめているのは控えめに言っても退屈だった。

しばらくすると、その場面のその平穏さが私に影響を及ぼし始めた。もはや家に残してきた仕事も、迫っている締め切りやブレナンの課した読み物についても考えていなかった。肩の力が抜けていた。重苦しい沈黙の中、心は静かになっていた。

マイスター・エックハルトは言った。「心が静かなほど、祈りは力強く、価値があり、有効で、完璧だ。」

毎日、午後になると牧草地や森にエルクを探したが、それっきり彼らの姿を見ることはなかった。それから数日間、神に向かって多くの言葉を語った。その年、私は五十歳を迎えようとしており、残る生涯のためにたましいをどのように備えるべきか導きを求めた。リストを作ったが、何時間も草地に座っていなかったら思い浮かばなかっただろう多くのことが心に浮かんだ。その週は、さらに成長するための道を指し示す、いわば霊の健康診断になった。耳に聞こえる声はなかったが、それでも週の終わりには、自分も神の声を聞いたとブレナンに報告しなければならなかった。

今までになく、神は心からご自身を捜し求める人々と意思疎通を図る方法を見つけてくださること、周囲の雑音の音量を下げると、特にそうしてくださることをいっそう確信するようになった。

――『祈り―どんな意味があるのか』(八一〜八三頁)

＊　＊　＊

10月9日　不釣り合いなパートナー

神と私を不釣り合いなパートナーと呼ぶのは滑稽だ。それでも確かに神は私たちを、地上で神の国のわざをするよう招くことで、おかしなカップル同盟のようなものを設定しておられる。神はいわば歴史を共に進めるために、私たち人間に働きを委ねておられるのだ。

このパートナーシップには明らかに一人の支配的パートナーがいる。米国とフィジー、あるいはマイクロソフト社と高校生のプログラマーでつくる同盟のようなものだ。人間がそのように不釣り合いの同盟を形成するとどうなるか、私たちはよく知っている。支配的なパートナーがわがままを押し通し、従属的なほうはたいがい黙っているものだ。だが、私たちのようなものから脅かされるはずもない神が求めておられるのは、正直な対話をし続けることだ。

神がなぜ正直であることをそれほど高く評価されるのか、人間の不当とも言える感情の爆発にもそれほど忍耐なさるのか、不思議に思うこともあった。聖書に記されているいろいろな祈りをあらためて調べると、不機嫌な口調の祈りが多いことに驚かされる。不公平だと不満をもらすエレミヤ、「どんな益があるのか。私たちが彼に祈り願ったところで」(ヨブ二一・一五)と、不本意ながら認めているヨブ、神は耳が聞こえないといって責め立てるハバクク。聖書は激烈なほど正直に祈ることを教えている。

ウォルター・ブルッゲマンは、詩篇に率直さが見られる理由をこう述べている。「なぜなら、人生がそのようなものだからである。これらの詩は人生の一部でなく、すべてに対して語りかけるよう意図されているからである。」ブルッゲマンは、詩篇の半分は、「この世で経験する矛盾についての嘆き、抗議、不平の歌」であるのに、朗らかな福音派の教会を訪ねて楽しそうな歌だけを聞くのは不快だと言う。「少なくとも、生の現実に直面して、『楽しい歌』を歌い続ける教会が、聖書そのものと大きく異なることをしているのは明らかだ。」

聖書の祈りから学んでいるのは、神は私たちと分かち合いたい、不満を打ち明けてほしいと思っておられる、ということだ。心の中では血を流しているのに、微笑みを繕って人生を闊歩するなら、私は神との関係を傷つけることになる。

——『祈り——どんな意味があるのか』(九九〜一〇〇、一〇五頁)

* * *

10月10日　祈りは重要か

イエスの祈りを調べてみると、その実例が祈りに関する、ある重要な問いに対する答えであることがわかる。祈りは重要か、という問いだ。疑いが忍び込み、ひとりごとを聖なるかたちにしたものが祈りなのだろうかと思うとき、言葉を発してこの宇宙を生み出し、存在するすべてのものを支えている神の御子すら、祈らずにいられなかったことを想起する。イエスは祈りが大切であるように祈ったし、祈りにささげる一瞬一瞬が、人々の世話にささげる時間と同じくらい重要であるようにも祈られた。

私が祈りを探究していると知った医者の友人は、三つの大きな仮定から始めるべきだと言った。⑴神は存在する。⑵神は私たちの祈りを聞くことができる。⑶神は私たちの祈りを気にかけている。彼は言った。「これら三つの仮定はみな、正しいと証明することも、誤りであると証明することも不可能だ。信じるか信じないかのいずれかだ。」なるほど、彼の言うとおりだ。しかし私にとってイエスという実例は、信じるほうを選ぶ強力な証拠だ。過小評価して祈りは重要でないと結論すると、イエスは惑わされていたと考えることになる。

イエスは命綱として祈りにしがみつかれた。祈りは父なる神のみこころを知り、実行するための導きと力を与えたからだ。それでも、この世の環境に激しく苛立ったり(「ああ、不信仰な時代だ。いつまで、わたしはあなたがたと一緒にいなければならないのか」〔マルコ九・一九〕)、誘惑と戦ったり(「あなたの神である主を試みてはならない」〔マタイ四・七〕)、疑ったりすることもあった(「わが神、わが神、どうしてわたしをお見捨てになったのですか」〔マタイ二七・四六〕)。

懐疑主義者たちは祈りの実用性に疑問を投げかける。神が最善を知っているというなら、祈って何になるのか。そのような質問に対して私に出せる最良の答えは、イエスというお手本だ。イエスはだれよりも父なる神の知恵を知っていて、しかも天を願い事であふれさせる必要を強く感じておられた。

イエスは祈りの有効性について形而上的な証明をなさらなかった。だが、イエスが祈ったというまさにその事実が、祈りの価値を確立させている。「求めなさい。そうすれば受けます」(ヨハネ一六・二四)と率直に語られた。それは、嘆願を祈りの「原始的な」かたちと考える人々への戒めだ。弟子たちが苦しむ少年を癒そうとして失敗したとき、イエスはその理由を簡潔に、祈りが足りないからだと言われた。

――『祈り―どんな意味があるのか』(一一二〇～一一二二頁)

* * *

10月11日　未知で予測不可能なもの

祈りは、イエスにとっても決して簡単なことではなかったようだ。私に手紙をくれた人たちのように、イエスも聞かれないために心が受ける悲痛を知っておられる。何といっても彼の最も長い祈りは、「父よ。あなたがわたしのうちにおられ、わたしがあなたのうちにいるように、すべての人を一つにしてください」(ヨハネ一七・二一)という一致を求める思いが中心にある。教会史をほんの少しかじっただけでも、その祈りがどれほど長く聞かれずにいるかがわかるというものだ。

イエスはまた別の夜に、自らの使命を委ねる十二弟子を選ぶ際、導きを求めて祈った。しかし私は福音書を読みながら、このあまり信用のできない十二人が祈りの答えになっていることに驚く。野心的な雷の子ヨハネや、イエスが「サタン」(マタイ一六・二三)と叱責することになる性急なシモン・ペテロばかりか、弟子の一人は「イスカリオテのユダで、このユダが裏切る者となった」（ルカ六・一六）と、ルカはあてつけがましく記している。イエスは後にこの十二人について「いつまであなたがたに我慢しなければならないのか」（マタイ一七・一七）と憤慨しつつ溜息された。イエスはあの山で父なる神から受けた導きを、一瞬でも疑問に思われなかったのだろうか。

神学者レイ・アンダーソンは挑発的な著書『ユダの福音書』の中で、イエスがユダを十二弟子の一人に選んだことについて考察している。イエスは、祈ったあの夜、ユダの運命を見通しておられたのだろうか。最後の晩餐で自分を裏切るためにユダがテーブルを離れたとき、父なる神にあの祈りを思い起こさせられただろうか。アンダーソンはユダの事件から、祈りについて重要な原則を引き出している。「祈りは、人生における未知で予測不可能な要素を取り除く手段でなく、むしろ未知で予測不可能なものを、私たちの人生における神の恵みの完成に含める行為である。」

弟子を選ぶために祈ったイエスご自身の祈りは、なるほど「未知で予測不可能な要素」を取り除きはしなかった。十二人はたびたび、そのつまらない関心と不十分な信仰でイエスを驚かせたり失望させたりした。最後に最も彼らを必要としたとき、十二人全員がイエスを裏切った。しかし結局、十二人のうち十一人がゆっくりとではあるが、確実な変容を遂げ、イエスの最初の祈りに対し、長い期間を経た後に応えた。ヨハネは「愛の使徒」へと柔和に変化した。シモン・ペテロは、後にキリストのように苦しみを受けることで、いかに「その足跡に従う」（Iペテロ二・二一）かを示した。例外的なユダはイエスを裏切ったが、まさにその行為が十字架とこの世の救済につながった。祈りは奇妙で神秘的な仕方で、未知で予測不可能なものを神の恵みの完成に組み入れる。

――『祈り―どんな意味があるのか』（一二三～一二五頁）

＊　＊　＊

10月12日　レスリングの試合

ゲツセマネの園で起きた取っ組み合いについて語っ

たことがある。イエスが神のご意思と格闘し、ほかに道がないため、最後の手段としてそれを受け入れたにすぎなかった、と述べた。後に神が異邦人にご自身のメッセージを伝えるのに、最も意外な人物（悪名高い人権侵害者タルソのサウロ）をお選びになったとき、ある教会指導者はこう言って異議を唱えた。「私は多くの人たちから、この人がエルサレムで、あなたの聖徒たちにどんなにひどいことをしたかを聞きました」（使徒九・一三）。神はこの申し立てを遮って言われた。「行きなさい。あの人は……わたしの選びの器です」（同一五節）。数年後、その人は名をパウロと改め、肉体の病を取り除いてくださいと繰り返し祈って神に交渉していた。

なぜ宇宙を治める最強の御方である神が、人間と関わるのに、交渉――露骨な言い方をすると値切ること――のようなスタイルを取ろうとされるのか。私たちの霊の訓練方法の一つとして、そうする必要がありなのだろうか。あるいは神は、いわば世界を見る窓として、あるいは介入の引き金に手をかける警報器として、私たちの激高に頼っておられたりするのだろうか。神にモーセを召し出させたのは、イスラエルの民の叫びだった。

祈っている私たちに神は何を望んでおられるのか。最も近しい人のことを考えるのが、いちばんわかりやすい。兄のことを考えてみる。幼いころからの私の恥や痛みの秘密は兄だけが知っている。妻のことを考えてみる。彼女はこの世でだれよりも私のことをよく知っていて、レストランで注文するものから、どの州に住むかまで、私は何でも妻に相談する。あるいは私の編集者。私が一冊の本を生み出すときにたどる不安の段階を、一段一段手を取って上らせてくれるのは彼だ。これらの親しいパートナーたちと、私はある意味で神に交渉する場面と似たようなことをしている。提案したり、引き下がったり、彼らの意見を考慮したり、妥協点に行き着いたり、変えられたりする。

アブラハムのように、最初は恐れとおののきをもって神に近づく。しかし、結局神が望んでおられるのは、私が卑屈にふるまうことをやめて議論を開始することなのだ。不正と不公平に満ちた世界の現状を、あえて粛々と受け入れることはない。私は、神ご自身のなさった約束や、神ご自身の性格の説明を神に求めなければならない。

――『祈り―どんな意味があるのか』（一五〇～一五二頁）

＊　＊　＊

10月13日　鉄格子の中の教会

私はラテンとペンテコステ派のムードいっぱいの礼拝の真ん中で座っていた。目に見えるいくつかの特徴を除けば、私は自分がチリ最大の刑務所にいるのをほとんど忘れていた。会衆の様子を見回した。いるのは全員男で、つぎはぎの古着を着ていた。びっくりするほど多くの人の顔に傷痕があった。

賛美のあと、白いワイシャツにネクタイという目立つ格好のカナダからのゲストが演壇に上がった。刑務所のチャプレンが会衆に、このロン・ニッケル氏はこれまで五十か国以上の刑務所を訪問していると紹介した。彼が責任者を務めるプリズン・フェローシップ・インターナショナルは、キリストの福音を服役者に伝え、政府に刑務所の待遇改善を訴えている、と。十数名の囚人が「アーメン！」と大声で叫んだ。

「世界中の刑務所にいる、キリストにある兄弟姉妹から皆さんにごあいさつを申し上げます。」ロンはスペイン語通訳の話す間をあけながら語り出した。「特に皆さんに、アフリカのマダガスカルという国にいるパスカルからのごあいさつを伝えます。ある日、彼は学生のストに参加して逮捕され、八百人用の施設に二千五百人が収容されている刑務所に入れられました。肘と肘がくっつき合うようにしてむきだしの板の上に座り、ほとんどの囚人はぼろを着て、シラミにたかられていました。皆さんもそこの衛生状態は十分理解できると思います。」熱心に聞き入っていたチリの囚人は同情して大きなうめき声をあげた。

「パスカルは本を一冊だけ刑務所に持ち込むことを許されました。家族が差し入れた聖書です。彼は毎日聖書を読み、無神論の信念をもっていたにもかかわらず、祈るようになりました。三か月が経つころには、パスカルは毎晩、窮屈な監房で聖書の学びを指導するほどになっていました。」

「驚いたことに、パスカルはこのあと釈放されました。けれども、もっと驚かされることがあります。パスカルはその後も刑務所に通ったのです。週に二度刑務所に通い、聖書を語り、配りました。金曜日には野菜スープのいっぱい入った大鍋をいくつか持って行きました。刑務所の囚人は栄養失調で死にそうだったからです。囚人の多くは食べ物を盗んで投獄されていたのです。彼らは刑務所に入る前から飢えていました。」

外国からの訪問客が抱きしめられたり、握手を求められたりしながら去っても、囚人はみなそこに残っている。これはまだ前説にすぎない。

――『思いがけないところにおられる神』（一五三～一五七頁）

＊　＊　＊

10月14日　そのような場所で歌うこと

私はロンに、今まで行ったなかで最悪の環境の刑務所はどこかと尋ねた。ロンはしばらく考えたあと、チャック・コルソンと訪ねた、ザンビアの全く自由のない刑務所のことを話し始めた。案内役を務めたネゴは元囚人で、所内にある凶悪犯を収容する秘密の監房について説明してくれた。

「私たちは鉄の網で覆われた鉄製の檻のような建物に近づいて行った。この檻の中に監房が幅約四メートル半、長さ約十二メートルの狭い中庭を囲んで並んでいた。囚人たちは一日のうち二十三時間は狭い監房に入れられ、全員が一度に横になることはできない。ただ一時間だけ狭い中庭を歩くことが許されている。ネゴはその施設で十二年間耐えてきたのだった。」

「秘密の監房に近づいて行くと、多くの目が鉄の門の下のわずか五センチほどの隙間から私たちを見つめているのに気づいた。門が開いた途端、私は今まで見たこともない惨状を目にした。衛生設備は何もなく、実際、囚人は食事用の皿に排泄しなければならなかった。アフリカの灼熱の太陽が容赦なく鉄の壁に照りつけていた。その場の吐き気をもよおす悪臭に、私はほとんど息もできなかった。こんなところでどうやって人間が生きていけるのか、とても信じられなかった。」

「ところがネゴが私たちを紹介すると、驚くことが起こった。百二十人の囚人のうち八十人が後ろの壁に沿って列を作って並んだ。だれかの合図で彼らは歌い出した。賛美歌だ。クリスチャンの歌う賛美歌で、非常に美しい四部合唱だった。ネゴはこのうち三十五人が死刑宣告を受けていて、じきに刑が執行されると私に耳打ちした。」

「彼らの澄みきった美しい表情と、ぞっとするような環境との対比に圧倒された。彼らの真後ろの壁に炭で丹念に描かれた絵があるのを、暗闇の中に見つけた。十字架にはりつけにされたイエスだった。囚人たちは何時間もかけてこの絵を描いたに違いない。私は強い力に打たれた。啓示の力だ。キリストが彼らとともにここにおられ、苦しみ、嘆きを分かち合って、このような場所でも賛美できるほどの喜びを与えておられるという啓示だった。」

「私は何か励ましの言葉を語る予定だった。しかし、ぼそぼそとあいさつの言葉を口にしただけだった。彼らこそ先生だった。私ではなかった。」

――『思いがけないところにおられる神』(一七二～一七三頁)

＊　＊　＊

10月15日　痛みのメガホン

私たちや幾人かの人々は、人生の目的は快適に暮らすことであると信じている。お腹いっぱい食べ、居心地の良い家を建て、極上の物を食し、セックスをし、良い人生を送る。それをすべてとする。けれども、そこに苦しみが入り込むと、生活様式が複雑になる。見ないふりをしなければの話だが。

世界の三分の一の人間が毎晩お腹をすかせて床に就いているのに、世界はただ自分一人が楽しい思いをするために存在すると考えるのは困難だ。若者たちが高速道路に打ちつけられている姿を目にしながら、人生の目的は良い思いをすることだなどと考えるのは難しいことだ。快楽主義に逃げ込もうとしても、苦しみと死が待っていて、私を脅かす。この世界しか知らないならば、人生がどれほど空しいものであるかを思い起こさせられる。

苦しみは、ときにつぶやき、ときに叫んで、人間の状態全体が病んでいるという「超越的なもののささやき」なのだ。戦争や暴力や悲劇のある人生は、どこかが間違っている。この世に満足したい人、人生の唯一の目的は楽しむことであると信じている人は、耳に綿を詰めて生きる必要がある。痛みのメガホンの音量が大きいからだ。

もちろん、このような悲惨な状況を許しておられる神に歯向かうこともできるだろう。だが、苦痛は私を神のほうへ駆り立てもする。存在するのがこの世界だけではないという神の約束を信じることができるし、痛みに苦しむこの地上で神に従う人々のために神が完璧な場所を創っておられるという可能性に賭けることができる。

被造物であるということには困難が伴うのだ。私たちは、自分たちが依存的な存在であることを思い起こさせる痛みや苦しみといった厄介な問題などなくても、世界を管理する力が自分に十分あると考えている。私たちは、耳に痛みのメガホンが鳴り響かなくても、しっかりとした倫理判断を下し、正しく生きる賢さがあると考えている。エデンの園の物語が示しているように、こうした考えは明らかに間違いである。苦しみのない世界にいる男と女は、神に反抗するものなのだ。だからアダムとエバの末裔である私たちには選択肢がある。神を選ぶことも、あるいは、この世界について自分たちでなく神を責めることもできる。

――『痛むとき、神はどこに』（六八〜七一頁）

＊　＊　＊

10月16日　贈り主を捜すこと

表面上、ヨブ記の中心は苦しみの問題だ。しかし表面下では、別のことが問題となっている。人間の自由という教義だ。ヨブは、神が究極的には自由意思に基づく愛に関心をもっておられることを明らかにするために、理不尽な苦しみに耐える必要があった。

サタンと神の戦いは決して平凡なものではなかった。ヨブが神を愛しているのは、ただ「彼の周り……に、垣を巡らされた」（一・一〇）からだというサタンの糾弾は、神のご性質への攻撃だった。それは神ご自身だけでは愛するに値しないということをにおわせている。ヨブのような忠実な人たちが神に従うのは、そうするように「賄賂を受け取っている」からだというのである。信仰の支えとなるものがことごとく取り去られたときのヨブの応えが、サタンの挑戦の正しさもしくは間違いを証明するというのだ。

人間の自由というこの問題は、だれもが自分にふさわしいものを本当に得るような世界を想像すると理解しやすいかもしれない。そんな世界なら、正しく首尾一貫しており、だれもが神の期待しておられることを明確に知っているだろう。公平さが支配していることだろう。ところが、そのように整った世界にも、一つ大きな問題がある。神はそのような世界を地上に実現させたいと思っておられないということだ。神は私たちから愛を受けたいと願っておられる。自ら進んで愛する愛を求めておられる。そして私たちは、神がそうした愛に特別な価値を置いておられることを過小評価してはならない。自発的な愛はすこぶる重要なのであり、神はいっとき地球が宇宙の中で邪悪な癌となることを許された。

この世界が完璧に公平な固定したきまりに従って動くのであったら、真の自由などどこにもないだろう。そして、私たちは目の前の利益を得ようとして行動するだろうし、利己的な動機が、あらゆる善良な行為を汚してしまうことだろう。それとは対照的に、聖書に描かれているクリスチャンの美徳は、私たちが神に従わないという誘惑や衝動に突き動かされることがあっても、神と神の道を選ぶときに成長するのだ。

神は私たちに自発的に愛してもらいたがっている。たとえその選択に痛みが含まれていても、である。私たちは気分の良さや報酬との関係ではなく、「神」との関係で生きてゆくのだから。神は、たとえご自分を否認するありったけの理由があったとしても、ヨブがそうであったように、私たちが忠実であり続けることを願っておられる。ヨブは、歴史上、一見類を見ないほどの神の不正義を経験したときにも、神の正義にしがみついた。贈り物を理由に、それを与えてくださる御方を捜し求めたのではなかった。すべての贈り物が取り去られた後でも、贈り主たる神を捜し求めたのだ。

――『痛むとき、神はどこに』(八九～九一頁)

＊　＊　＊

10月17日　耳障りなシンフォニー

ほとんどの人が、神とは異なる秤を使っている。私たちは命に最大の価値を置いている（ので、殺人を最も重大な罪と考える）。しかし、明らかに神は異なる観点をもっておられる。確かに人間の命を、それは「神聖だ」と宣言するほど価値あるものとしておられる。そのことは、人間でなく神おひとりに、命を奪う権利があることを意味している。しかし、たとえばノアの時代に、神はためらわずにその権利を行使された。旧約聖書の中には、神は悪の蔓延を防ぐため、人間の命を何度も奪われたことが記されている。

同じように、多くの聖書のみことばが、神の子どもたちの苦痛以上に、神にとって忌むべきものがあることを示している。神ご自身すら苦しみを免れなかった。人となり、十字架で息絶える神となった恐ろしい苦痛を考えてみればよい。それは、神にあわれみが欠けていることを示しているのだろうか。それとも神には、最も忠実な弟子たちが苦しみのない人生を送ることよりも重要なものがあることを証明しているのだろうか。

聖書は、私たちが痛みの問題について抱く疑問を常に変化させる。「なぜ？」という後ろ向きの問いに答えることはめったになく、答えるにしてもわかりにくい答え方をする。むしろ「どんな目的のために」という前向きな疑問を掲げている。私たちは単に己の願望を満たし、人生、自由、幸福を追求するために地上に置かれているのではない。一生涯を神と過ごす準備をするために、少しでも神に近づくように変わるために、ここにいる。そして、そのプロセスは創造物の神秘的なパターンによって進められるかもしれない。痛みという背景に抗して、ときに喜びが生まれ、悪が善に変えられ、苦しみが何か価値のあるものを生み出すというように。

神は私たちの苦しみを通して語りかけておられるだろうか。苦痛の中の特定のもの、苦しみの中の特定の症例の中に神のメッセージを見いだそうとして、自らをひどく傷つけることは、危険であり、聖書的とも言えないかもしれない。神のメッセージは、私たちは他の人と同じように、定まった法則のある世界に生きている、というだけのことかもしれない。けれども、もっと大きな視点で歴史全体から見るなら、神は苦しみを通して私たちに語りかけておられることがわかる。そう、それが苦しみであっても、である。神の作られるシンフォニーには、短調、不協和音、退屈なフーガの楽節が入っている。しかし最初の数楽章を指揮者に従い、私たちは、新たな力をもって、いつの日か高らかに喜び歌うことになるのである。

――『痛むとき、神はどこに』（九四〜九五頁）

＊　＊　＊

10月18日　変えられた痛み

パウロはローマ人への手紙の中で、「神を愛する人たち……のためには、すべてのことがともに働いて益となることを、私たちは知っています」（八・二八）と、はっきりと主張している。この言葉はときに捻じ曲げられ、「神を愛する人々には、良いことだけが起きる」と言うために使われる。けれども、他の章からも明らかなように、パウロが言おうとしていたのは、それとは正反対のことだ。神は、過酷な状況で働いてくださるというより、過酷な状況にあった「パウロのうちに」働いておられる、と言うほうが正確だろう。

神は、こうした良い結果が生まれるために、人生に苦しみをもたらすのだろうか。ヨブ記の最後に確立されたパターンを思い起こそう。苦しみの原因に関する疑問は、神のご支配の中にある。それゆえ、その答えを理解しようとしても、それは不可能である。「葬式のときに何人かの親戚がキリストを受け入れた。神はこのことのために、その人を天に連れて行かれたのだ」などと考える権利は私たちにはない。むしろどう応えるかが私たちの課題だ。パウロと他の新約聖書の記者たちは、信頼をもって応えるときに、神は必ず私たちのうちに働いて良きことをもたらしてくださると述べている。ヨブ自身が予知するかのようにこう言った。「神は苦しむ人をその苦しみの中で助け出し、抑圧の中で彼らの耳を開かれる」（ヨブ三六・一五）。

生産的な苦しみという概念は、痛みの経験に新たな次元をもたらす。アスリートや妊婦が証明しているように、人は目的がはっきりしている苦しみには耐えることができる。聖書によると、苦しみに対するクリスチャンの正しい反応は、入院患者にも同様の希望を与えるものだ。神に頼り、聖霊が私たちを神のかたちに造ってくださると信頼するなら、私たちの内側に真の希望が形づくられる。「この希望は失望に終わることがありません」(五・五)。私たちは苦しみゆえに、文字どおりより良い人間になれるのだ。苦痛は、そのときどれほど無意味なものに思われても、変わり得るのだ。

痛むとき神はどこにおられるのか。神は私たちのうちにおられる。痛みをもたらすものの中におられるのではない。そして、悪いものを良きものと変えるよう導いてくださるのだ。神は悪からも善をもたらすことがおできになる。けれども、神は善を生み出したいと願いながら悪をもたらすなどということはないのだ。


――『痛むとき、神はどこに』(一〇八～一〇九頁)

＊　＊　＊

10月19日　良きものであり、悪しきものであり、贖われるもの

執筆について講義していたとき、突然、予想外の質問が出た。「先生は痛みについて三冊の本を著していますが、結論として、何がわかったのでしょうか。」

本能に促されたように、私はこの簡単な公式で答えた。「痛みは良きものであり、悪しきものであり、贖われ得るものだ。」後に、そのときのことを振り返り、この三部構成の考えは、痛みばかりでなく人生におけるほとんどすべてのことについて私が学んだことを要約していると思った。

第一に、痛みだ。私はハンセン病専門医ポール・ブランド博士と一緒に仕事をするなかで、絶妙に調整された痛みの警告を取り去ってしまうと、人の身体は駄目になることを教えられた。それこそがハンセン病の問題なのだ。

しかし痛みは悪いものでもある。あるいは「堕落によるもの」だ。妻はホスピスで働いているので、もはや有用な目的をもたない痛みがもたらす破壊的な苦しみを日々目の当たりにしてきた。死を前にした患者にとって、痛みの警告は宇宙のサディストの嘲りかとも思える。

それでも、痛みは贖われ得る。恒久的な苦しみを抱

えながら生きるジョニー・エリクソン・タダのような人々ばかりでなく、死期の迫ったハンセン病患者たちは、人生の提供する最悪のものから、大いなる善が生まれることを、私に教えてくれた。

痛みに関するこの三部構成の考えは、私が人生を見るためのレンズとして用いてきたが、そのときには多様なかたちで姿を現してくる。ところが、ほとんどの現代人にとって、贖いという概念はかび臭い言葉になっているようだ。私たちは善の面か悪の面かのいずれかにおいて誤っているのである。

マルクス主義の痕跡をとどめる人、環境問題の専門家、クリスチャン・サイエンスの人、リベラルな民主党員、健康と富を信奉する神学者たちは、創造が善であったことをほめそやす。一方、ネオコン（新保守主義者）、カルヴァン主義者、フェミニスト、国連の平和維持要員、人権派弁護士、新聞の記者たちは、人間が堕落した暗い現実を毎日のように思い起こしている。

私はこの領域のどこかに落ち着くよりも、このサイクルを完成させ、世界を贖いという三つめのレンズを通して何とか見ようともがいている。私にとってローマ人への手紙八章が、聖書の中で最も現実的な希望のある箇所だ。この章は、創造が良きものであったこと、そしてそれが堕落したことも明言している。けれども、どんな「もの」が現れても――パウロにとって、それは何重もの困難を意味していた――すべては最終的に私たちのためになり、贖われ得る、と力強く言い切っている。

――コラム「裏頁」、『クリスチャニティー・トゥデイ』一九九五年九月十一日号（九六頁）

＊　＊　＊

10月20日　中国の動揺

二〇〇四年、北京で家の教会運動の代表者四人に取材した。最も印象に残ったのがブラザー・シーだ。クリスチャンらしくない利発で情熱的な四十四歳の農夫だった。シーは十代で地元の共産主義者青年同盟の代表となり、その後は紅衛兵として活動した。党本部に行く道すがら、毎日、人であふれた「三自教会」のそばを通り過ぎていた。

ある日礼拝に出て、クリスチャンの力強い証しを聞いて、いっそう当惑した。聖書を買って最後まで読んだ。数か月後、党総書記に、「クリスチャンになります」と伝えると、おまえは昇進する機会を逸し、輝かしい未来を投げ捨てようとしている、と怒鳴られた。シーが部屋を出ると、総書記はシーの父親にこの裏切りを電話で報告した。

父親は、帰って来た息子を玄関で罵った。「おまえはたいへんな面汚しだ！　俺はクリスチャンの蔣介石や韓国のクリスチャンを相手に戦った。その俺の家に、イエスがいるなんて！」　父親はシーを家から追い出し、持ち物を外に放り出した。シーは友人の事務所に数日泊まった。道で出会った父親に声をかけようとしても、顔を背けられた。

十年後、孫が奇跡的な癒しを経験すると、シーの父親もようやく態度を和らげ、今ではクリスチャンになっている。

ブラザー・シーは、警察の手を逃げ続けなければならない。「捕まったことはありません。かくまってくれる教会があちこちにあるからです。警察がやって来るわずか三分前に逃れたこともありました。」　その巧みなリーダーシップにより、シーはその地方で二十六万人のクリスチャンをまとめている。妻も著名な教会指導者だが、会えるのは年に一度だけだ。

中国へ行く前、私は、一九五〇年に国外追放された宣教師に会っていた。彼はこう言った。「私たちは国に残してきた教会を気の毒に思いました。彼らには教えてくれる人も、印刷機も、神学校も、診療所や児童養護施設を運営する人もいませんでした。本当に何の手立てもなかったのですが、聖霊だけはおられました。」　聖霊が十分な働きをしてくださったのだ。

――『思いがけないところにおられる神』
（原書、一七八～一八一頁）

＊　＊　＊

10月21日　迫害の逆説

海外の教会を訪れるうち、試練や苦しみに対する見方に、北米のクリスチャンと顕著な違いがあることに気がついた。私たちは空前の快適さを享受しながら、苦しみの問題に悩まされているらしい。懐疑論者は苦しみが信仰の重大な障害物だと言い、信仰者は懸命に苦しみと折り合いをつけようとしている。合衆国の祈禱会では病気や癒しのリクエストが中心になることが多い。しかし、他の国々では違う。

中国であちこちの非公認の家の教会を訪れている男性に、現地のクリスチャンが政府の非情な政策の変化を祈っているか聞いてみた。彼は少し考えてから、中国のクリスチャンから解放の祈りを一度も聞いたことがない、と答えた。「彼らは反対にあうのは当然と思っています。それを回避できるとは考えることができないのです。」そしていくつかの例を挙げた。

許可されていない教会の集会をもって、二十七年の過酷な労役に服した牧師。出所して教会に戻ると、自分のために祈り続けた会衆に感謝した。投獄されていた別の牧師は、妻がじきに視力を失うことを知る。妻のもとへ急ぎたかった牧師は、刑務所長に信仰を捨てたと伝えて解放される。しかし、すぐに深い罪悪感を覚え、再び身柄を警察に差し出した。そして、その後三十年を刑務所で過ごしたという。

暴虐的な政策で宗教活動を認めないミャンマーも同様だ。私をミャンマーに呼んだ人は言った。「牧師と話すときは、信仰のために刑務所に入ったことのある方ばかりだと覚えておいてください。」

「それでは、『痛むとき、神はどこに』や『神に失望したとき』で取り上げたテーマでお話しするほうがいいでしょうか」と私は尋ねた。

「いいえ。ここの人たちはそういうことにはあまり関心がないでしょう。信仰のために迫害を受けるのは当然と思っているのです。あなたには恵みについて語っていただきたいと、みな思っています。お互い仲良くやっていくための助けが必要です。」

――『「もう一つの世界」からのささやき』（二九二～二九三頁）

* * *

10月22日　捕らえられない神

クリスチャンが迫害を受けているアジア諸国を訪れていた友人が先日帰国した。マレーシアのクリスチャンたちはこう言ったそうだ。「私たちはとても祝福されています。インドネシアのクリスチャンは殺されていますが、マレーシアの私たちは、自分たちの活動に対する差別や規制に耐えればよいだけです。」ところが、クリスチャンが信仰を理由に命を本当に奪われているインドネシアでは、人々はこう言ったという。「私たちは大いに祝福されています。マレーシアでは福音文書を自由に出版できませんが、インドネシアではまだそれができます。」　インドネシアの教会は、言葉の力を重んじている。

もの書きという仕事柄、私には、クリスチャンを弾圧している国々も含め、様々な国を訪れる機会がある。そして、祈りの言葉に驚くほどの違いがあることを知らされてきた。困難に見舞われると、豊かな国のクリスチャンは、「主よ、この試練を私たちから取り去ってください！」と祈る傾向がある。ところが、迫害を受けているクリスチャンや極貧の国々の人々は、「主よ、この試練に耐える強さをお与えください」と祈っている。

アレン・ユアンは中国で非公認の教会の集会を開き、二十二年もの過酷な労役に服した。刑務所を出て教会に戻り、「自分の与えられた危険な仕事の数を数えてみると、その間まったく怪我をすることなく、百万の鉄道車両を連結させた」と報告した。そして「神は、私の安全を祈ってくれた皆さんの祈りにしっかり応えてくださいました！」と大喜びした。温かい衣服もなしにロシアとの国境近くで労役に従事しながら、彼は一度も重い病にかかることもなかった。

ある試算によると、現在、西側先進諸国のクリスチャンは、世界中のクリスチャンの三十七パーセントを占めるにすぎないという。旅をしたり教会史を読んだりもしながら、私はあるパターンに気がついた。神がある場所からある場所へ「動いている」という不思議な歴史的現象だ。中東からヨーロッパへ、そして北米へ、さらに開発途上国へ。私の理論によると、神は求められているところに行かれる。

これは、米国のような国には恐ろしい考えだ。気晴らしや娯楽を提供する米国の衛星テレビチャンネルは五百を数える。

――『思いがけないところにおられる神』（原書、五七～六〇頁）

＊　　＊　　＊

10月23日　真の告白

詩篇五一篇は回想の詩篇だが、ダビデがバテ・シェバとの不祥事を印象深く綴ったものだろう。王が私生活で犯した道徳の罪を預言者に告白することと、その告白の詳細を作品にして国中で歌われるようにすることとは、まったく別の話だ！

どこの国にも英雄がいるが、その英雄の失敗を叙事詩にしたのはイスラエルだけだろう。この雄弁な詩篇は、告白を導くために礼拝で使われた可能性があるが、イスラエルが最終的にダビデをその政治上の業績よりも、神への献身という点で記憶にとどめたことを伝えているのだ。

この詩篇は読者（または歌い手）に一歩一歩、悔い改めの段階を通らせる。それはいくたびも心に再現している様を描いている。「ああ、もう一度やり直すチャンスさえあれば」――心をさいなむ罪意識、羞恥心、最後はまことの悔い改めから生まれる新たな始まりへの希望、と。

ダビデは旧約聖書の律法の下で生きており、律法は彼の犯した罪に厳罰を定めている。けれども、詩篇五一篇は注目すべき仕方で、神との「関係」が壊れるという罪の本質を明らかにしている。「私はあなたにただあなたの前に罪ある者です」（四節）とダビデは叫んでいる。どんな儀式によるいけにえも、宗教儀式も自分の罪意識を消しはしないことを理解している。神の求めるいけにえは「砕かれた霊。打たれ　砕かれた心」（一七節）だ。ダビデにはその心がある。

ダビデは祈りの中で、自身の悲劇から生じる可能性がある良きものを探し、一縷の光を見いだしている。その経験を他者のための道徳の教訓として用いてくださるようにと神に祈っている。ダビデの犯した罪の話を読んだ人たちが、同じ陥穽を避けることができるかもしれないし、ダビデの告白を読んで、赦しの中に希望を獲得する者がいるかもしれない。ダビデの祈りはしっかりと応えられ、王としての最大の遺産となっている。イスラエル最高の王は、最大の罪を犯した。けれども、ダビデをはじめだれもが、神の愛と赦しの届かぬほど堕ちることはないのだ。

――『聖書に出会う』（二一六頁）

＊　＊　＊

10月24日　ソロモンの愚行

想像できるかぎりのあらゆるものが思いどおりになり、ソロモンは最初は心から喜んで神に従おうとしていたようだ。列王記第一の八章にある、神殿を神に献げたときの祈りは、尊厳に満ちている。しかし治世の終わるころ、ソロモンは自らに与えられたこれらの恵みをほぼ使い果たしていた。かつてロマンチックな愛を歌った詩人が、今や記録破りの乱交に耽っていた。合計七百人の妻と三百人のそばめがいた！　あれほど多くの箴言を作った賢者が、他に匹敵する者がいないほどの放縦でその箴言を愚弄した。そして、かつて神の宮を築くほど篤い信仰をもっていた男は、異国出身の妻たちを喜ばせるために最後の恐るべき一歩を踏み出した。神の聖なる都に偶像崇拝を持ち込んだのだ。

ソロモンは一代で、神に頼ってかろうじて生き延びる王国から、自力で生きる政治大国にまでイスラエルを導いた。しかしその途上で、イスラエルの民が神から召された目的を見失った。皮肉なことに、ソロモンの晩年、イスラエルは、かつて逃げ出したエジプトと似た国になっていた。肥大化した官僚制度と奴隷労働によって保たれ、統治者の命令で国家の宗教が決められる帝国だ。この世の王国での成功が、人々の中から神の国への興味を締め出した。契約の民がもっていた束の間の幻は色褪せ、神の支持は取り消された。ソロモンの死後、イスラエルは分裂し、破滅に向かって転げ落ちていった。

オスカー・ワイルドからの引用が、ソロモンの墓碑銘に最もふさわしいかもしれない。「この世には二つの悲劇があるだけだ。欲しいものが得られない悲劇と、欲しいものを手に入れた悲劇である。」ソロモンは欲しいものは何でも手に入れた。特に、地位と権力を象徴するものはすべて。そして、次第に身の周りのものに頼るようになる。世界最大のハーレム、神殿の倍以上ある家、たくさんの戦車を所有した軍隊、底堅い経済力。神に失望する危険性は取り除かれたが、同時に神を求める心も消え去った。この世の贈り物を楽しめば楽しむほど、彼らはその贈り主について考えなくなっていった。

――『神に失望したとき』（九三～九五頁）

＊　＊　＊

10月25日　それ以上のことを切望すること

聖書に雅歌があることに驚く人たちは、伝道者の書を読んで打ちのめされるかもしれない。「空の空。すべては空」（一・二）。この希望が全くない文書を記した著者はそう叫ぶ。

伝道者の書は著者の名前に言及していないが、ソロモン王が著者であることをほのめかしている箇所は多い。ソロモンが著者でなくても、ソロモン王からインスピレーションを得て書かれたことはにおわせている。語っているのは、この世で最も裕福で知恵のある有名な男、望むかぎりの享楽を尽くす男だ。この男「伝道者」は、結局、後悔と絶望に崩れ落ちる。自分は人生を無駄にした、と。

三章がこの書を要約している。時について書かれた優雅な詩に始まり、そこから人生についての熟考へと進んでいく。伝道者が生きる意味を探究しているのだ。そして、著者は結論する。神は人間に「仕事」を担わせ、私たちはそのことによって、地上における究極的な喜びと楽しみを見いだせなくなる、と（三・一〇―一一）。一生涯、享楽を求めて過ごした後、伝道者は問う。「それがすべてだろうか」と。彼が見つけた一瞬の平安と満足も、迫りくる死の脅威によってあっけなく打ち壊された。伝道者によれば、神のいない人生に意味はなく、そして、私たちは神ではないのだから、決して完璧な意味をもつこともない。

それでも、神は「人の心に永遠を与えられた」（同一一節）。私たちはこの世のもの以上の何かに憧れを抱いている。それは、永遠に続く楽しみ、不愉快なものにならない愛、退屈ではなく仕事の充実感である。

伝道者はこうして二つの状態の間を行ったり来たりする。絶望に引き寄せられつつ、それを超えた何かにも引っ張られる。日記にもよく似て、伝道者の書は著者がバランスを追求したことを記している。その緊張はこの三章では解決されず、解決されること自体あるかと疑う読者もいる。けれども、この書の最後に、伝道者の知恵のすべてを集約した言葉が書かれている。「神を恐れよ。神の命令を守れ。これが人間にとってすべてである」(同一二・一三)。

——『聖書に出会う』(二四六頁)

＊　＊　＊

10月26日　驚くべき祈り

バイブル・カレッジは私にとって、疑念と懐疑主義を養う場だった。当時は、「霊的な」行動を真似することで学生生活をなんとか送っていた。学生は良い成績を取らなければならないからだ。その中に「キリスト者としての奉仕」という鼻持ちならない課題があった。学生はみな、路傍伝道や刑務所伝道、老人ホーム訪問等の奉仕活動への定期的な参加が求められていた。私は「大学での奉仕」に登録した。

それで毎土曜日の夜、サウス・カロライナ大学の学生センターを訪れてはテレビを見ていた。「証し」が義務づけられていたため、その翌週、自分の信仰について語った人たちのことを律義に報告していた。私の尾ひれのついた話は、さぞ本物らしく聞こえたことだろう。だれも質問をしなかったからだ。

「大学での奉仕」に参加していた四人の学生とともに、週一回の祈禱会に出るようにとも言われていた。祈禱会はあるパターンに沿って行われた。ジョーが祈り、クレイグ、クリス、もう一人のジョーが祈る。それから四人は十秒ほど静かに口をつぐむ。だが、私は祈らなかった。しばらくの沈黙があって、みな目を開け、それぞれの部屋へ戻って行った。

ところが二月のある夜、私自身も含めて皆が驚くことが起きた。そんな私が祈ったのだ。なぜだか今でもわからない。祈るつもりなどなかった。だが、ジョー、クレイグ、クリス、ジョーのあと、私は声を出して祈っていた。「神様」と。部屋の中に緊張が高まった。

こんなことを言っていたように思う。「神様、ここにいるぼくたちは、地獄へ行こうとしているサウス・カロライナ大学の一万人の学生のことを思うよう求められています。でも、あなたはご存じです。彼らみんながが地獄に行こうが、一人だけ地獄に落ちようが、ぼくはどうでもいいと思っていることを。ぼく自身が地獄に落ちてもいいと思っていることを。」

この言葉が他の学生にどう聞こえたかを理解するためには、バイブル・カレッジに行ってみることだ。私は呪文を唱えたり、子どもを犠牲に献げたりしたも同然だった。ところが、だれも動揺したり、私を止めようとしたりしなかった。それで私は祈りを続けた。

〔10月27日に続く〕

——『神に失望したとき』（三四一〜三四二頁）

＊　＊　＊

10月27日　逆転した役割

〔10月26日の続き〕

どうしたことか、良きサマリア人のたとえについて語り出した。バイブル・カレッジに通う私たちは、あのサマリア人が、道端に倒れている血まみれのユダヤ人に感じたのと同じ気持ちを、サウス・カロライナ大学の学生たちにもたなければならなかった。「でも、ぼくにそういう気持ちはありません」と私は言った。「彼らに対して何の感情もありません」と。

そして、あのことが起こった。祈りながら、あわれみの対象とすべき人たちにほとんど関心をもっていないと述べていたときに、良きサマリア人の話が新たな光の中に見えたのだ。話しているときに、その場面が心に浮かんだ。ローブを着、ターバンを頭に巻いた古めかしい身なりのサマリア人が、泥で汚れた血まみれの人影に身を屈めている。ところが突然、頭の中のスクリーンで、二人の姿が入れ替わった。親切なサマリア人の顔がイエスの顔になっていた。追いはぎに遭った哀れなユダヤ人も別の顔になった。なんとそれは私の顔だった。

すぐに、イエスが手を伸ばし、湿らせた布で私の傷口を拭い、流れる血を止めようとするのが見えた。イエスが身を屈めると、傷を負った強盗被害者の私は目を開き、口をすぼめた。そしてイエスの顔に唾《つば》を吐きかけるのを、スローモーションのように見た。幻も、聖書のたとえ話も、イエスのことさえも信じていなかった私が、それを見たのである。私は唖然とし、祈るのをやめて立ち上がり、部屋を出た。

その夜、そのときのことを考え続けた。厳密にいえば、これは幻ではなかった。むしろ、道徳的な要素が絡んだ、空想のたとえ話と言ったほうがよいだろう。それでもなぜか無視できなかった。どういう意味だったのか。本当のことか。確信まではいかなかったが、うぬぼれが粉砕されたことはわかった。キャンパスで、私はいつも自分の標榜する不可知論に安住していた。だが、もうそれは許されなかった。そのときまでに自分を新しい目で見るようにはなっていた。自分に自信をもち、人をあざわらう懐疑論に身を置きながら、おそらくだれよりも助けを必要としていたのだろう。

その夜、婚約者に短い手紙を書いた。慎重にこう綴った。「二、三日してから話したいが、もしかすると、生まれて初めて本当の宗教的経験をしたのかもしれない。」

――『神に失望したとき』(三四二〜三四四頁)

＊　＊　＊

10月28日　しわだらけの写真

ある休日、千キロほど離れたところに住む母を訪ねた。母と子がよくするように、二人で遠い昔の思い出話をしていた。突然、大きな箱が棚から落ちてきて、古い写真が散乱した。私の子ども時代から青春時代までを物語る写真の山だった。カウボーイやネイティブアメリカンの格好をした写真、一年生の劇でピーターラビットの衣装を着た写真、子どものころ飼っていたペットの写真、いつ終わるとも知れなかったピアノの発表会の写真、小・中学校から高校、そして大学の卒業式の写真。

それらの中に、幼子の写真があった。裏に私の名前が書かれていた。何の変哲もない写真だ。私はどこにでもいる赤ん坊だった。ふっくらとした頬、半分しか毛が生えそろっていない頭、いかにも手に負えなさそうで、目はどこを見ているかわからない。だがその写真は、ペットがくわえていたのではないかと思うほど、しわだらけで、ところどころ破けていた。ほかにきれいな写真がいくらでもあるのに、どうしてこんな写真を取っておいたのかと母に尋ねた。

私の家族について知ってほしいことがある。私が生後十か月のとき、父は脊髄性ポリオに罹り、三か月後、私が一歳の誕生日を迎えた直後に亡くなった。二十四歳で全身が麻痺し、筋肉が極度に弱ったので、呼吸を確保するための鋼製シリンダーの中で過ごさなければならなかった。見舞いに来る人はほとんどいなかった。一九五〇年当時の人々は、ポリオに対して今日のエイズと同じくらいの恐怖心を抱いていたからだ。見舞いに来ていたのは母だけで、いつも同じ場所に座っていた。そこに座ると、人工肺の脇に取り付けた鏡に母の姿が映り、父に見えるからだった。

母はその写真を、遺品として取っておいたと言った。父が病床にある間、その写真はずっと鉄の肺に付けられていたからだ。妻と二人の息子の写真を欲しがる父のために、母は写真を金属のでっぱりの間に押し込んだ。それで、私が赤ん坊のときの写真はしわくちゃになっていたのである。〔10月29日に続く〕

——『神に失望したとき』（三四九〜三五〇頁）

＊　＊　＊

10月29日　だれかがいる

〔10月28日の続き〕

入院後の父にはめったに会えなかった。子どもが病棟に入ることは許されていなかったし、私は幼くて、中に入れたとしても、そのときの記憶をとどめておくことはできなかっただろう。

母がそのしわくちゃの写真のことを話してくれたとき、私に不思議な反応が芽生えた。一度も会ったことのない人が、私のことを気にかけていてくれたと思うのは、ある意味で奇妙な感じだった。父は人生最後の何か月間、目覚めているときは家族三人の写真、私の家族の姿を見つめて過ごしていた。視界にはほかに何も入らなかった。父は一日中何をしていたのだろう。私たちのために祈ってくれたのだろうか。もちろん、祈ってくれていただろう。私たちを愛していただろうか。愛してくれていたに違いない。だが、からだの麻痺した人間にどうやって愛が表現できるだろう。子どもたちの入室も禁じられていたのに。

あのしわくちゃの写真のことを折に触れて考えてきた。それは、私の父であった人、今の私より十歳若くして亡くなった見知らぬ人と私とを結びつける、数少ない絆の一つなのだ。何の記憶もなく、触れたこともない人が、来る日も来る日も私のことを思い、全身全霊で愛してくれた。神秘的なかたちで、父は今も別の次元でそうしてくれているのかもしれない。始まったばかりのところで残酷に終わってしまった関係を、初めの時のように新たにする時が訪れるのかもしれない。

この話に触れたのは、母からあの写真を見せられたときに感じた気持ちが、バイブル・カレッジの寮の部屋で初めて愛の神の存在を信じたときに感じたものと同じであったからだ。「だれかがいる」ことを悟った。この星で繰り広げられている人生を、だれかが見守っている。そして、私を愛してくれるだれかが存在する。私は、驚くほどの力強い希望に満たされた。これまでにない圧倒的な感覚だった。だからこそ、この御方に人生を賭ける価値があると思ったのだ。


——『神に失望したとき』(三五〇～三五一頁)

＊　＊　＊

10月30日　失望を扱うこと

神が隠れておられるとき、私はこんな反応を示すはずだ。仕返しに、神を無視するのだ。手で目を覆えば、大人から隠れていられると思う小さな子どものように、人生から神を締め出そうとする。神が姿を現さないというなら、どうしてこちらが神を認めなければならないのか、という話だ。

ヨブ記には、神に失望するときの反応が、このほかに二つ記されている。一つは、ヨブの友人たちが見せた反応だ。神に対するヨブの失望感は、彼らの神学と相容れないものだった。そこには、自分の正しさを主張する人の肩をもつのか、それとも自分たちが知る正しい神を支持するのか、という明確な選択があった。友人たちはヨブに、感情を抑えろと言った。「われわれは、神が不正な方でないことを事実として知っている。だからそんなことを考えるな！　そんな無礼なことを言うなんて、恥知らずめ！」と。

二つめはヨブの、とりとめのない反応だ。それは、友人たちの理詰めの冷たい考えとは全く嚙み合わない。「なぜ、あなたは私を母の胎から出されたのですか。」ヨブは神に問いかける。「私が息絶えていたなら、だれの目にも留まらなかったでしょう」（ヨブ一〇・一八）。窓ガラスに何度もぶつかる鳥のように、ヨブは無駄と知りながらも抗議する。

さて、ヨブ記はこの二つの反応のどちらを支持しているのだろうか。両者ともいくらかの是正を必要とし、さんざん激しい口論が繰り広げられた後、神は、敬虔ぶった友人たちに対して、悔い改めてヨブのところへ行き、自分たちの信仰のために祈ってもらうようにとお命じになる。

ヨブ記の伝える一つのメッセージは大胆にも、人は神に何でも言える、ということだ。深い悲しみ、怒り、疑い、苦々しい思い、裏切り、失望感を神にぶつけてみよ。神はそのすべてを受けとめてくださるのだ、と。聖書に登場する霊的巨人たちは、神と争ったことも指摘されている。彼らは神を締め出すのでなく、ヤコブのように、足を引きずりながら立ち去るほうを選んだ。

この点で、聖書は現代心理学を先取りしている。人は自分の気持ちを本当は否定したり消したりすることができないのだから、感情を表現したほうがよい、と。神は、人間のどんな反応にも応じることができるが、たった一つだけ我慢できないものがある。本能に従った反応、つまり神を無視したり、あたかも存在しないかのようにしたりすることだ。そういう反応をヨブは示さなかった。

——『神に失望したとき』（三一七〜三一九頁）

＊　＊　＊

10月31日　条件をつけること

友人のリチャードは、今でもヨブ記を聖書の中で最も正直な書と考えているが、その結末は不適切だと思っている。「ヨブには神が直接現れた。良かったなと思う。ぼくにも似たようなことが起こることを、ずっと求めてきた。でも、神はぼくを訪れてくれたことがない。ヨブに起こったことがどうして、ぼくの苦しみの助けになるだろう。」

リチャードは、信仰の重大な境界線を指し示していると思う。ある意味で、私たちが生きている時代は、神が嵐の中からお答えになる前のヨブの時代に似ている。私たちも、手がかりと噂の中で生きている。そのため、力と愛に満ちた神に異議を申し立てる者もいる。私たちも、確実性のないなかで信仰を働かさなければならない。

リチャードはアパートの床にひれ伏して、神にご自身を「現して」くださるようにと懇願した。神がヨブに対して行ったように、彼も、この目に見える世界に踏み込んでくださることに全信仰を賭けたのである。そして、それに敗れたのだ。率直に言って、私は、神がそのようなかたちでご自分の存在証明をする「義務」を負っておられるのかどうか疑問に思っている。神は旧約聖書で何度もご自分を現された。そして最後に、イエスという人物となって現れた。それ以上、どんな具体的な出現を神に求めるのか。

細心の注意を払って言うが、奇跡を激しく求めることは、たとえそれが肉体の癒しであるにしろ、信仰の豊かさではなく、信仰の欠如を露呈しているのではないか。リチャードのような祈りは、神に条件をつけていると言えるかもしれない。私たちは奇跡的な解決を切望する場合、目に見える世界で再びご自分を現してくださるという条件をつけて、神に忠誠を尽くすのだろうか。

神から目に見える証明が欲しいと言い張るなら、永久に失望することになっても仕方がないだろう。真の信仰は、神を思いどおりに操ろうとすることではない。自分を御旨にかなうところに置こうとすることだ。偉大な信仰のモデルを求めて聖書を調べると、神と劇的な出会いをした聖徒が、ヨブのほかにほとんどいないことに驚かされる。聖徒たちは、神に姿を現してくださいなどとは要求せず、神が隠れたままでも信じ続けた。ヘブル人への手紙一一章には、信仰の巨人たちが「その信仰によって称賛されましたが、約束されたものを手に入れることはありませんでした」と記されている（三九節）。

——『神に失望したとき』（三二七〜三二九頁）

11
月
November

11月1日　幕の後ろ

神が隠れている事態に遭遇すると、ひどく間違った方向に行ってしまうおそれがある。神を敵とみなし、隠れているのは神が無関心な証拠だと解釈しかねないのだ。

聖書に登場するある著名な人物の経験した事件が、それを別のかたちで表している。預言者ダニエルは、ヨブほど過酷な状況ではないが、神が隠れておられる状態に置かれた。毎日祈っていたのに答えてもらえないことに困惑していた。神は、再三の要求をなぜ無視しておられるのか。二十一日間、祈りに専心し、喪に服した。ごちそうも食べなかった。肉もぶどう酒も口にせず、からだに油も塗らなかった。その間ずっと神に叫び求めたが、何の答えも返ってこなかった。

するとある日、思いもかけないことが起こる。燃えるたいまつのような目と、稲妻のような顔をした超自然的な存在が、突然川岸に現れたのだ。仲間はみな、恐怖におののいて逃げてしまった。ダニエル自身は、「内からは力が抜け、顔の輝きも一変して、力も保てなくなった」（ダニエル一〇・八）。そのまばゆい存在に話しかけようとするときには、息をするのもやっとであった。

この訪問者は、来るのが大幅に遅れた理由を語る。ダニエルの最初の祈りに答えるために遣わされたが、「ペルシアの国の君」（一〇・一三）の激しい抵抗に遭った。三週間の膠着状態の後にようやく援軍が到着し、大天使ミカエルの助けによって敵を打ち破ったという。

ここで、この驚くべき宇宙の戦いの光景を説明するつもりはない。あくまでも、ヨブと並べて注目したいだけなのだ。ダニエルはヨブのように、善と悪という宇宙的な力の戦いにおいて、決定的な役割を演じた。もっともその動きの多くは、目に見える範囲を超えたところで展開されていた。ダニエルにとって祈りは無駄なもの、神は無関心なお方と思えたかもしれない。だが「舞台裏」をのぞけば、その正反対であったことがわかる。ダニエルの限られた視点はヨブと同様、現実を歪曲しただけのものだった。

全宇宙を背景とする大きな絵があり、そこには私たちが決して見ることのないたくさんの動きがある。つらい思いをするなかで神にすがりついたり祈ったりするとき、そこには私たちが想像する以上の、ずっと多くの意味がある。神がどんなに遠い存在に見えようと、私たちは見捨てられていない。そう信じるには、またそのように信頼するには、信仰が必要だ。

――『神に失望したとき』(三一九、三二一～三二二頁)

＊　＊　＊

11月2日　十字架と鉤十字

国家に対する教会の挑戦は、いきなりあからさまな抗争になることが少なくない。それは、全体主義国家が自らを「主」と主張するときに顕著だ。ナチス・ドイツは、二つの王国というルターの教義の重要な課題を突きつけた。その課題に教会はほぼ失敗した。マルティン・ニーメラーはヒトラーに抗った指導者だったが、大半の教会がナチスに抵抗する勇気に欠けていたと告白した。個人主義の信仰を実践しながら、国家に従うことに馴れてしまっていたので、人々は何もしないで抗議する機会を失った。実際、ニーメラーも含めたプロテスタントの指導者が、最初はナチスの台頭を、神に感謝していた。共産主義に代わるものはナチ党をおいてないと思っていたのだ。

不吉なことに、福音主義のクリスチャンは、政府と社会に道徳性を再建するというヒトラーの約束に魅了されていた。カール・バルトによると、教会は「ヒトラー体制をほぼ満場一致で歓迎した。揺るぎない確信と、この上なく大きな希望をもって」。ドイツのプロテスタントには、国家に反対する強固な伝統がなかった。クリスチャンは「胸に鉤十字、心に十字架」をモットーにした。牧師たちはナチスの制服に身を包み、ナチスを賛美した。教会が国家権力にまたも誘惑されていたことを知ったときは、すでに手遅れだった。

最終的に、少数派が覚醒してナチスの脅威に抗った。ニーメラーは、「(ヒトラーでなく)キリストがわが総統」という大胆なタイトルで行った一連の説教を出版し、七年間服役した。ディートリッヒ・ボンヘッファーは、別の刑務所で処刑された。結局、ドイツ国内でヒトラーに反対した唯一の重要なグループは、忠実なクリスチャンたちだった。労働組合、議会、政治家、医者、科学者、大学教授、弁護士は、みな屈服してしまった。抵抗したのは、より高い力に忠誠心をもったクリスチャンだけだった。

幸いなことに、米国の教会は、独裁国家に抗うような厳しい選択を迫られたことがない。逆に米国の民主主義には、宗教に基づく行動主義を歓迎してきた歴史がある。ロバート・ベラーはこう言っている。「米国の歴史で、宗教団体が公に騒々しく声をあげない重要問題はなかった。」

——「恵みのない国家」、『クリスチャニティー・トゥデイ』一九九七年二月三日号(三五〜三六頁)

＊　＊　＊

11月3日　恵みでないものの臭気

恵みの香りを放つべく召されているはずのクリスチャンが、「恵みでないもの」の有毒な臭気を発しているのはどういうわけだろうか。現代の米国にいると、その問いに対する答えが一つ、すぐに思い浮かぶ。教会は政治問題に翻弄されるあまり、権力のルールで動いているのだ。だが、それは「恵みでないもの」のルールだ。公共の場ほど、教会が使命を失う危険性の高いところはない。

クリスチャンが政治に関わる権利と責任を、私は全面的に支持する。奴隷制廃止、公民権、人工妊娠中絶反対等の道徳的改革運動は、クリスチャンが主導してきた。今日のメディアは宗教右派の「脅威」を誇張しすぎているように思う。政治に関わっている、私の知るクリスチャンたちは、メディアの描くカリカチュアとは似ても似つかない。それでも最近、「福音派」と「宗教右派」という名称が互換性をもつようになってきたことに懸念を覚えている。時事風刺漫画に描かれるクリスチャンの多くが、他人の人生をコントロールしたがる頭の固いモラリストだ。

「恵みに欠ける」行動をするクリスチャンがいるのは、恐れがそうさせているからだ。学校で、裁判所で、ときには議会でも、私たちは攻撃にさらされているように感じている。一方、身近なところでは社会の腐敗を示すモラルの変化も見られる。犯罪、離婚、若年者の自死、人工妊娠中絶、薬物使用、子どもの貧困、非嫡出子の誕生等に関し、米国は先進国の中で先頭に立っている。少数派として追いつめられており、自分たちの価値観が絶えず攻撃されているという社会的保守派の思いは、強まるばかりだ。

クリスチャンはどのようにして、恵みと愛の精神を伝えながら、世俗社会の中で道徳観を維持できるのだろうか。詩篇の記者が表明したように、「拠り所が壊されたら正しい者に何ができるだろうか」（一一・三）。私に手紙を送ってきた人々の荒々しい態度の背後にあるものは、神のための場所がほとんどどこにもない世界に対する至極当然な関心だ。けれどもイエスがパリサイ人に指摘なさったように、道徳観への関心だけでは決して十分とは言えない。恵みから切り離された道徳主義に解決できるものなど、無きに等しいのだ。

――『この驚くべき恵み』（三〇三～三〇五頁）

＊　＊　＊

11月4日　あわれみという武器

ここまでに明らかになっているように、神の恵みを差し出すことが、クリスチャンの主たる貢献だ。ゴードン・マクドナルドによると、教会にできて、この世にできないことはないということだが、一つだけできないことがある。恵みを現すことだ。私の見解では、この世に恵みを与えるクリスチャンの働きは不十分で、特に信仰と政治の領域でつまずいている。

イエスは個々人に愛を示されるとき、どんな制度にも邪魔をさせなかった。ユダヤの人種政策、宗教政策は、サマリアの女と口をきくことを禁じていた。波乱万丈の道徳的経歴をもつ人間になど、いわずもがなだった。しかし、イエスはそんな人間の一人を宣教師に選ばれた。弟子の中には、イスラエル人から裏切り者と見られていた取税人や、超愛国的な熱心党員もいた。イエスは反体制的なバプテスマのヨハネを称賛された。律法を厳守するパリサイ人ニコデモや、ローマの百人隊長ともお会いになった。パリサイ人シモンの家で食事をし、「汚れている」とされたツァラアトに冒されたシモンの家でも食卓につかれた。イエスには、どんなカテゴリーやレッテルよりも人間のほうが大切だったのだ。

政治問題で両極のいずれかへ押し流され、ピケの向こう側にいる「敵」に向かって叫ぶことは、いかにも簡単だ。しかしイエスは「なんじの敵を愛せよ」（マタイ五・四四参照）とお命じになった。

では、私の敵とはだれだろうか。人工妊娠中絶支持者だろうか。米国文化を汚しているハリウッドのプロデューサーだろうか。私の道徳原理を脅かす政治家だろうか。スラム地区で幅を利かせている麻薬密売組織の大物だろうか。こうした現状を改革しようとする動機がどんなに良いものであっても、その思いが愛を追いやるなら、イエスの福音を誤解していたことになる。恵みの福音ではなく、律法に縛られている。

社会に現れている問題はきわめて重要であり、文化闘争はおそらく避けられないだろう。しかしクリスチャンは別の武器を手にして戦うべきだ。ドロシー・デイは、それを「あわれみという武器」という素晴らしい言葉で表現している。イエスは、私たちは他の人々とは全く異なるしるしをもつべきだと言われた。政治的な正しさや道徳的な優越性ではなく、愛をもて、と。パウロは、信仰の奇跡であれ、神学の輝かしさや個人の熱い犠牲であれ、愛がなければ、私たちのすることは何の役にも立たないと言った（Iコリント一三章）。

——『この驚くべき恵み』（三三〇～三三二頁）

＊　＊　＊

11月5日　水で薄める

G・K・チェスタトンの警句を心に刻むべきだろう。教会と国家との結託は、国家には好都合かもしれないが、教会にとってはよろしくない、という警句だ。そこには恵みにとって最大の危険が存在する。国家は、恵みを欠いたルールで営まれるものであり、教会のもつ恵みの崇高なメッセージを徐々に消していく危険性がある。

権力を貪欲に追求する国家が、教会をコントロールすれば、より使い勝手がよいものになると考えるだろう。それが最も劇的に現れたのが、ナチス・ドイツだった。福音派のクリスチャンは、道徳性を再建するというヒトラーの約束に魅了された。

教会は、国家の強権を相殺する抵抗勢力として、その本領を発揮する。政府とねんごろになればなるほど、そのメッセージは薄められる。福音そのものが、市民宗教に委ねられるときに変質してしまう。アラスデア・マッキンタイアが指摘するように、アリストテレスの高尚な倫理学に、悪い人間に愛を示す善良な人間は入っていない。恵みの福音の入る余地はなかったのだ。

要するに、国家とは常にイエスの命令の絶対的な特質を骨抜きにし、外的な道徳というかたちに変えてしまうものなのだ。まさしく恵みの福音の正反対のものだ。ジャック・エリュールは、新約聖書は「ユダヤ―キリスト教倫理」など教えていない、とまで言っている。聖書は回心を命じ、「あなたがたの天の父が完全であるように、完全でありなさい」(マタイ五・四八)と言う。山上の説教を読んで、そのとおりの法律を制定している政府があるか、想像してみるとよい。

州政府は日曜日に店や劇場を閉めさせることはできても、礼拝を強制することはできない。KKK〔訳注＝クー・クラックス・クラン。米国の秘密結社、白人至上主義団体〕の殺人者を逮捕し罰することはできても、彼らの憎しみをなくすこと、ましてや愛を教えることはできない。離婚を困難にする法律を通過させることはできても、夫が妻を愛し、妻が夫を愛するよう強制することはできない。貧しい人に援助金を与えることはできても、金持ちに貧しい人へのあわれみと正義を示すよう強制することはできない。姦淫を禁じることはできても、情欲を禁じることはできない。窃盗を禁じることはできても、貪る思いを禁じることはできない。嘘やごまかしを禁じることはできても、高慢を禁じることはできない。美徳を奨励することはできても、きよさを奨励することはできない。

――『この驚くべき恵み』(三三一～三三五頁)

*　*　*

11月6日　鏡か窓か

スターリンは早くから、ポーランドに「新しい町」を意味する村ノワフータをつくり、共産主義の明るい未来を実行しようとした。そして国全体をいきなり変えることはできなくても、光り輝く鉄鋼工場、ゆったりとした住宅、たくさんの公園、広い道路などを備えた新しい町を、後に続く都市のモデルとして建設することができた、と述べた。ところが、ノワフータは後に「連帯」の基地の一つとなり、共産主義が町一つをも治められなかったことを証明した。

クリスチャンがこの世界でこれと同じ手法を用いて成功したら、どうだろうか。ボンヘッファーによると、「クリスチャンは、この世ではまことの故郷の植民地である」。クリスチャンは、私たちのまことの故郷を指し示す植民地の建設を目ざして、もっと努力すべきなのだろう。残念ながら教会は、別の社会を示す窓でなく、教会を取り巻く社会をそのまま映し出す鏡をかざしてばかりいる。

この世が悪名高い罪人を蔑むなら、教会はその人を愛そう。この世が貧しい人や苦しんでいる人への援助を打ち切るなら、教会は食物と癒しを提供しよう。この世が人々を虐げるなら、教会はその人たちを助け起こそう。この世が、社会から除け者にされた人たちを辱めるなら、教会は神の和解と愛を宣言しよう。この世が利潤と自己充足を追い求めるなら、教会は犠牲と奉仕を追い求めよう。この世が天罰を要求するなら、教会は恵みを分かち合おう。この世が分裂するなら、教会は一つになろう。この世が敵を滅ぼすなら、教会は敵を愛そう。少なくとも、これが新約聖書に描かれた教会の姿だ。教会とは、敵対的なこの世界の中の、天国の植民地なのだ。

共産主義国内の反体制派の人たちのように、クリスチャンは異なるルールで生きている。ボンヘッファーは、私たちは「変わった」人間だ、と書いたが、彼はそれを、異常であること、普通でないことと定義している。つまり、当たり前でないことなのだ。イエスが十字架にかけられたのは、彼が良き市民であったからでも、他の人よりも少しだけ善人だったからでもない。当時の権力者たちは、イエスとその弟子たちが不穏分子であることを鋭く見抜いていた。イエスや弟子たちが、ローマやエルサレムよりも上にあるところから命令を受けていたからだ。

不穏分子である教会は、現代の米国でどのように見えているのだろうか。

――『この驚くべき恵み』(三五〇～三五一頁)

＊　＊　＊

11月7日　究極の抗議

聖書は金銭について、特定のガイドラインより、大まかな原理に言及するが、私たちすべてに開かれたある活動を提案している。私たちは、金銭のもつ力から解放され得るし、金銭を与えることによって、そうなるのである。

エルサレムの腐敗し、崩れかかった制度は、未亡人がなけなしの小銭を献金したところでどうにもならなかった。しかし、イエスはその女の行為の中に、金銭に対する正しい精神が現れているのをご覧になった。

ワシントンDCの「救い主の教会」のゴードン・コスビーが、六人の子どもと食うや食わずの生活をしている未亡人の話をしている。彼女は毎週忠実に、献金皿に四ドルを献げていた。執事がコスビーに、「献金する分をご家族のために使っていいんですよ」と未亡人に助言してはどうかと言った。

執事の助言をそのまま伝えたコスビーは、その後ずっと後悔することになる。未亡人は深く悲しみ、こう答えたのだ。「先生は、私の尊厳と目的の最後の拠りどころを奪おうとしておられます。」彼女は、与えるという行為の本質を知っていて、必死にそれにしがみついていたのだ。

その本質とは何か。与えるという行為は、与える側に大きな益をもたらすということである。今日、アフリカやインドの人々に財政的支援が必要であることを慈善団体が呼びかけ、寄付を募っている。けれども、支援を受ける人たちが受け取る財的必要と寸分たがわず、支援する側に必要な行為であるというのが真実なのだ。

与えるという行為ほど、この世における私の場を思い起こさせてくれるものはない。空の鳥や野の花と同じように、私たちはみな、神の善良さと恵みによってここに生きている、とイエスは言われた。空の鳥や野の花は、将来の安心安全について悩んだりはしない。私たちも悩まなくてよいのだ。神は雀や百合を養っておられる。与えるという行為は、私のこともそのように養ってくださるとの信仰と確信を表すものなのだ。

――『寄付のお願い』（二〇〜二一頁）

＊　＊　＊

11月8日　教会の偽善

信仰深いクリスチャンにとって、教会は本当に必要なのだろうか。ウィンストン・チャーチルはかつて、自分は教会と「飛び控え壁」のように関わっていると言った。すなわち、教会を外側から支えているというのである。教理を誠実に信じ、自らを神に明け渡してからも、しばらくの間この戦略をとってみた。それは私ひとりだけではない。日曜日に教会に通う人々は、キリストに従っていると主張する人々よりも、はるかに少ない。私と同じような経験をしてきた人たちもいる。つまり、以前通っていた教会で、怒りを覚えたり、裏切られたと思ったりしているのである。「教会から得るものは何もない」と言う人たちもいる。イエスに従うことと、日曜日に礼拝堂へ他のクリスチャンの後にくっついて行くこととは、全く違う話である。それなのに、なぜそれほど教会にこだわるのか。詩人のアン・セクストンはこう述べている。

「彼らはイエスの両手に釘を打ち込んだ。それから、そう、それから、皆が（イースター用の美しい）帽子をかぶるのだった……。」

自分の人生の旅路を回想すると、いくつかの障害が私を教会から遠ざけていたことがわかる。まず、偽善だ。無神論者の哲学者フリードリッヒ・ニーチェは、クリスチャンに対してどうしてそんなに否定的な態度をとるのかと尋ねられ、こう答えた。「もし彼らがもう少しでも救われた人のような表情をしていたなら、私も彼らの言う救いを信じることでしょう。」

子どものころの絶対主義的なファンダメンタリズムに傷つけられて、私の足も教会に喜んで向かうことはなかった。日曜日の朝、クリスチャンはめかしこんで微笑を交わすが、私は経験上、そのようなうわべの表情の裏に意地悪な精神があることを知っていた。偽善の臭いがするものがあれば、即座に抵抗を示していたが、ある日、こんな問いが心に浮かんだ。「私のような人間ばかり集まっている教会は、どのように見えるだろうか。」謙虚な思いになり、他のだれかではなく、自分自身の霊性に注意を集中させるようになったのは妥当なことだった。

教会の偽善を最終的にさばくのは神である、と結論した。教会のさばきは神の大能の御手にゆだねよう、と。私は肩の力が抜け、柔和になり、以前より他の人を赦せるようになった。そもそも、完璧な配偶者や完全な親、非の打ちどころのない子どもなどいるのだろうか。完璧でないからといって、家族を見捨てたりはしない。教会についても同様なのだ。

——『教会』（一七〜一九頁）

＊　＊　＊

11月9日　冷静になること

教会に対する私の見方を変えたものは何か。疑い深い人は、私が理想のレベルを下げたと言うかもしれない。あるいは、何度もつまずいた後にオペラに馴染むように、教会に「慣れた」のだと言うかもしれない。けれども、私は何か別のものがあると感じている。教会は、ほかのどんなものでも満たせなかった私の心の必要を満たしてくれたのだ。十字架の聖ヨハネはこう書いている。「孤独な高潔なたましいはただそれだけでは、……燃えている石炭のようだ。熱くなることなく、どんどん冷たくなってゆく。」聖ヨハネの言葉は正しいと思う。

キリスト教は純粋に知的な、心の中の信仰ではない。キリスト教はコミュニティーの中でしか生きられないのだ。それで、私は教会に見切りをつけられなかったのかもしれない。心の奥底で、教会には私がどうしても必要としている何かがあると感じている。教会から離れているとき、苦しんでいたのは私だった。信仰が薄れ、冷たい硬い殻に再び覆われるようになる。私の心は熱くなるよりも冷たくなっていく。そして教会から離れようとしても、いつも心の中に教会があったのである。

以前は教会に行ったり行かなかったりしたが、今では教会のない人生など考えられない。教会に対して懐疑的であったところから、どのように教会を支持する者になったのか。傍観者から参加者になったのか。何が教会に対する私の姿勢を修復したのだろうか。

この問いに答えよう。何年もかかったが、私は教会に何を求めるべきかを学んだ。子どものころは、通う学校を選べなかったように、教会を選ぶことができなかった。後には、まずはここ、次はあそこと、いろいろな教会に行ってみた。その経験からわかったのは、適切な教会を見つける鍵は、自分自身の中にあるということだった。「私の見方」も鍵だったのだ。いったんそうした見方を身につけると、その教会がどの教派に属しているかといった問題は、それほど重要なことではなくなった。

この新しい見方をするようになって、教会をただ我慢するだけの場であると考えていた私が教会を愛する者になった。教会に対するヴィジョンをもつときに、私たちは、教会が神の意図された場になるためのみわざに加わることができるのだ。

――『教会』（二二一〜二二三頁）

＊　　＊　　＊

11月10日　だれが聴衆か

私は批判精神旺盛な消費者のような気持ちで教会へ行っていた。礼拝をパフォーマンスの場のように考え、自分の好みが出てくるものを待ち、私を楽しませてくれるのを期待していた。

セーレン・キェルケゴールは、私のような者たちのことを、「教会を一種の劇場のように考える傾向がある人たち」と述べた。私たちは、観客席に座り、すべての人の目を引きつけている舞台役者を見物しているというのである。こちらが十分に楽しんだら、拍手や歓声をもって感謝の気持ちを表す。しかし、教会は劇場とは正反対のものであるべきだ。教会では、「神」が礼拝の観客だ。牧師は主役でなく、プロンプターのような働きをするべきだ。舞台のそでにいて、小さな声でせりふを教える目立たない助け手であるべきなのだ。

最も重要なことは観客の心の中で起こるのであり、舞台上の役者の間で起こるのではない。私たちは礼拝から帰るとき、「この礼拝から何を得ただろうか」ではなく、「神はこの礼拝で起きたことを喜ばれただろうか」と問うべきだ。今、私は礼拝中、上を見て、講壇を超えたところ、神に視線を向けるようにしている。

古代イスラエルの民に、動物の犠牲に関する詳細な指示を与えた神が、後にこう言われた。「わたしはあなたの家から雄牛を　囲いから雄やぎを　取ろうとしているのではない。森のすべての獣はわたしのもの。千の丘の家畜らも」（詩篇五〇・九～一〇）と。民は、礼拝の外側のことに焦点を当てたために、大切な要点を完全に見失ってしまった。神の関心は、心の犠牲にあり、従順と感謝という内側の姿勢にあることを。今では、礼拝に出ると、私は劇評家のように、座席にふんぞりかえって批判を加えるのではなく、内側の精神に注意を向けるようにしている。

多くの理由から、私は、プロテスタントの伝統のもとにある礼拝に出席している。講壇から語られる神の言葉を重視する教会だ。しかし、もはや音楽のスタイルや礼拝の順序、教会の「装飾品」についてはほとんど気にならない。神に出会うという礼拝の本来の目的をないがしろにし、「装飾品」に注意を集中させることによって、私は最も大切なメッセージをなおざりにしてしまうことがあったからである。

――『教会』（二一三～二一七頁）

＊　＊　＊

11月11日　変わり者の集まり

どの家族にも成功者がおり、悲惨な失敗者がいる。感謝祭の日、会社の副社長をしているメアリー叔母さんは、大酒のみで就職したことのないチャールズ伯父さんの隣に座る。テーブルに集まった人たちの中には賢い者も愚かな者も、変わった者も魅力的な者も、健康な者も身体に障がいのある者もいるが、家族においてはこれらの違いはそれほど重要ではない。

従兄弟のジョニーは自分が家族から疎外されているように見せかけているが、彼の意図どおりにはなっていない。私たちはみなそうであるが、同じ祖先から生まれ、細胞の中には同じ遺伝子があるという理由で、ジョニーも家族の一員なのである。失敗したからといって、家族としての資格が取り消されるわけではない。

ロバート・フロストはこのように言った。家族とは「あなたがそこへ行かなければならないときに、あなたを迎え入れなければならない場所である」。

神が家族という人間の組織を創ってくださったのは、ほかの組織の中でどのように人と関わればよいのかを教えるためではないか、と思うことがある。家族は、違いを取り繕うことではなく、むしろ違いをたたえることによって最もうまくいくものだ。健全な家族は強い者をけなすことをせず、最も弱い者をほめる。「子どもたちのうちどの子をいちばん愛しているかって？病気の子が良くなるまではその子を、家を離れた子が戻って来るまではその子を愛します」とジョン・ウェスレーの母親は述べている。

家族は、私たちが選ぶことのできないただ一つの組織である。ただ生まれることでその一員となり、結果として、心ならずも見知らぬ人々、異なる人々の多彩な集まりに加えられる。教会はもう一歩進んだステップを要求する。共にイエス・キリストにつながっているゆえに、自ら進んで見知らぬ多彩な人々との交わりを創っていくのである。そのようなコミュニティーは、他のどの組織にもまさって、家族に似ていると思う。ヘンリ・ナウエンは、コミュニティーを、「最も一緒に住みたくない人が必ず住んでいる所」と定義した。彼の定義は、感謝祭のたびに集まるグループ（家族）と日曜日の朝ごとに集まるグループ（家族）のどちらにも等しく当てはまる。

――『教会』（七五～七六頁）

＊　＊　＊

11月12日　始まっている変化

旧約聖書の中で、神はいつも歴史に渋々ながら介入しておられる。神は待ち、パートナーを選び、苦痛を覚えるほどゆっくり行動し、少しばかりの奇跡を起こし、そしてまたしばらく待つ。福音書においても超自然的な働きは、イエスの発する力とともに炸裂するのだが、イエスもやはり奇跡を万能薬としてではなく、神の支配の「しるし」として行い、時と場所を慎重に選んだうえで介入された。

イエスもまた大いなる変化を告げ知らせた。ユダヤ人は当時、神殿に神の臨在があると信じて、神を礼拝するためにそこに足を運んだ。しかし、サマリアの女が正しい礼拝の場所について尋ねたとき、イエスはこうお答えになった。「まことの礼拝者たちが、御霊と真理によって父を礼拝する時が来ます。今がその時です。父はそのような人たちを、ご自分を礼拝する者として求めておられるのです」（ヨハネ四・二三、傍点は著者）。イエスは神の臨在するところを、建物の中にある伝統的な場所（やがて破壊されるだろう、と予言もされた）から、最もありそうにない場所へと移された。普通の人々の中に置かれたのである。

神はこの星を、自然法を証明する場として設計されたのではなかった。私たち人間は自然法を曲げる技術を切望することがあるけれども。神は、被造物と個人的に関わりたい、愛したい、愛されたいと願っておられる。そのような関係の回復は残念ながら遅々としたものであり、誤りを伴い、ときに途切れてしまった。旧約聖書に記されている奇跡や勝利の物語と比べれば、後退しているように見えることもしばしばだ。しかし、新約聖書は、神との親密な関係について、たとえ時間がかかっても確実な前進があったことを示している。

ファラオを倒し、エリコの壁を打ち壊し、バアルの祭司らを焼け焦げにするような、力を誇示して働く御方といった旧式の神を渇望するクリスチャンもいる。しかし、私は違う。神の国が今、恵みと自由を通して神の目標を進めていると信じている。自分が地上をあとにすることは進歩である、助け主〔訳注＝カウンセラー〕が入って来るドアを開けることになるのだから、というイエスの保証を受け入れる。私たちが知るように、カウンセラーは来談者に命令を与え、外から変化を強いるようなことはしない。優秀なカウンセラーは心に働きかけ、眠っている健康を呼び起こす。このような対等でない協働者同士の関係では、祈りは理想的な媒体となる。

助け主はたいてい、微妙な方法でご自分の意思を伝える。私の心に考えを与え、私がたった今述べた言葉の辛辣さに気づかせ、より良い選択へと導き、誘惑のもつ密かな危険性を明らかにし、他者の必要に敏感にさせる。神の霊は叫びでなくささやきを、動揺でなく平安をもたらしてくださる。

――『祈り―どんな意味があるのか』（一五九～一六二頁）

＊　＊　＊

11月13日　神の起こされた出来事

通常の摂理において、神は創造物を排するのでなく、創造物を通して、あるいは創造物の中で、お働きになる。そのため、これが祈りに対する応えだと確実に証明することは難しい。神のご人格を信頼すると、祈りと出来事の間に偶然の一致以上の関係が見える。親密に絡み合った、真のパートナーシップが見えるのだ。

十時間の空の旅の後、ハンガリーのブダペストの町なかで、動転して立ち尽くしたことがあった。ノートパソコンに一連の講演の草稿を入れておいたのだが、ホテルにチェックインした瞬間、乗り継ぎの空港ラウンジのどこかにACアダプターを置き忘れたことに気づいたのだ。一時間もすれば店は閉まるし、翌日は日曜日だった。そして異国の町のどこをどう探せばコンピューターのパーツが見つかるのか、見当もつかなかった。私は短く祈りの言葉をささやくと、英語の話せる人を捜し始めた。もう駄目かと思ったそのとき、一人の若者とその母親に声をかけられた。「どうなさいましたか。」　若者は学生で、英語の実力テストを終えて、母親と駅に向かっているところだった。駅の隣がコンピューター・ストアで、私が必要としていたパーツはそこにあった。ブダペストでその商品を扱っている数少ない店の一軒だった。これははたして偶然の一致と言えるのだろうか。

一年後、千二百人が集まる会議に出て、ひとりで食事をしたときのことだ。適当に選んだテーブルには、ほかに五人の客が座っていた。話をすると彼らは家族だった。ミシガン州の自宅に、余命いくばくもない食道癌末期の父親がいて、母親はこの半年、夫につききりで看病してきたという。ところが会議の直前に、義理の娘二人が他州から夜通し車を走らせ、二十時間をかけて面倒を見に来てくれた。私の妻がホスピスのチャプレンをしていることを知っていた母親は、苦しみについて私と話がしたくて、この会議に出席した。少しでも話す時間があるかもしれないと思い、長い質問リストを用意していた。私は喜んで話を聞いた。

ウィリアム・テンプル大主教は言った。「私が祈ると、偶然の一致が起きます。祈らなければ、偶然の一致は起きません。」　私は偶然の出来事を分析するよりも、それらを信仰の基本要素として使おうと思っている。それらを偶然に起きた出来事として見る代わりに、「神の起こされた出来事」と見ようとしている。

――『祈り―どんな意味があるのか』（一六四～一六七頁）

＊　＊　＊

11月14日　神の国のパートナー

死んだ少女をよみがえらせ、病気の女性を癒し、二人の目の見えない人の視力を回復させ、口のきけない者に声を取り戻させるという多忙な一日を過ごしてから、イエスは、終わらない仕事に困惑した面持ちだった。集まっている群衆を、深くあわれまれた。「彼らが羊飼いのいない羊の群れのように、弱り果てて倒れていたから」（マタイ九・三六）だ。際限のない人間の必要に直面して、イエスは、何を求めて祈るべきかについて、直接的な命令を弟子たちに下された。この種の命令は数少ないものだった。「だから、収穫の主に、ご自分の収穫のために働き手を送ってくださるように祈りなさい」（同三八節）。

イエスは確かにパレスチナの片隅に長く語り継がれるような衝撃を与えたが、ローマやその彼方にある大陸に、神の国の福音を運ぶ協力者を必要としておられた。

十九世紀後期、ウィリアム・ケアリは、収穫のための働き手の一人としてインドへ行けという召しを感じた。周囲の牧師たちはこう言って嘲った。「若者よ、神は、インドの異教徒たちを救いたいと思われたら、あなたや私たちのようなものの助けなど借りずとも、確実にそれを成し遂げられるでしょう。」　彼らはパートナーシップというポイントを見過ごしていた。神はあなたや私たちのような者の助けなしでは、地上でほとんど何もおできにならないのだ。

地上における神のみわざのパートナーとして、私たちが自分たちに求められることも一生懸命にやることで、神の御旨がなる、と主張する。「御国が来ますように。みこころが天で行われるように、地でも行われますように」（マタイ六・一〇）と祈りなさい、とイエスは教えてくださった。この言葉は穏やかなものでなく、強い要求だ。われらに正義を！　世界を正しいものに！

私たちと神の役割は異なっている。神がヨブに明らかになさったように、人間には、神の摂理や宇宙の正義や「なぜ」という問いに対する答えを理解する能力が欠けている。行動と祈りの両方で神の国の働きをし、イエスの足跡に倣うことが、むしろ私たちの役割だ。神では、神はこの世で何をしておられるのだろうか。神の民は何をしているのかという問いが、その答えだ。パウロのたとえを借りれば、私たちは地上におけるキリストのからだである。新約聖書には「キリストにあって」という言葉が百六十四回も繰り返されている。私たちが伝道する人々に、キリストも伝道しておられる。私たちが赦す人々を、キリストもお赦しになる。打ちひしがれた人々にあわれみの手を伸ばすとき、私たちはキリストご自身の手を伸ばしているのだ。

――『祈り―どんな意味があるのか』（一七四～一七七頁）

＊　＊　＊

11月15日　二重の働き

祈りは受動的ではないのか、私たちは行動の代わりに祈りに逃げ込もうとしているのではないか、と心配する人たちがいる。だが、イエスは祈りと行動の間に全く矛盾を見ておられなかった。イエスは長い時間をかけて祈り、祈った後も長い時間をかけて人々の必要にお応えになった。「使徒の働き」の中の教会も同様で、真のパートナーシップを実践していた。配偶者を失った人たちの世話について導きを求めて祈り、それから執事を任命し、指導者を祈りという大切な行為に専念させた。祈ることをやめれば、彼らはやもめの世話もやめてしまうだろう。彼らはユダヤ人と異邦人の文化をめぐる論争についても共に祈り、妥協策を打ち出すべく会議を招集した。

使徒パウロは初代教会のために熱心に祈るとともに、手紙を書いたり、実際に足を運んだりもした。祈ることも働くことも同じように行った。船旅をしていたとき、乗船していた全員が迫りくる難破から助かることを祈り、確信を得た。そして、船上の二百七十六人の命の責任を引き受け、指示を出して救助作業に当たらせた。

「使徒の働き」の記事には、神の働きとクリスチャンそれぞれの働きを区別することができず、まさに二重の働きがあることが書かれているが、それこそが要点だ。パウロがピリピ人に与えた逆説的な命令を思い起こしてみよう。「恐れおののいて自分の救いを達成するよう努めなさい。神はみこころのままに、あなたがたのうちに働いて志を立てさせ、事を行わせてくださる方です」（ピリピ二・一二～一三）。

祈りに失望していたとき、私は神の介入がないことに意識を向けていた。なぜ神は私の願うことをしてくださらないのか。しかし、祈りを協力関係として、地上で神の働きを実現する、人間と神の相互作用として理解するようになるにつれて、その見方が変わった。神は私に、祈りの中で私のことを神に知らせるようにと求められる。そしてその祈りを、私の人生の計画——私にはほんのわずかしか把握できないが——に組み入れてくださるのだ。

——『祈り—どんな意味があるのか』（一七八～一七九頁）

＊　＊　＊

11月16日　安息角

私の住む山で、巨岩が転がり落ちずに丘の斜面に座している角度を、地質学者や鉱山労働者は「安息角」という上品な言葉で表現している。私はそのイメージを、祈りと行動の接点と考えている。そのような巨岩はよく転がるのだが、潜在エネルギーを放出しながら破壊的な力で滑り落ち、地形を永遠に変えてしまう。ほとんど重さのない小さな雪片の堆積が解き放たれて雪崩になるときも、同様のことが起きている。

ドイツのある神学者によると、ディートリッヒ・ボンヘッファーの秘密は、祈りと現実性を組み合わせた創造的な方法にあり、それが行動主義と敬虔さをあわせもつ霊性を生み出していた。修道院に隠遁してドイツ・レジスタンス運動の命令を待ちながら、ボンヘッファーはこう書いた。「朝夕の祈りと個人的なとりなしをしない一日は、実際、意味や重要性のない一日です。」牧師である彼は、ヒトラーに抵抗する運動に参加して投獄されてからも、定刻の祈りの時間を守り続けた。

ボンヘッファーは祈りの本質を、地上における神の働きに協力することととらえていた。彼は、仕方なく周囲の悪に関わりながら（「仕方ないさ」）、敬虔さの中に身を潜めているドイツ・キリスト者を叱責した。祈るだけで、あとは神がしてくださるのを待つ、そんなことはできない。同時にボンヘッファーは、祈りの力に頼ることなく悪の力に対抗する行動主義にも警告を発していた。祈りと、祈りに裏打ちされた行動。悪との戦いにはその両方が必要だ。

一九六〇年代、七〇年代に、社会的福音を強調するプロテスタント主流派の神学校のキャンパスから、祈りはほとんど消えてしまった。個人の生活で私的な祈りについて話すと、疑いの目で見られ、敬虔主義がもつ危険性についてお説教をされることもあった。その結果、多くのプロテスタント信者が霊的指針を求めて修道院を訪れた。彼らはドロシー・デイやトマス・マートンのような行動主義者から、祈りに支えられていない社会的活動が疲弊と絶望につながる可能性が十分にあることを学んだ。

私たちはみな自分なりの仕方で、祈りと行動主義の、行動と思索の間の緊張を感じることだろう。私は「行動と瞑想センター」から会報を受け取っているが、ここに併記されている行動と瞑想という二つの言葉に、私たちがイエスに従うときに求められることがほぼ言い表されている。

――『祈り――どんな意味があるのか』（一九七～一九八頁）

＊　＊　＊

11月17日　逆照射

中国のある哲学者は、目的地に気をとられずに、出発点を振り返ってみることができるよう、ロバには後ろ向きに乗るべきだと言った。聖書もいくぶん、それに似た働き方をする。書簡から投げ返される光によって、福音書の出来事が新しい目で理解されるのだ。書簡も福音書も、旧約聖書を逆から照らしている。

「預言者たちの言ったように」という言葉は、何世紀もの間、人々が信仰に至るのに最も強い影響を与える言葉の一つだった。殉教者ユスティノスは、旧約聖書の預言が正確であるという印象を受けて回心したと言った。フランスの優れた数学者ブレーズ・パスカルも、預言の成就が自分の信仰における重要な要素であると言った。今日、占いのように未来を知る手がかりを探すとき以外は、預言書を読むクリスチャンはほとんどいない。宗教改革者たちは、旧約聖書と新約聖書の間には統一性があるという深遠な感覚をもっていたが、私たちはそれを失っている。

現代文明を理解し聖書を理解することは、旧約聖書を読む重要な理由かもしれないが、最も重要な理由は本書のタイトルが暗示していると思う。つまり、旧約聖書とは「イエスが読んだ聖書」なのだ。イエスは自分自身や自分の使命に関する重要な事実の根源を、すべて旧約聖書の言葉に求められた。旧約聖書を引用して、パリサイ人やサドカイ人、サタン自身といった敵対者との言い争いを解決された。神の子羊、羊飼い、ヨナのしるし、家を建てる者たちの捨てた石という、イエスがご自分を定義するのに使われたイメージは、そっくり旧約聖書に由来していた。

かつて行政がキリスト教の正典から旧約聖書を切り離そうとしたことがある。ナチス・ドイツが、この「ユダヤ人の書物」の研究を禁じたのだ。そして、旧約聖書についての学識は、ドイツの神学校や雑誌から消えてしまった。一九四〇年、ディートリッヒ・ボンヘッファーは大胆にも詩篇に関する書物を出版して罰金刑を受けた。彼は、自分はイエス・キリストご自身の祈りの書を説き明かしたのだと説得力のある議論を文書に展開して無実を訴えた。ユダヤ教の正典がまだ正式に決まっていなかったにもかかわらず、イエスが旧約聖書をしばしば引用したことにボンヘッファーは注目した。しかも、旧約聖書の多くの部分が明らかにイエスを指していることをほのめかしているのである。

――『イエスが読んだ聖書』（二一九～二二〇頁）

＊　＊　＊

11月18日　内部情報

エレイン・ストーキーによれば、病室で生まれたばかりの弟に駆け寄った五歳の少女が「ねえ、神ってどんな方？」と質問したという。少女は賢くも、弟は天国からやって来たばかりなのだから、何か内部情報をつかんでいるのではないかと思ったのだ。

この少女の質問への答えが旧約聖書に書かれているが、それは新約聖書だけから得る答えとは異なっている。新約聖書しか読まないと、神の姿は貧弱にしか見えない。神は哲学的概念ではなく、歴史の中で働くお方である。アダムを創造し、ノアに約束を与え、アブラハムを召し、モーセにご自分の名を告げて自己紹介をし、ご自分の民の近くに住まうために荒野のテント（天幕）に住もうと計画された方だ。創世記一章から、神はずっとご自分のことを知らせようと願い続けてこられた。そして旧約聖書ほど、神がどのような方であるかを完璧に知らせてくれるものはない。

作家ジョン・アップダイクは、「私たちの脳はもはや崇敬や畏怖を感じ取れる状態にない」と言った。崇敬や畏怖という言葉自体が時代遅れに聞こえるし、時代遅れに聞こえるほど、私たちは旧約聖書に描かれた神の肖像画からそれている。神を狭いところに押し込めたり、説明し尽くしたりすることはできない。神は私たちを超越した、荒々しく神秘的な存在に見え、簡単に理解することはできない。だれも神に何かをしろとは言えないのだ。（ヨブを厳しく戒めた神の演説のポイントだ。）

旧約聖書の中に、私にとってできれば避けたい問題が含まれているのは事実である。パウロは「ですから見なさい、神のいつくしみと厳しさを」（ローマ一一・二二）と書いた。私は神のいつくしみだけを考えたい気がするが、そうすると神が自ら現してくださった姿に頼る代わりに、自分勝手な神のイメージを作り上げることになるだろう。だから、神がご自身を語るのを聞かないまま、神を代弁するようなことはしない。

私たちの思い描く神には、きわめて大きな違いがある。神は、宇宙のねじを巻くと後ろに下がって、ひとりでに宇宙が動き出すのを見ている冷淡な時計屋だろうか。あるいは、宇宙だけでなく、人間一人ひとりをその手で支える優しい親なのか。神がどのような方であるかについて適切な考えを取り戻すことほど、重要な研究課題は考えられない。

——『イエスが読んだ聖書』（三二～三四頁）

＊　＊　＊

11月19日　日々、思い出させてくれるもの

鳴りやまない太鼓の音のように、私たちは旧約聖書の中に、不変のメッセージを聞く。この世界は私たちでなく神を中心に回っているというメッセージを。ヘブル人の文化には、不断に注意を喚起するものが組込まれていた。最初に生まれた家畜や子どもを神にささげ、頭や手首に律法の一部をくくりつけ、戸口には目に見える注意を促すものを貼り、「祝福あれ」という言葉を一日に百回使い、独特の髪型まで作り、衣には房を縫いつけもした。

敬虔なユダヤ人なら、神の世界に生きていることを思い出さずには、一日どころか一時間たりとも過ごせなかった。ユダヤ教の暦も、収穫や月の満ち欠けばかりでなく、過越の日や贖いの日といった出来事によっても時にしるしを付けていた。彼らは世界を神の所有物と信じていた。そして人間の生は「神聖なもの」であると信じていた。「神聖なもの」であるとは、ただ神に属していることを意味する。

この旧約聖書の考えはきわめて非米国的だ。合衆国の建国の文書は、生命、自由、幸福を追求する権利を保障していないだろうか。米国人は自分の権利を侵害するものや、自分個人の空間に侵入する恐れのある者には境界線を引いて抵抗する。世俗化し工業化の進んだこの環境では、ここが神の世界であるということを思い出させるものに全く出合わずに、一日どころか一週間でも過ごすことができる。

一九七〇年代に、ホイートン・カレッジのチャペルで聞いたメッセージを思い出す。ロバート・ウェバー教授が「あなたは、あなたの神、主の名をみだりに口にしてはならない」という第三の戒めについて語ったものだ。普通この戒めは誓うことを禁じるという狭義の意味に解釈されていると言った後で、教授はそれを「神が存在していないかのように生きてはならない」

という意味に広げて解釈したのである。積極的な言い方をすれば、「神の存在を常に意識しながら生きよ」となる。

この戒めを旧約聖書の時代環境の中で研究すればするほど、私はウェバー教授に賛同するようになった。そうした自覚をもちながら生きるための鍵があるなら、旧約聖書というユダヤ人の偉大な遺産の中にそれは見つけられるはずだ。


――『イエスが読んだ聖書』(三五〜三六頁)

＊　＊　＊

11月20日　取り繕い

イエスの生涯を研究するたびに、ある事実に驚かされる。イエスを最も怒らせた人たちは、少なくとも外面上は、彼に最もよく似た人たちだったのだ。イエスがパリサイ人の特徴を備えていたというのは、学者たちの一致した意見である。イエスは、トーラーやモーセの律法に従い、指導的なパリサイ人の言葉を引用し、公の議論では彼らに賛同することもしばしばあった。

それなのに、イエスはパリサイ人を最も強く攻撃された。彼らを「蛇よ」とお呼びになった。「まむしの子孫よ。愚かで……偽善の律法学者、目の見えない案内人たち。……白く塗った墓のようなものだ」(マタイ二三・一三、一七、二三、二四、二七)。

何がこれほどの怒りを引き起こしたのか。パリサイ人には、今日の報道機関がバイブル・ベルトのファンダメンタリストと呼ぶような人々と似たところがたくさんあった。彼らは人生を神に従うことに献げ、十分の一献金をきっちり行い、律法の一点一画に従い、改宗者を獲得するために宣教師を送り出した。性的な罪や暴力犯罪に巻き込まれることはめったになく、パリサイ人はまさに模範的な市民だった。

イエスがパリサイ人を公然と非難したことは、律法主義の有害な脅威をいかに深刻に見ておられたかを物語っている。律法主義の危険性を理解するのはなかなか困難で、実にとらえどころがない。私はその危険性を調べようと新約聖書に目を通した。ルカの福音書一一章とマタイの福音書二三章を選んだのは、そこでイエスがパリサイ人を道徳的に分析しておられるからだ。

今、律法主義の危険性に言及するのは、それが一世紀と同様、今世紀においても大きな脅威となっていると思うからだ。

イエスは、律法主義者が概して「外側」を強調したことを非難して言われた。「あなたがたパリサイ人は、杯や皿の外側はきよめるが、その内側は強欲と邪悪で満ちています」(ルカ一一・三九)。神に対する愛の表現は、時を経るにしたがって、周囲に強く印象づけるかたちへと変貌を遂げていった。イエスの時代、宗教者たちは短い断食の間、やつれ果てて飢えたふりをし、人前で大げさに祈り、聖書の一部分を身体に結びつけていた。山上の説教の中で、イエスはそうした一見無害とも思える行動の背景にある動機を非難された。

生涯、律法主義と戦ったレフ・トルストイは、外面的なものに基づく宗教の脆弱さを理解していた。トルストイによれば、あらゆる宗教のシステムは外的規則、あるいは道徳主義を促進する傾向にある。それとは対照的に、イエスは、弟子たちが達成して満足感を得るような規則を定めようとはなさらなかった。霊の成熟を示す証拠は、今どれほど「きよい」かではなく、どれほど自分の不純さを自覚しているかだ、とトルストイは主張した。その自覚こそが恵みに至る扉を開く。

——『この驚くべき恵み』(二五八～二六二頁)

* * *

11月21日　ビリヤードの玉よりも滑らかに

律法主義について書いてきたのは、一つは、自分がこれと出合って傷ついたからであり、もう一つは、律法主義が教会を非常に大きな力で誘惑すると思うからだ。律法主義は、信仰の道端で、こっちの道はもっと楽だよと誘う。思わせぶりに、信仰をもつことの益をいくらか約束しながら、いちばん大切なことを提供することはできない。パウロは当時の律法主義者にこう手紙を書いている。「なぜなら、神の国は食べたり飲んだりすることではなく、聖霊による義と平和と喜びだからです」(ローマ一四・一七)。

律法主義は一見難しそうだが、実際はキリストにある自由のほうが困難な道だ。殺人を犯さないことは比較的容易だが、愛をもって手を差し伸べることは難しい。隣人とベッドを共にしないのは比較的やさしいが、結婚生活の存続はなかなか難儀なことだ。税金を支払うのは困難ではないが、貧しい人々に仕えるのは決してやさしいことではない。自由の中に生きようとするなら、私は聖霊に導きを求め続けなければならない。自分がやってきたことよりも、なおざりにしてきたことのほうに目を向ける。私は偽善者のように行動という仮面をつけることができないし、他のクリスチャンと同様だと安易に考えて逃れることもできない。

改革派の神学者グレシャム・メイチェンによると、「低い律法観は律法主義に通じるが、高い律法観は、人を、恵みを追い求める者にする」。律法主義は結果的に、神に対する見方を低いものにしてしまう。私たちは、厳格な教派やキリスト教団体を「霊的」だと考えがちだ。しかし本当のところ、ボブ・ジョーンズ大学とホイートン・カレッジの違い、あるいはメノナイトと南部バプテストの違いなど、聖なる神と比べれば些細なものだ。

地球の表面はビリヤードの玉よりもなめらかだ、と何かで読んだことがある。エベレストの雄大さや太平洋の海溝の深さは、この星に住む私たちにとってはすこぶる印象深い。しかしアンドロメダ大星雲から見れば、あるいは火星から見ても、そのデコボコは全く問題とならない。私は今、キリスト教グループの行動の違いなど、それと同様に些細なものだと思っている。きよく完全な神と比較すれば、人間が定めた規則もエベレスト級に高邁なモグラ塚程度なのだ。人は高みに登ったからといって、神に受け入れられるわけではない。神に受け入れられるには、ただ神の受容を贈り物として受け取らなければならないのだ。

――『この驚くべき恵み』(二七九〜二八一頁)

* * *

11月22日　陽気な物乞い

子どものころ、日曜日の朝は最高にお行儀よくしていた。神のため、また周囲のクリスチャンのためにおしゃれをした。教会が正直であっていい場所であるなどとは思いもよらなかった。しかし今、恵みのレンズを通してこの世界を見ようとすると、不完全こそ恵みの前提条件であることがわかる。光は割れ目の中だけを通るものなのだ。

私のプライドはなお、いい格好をしろ、外側をきれいに磨け、と誘惑をしかけてくる。C・S・ルイスは言った。「われわれは、もしわれわれが輝いているとすれば、その輝きはまったくわれわれを照らしている太陽から来ているということを認めることはやさしいが、これを悟ることは長い間ほとんど不可能であった。確かにわれわれは僅かな――どのように僅かであろうとも――固有の光輝を持っているに違いないであろうか。確かにわれわれはまったくの被造物であるはずがないであろうか。」彼は続けてこう言う。「恩恵（恵み）はわれわれの求めの十分な、子供らしい、楽しい受け入れ、絶対依存による喜びを与える。われわれは『陽気な物乞い』となる」（『四つの愛』新教出版社、一七二頁）。

陽気に物乞いをする被造物の私たちは、依存することによって栄光を神に帰する。私たちの傷や欠陥こそ、恵みが通る割れ目なのだ。欠陥があり、不完全で、弱く、必ず死ぬというのが、地上における人間の運命だ。そしてその運命を受け入れることによってのみ、私たちは重力の力を逃れ、恵みを受け取ることができる。そしてそのとき初めて神に近づくことができる。

奇妙なことに、神は「聖人」よりも罪人の近くにおられる（「聖人」という言葉で私が意味しているのは、その敬虔さで有名な人々のことだ。真の聖人は、自らの罪深さを決して軽く見ることがない）。霊性について語るある講演者がそれをこう説明している。「天の神は一人ひとりを糸でつないでいる。あなたは罪を犯すとき、その糸を切る。すると、神は再びその糸を結び、結び目を作られ、あなたは前よりも少し神に近くなる。何回も何回もあなたの罪が糸を切る。そして結び目が増えるたびに、神はあなたをご自分に引き寄せていかれるのだ。」

いったん自分自身に対する見方が変わると、教会のことも違った光の中で見るようになった。教会とは恵みに飢え渇いている人々の集まりだ、と。回復途上のアルコール依存症患者のように、私たちは互いに弱さを認め合う。

――『この驚くべき恵み』（三六四～三六五頁）

や慈善事業の厄介になっている人々を見下す。予期せぬ困難に直面すると、「自分で切り抜ける」ための本を探す。その間ずっと、神にとって最も望ましい心のあり方、宇宙における私たちの有様を最もよく物語る心のあり方を、きれいに封印している。「わたしを離れては、あなたがたは何もすることができないのです」（ヨハネ一五・五）。このイエスが弟子たちに語った真実を否認しようとする。

もちろん真実は、私が自分だけを頼りにする存在ではないということだ。教師が言い直してくれなかったら、私は書くことはもちろん、本を正しく読むことすらできなかったかもしれない。大人になってからは、電気や燃料は公益事業に、交通手段は自動車会社に、食べ物は牧場主や農家の人々に、霊的に豊かになるためには牧師やメンターに頼っている。依存というネットワークの中に住んでいるのだ。その中心には、すべてのものを結び合わせる神がおられる。

祈ることで、この自分の真の状態が否応なく目に入ってくる。ヘンリ・ナウエンの言葉を借りると、「祈ることは神のまったき光の中を歩むこと、ためらうこ

＊　＊　＊

11月23日　依存の宣言

ノルウェーの神学者オー・ハレスビーは、無力という一語に、神が祈りとしてお認めになる心のあり方がいちばんよく要約されていると言う。「ことばに出すかどうかは神にとって問題ではありません。それは私たちだけの問題なのです。」そして、こう付け加えている。「無力な人だけが本当に祈ることができるのです」（『祈りの世界』日本キリスト教団出版局、一四～一五頁）。

なんというつまずきの石だろう！　私たちは生まれ落ちると、それほど時間を置かず一生懸命自立しようとする。トイレに行く、服を着る、歯を磨く、靴ひもを結ぶ、自転車に乗る、歩いて学校に行くなど、子どもが何かをひとりでできるようになると、大人はそれをたたえる。

成長すると、自活して自分の家に暮らし、自分で決定を下し、外からの助けに頼らないようになる。福祉

となくただ『私は人間で、あなたは神です』と言うことだ。その瞬間に回心がおこり、真の関係が回復される。人間は時たま間違いを犯す者でも、また神も時おり許す者でもない。人間は罪人であり、神は愛である」（『両手を開いて』サンパウロ、九八頁）。

たいていの親は、たとえそれが健全かつ正常なことだとわかっていても、子どもが依存的な状態を抜け出るときに心に痛みを覚える。神の場合は違っている。私は依存的状態から決して抜け出ることはなく、もし抜け出していると思うなら、それは間違いだ。助けを求めることが祈りの根幹だ。主の祈りそのものが、そのような一連の求めで構成されている。祈りとは、「神に依存します」と宣言することなのだ。

――『祈り―どんな意味があるのか』（四五～四七頁）

＊　＊　＊

11月24日　御利益信仰

宣教に携わる人々はほかのだれよりも、知らず知らずのうちに「御利益信仰」をもって生きているのではないだろうか。たしかに彼らは神に仕えるために時間とエネルギーを使っている。そのお返しに特別扱いを受けても当然ではないだろうか、と。

妻は、炊き出し用の肉を調達する間に、また病院で寝たきりになっている人を訪問している間に、駐車違反の切符を切られて、腹を立てていたものだった。駐車メーターがオーバーしたのは、神の働きをするためにもっと多くの時間をあてる必要があったからだ。それなのに受けた報いといえば、罰金と市裁判所への半日の旅ときたのだ！

シカゴで都会伝道をしている真の「聖徒」バドは、ホームレスの人々のためにどうやって家を建てるかをボランティアたちに教えていたとき、危うく電動のこぎりで手を切断するところだった。友人のダグラスはいろいろな意味でヨブのような人生を送ってきた人だった。伝道に失敗し、妻を癌で喪い、飲酒運転の車のせいで自身も子どもも大怪我を負った。それでもダグラスはこう話してくれた。「神と人生を混同してはならない。」

疑いが湧き起こるとき、私はよくパウロの書いたあの偉大な章、ローマ人への手紙八章を開く。そこでパウロは問う。「だれが、私たちをキリストの愛から引き離すのですか。苦難ですか、苦悩ですか、迫害ですか、飢えですか、裸ですか、危険ですか、剣ですか」（三五節）と。この一文に、使徒パウロの宣教の歩みが要約されている。彼は福音のために、こうしたあらゆる試練に耐えた。それでもどういうわけか、これらの「こと」――それ自体が善でないのは確かだ――があっても、神は善を成し遂げるためにそれらのことを用いることがおできになる、と信じていた。

使徒パウロは、人生の苦難以上に、かの日に勝利される、いつくしみ深い神に目を注ぐようになった。「私はこう確信しています。死も、いのちも、御使いたちも、支配者たちも、今あるものも、後に来るものも、力あるものも、高いところにあるものも、深いところにあるものも、そのほかのどんな被造物も、私たちの主キリスト・イエスにある神の愛から、私たちを引き離すことはできません」（同三八～三九節）。ローマ人への手紙八章は、勝利のうちに締めくくられる。こうした確信があれば、宣教の働きが思うに任せず落胆したときでも、大いに助けとなるだろう。

――『教会』（一一二～一一五頁）

＊　＊　＊

11月25日　行動の動機

祈りは最初、撤退すること、神の視点を考察する内省的な時間のように思えるかもしれない。けれども祈りによって、私たちは神のご意思を成し遂げるように、神の国の働きをするように、と押し戻される。私たちは神の同労者であり、自分をそのような者としてパートナーシップにあずかれるようにしてください、という祈りに戻るのだ。ナチス支配下の危機的時代を生きたカール・バルトは、祈りは「クリスチャンの真に正しいわざである」と宣言し、また「この世界における神への奉仕で、最も活動的な働き手であり思想家であり戦う者は、同時に、そして明らかに、祈りにおいても最も活動的であった」と述べた（『教会教義学』第二巻、「神論」第一章より）。

ロサンゼルスの「カトリック労働者」の無料食堂で

は、一日の仕事が次の祈りで始まる。「主よ。私たちを、貧困と飢えの中で生き、死んでいく兄弟姉妹に仕えるにふさわしい者としてください。私たちの手を通して彼らにきょうの糧を与え、私たちの配慮と愛によって、平安と喜びを与えてください。」

この最初の祈りはしばしば十分でないと報告するボランティアがいる。

「私たちの口からこれらの言葉が出るやいなや、スープやサラダを作るために力強く野菜を刻む音が聞こえ始めます。数時間後に出す一千を超える食事の準備に入るからです。その結果、ときどき私はこの仕事の重い責任に捕らえられ、一歩下がって祈りの言葉をもう一度繰り返さなければなりません。それから思い出すのです。『ああ、そうだった、責任者は自分ではないのだ。神が責任者だった。どうにか、十分な食べ物があるでしょう。なんとか、それを準備する十分な時間があるでしょう。そして、なんとか、その仕事をする十分な数のボランティアがいるでしょう。なんとか、私たちはきょう一日を乗りきることができるでしょう。』」

食事の準備をする間、ある人が「出て行って、一時間祈ります」と言う。余分な手があれば野菜を切ったりコーヒーを淹れたりできるのに、作業員たちは「祈りに行っておいで」と言う。彼らはこの働きを自分たちのわざでなく神のみわざとしたいのである。そして祈りの時間をなくしてしまうと、彼らは現代の働きすぎる文化に屈することになるだろう。加えて、一週間に一度、この共同体全体が朝集まって、三十分黙想の祈りをする。前線の活動家にとって、祈りはオアシスであり救急救命室でもある。

――『祈り―どんな意味があるのか』（二〇三～二〇四頁）

＊　＊　＊

11月26日　孤独

社会が崩壊状態にあるとき、ひとりになりたいという願いが起こるのは、どの宗教にも言える傾向だ。イエスの時代、ユダヤ教のエッセネ派は洞窟にひきこもった。ブッダは社会の幻想を取り除くためにひきこもった。ヒンドゥー教徒のガンジーは毎週月曜日を「沈黙の日」として、これを厳格に守った。たとえ英国王との会合があっても、その信念を曲げなかった。

ひとりになると、あらゆる覆いや偽りが剝ぎ取られ、不必要な物質への依存も打ち破られる。ヘンリー・デイヴィッド・ソローは言った。「孤独ほど良い友だちに出会ったことがありませんでした。」

トマス・マートンは今世紀、ひとりの生活をだれよりも強く擁護した。そして、「この惨めで、騒がしく、残酷な地上にいながら、沈黙と孤独という極上の歓びを味わう人々、忘れられた山の庵に住む人々、人里離れた修道院に住む人々、この世のニュースや願望や欲望や争いがもはや届かない所に住まう人々」の一員となることを切望した。それでもこう言った。「意図的に送る孤独な生活を唯一正当化するものは、それが神ばかりでなく他の人々のことも愛する助けになる、という確信です。」

マートンは、孤独な生活が必ずしも孤立や的外れでないことを示した。今世紀、めったに語らず、めったに修道院の地所を離れなかったこの修道士ほど、政治や文化や宗教を鋭く批評した人がいただろうか。

道徳が危機に瀕したこの時代、教会が再び孤独を志向する運動を展開していないことに驚きを覚える。エリヤ、モーセ、ヤコブは神とひとりでお会いした。使徒パウロ、バプテスマのヨハネ、イエスご自身は、霊を強めるために荒野に出て行った。

毎週末、すべてのクリスチャンが黙って自然の中を二時間歩き続けたらどうだろうか。あるいはガンジーのように、「沈黙の日」を守ったらどうだろうか。ガンジーはそれを月曜日に定めた。私たちが日曜日の礼拝後、沈黙を守るようにしたらどうだろうか。さらに、日曜日のテレビやラジオからあらゆるスポーツイベントをなくしてしまったらどうだろうか。

このくらいにしておこう。隠遁者たちを見ていてわかるように、こうした霊の規律は、抑制が利かなくなるものだ。

——コラム「裏頁」、『クリスチャニティー・トゥデイ』一九九八年四月六日号（八〇頁）

＊　＊　＊

11月27日　宇宙規模の問題

ヨブ記が表しているのは、私たちの信仰の選択は私たちと私たち自身の運命にとってばかりでなく、なんと神ご自身にとっても重要であるという驚愕すべき真理だ。エリファズはヨブを罵って言った。「人は神の役に立てるだろうか。……あなたの行いが全きものであるからといって、それが神にとって益になるだろうか」（二二・二～三）。最後にヨブを通して犠牲を献げて赦しを願ったとき、エリファズは先の言葉を噛みしめたことだろう。ヨブの信仰によって、神は全人類に関わる実験に疑問を唱えたサタンに、大きな勝利を収められた。

宇宙の歴史の一片がヨブ記の中で問題となっていたが、今でも私たち自身の応答の中で問題となっている。聖書はその真理の背後にある神秘に対して、ヒントだけを与えている。以下のとおりだ。

●ルカの福音書一〇章の、弟子たちが出て行って神の国を宣べ伝えているとき、「サタンが稲妻のように天から落ちるのを、わたしは見ました」（一八節）というイエスの言葉。

●ローマ人への手紙八章の、地上の人間は自然を贖う代理人となるという興味をそそられるささやき。「被造物は切実な思いで、神の子どもたちが現れるのを待ち望んでいます」（一九節）。あるいは、クラレンス・ジョーダンの『パウロ書簡の綿花畑版』にあるように、「事実、宇宙が最も好きな夢は、本当に生きている神の息子や娘たちを垣間見ることだ」。

●エペソ人への手紙から。「これは、今、天上にある支配と権威に、教会を通して神のきわめて豊かな知恵が知らされるためであり……」（三・一〇）。

●使徒ペテロの威勢のいい主張。「御使いたちもそれをはっきり見たいと願っています」（Ｉペテロ一・一二）。

こうしたベールに覆われたヒントは、私たちの出方が重要だというヨブ記の中心的メッセージを反復している。ヨブは信仰のか細い糸にぶらさがることによって、地球を贖うという神の壮大な計画において決定的な勝利を収めた。恵み深い神は、普通の人間に、宇宙の贖いに参加する尊厳を与えてくださった。ヨブ記はこの世界の痛みと不公平をかくも雄弁に描いたが、神は、私たちが神に従順であることで、その痛みと不公平を逆転させる手伝いができるようにしてくださっている。神は、この堕落した世界に対するヨブの不平に同意しておられるとさえ言えるかもしれない。堕落を逆転させようとする神の計画は、神に従う人々の信仰にかかっている。

――『イエスが読んだ聖書』(九〇~九二頁)

＊　＊　＊

11月28日　たましいのセラピー

詩篇は私にとって、霊のセラピーのモデルだ。かつて『神に失望したとき』という本を書いたとき、出版社側は最初このタイトルに難色を示し、『神への失望を克服する』にしたらどうかと言ってきた。素晴らしいクリスチャン生活に関する書物で埋めつくされたキリスト教書店に、否定的なタイトルの本を紹介することはいささか異端的と思われたのだ。しかし聖書には、神にいたく失望した人々――もの柔らかな言い方をすれば――が詳しく書かれている。

神と話をして決着をつけたのはヨブやモーセだけでなく、ハバククやエレミヤ、そして名も知れない多数の詩篇の記者たちもそうだ。詩篇の中には、「神に激怒して」や「神に裏切られて」、「神に見捨てられて」、「神に絶望して」というタイトルにしたほうがふさわしいものもある。

詩篇八九篇を考察してみよう。

いつまでですか。主よ。
あなたがどこまでも身を隠され
あなたの憤りが火のように燃えるのは。……
あなたがすべての人の子らを
いかにむなしいものとして創造されたかを。
(四六~四七節)

また詩篇八八編にはこんな思いも書かれている。

主よ　なぜ　あなたは私のたましいを退け
私に御顔を隠されるのですか。……

私は暗闇を親しい友としています（一四、一八節）。

霊的挫折の場面が神聖な書物の中に入っているのは奇妙に思えるが、それはセラピーの重要な原理を実際に反映している。結婚セラピストは、よく新来患者に警告する。「あなたがたの関係は、悪化した後に改善することがあります」と。長年抑え込まれてきた不満や恨みがあらためて浮上する可能性があるのだ。真の理解が満ちる前には、誤解がありのままにさらけ出されなければならない。詩篇も心理分析のように、私たちのもつ神経症的要素を明るみに出す助けをするのかもしれない。

のろいの詩篇、賛美の詩篇、告白の詩篇等の奇妙な混在は、もはやかつてのように私の神経に障ることはなくなっている。代わりに、ヘブル詩人たちの完璧な霊性に驚かされ続けている。彼らは、日々の活動で経験するどんな感情の中にも神をもち出し、人生のすべての領域に神を取り込もうとした。人は神に会うために「おめかし」したり「取り繕ったり」する必要はない。壁で仕切られた領域などない。神は現実に信頼できる存在なのだ。

ヘブル詩人にとって神は、自分たちの揺れ動く感情や、変化に富んだユダヤ人の歴史以上に、しっかりとした現実性を表していた。彼らは人生のあらゆるところで神と戦ったが、まさにその戦うという行為が、最終的に彼らの信仰を証明したのである。

――『イエスが読んだ聖書』（一六二～一六七頁）

＊　＊　＊

11月29日　舞台の中央

だれもが内側の人生と外側の人生を同時に送っている。私とあなたが同じイベント（たとえばパーティー）に出たら、そこでの出来事や、参加者については同じような「外側の」事実を家に持ち帰るだろうが、「内側の」見方は全く異なっているだろう。私の記憶は私のつくった印象に基づいている。私はウイットに富んでいたか。あるいは、魅力的だっただろうか。だれかを不快な気持ちにさせただろうか、それとも、当惑したのは自分のほうだっただろうか。他の人からよく思われただろうか。おそらくあなたも同じ質問をするが、それはあなたが自身についての問いであろう。

ダビデは人生を違ったふうに見ていたようだ。その目覚ましい活躍――素手で野生動物を殺し、ゴリヤテを倒し、サウルの猛攻を生き延び、ペリシテ人を敗走させた――によってスターになった。それでも過去の偉業を顧みて詩を書いたとき、イスラエルの神であるヤハウェを舞台の中央に置く道を見つけたのだ。「神の臨在を実践する」ことがどういう意味であれ、ダビデはそれを経験した。神の臨在を表現するのに、高揚した賛美の詩を用いたにせよ、がさつな熱弁を用いたにせよ、意図的に神を人生の細目に巻き込んだことは間違いない。

ダビデは、自分が神にとって重要な存在であると確信していた。きわどい逃亡を成し遂げた後で、こう書いている。「主は……私を助け出してくださいました。主が私を喜びとされたからです」(詩篇一八・一九)。ダビデは神に裏切られたと感じたとき、神にそれを伝えた。何といっても、「わが神　わが神　どうして私をお見捨てになったのですか」(同二二・一)と最初に言ったのは彼なのだ。ダビデは、神は自分との特別な関係を最後まで面倒をみるべきだと主張して、神の責任を問うた。

ダビデはその生涯を通して、霊的な世界は目に見えなくても、剣や槍や洞窟や王座といった「自然の」世界と同じように実在すると心から信じていた。ダビデの詩篇は、彼自身の日々の生活を、彼を超えた超自然的世界の現実性に向かわせる、意識的努力の記録である。何世紀も経た今、私たちはその祈りを信仰のステップとして、自分への拘泥から神の真の臨在へと導く道にすることができる。

――『イエスが読んだ聖書』(一七八～一七九頁)

＊　＊　＊

11月30日　上級課程

生活のあらゆる細部に「神を入らせる」そのプロセスこそ、私は学ぶ必要がある。工業化された忙しい現代世界では、生活を分ける傾向がある。車を修理に出したり、休暇をとったり、仕事に出かけたり、芝を刈ったり、子どもの送迎をしたりと、毎日盛りだくさんの活動をしてから、教会や小グループ、個人のデボーション等「霊的な」活動をする時間を作り出そうとする。そうした分離が詩篇には全く見られない。

どのようにしてか、ダビデや他の詩人たちは、すべてが神と関わるよう、神を生活の重点としていた。彼らにとって礼拝は人生の中心的活動であり、他の活動を再び始めるために乗り越えるべきものではなかった。

私はこの新たな方向づけという日々のプロセスを学んでいる。そして詩篇は私にとって、神が真におられる場所をすべての中心と認識するプロセスでの一歩となった。ヘブル詩人が最初に祈った祈りを、しかと自分の祈りにしようとしている。新約聖書の記者たちは、詩篇を最も頻繁に引用して、それを行った。同様に、地上における神の御子も、人間と神との関係を表す言語として詩篇に頼られた。

詩篇を自分の祈りとするには、間違いなく一生涯をかけた関わりが求められる。詩篇の中には緊急性や神への願いと渇きを感じるが、私自身はそれとは対照的に、貧血症気味だ。詩篇の記者たちは、疲れきった鹿が水をあえぎ求めるように、舌を突き出して神をあえぎ求めた。夜、「主の麗しさ」（二七・四）を夢見ながら、目を覚まして横になっていた。他の場所で一千年過ごすよりも、神のおられるところで一日過ごすほうが良かった。この詩人たちは信仰の上級課程にいたが、私自身は幼稚園生に近いと感じることが多い。けれども詩篇を再び読むようになった今、良い影響を受けて変わっていけるのではないかと思っている。

――『イエスが読んだ聖書』（一七九～一八〇頁）

12
月
December

12月1日　天国がなかったら

人類学者たちによると、どんな人間社会も死後の世界を信じていた。それでは死後の世界を信じていないければ、社会はどのように見えるのだろうか。あれこれ想像を巡らせたところ、次のような結論に至った。『エレホン』（新潮社）の著者サミュエル・バトラーに謝罪しつつ、アメリカを逆に綴った社会、カリメアを考えた。

カリメアは何より若さを重視する。そのため、若々しさという幻想を保持するものはすべて繁栄する。国民全体がスポーツに夢中で、雑誌の表紙を飾るのは、しわ一つない顔と見事な肉体だ。

カリメア人は当然、老齢に価値を見いださない。老人は人生の終わりを思い出させる不愉快な存在であるからだ。かくしてカリメアの健康産業は、脱毛治療、スキンクリーム、美容整形など、加齢という死の前触れの影響を周到に隠す手段の売り込みに余念がない。高齢者が一般市民から隔離されて、専用住宅に閉じ込められているのは、カリメアの特に非情なところだ。

カリメアは「実質」より「イメージ」を強調する。たとえば減量目的のエクササイズやボディービルは、異教徒にとっての礼拝儀式並みに尊ばれている。均整の取れた肉体が、この世界での成功を視覚的に証明するが、あわれみ、自己犠牲、謙遜等の漠然とした心の性質は、称賛に値しない。カリメアで障がい者や醜い人が不利な競争を強いられるのは、不幸の副作用だ。

カリメアの宗教には死後の報いを考える原理がないため、今、ここでいかにうまくやるかにのみ焦点が絞られる。カリメア人の中で今も神を信じている人たちは、地上で健康と繁栄に恵まれることが神に認められることだと思っている。カリメア人牧師らは「福音主義」を追求したこともあったが、今では精力のほとんどを仲間の市民の福祉の向上にささげている。

カリメア人は何十億ドルもかけて、高齢者の身体を生命維持装置につなぎとめる一方、堕胎を許可し、奨励すらしている。これはそれほど逆説的ではない。カリメア人は、人間の人生は誕生に始まり、死をもって終わると信じているからだ。

このような社会は想像するだけでぞっとする。私は古き良きアメリカに住んでいることがとても嬉しい。ジョージ・ギャラップが断言しているように、アメリカ人の圧倒的多数が死後の世界を信じているからだ。

——『ささやかな追究』（二一五〜二一八頁）

*　*　*

12月2日　現代的な絶望ではない

その言葉を初めて見たのは、兄が大学から持ち帰った真っ赤な本の表紙だった。『今日の実存主義』。「実存主義」の意味はさっぱりわからなかったが、その本は私を前衛的な哲学の秘密の世界へ招き入れた。ファンダメンタリズム一色の環境に育ち、前衛という危険な汚染物質から守られていた私には、パリのリブ・ゴーシュ〔訳注＝セーヌ川南岸の地域で、学生・芸術家などが集まる場所〕の文化といっても、アフリカの都市ワガドゥグの文化と何ら変わらない遠い存在だった。それでも一九六〇年代に十代の若者だった私は、その赤い表紙の本を読み、さらにカミュやサルトルの小説を読むにいたって、心の内に何かが呼び覚まされた。

平板な感情、他者に対する過激なまでの無関心、漂泊しているような感覚、痛みに対する麻痺、おかしくなった世界をあきらめながら受容すること——こうした性質すべてが、どういうわけか、外部からの影響を拒むファンダメンタリズムの盾からもしみ込んでいた。「私のことだ！」実存主義の本を読むたびにそう思った。私も所詮、時代の子であった。

いま振り返ると、自分がもっぱら絶望と一体化していたことがわかる。なぜ自分は生きているのか。このお祭り騒ぎはいったい何なのか。五十億人中の一人が、この星に何か変化をもたらすことができるのか。フランスの小説家やヘミングウェイ、ツルゲーネフの著作を読みながら、そうした疑問が大海の波のように私を打ちのめした。六〇年代の騒然とした疑問が繰り返し押し寄せ、実存主義は、「答えはない」と主張することで、ある程度の答えを提供していた。今流行している文学——ジョン・アップダイク、カート・ヴォネガット・ジュニア、ジョン・アーヴィング、イエール・コジンスキー、ウォーカー・パーシー——も同じ無益な臭い、古い煙草の煙のような、すえた臭いを放っていた。

カール・ユングは、扱った事例の三分の一の人たちが「人生の無意味と空虚」と定義するほかない神経症に苦しんでいると報告した。さらに、人々は哲学や宗教にも答えられない問題で苦しんでいるため、無意味さが現代に一般的な神経症になっていると言った。

青春時代に実存主義と出合った数年後、そして神が無益と絶望という感情をいくらか癒してくださるようになった後、ほかならぬ聖書の真ん中に、それと全く同じ所感を発見して不気味な衝撃を受けた。伝道者の書は神秘的で無視されることも多い書だが、そこには私が実存的絶望の作家たちの間で出合った考えや感情が一つ残らず含まれていた。〔12月3日に続く〕

――『イエスが読んだ聖書』（一九一～一九四頁）

＊　＊　＊

12月3日　最初の実存主義者

〔12月2日の続き〕

現代の実存主義者は、伝道者の書一章九節から一〇節の小気味よい皮肉《アイロニー》を評価するだろうか。こう宣言されている。「日の下には新しいものは一つもない。『これを見よ。これは新しい』と言われるものがあっても、それは、私たちよりはるか前の時代にすでにあったものだ。」一九六〇年代に性急な因習打破と思われたものも、古代の伝道者のくたびれた預言を成就しただけのことだった。その伝道者は三千年前に、人間の経験が及ぶ範囲をすべて予想し、驚くべきことに、自分の発見を聖書の中に入れたのである。実際、伝道者の書はあらゆる時代に通じる書であり、私は、この先を見通した書物を理解しようと研究を始めた。

伝道者の書のメッセージには心底驚いたが、そこから立ち直ると、今度はある疑問につきまとわれるようになった。旧約聖書を読み通した途端、伝道者の書がどうして箴言と共存できるのだろうと感じ、衝撃を受けたのだ。これほど似たところのない書物があるだろうか。二つの書を続けて読んだ人は、伝道者の書は、ある種の嘲笑的な反駁として書かれたのではないかと思うだろう。

箴言は人生を次のように理解している。知恵を学び、思慮深さを使い、きまりに従え。そうすれば長く繁栄した人生を送る、と。ところが、伝道者の書では、自信に満ちた、こういうものだという口調――「私には人生がわかっているのだから、あなたはこの賢明な助言に従えばよいだけだ」――は消え失せ、あきらめと冷笑主義に置き換えられている。繁栄した立派な人々も苦しみ、他の人間と何ら変わることなく死んでゆく。邪悪な人々は繁栄し肥えてゆく。箴言にはその反対のことが、きれいな形にまとめられているにもかかわらず。

「空しいことが地上で行われている。悪しき者の行いに対する報いを受ける正しい人もいれば、正しい人の行いに対する報いを受ける悪しき者もいる。私は言う。『これもまた空しい』と」（八・一四）。

旧約聖書の二つの書の違いに悩み、不満を覚えた。聖書にはもっと一貫性が見られてよいのではないか。しかし時が経つにつれ、この多様性を旧約聖書の主たる強みの一つとして評価するようになった。長々しい交響曲のように、旧約聖書には喜ばしい気分から、憂いを帯びた気分まで、様々な気分が見られるが、その一つ一つが全体としてのインパクトを効果的に作り出している。箴言の原理のままに動くこともあれば、伝道者の書が主張している耳障りな矛盾をもたらすこともある世界の中で、私たちはヨブ記のような試練を経験したり、詩篇二三篇の穏やかさを経験したりしながら生きている。

――『イエスが読んだ聖書』（一九五～一九八頁）

＊　＊　＊

12月4日　心の中の永遠

あるときアラスカのアンカレッジの数キロ先で、美しい光景を目にした。ふと見ると、車が何台もハイウェーに停まっていた。ほんの十五メートル沖で、銀白色のシロクジラが小さな群れをなして漁をしながら泳いでいた。私はほかの見物人たちと一緒に小一時間そこに立って、リズミカルな海の動きに耳をすませ、三日月形のクジラが影のように優美に浮かび上がってくる様子を見ていた。群衆は静まりかえり、畏敬の念に満ちてさえいた。

伝道者には、群衆がクジラに見せた反応が理解できたことだろう。私たちは神ではないが、だからといって動物でもないと主張しているからだ。「神はまた、人の心に永遠を与えられた」（三・一一）。その優雅な言葉は多くの人間の経験に当てはまる。確かにそれは宗教的本能を暗示している。どんな人間社会を研究しても必ず何らかの表現が見つかって、人類学者を困惑させる本能だ。私たちの心は、宗教的でなくても様々な方法で永遠を感じ取っている。伝道者はニヒリストではない。彼は造られた世界の中に、目も眩むばかりの美を見ている。

伝道者の書は優れた文学作品であり、偉大なる真理の書の名に堪えるものだ。この地球上の人生の両面を示しているからだ。一つは喜びの約束だが、これはあまりに魅惑的なので、人は人生をその追求にささげてしまう可能性がある。そしてもう一つは、これらの喜びは究極的には満足を与えないという恐ろしい認識だ。神によって造られた世界は人の欲望を掻き立てるが、私たちには大きすぎる。私たちは永遠というもう一つの家のために創られている。そのため、結局、時間をもたない楽園まで行かなければ、不満をささやく声を黙らせるものはないことに気づくのだ。

伝道者はこう締めくくっている。「神はまた、人の心に永遠を与えられた。しかし人は、神が行うみわざの始まりから終わりまでを見極めることができない」（三・一一）。それが伝道者の書の核心だ。ヨブがちりと灰の中で学んだ、人間は自分では人生を見極めることができないという教訓を、伝道者は長い衣と宮殿の中で学んでいる。

自らの限界を認め、自らを神の支配に服従させるのでなければ、すべての良き贈り物を与えてくださる神を信頼するのでなければ、結局、絶望の状態に至るだろう。伝道者の書は、創造主の支配のもとにある被造物としての身分を受け入れよと呼びかけるが、葛藤なくそれができる人は少ない。

――『イエスが読んだ聖書』（二一二～二一七頁）

＊　＊　＊

12月5日　型破りな戦

列王記第一と第二、ヨエル書、ヨナ書、アモス書、ホセア書は、二つに分裂したイスラエルの最初の二百年の後半の歴史を多く記している。北王国は誕生したときから、神に背き始めた。そして聖書は、南王国のほうの王や預言者たちに多くの紙数を割いている。ユダを支配する十九人の男女の中で、少なくとも何人かは北王国では見られない霊的な指導力をも有していた。それゆえ、ユダはより忠実に神との契約に応え、それが理由で、イスラエルよりも百五十年近く長く続いた。

歴代誌第二の二〇章は、ユダの初期の統治者の一人ヨシャファテについて語っている。ユダの支配者の中で、平和に統治した者はおらず、その結果、歴代誌第二の行動の多くが、この物語のように戦場で起きている。この書の戦の哲学は、要するにこういうことだ。「自国の軍事力や有力な隣国の軍事力を信頼すれば、敗北するだろう。たとえ勝算がなくても、へりくだって全面的に神に拠り頼め。」

ユダの王たちが判で押したように証明しているように、大きな災厄がふりかかったときに神だけを信頼するには、並外れた勇気が必要だ。最高の王たちですら、周囲の同盟国から援助を得るために、王家の財産にいくらか手をつけている。ところがヨシャファテ王は適切な対応の模範を提供している。敵軍の脅威が迫ったときに、彼は大祈禱会を開くようユダの全国民に呼びかける。そして戦いの日、武装した者の前に賛美する者たちを送り、神に向かって歌声をあげる。

ヨシャファテ王の戦術は戦場というよりも教会の礼拝にふさわしいものであるが、それが実行される。敵の軍勢は互いに戦って滅ぼし合い、ユダの軍隊は凱旋帰国する。ユダ国の信仰が勝利したこの瞬間は、まだら模様の歴史の記録の中で燦然と輝いている。ヨシャファテ王は、公にささげたその祈りと彼個人の模範によって、指導者が神に徹底的に信頼するときに、何が起こるかを明らかにしている。

――『聖書に出会う』（二八九頁）

＊　　＊　　＊

12月6日　答えを求めること

正義感はだれにでも備わっている。不注意なドライバーが幼い子どもをはねて、そのまま運転を続ければ、他のドライバーはそれこそ血眼になって追いかけるだろう。子どもをひき逃げするとは、とんでもない！と。公正さのルールについては意見が分かれるかもしれないが、私たちはみな内なる行動規範に従っている。

率直なところ、人生は不公平で満ちている。コルカタやリオデジャネイロやイーストブロンクスのスラム街で育つのが「ふさわしい」子どもなどいるだろうか。アドルフ・ヒトラーやヨシフ・スターリンやサダム・フセインのような人が何百万人も虐げながら逃げおおせてよいものだろうか。粗野な人々が気難しい老人になるまで長生きする一方、親切で心優しい人々が人生の絶頂期に病気に襲われることがあるのはなぜか。

私たちはみな、そのような疑問を違うかたちでもっている。ハバククという預言者はそうした疑問を神に直接ぶつけ、はっきりした答えをもらった。ハバククは遠まわしな言い方をしていない。この預言者が周囲に見ている不正義、暴力、悪に、なぜ神は答えていないか、その説明を求めたのだ。

神は、バビロニア人が来てユダを懲らしめるだろうという、他の預言者たちに与えたメッセージをそのまま繰り返しておられる。けれども、バビロニア人は容赦しない狂暴な国民なので、ハバククは神の言葉に安心できなかった。邪悪な国を用いてユダを罰することが、はたして正義なのだろうか。

ハバクク書は悪の問題に解決を与えていない。ところが、神との対話はハバククに、一つのことを確信させた。すべては神の御手の中にあるということだ。正義の神が悪に勝利を与えることはありえない。まず、神はバビロニア人を彼らの思うがままにさせておかれるだろう。だが、その後で偉大な力をもって介入し、不正義が跡形もなくなるまで、地の土台を揺さぶられるだろう。

「まことに、水が海をおおうように、地は、主の栄光を知ることで満たされる」（二・一四）。神はハバククにこう約束された。その力強い栄光を一目見て、預言者の姿勢は激怒から歓喜へと転じる。神と「激論」

しながら、ハバククは、最終章に美しく表現されている信仰について新たな教訓を学んでいく。神の答えはハバククを大いに満足させ、ハバクク書は不平に始まりながら、聖書の中で最も美しい歌の一つを記して終わる。

——『聖書に出会う』（三二二頁）

＊　＊　＊

12月7日　今と後

預言書で最も混乱するのは、預言されている出来事——侵略、地震、指導者の到来、地球の再創造——が翌日に起こるのか、千年後に起こるのか、それとも三千年後に起こるのか、あえて語られていない点だ。事実、すぐ先の預言とはるか先の預言とがしばしば同じパラグラフに書かれていて、共にぼやけている。（預言者たちはタイムテーブルを知らなかったのだろう——イエスも地上に生きていたとき、神のスケジュールは不明であることを認めておられた。）

複雑な話だが、預言者たちは、一つは今、一つは後でというように、明らかに異なる二回の成就を描くことがある。「見よ、処女がみごもっている。そして男の子を産み、その名をインマヌエルと呼ぶ」（イザヤ七・一四）というイザヤの有名な預言は、このカテゴリーに当てはまる。それに続く二つの節で、このしるしがイザヤ自身の時代に成就したことが明らかになる（多くの学者が、その子どもとはイザヤ自身の子どもだろうと考えている）。しかしマタイは、この預言の最終的な成就を処女マリアに結びつける。

聖書学者は預言書のこの特徴を、二重・三重の成就、全体に対しての部分、一見無関係な二つのものが実際は関連している創造的バイソシエーション〔訳注＝双連性ともいう〕と名づけている。当然、そうした複雑な仕組みは疑問を呼び起こす。預言者がこの時代（今）のことを言っているのか、まだ成就されていない（後、もしくはずっと後の）ことを言っているのか、あるいは両方なのか、どうやって知ることができるのか。

この預言の仕組みは確かに理解しがたいが、神の歴史の見方を垣間見せてもいる。預言者たちは「見る者」として、神の見方を洞察している。時間の束縛の外におられる神にとって、順序は些細な問題だ。使徒ペテロの言葉によると、子羊は「世界の基が据えられる前から知られていましたが、この終わりの時に、あなたがたのために現れてくださいました」(Ⅰペテロ一・二〇)。パウロは、神は彼の弟子たちを「世界の基が据えられる前から」(エペソ一・四)選ばれたと付け加えている。同様に、私たちの永遠のいのちへの希望は「永遠の昔から」(テトス一・二)約束されていた。

アインシュタインの時間・空間に関する相対性理論が知られるずっと前に、新約聖書の記者たちは、真理のいくらかをきわめて文字どおり、時間に限定されないものとして確立していたのである。

――『イエスが読んだ聖書』(二四五〜二四七頁)

＊　＊　＊

12月8日　預言者の現在

逆説的ではあるが、預言は逆に働くときに最も効果的だ。マタイやパウロのような新約聖書の記者たちは、後ろを振り返れば、ユダヤ人の契約や預言者たちの預言を、イエスがどのように成就されたか証明できた。当のイエスがいた時代の人は、新しいダビデ王がエルサレムを支配する日を待ち望んでいたが、神は「しもべなる王」を送って全宇宙を治めさせようとしておられた。

それと同じ理由で、ヨハネの黙示録のような書には、用心深く謙虚に近づくべきだ。ヨハネはその時代にふさわしい言葉(騎兵、淫婦バビロン、純金の大通り)を用いて書いたが、その預言がどのような成就を見ることになるのか、確実なことはだれにもわからない。しかし、神がもともとの約束を超えるように成就してくださることは間違いない。

預言者たちが「後」から「今」へという逆方向の流れをいかに強調しているかを知るにつれ、私の読み方も徐々に変化していった。預言者たちは「今」の行動に影響を与えるために、人間の憧れるものを定義し、栄光の未来を描いた。動揺や絶望のときにも人々がしがみつくべきものとして「神が望まれるとおりの世界」のヴィジョンを描いた。

以前の私は、未来、すなわち「後」と「ずっと後」を知る手がかりとして、預言書に向かっていた。世界は核によるホロコーストで終わるのか。地球温暖化は最後の時代を告げ知らせているのか。しかし彼らのメッセージは、むしろ主として私の「今」に影響を与えるべきなのだ。この混沌とした時代にあっても、私は、愛に満ちた力強い神を信頼しているだろうか。教会が戦争と抑圧の源だと言われているときも、私は神の平和と正義のヴィジョンにしがみついているだろうか。この世界に証拠があるように見えなくても、神の支配を信じているだろうか。

人は本能的に、未来へ飛んで行きたいと思うものだ。預言者たちは現在を示しながら、彼らが描く未来の光の中に生きよとも言う。あらゆる証拠が反対のものであっても、彼らのヴィジョンを信じ、それを地球の真の現実として受け入れることはできるだろうか。神が愛に満ち、恵み深く、あわれみ深く、全能であられる「かのように」、「今」生きることができるだろうか。預言者たちは、神は本当に存在し、歴史自体もいつの日かそれを立証することを思い出させている。今あるような世界も、神が望まれるような世界になる。

――『イエスが読んだ聖書』（二四九〜二五一頁）

＊　＊　＊

12月9日　聖書の民

ネヘミヤは彼ひとりだけを見ても卓越した指導者であるが、エズラと組むと、筋金入りの不屈の男になる。この二人は完璧なコンビだ。ネヘミヤには政治的な人脈があり、現場主義の経営スタイルと恐れ知らずの楽観主義で人々を勇気づける。エズラは性格よりも道義的な力で人々を導く。祭司としての彼の出自はモーセの兄アロンにまでさかのぼり、その役目を誠実に果たすことだけを心に決めていた。

エズラは数年前にエルサレムに着いたとき、ユダヤ人の霊が無感動になっていることに衝撃を受けた。それで、髪の毛と髭をむしり取り、地に身体を投げ出し、悔い改めの断食を始めた。その激しい痛悔の様にユダヤ人移住者たちは驚愕した。そして、みな悔い改め、生き方を変えようとする。

ネヘミヤ記八章に記されていることが起きたのは、ネヘミヤが壁の修復という困難な作業をやり終えた後だ。もはや敵に侵略される心配のなくなったユダヤ人は、国家のアイデンティティーの感覚を取り戻したいと思い、集結する。エズラは霊的指導者として、大群衆に語りかける。新しく造られた演壇に立ち、一千年近くも前に書かれた文書を読み始める。イスラエルの民が神と最初に結んだ契約が書かれている巻物だ。

エズラがそれを読むと、群衆の中にすすり泣きが広がった。聖書はその涙の理由を説明していない。人々は、あの神との契約を破った長い歴史に罪意識を感じていたのだろうか。それともイスラエルが完全な独立を保っていた良き時代への郷愁だったのか。理由はどうあれ、涙を流す時ではなかった。ネヘミヤとエズラは大規模な祝祭の用意を命じる。神が求めておられるのは、悔やみではなく喜びだ。神の選ばれた民は回復しつつあった。エルサレムの城壁が再建されたように。

この章の中心的なイメージ――演壇でひとり巻物を読む人――が、ユダヤ民族の象徴になる。彼らは「聖書の民」になっていた。ユダヤ人たちは、領土も、かつて享受していた威光も取り戻してはいなかった。けれども、エズラの教訓を決して忘れることはなかった。エズラはユダヤ人の新しい指導者の原型、聖書に精通する「天の神の律法の学者」（エズラ七・一二）となった。

――『聖書に出会う』（三六一～三六二頁）

＊　＊　＊

12月10日　イエスの読んだもの

旧約聖書を読むとき、私たちはイエスが読み、お用いになった聖書を読んでいる。これらはイエスの祈った祈り、イエスの覚えた詩、イエスの歌った歌、イエスが子どものころ寝る前に聞いた話、イエスが熟考した預言だ。彼はユダヤ教の正典の「一点一画も」（マタイ五・一八）尊んでおられた。旧約聖書を理解すればするほど、イエスのことがよく理解できる。マルティン・ルターの言葉によると、「旧約聖書はキリストの遺言状だ。彼は自分の死後、この手紙が開封されて読まれ、福音書を通してあらゆる場所で宣べ伝えられるようにされた」。

ルカの福音書には、イエスがエマオ途上で二人の弟子の傍らに姿を現された感動的な場面が描かれている。復活の噂は野火のように広がってはいたものの、この二人は明らかにまだ信じておらず、意気消沈した彼らの目をのぞき込んだイエスにもそれは見て取れた。悪ふざけのように、イエスは、この数日間にこのイエスという男に起きたことをもう一度彼らに逐一言わせてみる。それでも彼らにはまだ、目の前にいるのがイエスであることがわからない。そしてイエスは彼らを叱責される。

「『ああ、愚かな者たち。心が鈍くて、預言者たちの言ったことすべてを信じられない者たち。キリストは必ずそのような苦しみを受け、それから、その栄光に入るはずだったのではありませんか。』それから、イエスは、モーセやすべての預言者たちから始めて、ご自分について聖書全体に書いてあることを彼らに説き明かされた」(ルカ二四・二五～二七)。

私たちは今日、「エマオへの道」を逆向きに経験する必要がある。弟子たちはモーセのことも預言者たちのことも知っていたが、キリストなるイエスとどのようなつながりがあるかを理解していなかった。一方、現代の教会はキリストなるイエスを知っているが、モーセや預言者たちを理解する力を急速に失いつつある。

――『イエスが読んだ聖書』(三〇～三一頁)

＊　＊　＊

12月11日　神の求めるもの

ある冬、コロラドの山小屋に二週間こもった。本と覚書をいっぱいに詰めたスーツケースを持ち込んだが、開いたのは一冊の書物、聖書だけだった。創世記から始めて、最後のヨハネの黙示録まで読み終えたときには、車寄せの雪をかき出すためにトラックを呼ばなければならなかった。

雪に覆われた静けさと、人里離れた孤独、そして集中力が、私の聖書の読み方をすっかり変えてしまった。毎日聖書を読みながら、何よりこんなことを思った。神学書に書かれている神は、全知全能で痛みを感じない。そのような概念を確かに聖書の中に見いだすことができるが、深く隠されているため、掘り起こしていかなければわからない。単純に聖書を読んで出会うのは、ぼんやりした靄ではなく、実在する人格だ。神は喜びや怒り、やるせない憤りを覚えている。人間の行為に幾度も衝撃を受けている。人々の行動への報いを決めた後になって、「思い直された」(出エジプト三二・一四)こともある。

私のように聖書をそのまま読み通すと、宇宙の主なる神の喜びと苦しみの大きさ、熱い思いに心を打たれるのではないか。神が私たちにも伝わるように、人間の経験からのイメージを「借用している」ことは間違いないが、そうしたイメージがその背後のさらに強い現実性を指し示していることも確かだ。

私はエレミヤ書に最も強い影響を受けた。エレミヤ書に記されている、傷ついた恋人のイメージは、私にはなかなか理解できないすごいものだ。存在するすべてのものを創造された神が、なぜ創造物からのそのような屈辱を甘んじて受けるのだろうか。私たちの応答をそれほど重要なものとする神の現実性に、私は頭を抱えてしまった。

アルファベット順に神を言葉や概念に置き換え、整理してしまえば、神が何にもまして求めておられる情熱的な関係の力を容易に失ってしまう。ものを書き、話し、神について考えることまでする私たちに、これほど大きな危険はないのかもしれない。単なる抽象化は神にとって、最も残酷な侮辱なのかもしれない。

聖書全巻を二週間で読破した後、私は神を分析することにあまり興味をもたなくなった。どんな親、どんな恋人もそうであるように、神は何よりも愛されることを願っておられるのだ。

——『ささやかな追究』(一五三〜一五七頁)

*　*　*

12月12日　捨てられた恋人

多くの人が神について、重力の法則にも似た、感情のない力のイメージを抱いている。ホセア書が描いているのは、その反対とも言えるような、情熱と激しい怒りと涙と愛をもつ神、イスラエルの拒絶を嘆き悲しむ神だ。

神はホセア個人の不幸な話を用いて、神ご自身の二方向に激しく揺れ動く感情を表現しておられる。イスラエルを見いだしたときの初めのはにかむような愛は、荒野でぶどうを見つけたときのようだと神は言われる。けれども、イスラエルに幾度となく信頼を裏切られると、神は、傷ついた恋人が受けるひどい恥辱に耐えなければならなかった。神の言葉には、驚くべきことに、自己憐憫のような響きがある。「わたしはエフライムにはシミのようになり、ユダの家には腐れのようになる」（五・一二）。

捨てられた恋人という強力なイメージは、ホセア書一一章で、神がかくも動揺している理由を表している。神はイスラエルを消し去る準備をしておられる——待て、いま神はむせび泣き、両手を差し出しておられる——いや、神は再びさばきを宣言される。そのような気持ちの変化を経験するのは、恋人に捨てられた人間だけだ。

人間の感情の中で、裏切られた思いほど強烈なものがあるだろうか。ボーイフレンドが自分を捨て、可愛いチアリーダーのもとに走った女子高生に尋ねてみるといい。ラジオをカントリーウェスタン局に合わせ、恋人の不誠実さを綴る歌詞に耳を傾けてみればいい。新聞が日々報じている殺人事件を見れば、恋愛関係のこじれが発端となっている場合のなんと多いことか。ホセアと神は、心底愛している人に全く相手にされなくなった悲哀を鮮明に描き出している。全能の神ですら、人間に愛を強制することはできないのだ。

ホセア書のどの章にも、神の民の「売春」や「姦淫」について語られている。愛する御方である神は、愛する花嫁をご自分だけのものにしたいと願っている。それなのに驚くべきことに、その恋人に背を向けられても、神はあきらめない。進んで苦しむ。いつか彼女が変わることに望みをかけている。ホセア書が明らかにしているのは、神は、罰したいと願っている御方ではなく、愛したいと思っている御方であることだ。

——『聖書に出会う』（二八二頁）

＊　＊　＊

12月13日　私は重要な存在なのか

　地元のスーパーのレジに並んで、周りを見回す。坊主頭で鼻にリングを通した十代の若者たちがスナック菓子を選んでいる。ヤッピーがステーキ肉とアスパラガス数本とベイクド・ポテトを買う。背中を丸めた骨粗鬆症の高齢女性が、桃や苺を手に取り、あちこちつぶしながら吟味している。神はこの人たちの名前をすべてご存じだろうか。自分に尋ねてみる。この人たちは神にとって本当に重要な存在なのだろうか。

　夕方のニュースで人工妊娠中絶反対運動や反対運動への反対運動が行われている場面を見るとき、こうした行動の原因となった胎児を思い描いてみる。いつだったか博物館で、人間の発達段階を示す、胎児を入れた容器の陳列を目にした。毎年、世界中でこうした小さな胎児が約六百万人処分されている――殺されている、と抗議者たちは言う。神学者は、どの胎児の中にも神のかたちがあると言う。子宮の外を一度も見ずに死ぬ六百万の人間を、神はどう考えておられるのだろうか。彼らは神にとって重要な存在なのだろうか。

　小説家レイノルズ・プライスは、全人類が聞きたくてたまらない言葉、それは「万物の創造主が私を愛し、求めておられる」という言葉だと言った。万物の創造主は、人類という奇妙な種を創り、理解しがたいことに、一人ひとりをご自分の注意や愛を注ぐに値するものとみなされた。その愛を、パレスチナのごつごつした丘の上で、最後は十字架の上で自ら直接、証明された。

　イエスがしもべというかたちで地球を訪れたとき、神の手は、世界で最も小さい人にも大きすぎないことを示された。その手には、私たち一人ひとりの名前とともに、一人ひとりの傷も刻まれている。それは、私たちをこれほど大きく愛しておられる神の払われた犠牲だ。

　ヨブ記や伝道者の書などにはっきり記されている普遍的な孤独の痛みに圧倒され、自己憐憫に陥っていたことに気づいたときに、最近は、福音書を開いてイエスのなさった話や行動の記事を読むことにしている。「日の下」にある私の存在が神にとってどうでもよいものだと結論するなら、私は、神が地上にやって来られた主たる理由の一つに矛盾することになる。イエスは、「私は重要な存在か」という問いに対する真の答えなのだ。

——『イエスが読んだ聖書』（二六八、二七四〜二七五頁）

＊　＊　＊

12月14日　神は心にかけておられるのか

ヨブはしぶしぶ、神は彼のことも、他の苦しんでいる人々のことも気にかけておられない、と結論した。ため息をついてこう言った。「私たちは神についてささやきしか聞いていない」（ヨブ二六・一四）。詩篇の記者たちは、神が彼らの祈りを聞かれたしるしを、彼らをお見捨てにならなかった証拠を何か下さい、と叫んだ。

「神は心にかけておられるのか。」この問いへの答え方を一つだけ知っている。そして、それは私にとって決定的なものだった。イエスが答えだというのが、それである。イエスは痛みの問題に哲学的な答え方をしなかったが、実存的な答えを与えてくださった。なぜある特定の悪いことが起きるのか、その理由をイエスから知ることはできないが、神がそれについてどう感じておられるかはわかる。イエスは神に顔をお与えになった。その顔には涙の跡がついている。

聖書を通読するたび、旧約と新約の間にある、とてつもなく大きな違いが照らし出される。旧約聖書には、疑いや失望の表現が数多く見つかる。エレミヤ書、ハバクク書、ヨブ記など多くの書の中心がこのテーマだ。

詩篇の約半分は暗く、もの思いに沈んだ調子を帯びているが、驚くほど対照的に、新約聖書の書簡には、こうしたタイプの苦悩がほとんど見られない。痛みの問題が消えたのでないことは確かだ。ヤコブの手紙一章、ローマ人への手紙五章と八章、ペテロの手紙第一の全体、ヨハネの黙示録の多くの部分が、この主題を詳しく扱っている。にもかかわらず、「神は心にかけておられるのか」という胸を突き刺すような疑問はどこにも見当たらない。詩篇七七篇の「神は　いつくしみを忘れられたのか」（九節）という告発に似た疑問が一つも見えない。

この変化は、イエスが、使徒書簡を書いた証人たちに答えをお与えになったことによると思う。イエスを見れば神の顔がわかる。うめき声をあげるこの星で苦しみの中にいる人々のことを、神がどのように思っておられるのか疑問に思う人は、イエスの顔を見るだけでいい。イエスに従ううちに、ヤコブやペテロやヨハネの心にイエスの表情が永遠に刻み込まれたのである。長血を患う女性や、悲しみに沈む百人隊長、やもめの死んだ息子、てんかんを患う少年、目の不自由な老人たちにイエスが接する様子を見ながら、苦しむ者たちのことを神がどのように思っておられるか、知ったのだ。

――『イエスが読んだ聖書』(二七八～二七九頁)

＊　＊　＊

12月15日　大いなる困難

クリスマスの芸術作品は、イエスの家族を金箔で縁どられた聖画に描いている。穏やかなマリアが受胎の知らせを一種の祝福として受け取る様もそこにはある。だが、それはルカの語る話とは全く違うものだ。マリアは天使の出現に「ひどく戸惑って……考え込んだ」(ルカ一・二九)。天使がいと高き方の子について、またその国は終わることがないことについて崇高な言葉を唱えたとき、マリアの心にあったのは、それよりはるかに世俗的な思いだった。「でも、私は処女なんですよ！」

現代の米国では年間百万人を超える少女が未婚で妊娠するため、マリアの陥った苦境の大きさが多少薄められてはいる。だが、緊密な人間関係をもつユダヤ人社会で一世紀に天使のもたらした知らせは、もろてを挙げて歓迎されるようなものではなかったはずだ。律法は、姦淫によって妊娠した婚約中の女を石打ちの刑に処すように定めていた。

数か月後、バプテスマのヨハネの誕生が大ファンファーレをもって迎えられた。助産師、子どもが大好きな親戚、ユダヤ人男子の誕生を祝福する伝統的な村の合唱隊と、何もかもが揃っていた。その半年後、家から遠く離れた場所で生まれたイエスには、助産師も親類縁者もなく、村の合唱隊も来なかった。ローマの人口調査には、一家の家長が赴けば事足りただろう。では、ヨセフは、身重の妻が故郷の村で不名誉な出産をしなくてすむように、ベツレヘムまで連れて行ったのだろうか。

今日、イエスの誕生の記事を読むとき、私はこの世の運命を思って震える。この世は、二人の田舎出のティーンエイジャーの応答にかかっていた。マリアは神の御子が子宮壁を蹴飛ばすのを感じたとき、天使の言葉を幾度思い出したことだろう。ヨセフは、婚約者の体つきの変化を村人たちがじろじろ見ているなかで、恥ずかしい思いに耐えていたことだろう。そして、天使と出会ったのはただの夢ではなかったか、と何度も思い直したことだろう。

——『私の知らなかったイエス』(三三三〜三三五頁)

* * *

12月16日　良き知らせ

イエズス会の宣教師マテオ・リッチは十六世紀に中国へ渡ったとき、キリストの話を初めて聞く人々のために、宗教画の見本を携えて行った。中国人は、幼子を抱く処女マリアの絵をすぐに受け入れたが、リッチがキリストの磔刑図を見せながら、神の御子はただ処刑されるために生を受けたと話し始めると、強い嫌悪感と恐怖感を示した。彼らは処女マリアのほうがずっと好きで、十字架にかけられた神よりマリアを拝みたいと言い張った。

もう一度クリスマスカードの山をめくっていくと、キリスト教国にいる人々も、おおかた同じようなことをしていることに気がついた。スキャンダルの気配などすっかり取り去った、家庭的で落ち着いた祝日が見て取れる。何といっても、ベツレヘムで始まったあの物語がカルバリという結末を迎えるとの思いを一掃してくれる。

ルカやマタイによるキリスト誕生の話では、神が実行に移された計画の神秘的な性質を把握していたのはただ一人、あの老シメオンだけだった。この老人は生まれた赤ん坊がメシアであることを見抜き、必ずや闘いが起こることを直観した。そして、「この子は、イスラエルの多くの人が倒れたり立ち上がったりするために定められ、また、人々の反対にあうしるしとして……」（ルカ二・三四〜三五）と言い、剣がマリアの心をも刺し貫くだろうと予言した。表面上は何も変わっていなかったが、なぜかシメオンは、深いところですべてが変わったことを感じ取っていた。この世の権力者の土台を覆すために、新しい力がやって来たのだ。

当初、権力者たちはイエスにほとんど脅威を感じていなかった。イエスが生まれたのは、ローマ帝国の隅々まで希望が漂っていたカエサル・アウグストゥスの時代だ。初めて「福音」や「良き知らせ」を意味するギリシア語を借用し、その統治が象徴する新しい世界秩序の呼び名に使ったのがアウグストゥスだった。見識があって安定した体制は永遠に続き、統治体制の問題に最終的な解決が与えられた、と多くの人が信じていた。

一方、アウグストゥスの帝国の片隅でイエスという赤ん坊が誕生したことは、当時の年代記作者たちから見過ごされた。イエスの伝記作者たちも、ゴスペル（福音）という言葉を借用し、それまでになかった新しい世界秩序を宣言した。彼らがアウグストゥスに触れたのはたった一度、イエスが確かにベツレヘムで誕生したことを知らせるために、人口調査の日付に軽く触れた時だけだった。

――『私の知らなかったイエス』（三七〜三九頁）

＊　＊　＊

12月17日　なんと静かに

あるクリスマスシーズンに、ロンドンの美しいホールでヘンデルの『メサイア』を聴いていたときのことだ。大合唱団が「主の栄光が現れる」日のことを歌っていた。私はその日の午前中に博物館で、英国の栄光の名残を鑑賞したばかりだった。王冠の宝石、統治者の持つ笏《しゃく》、金メッキを施したロンドン市長の馬車などだ。すると、あの約束を最初に聞いたイザヤと同時代人の心に広がっていたのも、そういう富や権力のイメージだったのではないかという気がした。イザヤの言葉を読んだユダヤ人たちが痛切な郷愁をもって、「王はエルサレムで銀を石のように用い」（I列王一〇・二七）ていたソロモンの栄華の時代を思い出していたことは間違いない。

しかし、姿を見せたメシアが身にまとっていたのは、全く違った種類の栄光、謙遜という栄光だった。ネヴィル・フィッギス神父は書いている。「『アッラーは偉大なり』というイスラム教徒の叫びは、超自然的存在に教えてもらう必要もない真理である。神は小さい。それこそイエスが人間に教えた真理なのだ。」号令をかけ、軍隊や帝国にチェス盤上のポーン（歩《ふ》）に対するがごとく、あれこれ指図できるはずの神。だが、この神はしゃべることも硬い物を食べることも膀胱のコントロールもできない赤ん坊、住む所も食べ物も愛もティーンエイジャーに頼りきっている赤ん坊として、パレスチナにやって来た。

ロンドンのホールで、女王やその家族が座るロイヤルボックスのほうに目を向けると、支配者たちがこの世を闊歩する、より典型的な仕方が見て取れた。護衛官、トランペットのファンファーレ、色鮮やかな衣装ときらびやかな宝石類の見せびらかし。エリザベス女王二世は最近合衆国を訪れたが、記者たちは女王の四千ポンドもの荷物について喜々として細かく報道した。行事ごとに二着分揃えてある衣装、葬儀に参列する場合の喪服、〔緊急のための〕二十リットルの血しょう、白ヤギの革で作った便座カバー。お抱え美容師とボーイ、そのほか大勢の従者を伴っていた。

対照的に、神が地球を訪れたときにいた場所は、従者など一人もいない家畜小屋で、生まれたばかりの王を横たえる場所も飼葉桶一つだった。ロバがこの王を踏んづけてしまうかもしれなかった。「なんと静かに、なんと静かに、この驚くべき贈り物は与えられたのでしょう。」

――『私の知らなかったイエス』（四四～四六頁）

＊　＊　＊

12月18日　新しい近づき方

式文ではない、個人的な祈りをする伝統の中で育った私たちは、人間の神への近づき方をイエスが変えた点を評価していないかもしれない。普通の宗教的伝統では、神に近づくとき、まず恐れを感じるものだ。

ユダヤ人は、間違いなく恐れと崇拝を結びつけていた。神と直接出会った「祝福された」人間は、身が焦げたり、光を放ったり、ヤコブのように足を引きずることになっても当然だった。神にお会いする聖所を、壁で仕切って宮の中に設け、神の名を唱えたり文字で綴ったりすることを恐れていた。そんな人々の中に、神は、飼葉桶に寝かされた赤ん坊という驚くべき姿で現れた。イエスにおいて神は、恐れずに人間と関わる方法を見いだされたのだ。

実際、恐怖が功を奏したためしはなかった。旧約聖書は恐怖のもつ利点より、欠点のほうをはるかに多く記している。神と人間の間にある広大な溝を強調するのでなく、むしろその溝を覆う新たな接近方法、聖書の言葉を使えば新しい契約が必要とされていた。

塩水を入れた水槽を管理しながら、受肉について学んだことがあった。水槽の管理は楽ではない。費やした労力を考えると、魚たちは感謝ぐらいしてくれたと読者諸氏は思われるだろう。だが、そんなことはなかった。水槽に私の影がかかるたびに、魚たちはいちばん近くの貝殻の中に身を潜めた。

魚にとって私は神だった。存在が大きすぎるため、私の行動はあまりにも理解しづらかった。魚たちをいつくしむ私の行為を、彼らは残酷なものと見た。魚の病を癒そうとする試みも破壊的なものとみなされた。彼らの認識を変えるには、受肉という形態をとるしかない。自分も魚になり、魚にわかる言葉で「話しかける」しかないだろう。

人間が魚になることなど、神が赤ん坊になることと比べれば何でもない。だが、福音書によると、これこそがベツレヘムで起きたことだったのだ。物質を造られた神が物質の中にかたちをなした。芸術家が作品の一部になったり、脚本家が自分の書いた劇の登場人物になったりするようなものだ。神は現実の人物だけを用いて、現実の歴史のページに話を書かれた。「ことば」が肉となったのだ。

——『私の知らなかったイエス』（四六～四九頁）

* * *

12月19日　負け犬

負け犬という言葉を、特にイエスに関連づけて書くのは気が引ける。粗野な言葉だ。おそらく闘犬に由来し、時が経つうちに、負けが予測される者や不正の犠牲者という意味に用いられるようになったのだろう。しかしイエスの誕生にまつわる話を読むと、この世は富と権力をもつ者に味方していても、神は負け犬に味方していると結論せざるをえない。マリアはその賛歌の中でこう言った。

「主は……権力のある者を王位から引き降ろし、低い者を高く引き上げられました。飢えた者を良いもので満ち足らせ、富む者を何も持たせずに追い返されました」(ルカ一・五一〜五三)。

ラースロー・テケシュというルーマニア人牧師がいる。彼の受けた不当な扱いに国民は激憤し、共産主義指導者チャウシェスクに対する反乱が勃発した。テケシュは、赴任した小さな山の教会でクリスマスの説教を準備していたときのことを語っている。国家警察が反体制派を検挙し、国中で暴動が起きていた。身の危険を感じたテケシュは、ドアに閂《かんぬき》をかけ、椅子に座ると、再びルカやマタイの福音書の話を読み始めた。そのクリスマスに説教する多くの牧師と異なり、説教の中心は、ヘロデが幼い子どもたちを大量虐殺するさまを描いたくだりにすると決めた。教区民の心にまっすぐ届くのはその箇所だけだった。圧政、恐怖、暴力等、負け犬にとって日常的な状態を、人々はわが事として受けとめる。

翌日のクリスマスに、チャウシェスク逮捕のニュースが流れた。教会の鐘が鳴り響き、ルーマニア全土が喜びに沸いた。もう一人のヘロデ王が失脚したのだ。テケシュは述懐している。

「クリスマス物語の出来事すべてが、今や新しく輝かしい次元をもつものとなりました。私たちの人生の現実に根を下ろした歴史の次元です。……人生の現実を生き抜いた私たちにとって、一九八九年のクリスマスは、クリスマス物語の朗々と響きわたる豊かな美しい模様を象徴するものとなりました。そのとき、トランシルバニアの丘の上に時間を超えて太陽と月があるように、神の摂理と邪悪な人間の愚かさがよくわかるように思われました。」

ルーマニア人は四十年ぶりに、クリスマスを公の聖日としてお祝いした。

――『私の知らなかったイエス』(四九〜五一頁)

＊　　＊　　＊

12月20日　恐れるな

　聖書の中で、天使は現れると、ほぼ例外なく「恐れるな！」と言う。不思議ではない。超自然的な存在が地球という星と接触するとき、普通それを見た人間は恐ろしくて口もきけずに地にひれ伏すものだ。だがルカは、怖がらせないかたちで地上に現れる神を語っている。家畜小屋で生まれ、飼葉桶に寝かされたイエスにおいて、神は私たちが恐れる必要のない近づき方をなさった。生まれたばかりの赤ん坊ほど恐ろしくないものがあるだろうか。

　もう一度、赤ん坊になると想像してみればいい。言葉も話せず、筋肉をスムーズに動かせず、固い物を食べることも、膀胱のコントロールもできない。神がご自分を「空しく」（ピリピ二・七）された、そのことのしるしである。

　聖書によると、イエスは地上で神であると同時に人でもあった。イエスは神として、奇跡を行い、罪を赦し、死に打ち勝ち、未来を予言することができる。イエスはそのすべてを行い、周りの人々の中に畏怖の念を引き起こした。しかし、まばゆい雲や火の柱といった神のイメージに慣れ親しんでいたユダヤ人に、イエスは多くの混乱も引き起こした。ベツレヘムで生まれた赤ん坊、大工の息子、ナザレから出た男が、どうして神に遣わされたメシアであるはずがあろうか。イエスの表皮が障害となった。

　当惑した懐疑主義者たちが、伝道するイエスについて回る。だがルカの福音書二章に書かれているのは、神が当初からイエスのアイデンティティーを明らかにしておられることだ。草原にいた羊飼いの群れはまったく疑わず、天使の歌声から良き知らせのメッセージを聞いた。高齢の預言者と女預言者もイエスのことを受け入れた。神殿の疑い深い教師たちさえ驚いた。

　神はなぜご自分を空しくして、人間のかたちをとられたのか。聖書には多くの理由が書かれていて、きわめて神学的な理由もあれば、きわめて実質的な理由もある。神殿で少年イエスがラビたちに講じている場面に、一つのしるしが現れている。普通の人たちが、初めて目に見えるかたちの神と対話をし、論じることができた。イエスはまず「恐れるな！」と言わなくても、だれにでも——両親、ラビ、貧しいやもめ——話しかけることができた。神がイエスとなって近くに来られたのだ。

——『聖書に出会う』（四〇五頁）

＊　＊　＊

12月21日　宇宙のクリスマス

ヨハネの黙示録一二章で、ヨハネは異様な宇宙の象徴を用いている。太陽を身にまとった妊婦、空から三分の一の星を尾で振り落とすほど巨大な七つの頭をもつ竜、荒野へ飛んで行くこと、天における戦い。この章が、イエスの誕生と、それが宇宙に及ぼす影響について言及していることに、ほとんどの人が同意する。子どもが生まれたときに、宇宙が揺れ動いたのだ。

ヨハネの黙示録一二章は、宇宙的見地からのクリスマスを表現していると言える。飼葉桶と羊飼い、無垢な幼子たちの虐殺という周知の場面に、新しいイメージを付加している。地上に見えたものが、表面にさざなみを立てている。その下では、大規模な崩壊が宇宙の土台を揺るがしていた。ヘロデ王がパレスチナの男の赤ん坊をすべて殺害しようとしていたときも、その背後で宇宙的な規模の戦いがあった。神の視点からすると、そしてサタンの視点からすると、クリスマスは一人の赤ん坊の誕生よりもはるかに大きな意味をもっていた。それは侵入だったのだ。宇宙を賭けた大いなる戦いにおける決定的な前進だった。そして、ヨハネの黙示録はこの戦いを、善の力に抗う残忍な竜の観点から描写している。

どちらがクリスマスの「真の」絵なのだろうか。二つの絵は、二つの異なる視点から同じ絵を描いているものだ。ヨハネの黙示録一二章に書かれているキリスト誕生の見方が、この書物全体に見られるパターンを象徴している。この書でヨハネは、普通は目に見えないものを、目に見えるものと融合させている。日々の生活で、二つの並行する歴史、地上の歴史と天国の歴史が、同時に起きている。ヨハネの黙示録は仕切りの幕を裂いて、それら二つの歴史を一つにして見せている。私たちが善と悪の間で日々選択をするとき、それが目には見えない超自然的な宇宙に影響を与えているという、確かな印象を残している。

ヨハネの黙示録は、善対悪、子羊対竜、エルサレム対バビロン、花嫁対大淫婦という、きわめて対照的なイメージを通して歴史を描いている。しかしこの書は、私たちの有限な見地からどのように見えたとしても、間違いなく神はすべての歴史を支配しておられると主張している。絶対君主ですら、最後は神が彼らのために置かれた計画を成し遂げる。ポンティオ・ピラトとローマの兵士たちが、その真理を証明した。彼らは処刑によってイエスを亡き者にしたと思った。その代わりに、彼らはこの世の救いを可能にしたのだ。

――『聖書に出会う』(六八二～六八三頁)

＊　＊　＊

12月22日　並列する宇宙

疑いは私にとって、すべて一つになって、圧倒するような一塊となって訪れるようだ。ある特定の教理の微妙な違いにはたいして悩むことはないが、信仰という大きな枠組み全体について、常々いぶかしく思っている。

たとえば、デンバーの超現代的な空港で、ビジネススーツに身を包んだ有力者と思しき人々を見つめる。ブリーフケースを武器のように小脇に抱え、エスプレッソ・バーに立ち寄ってから、足早に別の通路に向かう人々を。「この人たちの中に、神のことを考える人などいるのだろうか」と思う。

クリスチャンはみな、並列する宇宙という奇妙なことを信じている。一つめの宇宙は、ガラスや鋼鉄やウールの服、革製ブリーフケースや挽き立てのコーヒーでできている。二つめの宇宙には、天使と邪悪な霊の力があり、天国と地獄と呼ばれる場所がどこかにある。私たちは明らかに物質的世界に住んでいる。もう一つの、目に見えない世界の市民でもあると思うには、信仰が必要だ。

二つの世界が融合することがあるが、それは私の信仰に錨を下ろす稀有な瞬間だ。シュノーケルをつけてサンゴ礁の海に潜ったとき、そばをすり抜けてゆくきらきらした色と抽象的なデザインを見て、突然、生命と美に大喜びされる創造主を知ることができた。赦しても何の得にもならないのに、妻が私の過ちを赦してくれたときにも、驚くとともに神の恵みを垣間見ることができた。

こうした瞬間に恵まれながらも、やがて物質世界の有毒な臭いが染み込んでくる。セックスアピール！　権力！　金！　軍事力！　これらが人生で最も重要なものだと言われる。山上の説教のイエスの教えなど陳腐な言葉で、全く重要なものではないのだ。堕落した世界に生きる私にとっては、疑いは、不信仰というよりも物忘れと言ってよいようだ。

目に見える世界の市民なので、目に見えないもう一つの世界への信仰にこだわるとき、そこにある葛藤がどんなものか、よくわかる。クリスマスは形勢を逆転させ、二つの世界の主である神が、一つの世界のきまりで生きるために降りて来て、経験した戦いを暗示している。ベツレヘムで二つの世界は再び一つとなった。イエスがその後、地上で成し遂げたことによって、神はいつの日か、二つの世界のあらゆる不調和を解決できるようにされた。天使の歌声が自然に湧き起こり、数人の羊飼いだけでなく、全宇宙を揺り動かしたのも当然だ。

――『思いがけないところにおられる神』(原書、三四〜三五頁)

＊　＊　＊

12月23日　歴史を分かつこと

多くの人と違って、私はクリスマスに特別ロマンチックな郷愁を覚えることは少ない。幼いころ、父がクリスマスの数日前に亡くなった。そのため、クリスマスの記憶にはすべて悲しみの影がさしている。おそらくこういう理由から、飼葉桶に眠る幼子イエスの絵画や、きらびやかなクリスマスツリーに心動かされることがめったにないのだろう。しかし、私にとってもクリスマスは徐々に深い意味をもつようになった。何よりも疑いに対する答え、つまり健忘症の特効薬としてである。

クリスマスにおいて二つの世界が一つになる。聖書と世界史のテキストを並行して読めば、二つの世界が一つになることはめったにないことに気づくだろう。教科書は古代エジプトやピラミッドの栄光を記しているが、聖書の出エジプト記に載っているのは二人のヘブル人助産師の名前だけで、当時の国王の名前はない。教科書はギリシアやローマの業績をたたえているが、そのうち聖書に記されているのはごくわずかで、しかもほとんどが否定的な記述だ。偉大な文明も、ユダヤ人の間で働かれる神の後ろでは動かぬ背景にすぎない。

しかし、イエスについてはどちらの本も意見を同じくしている。今朝、パソコンの電源を入れると、ウィンドウズが起動して画面に日付が現れ、福音書と歴史書が共に支持している見解を無言で裏づけた。イエスの誕生は歴史を二分するほど重大な出来事である。この地球上で起こったことはすべて、キリストの誕生前か誕生後に分けられる。

ベツレヘムのしわの刻まれた丘で、その冷たい暗闇で、前も後も知らない神が時間と空間の中に入られた。境界線など全く知らないお方が、それを身に負われた。赤ん坊の皮膚という衝撃的な境界、死すべき存在という不吉な抑制。「御子は、見えない神のかたちであり、すべての造られたものより先に生まれた方です」(コロサイ一・一五)。使徒はその後でこう述べる。「万物は御子にあって成り立っています」(同一七節)。しかし、クリスマスの夜にそれを見た者はいなかった。彼らが見たのは、初めて使う肺を懸命に動かそうとしている赤ん坊だった。

——『思いがけないところにおられる神』(三六〜三七頁)

* * *

12月24日　降臨

手足をばたつかせ、目の焦点も定まらない、生まれたばかりの赤ん坊ほど恐ろしくないものがあるだろうか。王は長い衣を脱ぎ捨てたのだ。

このへりくだりを考えてみよう。歴史を二分した「受肉」は、人間よりも動物の目撃者のほうが多かった。そして、受肉の危険性も考えてみてほしい。キリストの受肉によって、神はご自分を人間から隔てていた「恐れ」という大きな亀裂に橋を架けられた。だが、その隔ての壁を取り除くことで、イエスは非常にもろいく傷つきやすい者となった。
「神を信じる者にとってこの誕生は、もはや神ご自身が私たち人間から安全ではないことを意味する。そして、それがたぶん、言葉を失うほど恐ろしいクリスマスの暗い側面なのだろう。神がそのようにしてやって来るので、私たちはいつでも神を拒むことができる。この赤ん坊の頭蓋骨を卵の殻のように割ったり、それができないほど大きく成長したら、釘で打ちつけたりすることができるのだ」（フレデリック・ビュークナー『ハンガリング・ダーク』）。

クリスマス。神はどんな気持ちであられたのか。もう一度、赤ん坊になることを想像してみてほしい。胎児の神とは！　あるいは、ナメクジになることを想像してみよう。たぶん、そのほうがもっと近いのかもしれない。その日ベツレヘムで、あらゆるものを造ったお方は、無力で頼りない赤ん坊のかたちを取られた。

「ケノーシス」とは、キリストが神としての立場をなくしたことを表すのに使う神学用語だ。自らを空しいものとすれば、多くの屈辱を受けることになるが、意外なことに、一種の自由も得た。今まで無限のもつ「短所」について語ってきたが、肉体は、キリストがそれらの「短所」なしに、人間のスケールで行動する自由を与えた。キリストは声で木を枯らさなくても、言いたいことを言えた。ヘロデ王を狐《きつね》と呼んだり、神殿でむちを手に怒りを表したりすることもできた。さらには、「恐れることはない！」と前置きすることもなく、売春婦、目の見えない人、やもめ、ツァラアトに冒された者、どんな人にも話しかけることができた。

――『神に失望したとき』（一二四～一二六頁）

＊　＊　＊

12月25日　「ことば」は語った

大雪のコロラド山中で、二週間ほど山小屋に閉じ込められたことがある。道という道が猛吹雪のせいで封鎖され、聖書を読むことしかできなかった。一ページずつゆっくり読み進めた。気がつくと、旧約聖書の中で神に堂々と楯突いた人間に自分を重ね合わせていた。モーセ、ヨブ、エレミヤ、ハバククと詩篇の記者たちだ。読みながら、芝居を観ているような気持ちになった。芝居の登場人物たちは、舞台の上でささやかな勝利や大きな悲劇に見舞われる人生を演じながら、目に見えない舞台監督に向かって繰り返し呼びかける。「こっちがどんなものか、あなたにはわからないんだ！」

ヨブほど、歯に衣着せず神を糾弾した者はいない。「あなたには肉の目があるのですか。あなたは人間が見るように見られるのですか」（ヨブ一〇・四）。

たびたび幕の後ろ、舞台のずっと奥から轟くような声が鳴り響いた。「そうだ。だが、おまえだって、この舞台裏がどんなものかわかっていやしない！」神はモーセに、預言者たちに、そしてヨブには最も声高にそう語られた。しかし福音書に来ると、この問いつめるような声は静まった。こういう言い方が許されるのならば、神は、地球という星の中の人生がどのようなものか「理解された」。ヨブの苦しんだ埃っぽい平原から遠くない場所で、イエスご自身が悲しみ苦しみながら、短く困難な生を知られた。神が人間になった理由はたくさんあるが、その中の一つは確かにヨブの、「あなたには肉の目があるのですか」という非難に対する答えだった。神はいっとき、肉の目をもたれたのだ。

「ヨブのように嵐の中から神の声を聞き、神ご自身と言葉を交わすことさえできたなら！」そう思うことがある。そして、おそらくそれがイエスについて書こうと私が決めた理由なのだ。神は沈黙しておられない。「ことば」は語ったのだ。嵐の中からではなく、パレスチナのユダヤ人という人間の喉から語られたのだ。まるで今まで生きてきたあらゆる懐疑論者の詮索好きな目のため、十字架に身を投げ出すかのように、神はイエスという姿になって解剖台の上に横たわられた。そして、私もその懐疑論者の一人なのだ。

——『私の知らなかったイエス』（一五～一六頁）

＊　＊　＊

12月26日　映画のイエス

映画製作者メル・ホワイトからイエスの生涯を撮った十五本の映画コレクションを借りてから、イエス探究は新しい方向に動きだした。セシル・B・デミルによる一九二七年の無声映画の古典『キング・オブ・キングス』から、『神の呪い』、『綿花畑の福音』のようなミュージカル、きわめて現代的なフランス系カナダ人の視点で描かれた『モントリオールのジーザス』まで、コレクションは多岐にわたっていた。一つ一つの場面の要旨を確認しながら、これらの映画を注意深く調べていった。その後二年間にわたり、映画を議論の出発点に置いて、イエスの生涯を学ぶ授業を展開した。

授業の流れはこんなふうだった。イエスの生涯における重大な出来事にさしかかると、様々な映画の中から注目すべきと思しき七本か八本を選び、それぞれの映画から二分ないし四分のカットを見せる。滑稽《こっけい》な演出や堅苦しい演出の場面を見せてから、徐々に核心をつく、心を揺さぶるような場面へと移行させた。教会学校や聖書の学び会に何年も通うと、先の展開が読めるようになるが、同じ出来事を七、八人の映画監督の目を通して見るうちに、教会での学びによってこびりついた古錆《ふるさび》が剝がれていった。解釈の異なる映画もあったので、どれかが誤っているはずだった。だが、どの映画が間違っているのだろうか。本当は何が起こったのか。

私のイエスに人間性を取り戻させてくれたのは、本質的には映画だった。教会で繰り返し唱えられる使徒信条は、キリストが永遠の昔から存在することや死後の栄光について語っているが、キリストの地上での経歴はほとんど無視している。福音書はイエスの死後何年も経ってから、イースターという最後の出来事からさかのぼって書かれている。今日の私たちにとって朝鮮戦争が遠いものであるように、福音書も記者たちにとって遠い出来事を報告している。映画を観ることにより、イエスの生涯を見る私の感覚は、はるか昔のイエスと同時代の人々により近いものとなった。群衆の端っこにくっついているのはどのようなものだったか。私ならこの方にどう反応しただろうか。ザアカイのように夕食に招待しただろうか。それとも、あの裕福な若い役人のように、悲しげな表情を浮かべて去って行っただろうか。あるいは、ユダやペテロのように裏切ってしまっただろうか。

――『私の知らなかったイエス』（二三～二五頁）

＊　＊　＊

12月27日　このキリストとはだれだったのか

一九七一年、イタリアの映画監督ピエール・パオロ・パゾリーニの手がけた『奇跡の丘』（一九六四年）を観た。この映画が公開されると、銀幕上のイエスなど認めることのない宗教界の権威ばかりか、パゾリーニの歯に衣着せぬもの言いや、彼が同性愛者でありマルクス主義者であることを知る映画界も憤慨した。

あの激動の時代に青春時代を過ごした者でなければ、パゾリーニの映画の衝撃を理解することは難しいだろう。あのころの彼の映画には、映画館で嘲笑する群衆を黙らせるだけの力があった。過激派学生は、反物質主義的で、偽善的ではない、愛と平和のメッセージを不快に思えるほど提唱した人が二千年前にもいたことを知らされた。

パゾリーニの映画を観て、私は当惑しながらも否応なくイエスのイメージを再吟味することになった。イエスが好んだのは、バイブル・カレッジから追い出されたり大概の教会から拒絶されたりしてきた人々のようだ。イエスは同時代人の中で、どういうわけか「大食いの大酒飲み」（マタイ一一・一九、ルカ七・三四）との評判を得ていた。宗教家であれ政治家であれ、権力の座にある人々から、何かとごたごたを起こす人物、平和を乱す人物とみなされていた。名声、家族、財産、成功するための旧来の手法を蔑み、革命家のようにしゃべり、行動した。パゾリーニの映画の台詞がすべてマタイの福音書から取られているという事実は否定できなかったが、伝えているものは明らかに、私がそれまでイエスに対してもっていた考えと合致しなかった。

ちょうど同時期に、スラム地区にコミューン〔訳注＝既成社会と異なる価値観をもつ共同体〕をつくった「ヤング・ライフ」のスタッフ、ビル・ミリケンが、『優しいイエスよ、さようなら』という本を書いた。そのタイトルは、私の内側に起きつつあった変化をうまくとらえていた。私は当時「ユース・フォー・クライスト」の機関紙であった『キャンパス・ライフ』誌で編集の仕事をしていたが、「要するに、このキリストって何者なんだろう」と不思議に思っていた。ものを書いたり、他者の書いたものを編集したりしている私に、疑問というちっぽけな悪い霊がつきまとっていた。「おまえはそんなことを本当に信じているのか。それともただ、信じていれば好都合な公式見解を口にしているだけなのか。おまえはあの慎重で保守的な立場、つまり現代版のイエスに脅威を感じている集団に加わったというのか。」

――『私の知らなかったイエス』（一一〇～一一二頁）

＊　＊　＊

12月28日　あなたもそこにいた

ピューリッツァー賞を受賞した歴史家バーバラ・タックマンは、歴史を書くときに「未来場面の事前挿入」はするべきでないと力説している。第二次世界大戦中の「バルジの戦い」について、「この結末は知られているが」という文言を入れたい誘惑に抗いながら執筆したという。実際バルジの戦いに巻き込まれた連合軍は、戦いの行く末を知らなかったのだ。形勢を見るかぎり、連合軍はもと来たノルマンディーの海岸まで即撃退される可能性が十分にあった。

手に汗握る緊迫感の中で史実を展開させようとする歴史家なら、先に結末を書いて、すべてを知る未来の視点を打ち出すようなことはしない。そんなことをすれば、緊張感など吹っ飛んでしまうからだ。読者を思う優秀な歴史家なら、「あなたもそこにいた」ような臨場感とともに、歴史の状況を再現するものだ。

それこそが、イエスについてものを書いたり考えたりする際におおかた生じる問題だ。私たちはニカイアやカルケドンの宗教会議という、未来場面を前もって挿入するレンズや、イエスを理解しようとする教会の慎重な試みを通して福音書を読んでいる。イエスは人間だった。名前と家族をもつガリラヤのユダヤ人で、ある意味では他のだれとも変わらない人間だった。とはいえ、かつて地球上に生きた人間とは何かが違ってもいた。

「ほかのだれとも変わらない」と「何かが違う」の間のいわば認識論上のバランスについて、教会は五世紀にもわたって活発な議論を交わした。教会で育った私たち、いや名目上のキリスト教文化圏で育った私たちにとってさえ、このバランスはどうしても「何かが違う」ほうへと傾くものだ。パスカルが言ったように、「教会は、イエス・キリストが神であったと示すことにも、イエスが人であったことを否定する人々に対してそのことを示すことにも同じく大きな困難を覚えてきた。だが神であった蓋然性も、人であった蓋然性も等しく大きなものだった」。

私が使徒信条を肯定していることをはっきりさせておこう。だが拙著においては、できるかぎりイエスの人生を、イエスについてまわった大勢の中の一見物人として、地べたから見たい。ルターの言葉で言えば、「キリストをできるだけ肉の中に深く引き寄せ」たい。

——『私の知らなかったイエス』(二一七〜二一八頁)

＊　＊　＊

12月29日　獅子を飼いならす

イエスは、私がかつて教会学校で出会ったロジャースおじさんのような人物に少しも似ていないないし、バイブル・カレッジで学んだ人物とも著しく異なっていた。たとえば、イエスは一筋縄ではいかない人物だった。かつてもっていたイエスのイメージは、『スタートレック』に出てくるバルカン人の性格にそっくりだった。バルカン人は常に冷静沈着、落ち着き払い、興奮しやすい人間たちの乗った宇宙船地球号の中をロボットのようにのし歩いていた。ところがそれは、福音書や名画に描かれているイエスの姿ではない。イエスの心は他の人々から深く影響を受けていた。人間の強情さに憤りを感じたり、自己正当化に激怒したり、素朴な信仰に心を躍らせたりした。実際、イエスは人並み以下どころか、人並み以上に感情的、情動的のようだった。

イエスを研究すればするほど、整理分類するのが困難になった。イエスと同郷の人々の話題はおもにローマの占拠についてだったのに、イエスはそれについてほとんど何も語られなかった。ところが彼は鞭を手に取り、利を貪る者どもをユダヤの神殿から追い払われた。違法者との評判を得る一方で、モーセの律法に従うよう熱心に説かれた。中傷されながらも異邦人をあわれんだのに、最高の友に「下がれ、サタン」(マタイ四・一〇、マルコ八・三三)と厳しく叱責された。富裕な者やふしだらな女についてしっかりとした見解をもっていたが、どちらのタイプの人間もイエスとともにいることを喜んだ。

ある日には奇跡がイエスから流れ出したかと思うと、翌日は人々の信仰が足りないためにその力は妨げられる。ある日に再臨について詳しく語ったかと思うと、別の日にはそれがいつなのかわからないと言われる。捕らえられないよう逃げたときもあれば、説得にも耳を貸さず捕らわれていったこともあった。平和をつくることについて雄弁に語ったかと思えば、弟子たちに剣を手に入れなさいと言われた。自分自身について語った途方もない主張のせいでイエスは常に議論の的だったが、本当に奇跡を起こしたときには口止めする傾向があった。ウォルター・ウィンクが言ったように、もしもイエスが生きていなかったら、私たちは彼を想像で作り上げることなどできなかっただろう。

福音書のイエスに似つかわしくない言葉が二つある。退屈と意外性のなさだ。それほどの性格を、なぜ教会はおとなしいものにしてしまったのだろう。ドロシー・セイヤーズの言葉で言えば、「ユダの獅子であるイエスの爪をきれいに切って、青白い顔の教区牧師や敬虔な年配の女性のペットに最適とのお墨付きを与えてしまった」のだろうか。

――『私の知らなかったイエス』(二五～二七頁)

＊　＊　＊

12月30日　最大の理由

漠然とした神の概念を、イエスが正してくださる。自分だけでは、神についてかなり違った概念に行き着いていているだろう。私の考える神は、静的で変化のない神だろう。だがイエスのおかげで、私が本能的にもつそうした概念を修正せざるをえなくなった。(それがイエスの担った使命の中心だったのだろうか。)　イエスが明らかにしておられるのは、私たちを捜し求める神、私たちに自由を許される神、傷つきやすい神だ。イエスが何よりも明らかにしておられるのは、愛なる神だ。

キリスト教の伝統の中で育った人たちは、イエスのメッセージのもつ衝撃を見逃しているかもしれないが、実際、人間と神との間に起こっていることを表現するものが愛なのである。コーランは、「愛」という言葉を一度も神に適用していない。アリストテレスはそっけなくこう言った。「だれかがゼウスを愛したなどと言ったら、それはおかしいだろう。」 ゼウスが人間を愛したと言っても、同様だろう。これとは驚くほど対照的に、キリスト教の聖書は「神は愛です」(Iヨハネ四・一六)と断言し、愛こそ、イエスが地上にやって来た最大の理由だと述べている。「神は、実に、そのひとり子をお与えになったほどに世を愛された。それは御子を信じる者が、一人として滅びることなく、永遠のいのちを持つためである」(ヨハネ三・一六)。

オヘア空港で、五時間も遅れの出ていた便をじれったい思いで待っていた、長い夜のことだ。友人の著述家カレン・メインズも、たまたま同じ会議に向かっていた。私は当時『神に失望したとき』を執筆中で、いろいろな人の苦痛や悲しみ、疑い、答えられない祈りについて思い悩んでいた。

カレンはとても長い時間、黙って私の話に耳を傾けてくれたが、私につきまとっていた疑問をいきなり投げかけた。「フィリップ、神様があなたを愛しておられることをわかって。とても大切なことだと思うのよ。」

私の霊的生活にぽっくり開いていた穴に、彼女は光を投げかけてくれた。私はキリスト教信仰にこれほど浸かりながら、いちばん重要なメッセージを見逃していた。イエスの物語は祝福の物語、愛の物語だ。そこには痛みや失望もある。そう、私たちだけでなく神にとっても。しかし、イエスは、ご自分の家族を取り戻すために、どこまでも追い求める神の約束を具現化しておられる。

――「イエスの実像」、『クリスチャニティー・トゥデイ』一九九六年六月十七日号(三四頁)

* * *

12月31日　続行中の受肉

宗教改革の二百年以上前に、大御所の神学者トマス・アクィナスと、英国で頭角を現したばかりのヨハネス・ドゥンス・スコトゥスの間で神学論争が勃発した。この論争は突きつめると、「人間が罪を犯していなかったら、クリスマスはあっただろうか」という問いを巡るものだった。

アクィナスにとっては、受肉は堕落した星を神が救済するためのものだが、彼と同時期の人たちはもっと多くのことがあると考えた。ドゥンス・スコトゥスにとって、肉となった「ことば」は、創造主が永遠の昔から定めていたものであり、後から考え出されたものではなかった。決してプランBではなかった。アクィナスは十字架を、壊れた関係を贖う神の応答として強調した。ドゥンス・スコトゥスはすべてのものの起源であり、すべてのものを結びつけ、すべてのものの成就に向かって進む、宇宙的なキリストについて、エペソ人への手紙やコロサイ人への手紙を引用した。

最終的に教会は、どちらのアプローチも聖書的に正しく、正統なものとして受け入れる、と結論した。大半の神学者がアクィナスの考えを取る傾向にあったが、近年、カール・ラーナーのような卓越したカトリックの神学者たちがドゥンス・スコトゥスに注目している。福音派の者たちもそうすべきなのかもしれない。

「キリストにある」というパウロの一句は、キリストのからだの比喩《メタファー》で鮮明にされたある現実をうかがわせる。教会が時とともに、受肉を延長しているのだ。

オックスフォードでの素晴らしい説教で、オースティン・ファラーは、パウロの高尚な比喩《メタファー》を教会の悲しい実情に適用させる人だれもが抱く疑問について語った。「このキリストのご性質と、私たちの実際のふるまいとの間にある大きな溝をどうすればよいのでしょう。怠惰、自己中心、汚れ、軽率さ、痛ましいほど愚かな祈りというのが、私たちの実情です。キリストが私たちになしてくださったことと、私たちが自分でなしたこととの間には大きな隔たりがあります。」

私たちはイエスの弟子たちがしたとまさに同じことをするべきだ、とファラーは言う。週の最初の日に集まり、「もう一度復活を経験する」のである。キリスト・イエスにある者は罪に定められないこと（ローマ八・一）、私たちもキリスト・イエスにあって、罪に対して死に、神に対して生きていること（同六・一一）、だれでもキリストのうちにあるなら、その人は新しく造られたものであり、古き世は過ぎ去って、すべてが新しくなったこと（Ⅱコリント五・一七）を思い起こすのだ。要するに、神は御子の贖いのレンズを通して私たちを見ておられるということである。この驚くべき真理が、私たちの目の前にある。

――コラム「裏頁」、『クリスチャニティー・トゥデイ』二〇〇八年一月号（七二頁）

おわりに――謝辞

本書を作るために数多くの拙著や記事の中から、およそ二百万語を選び出したブレンダ・クィンがこう言った。「今まででいちばん簡単に書けた本ですね、フィリップ。」 そのとおりだ。この本はひとえに、三十年にわたって仕事を共にしてくれたたくさんの友人、編集者、出版社の力添えのおかげで完成した。名前の書き忘れがあると困るので、一人ひとりの名前は挙げないことにするが、『キャンパス・ライフ』誌と『クリスチャニティー・トゥデイ』誌のスタッフ、ゾンダーバン社、ダブルデイ社、アードマンズ社、ホッダーフェイス社には特別の感謝をささげたい。この本の大部分が、これらの雑誌や出版社の作品の中にあったものだ。

今回の本の編集・出版にも、当然、元の本と同じくらいの労力が要求された。ゾンダーバン社のジョン・スローンとボブ・ハドソン、彼らの同僚たちが推敲し、どこにどの原稿を置くかを考え、電子形態だった三百六十六の抜粋を平らな紙の書物にしてくれた。その過程で、わが助手メリッサ・ニコルソンは、日付や月がばらばらになっていた多くの抜粋のありかを突きとめるという、退屈で、あまり感謝されることもない仕事を笑顔でやり遂げてくれた。ブレンダ・クィンは、私の恣意的な好き嫌いを寛容にも尊重し、すべてのページに関わってくれた。助けてくれたすべての人たちに、心からの感謝をささげたい。

フィリップ・ヤンシー

訳者あとがき

フィリップ・ヤンシー氏は、人が信仰の旅を歩むなかでぶつかる様々な疑問や問題を、一キリスト者であるフリーのジャーナリストという立場で取り上げてきた稀有な存在です。

人種差別主義と律法主義にまみれた米国南部の教会で育ち、傷つき、バイブル・カレッジに通いながらも神に背を向けていたのが、そこで思いがけず神の恵みに出会い、『キャンパス・ライフ』誌を手始めに、人々に取材してものを書くキャリアをスタートさせました。

その博識と慧眼に加え、人が密かに抱えている信仰上の悩みを温かく受けとめ、答えを探ってゆこうとする姿勢は、多くの人の心をつかんできました。教会につまずいている人、イエス・キリストを受け入れることができなかったり、神に怒りを覚えていたりする人、信仰者でありながらも心のどこかに釈然としない思いをもっている人の中にも、ヤンシー氏はかつて自身がもっていたのと同じ痛みを見いだします。そして、御言葉に食い下がり、先人たちの知恵に粘り強く耳を傾け、実際に神の恵みを伝えようと活動している人々からも学ぼうとします。けだし、ジャーナリストは大衆とともに歩む者。現代に生きる人々と二千年前に生きた人々、そしてイエス・キリストへの取材を試みるこのジャーナリストによって、神とはどんな御方なのか、イエスは私たちに何をもたらしたのか、神の国とはどういうものなのか、祈りはどうあるべきか、教会のもつ意味、現代人の直面している問題などについて、読者は過去と現在を行き来しながら、ときに光が差し込むような新しい視点を差し出されます。意表をつくような彼の指摘が、実は本来のキリスト教のあり方ではないかと考えさせられることも少なくありません。ヤンシー氏は、よろよろと信仰生活を歩んでいる者の良き同伴者と言えるかもしれません。

冒頭の注記にあるように、本書は、過去三十年に書かれた彼の著作や記事、未発表原稿からの抜粋を三六六日に分けてまとめたものです。長年のヤンシー・ファンにも、初めて目にする文章に出合う楽しみがありますし、米国のスラム街から南アフリカ、中国、日本、ポーランドその他、世界各地で出会った人々の話は興味深いものです。文学や芸術のもつ力も語られ、中でも遠藤周作への言及は日本の読者にとってヤンシー氏をぐっと近くに感じさせるのではないでしょうか。疑いと信頼の間を行きつ戻りつしながら続けてきたその信仰の旅は、神の恵みを発見し続けてきた旅でもあります。『グレイスノート３６６日』というタイトルにも、日々、神の恵みに気づいてほしいという著者の願いが込められているように思います。毎日のデボーションに用いることも、気の向いたときに頁をめくって信仰について考える助けにすることもできる一冊です。

本の構成上、複数の訳者が手がけた何冊もの本の抜粋をあちらこちらに収めながら、文体を統一することが求められました。そのため邦訳の文章をそのまま載せることがかなわず、文言を変えた部分があることをお断りしておきます。特に村瀬俊夫先生の名訳『痛むキリスト者とともに』（*Where Is God When It Hurts?*）は、原書が改訂されていることもあり、大幅な書き換えを余儀なくされ、タイトルも原書を直訳した『痛むとき、神はどこに』とすることにしました。斎藤登志子さんの訳された『思いがけないところにおられる神』は抄訳のため、邦訳にない箇所からの抜粋は、（原書、○○頁）のように記しました。訳の転載や改稿を了承してくださった、村瀬俊夫先生、宮川経範先生と道子さん、斎藤登志子さんに深く感謝いたします。『ささやかな追究』（*I Was Just Wondering*）は、その抄訳が『深夜の教会』（あめんどう）というタイトルで出版されましたが、この原書も改訂されているため、今回は新たに訳出しました。寄せ集めた訳をきれいな形に仕上げてくださった、いのちのことば社の出版部の長沢俊夫さんの御尽力に厚く御礼申し上げます。同社のスタッフの皆さん、そしていつも素敵な装丁をしてくださる長尾優さん、有難うございました。著者の文学的な表現について説明してくださった、日本アライアンス・ミッションのドナルド＆ヘーゼル・シェーファー両先生にも感謝いたします。三十年余り前、幼い娘を連れて米国留学をさせてくれた伴侶の山下達美にも、この場を借りて心から感謝します。彼の愛情と犠牲なくしては、サンタバーバラのベタニア会衆派教会で渡部伸夫副牧師（現・東京ホライズンチャペル副牧師）から洗礼を受けることも、フィリップ・ヤンシー氏の著作に出合うこともできませんでした。

『グレイスノート３６６日』が読者の皆様のお役に立つことを願いつつ。

二〇二一年八月

訳　者

訳者　山下章子（やましたしょうこ）

東京生まれ。

学習院大学文学部哲学科卒業。

カリフォルニア大学サンタバーバラ校に留学。

英会話語学校講師、翻訳者。

訳書として、フィリップ・ヤンシー著『神に失望したとき』、『私の知らなかったイエス』、『この驚くべき恵み』、『イエスが読んだ聖書』、『祈り―どんな意味があるのか』、『ソウル・サバイバー』などがある。

グレイスノート366日

2021年11月1日 発行

著　者　フィリップ・ヤンシー
訳　者　山下章子
印刷製本　日本ハイコム株式会社
発　行　いのちのことば社
〒164-0001 東京都中野区中野2-1-5
電話 03-5341-6922（編集）
03-5341-6920（営業）
FAX03-5341-6921
e-mail:support@wlpm.or.jp
http://www.wlpm.or.jp/

ISBN978-4-264-04295-2